廖小菁 著

褘織仙名

何仙姑信仰與廣東增江流域地方社會
（960—1864）

中大史學叢書

廣東人民出版社
·廣州·

圖書在版編目（CIP）數據

褆織仙名：何仙姑信仰與廣東增江流域地方社會（960—1864）/ 廖小菁著 . —廣州：廣東人民出版社，2022.6
（中大史學叢書）
ISBN 978-7-218-14938-7

Ⅰ．①褆⋯　Ⅱ．①廖⋯　Ⅲ．①女性—崇拜—研究—廣東— 960-1864
Ⅳ．① B933

中國版本圖書館 CIP 數據核字（2021）第 063385 號

DUOZHI XIANMING: HE XIANGU XINYANG YU GUANGDONG ZENGJIANG LIUYU DIFANG SHEHUI（960–1864）
褆織仙名：何仙姑信仰與廣東增江流域地方社會（960—1864）
廖小菁　著　　　　　　　　　　　　　　版權所有　翻印必究

出 版 人：	肖風華

責任編輯：周驁濤
裝幀設計：瀚文文化
責任技編：周星奎

出版發行：廣東人民出版社
地　　址：廣州市越秀區大沙頭四馬路 10 號（郵政編碼：510102）
電　　話：（020）85716809（總編室）
傳　　真：（020）85716872
網　　址：http://www.gdpph.com
印　　刷：廣州市豪威彩色印務有限公司
開　　本：787mm×1092mm　1/32
印　　張：10.25　　字　　數：300 千
版　　次：2022 年 6 月第 1 版
印　　次：2022 年 6 月第 1 次印刷
定　　價：68.00 元

如發現印裝質量問題，影響閱讀，請與出版社（020-85716849）聯繫調換。
售書熱綫：020-85716833

本書撰寫與出版承蒙下列機構獎助
特此致謝：

財團法人唐獎教育基金會
2016年余英時先生人文研究獎

"中央"研究院近代史研究所
2016年近代中國婦女史博士論文獎

中山大學歷史學系學科建設專項經費出版資助

《中大史學叢書》編輯說明

中山大學歷史學科肇始於學校創立之日,近百年來,始終在中國學術界佔有重要的一席之地。在中國現代學術史上影響深遠的"中央研究院歷史語言研究所",即在中山大學籌設。1952年,嶺南大學併入中山大學,歷史學系由此兼祧兩校史學之學脈。傅斯年、顧頡剛、陳寅恪、岑仲勉、梁方仲、朱希祖、劉節、朱謙之、陳序經、羅香林、容肇祖、端木正、戴裔煊、梁釗韜、朱傑勤、金應熙、陳錫祺、蔣湘澤、何肇發等多位大師、名家,先後在歷史學系任教,為歷史學系奠定了豐厚的基礎和優秀的傳統。他們的學術事業,構成中國現代史學史上的精彩篇章,他們創設並發展的諸多學術領域,至今仍為歷史學系具有特色和優勢的學術園地。其教澤綿長,歷史學系歷代學人均受沾溉,濡染浸潤,以研求學問為職志,以守護學風為己任。

近數十年來,歷史學系同仁奮發有為,在繼承前輩學術傳統基礎上,依託新時期不斷改善的治學條件,把握當代史學發展趨勢,在學術道路上艱辛求索,在秦漢史、魏晉南北朝史、隋唐史與敦煌學、宋史、明清史、中國近現代史、中國社會經濟史、中外關係史、歷史人類學、東南亞史、國際關係史、世界古代中世紀史等學術領域,勤奮治學,作育英才,取得了豐碩的成果。歷史學系學者的研究既體現了深耕細作、發幽闡微的樸實學風,也突出了跨學科交叉的特色,以及對學術理念和方法執著追求的精神。近年,歷史學系之中國古代史、中國近現代史均曾被評為國家重點學科,世界史學科亦被評為廣東省重點學科,顯示了歷史學系學術實力整體上的提昇。

為了集中展現歷史學系學者們的學術成果,歷史學系從2015年就開始籌畫出版《中大史學文叢》。《中大史學文叢》第一批著作從2016年開始已經陸續由中華書局出版，受到學術界的廣泛關注和高度評價。時隔幾年，在前輩學者優良學風的引領下，歷史學系諸多中青年學者的學術成果也陸續問世。我們覺得有必要繼續計畫和推進《中大史學文叢》的出版。這一計畫提出之後，得到了歷史學系諸多中青年學者的積極回應。經過歷史學系學術委員會組織審核，2019年有七本專著列入中山大學學科建設專項經費出版資助計畫，以《中大史學叢書》名稱出版。由於七本專著的作者治學領域各異，且各有學術聯繫，《中大史學叢書》將由不同出版機構出版，但在作者和編輯的共同努力下，應同樣能體現歷史學系作為一個學術集體的風貌。

我們希望今後能夠將《中大史學叢書》持續出版下去，將歷史學系同仁的學術成果展現出來，及時總結學術成果，以便籌謀更好的未來發展計畫，持續地推進歷史學系的學術研究和學科建設工作。

《中大史學叢書》編委會

2020年12月

序 一

本書是作者以博士論文為基礎修訂的成果。該博士論文與專書寫作計畫先後獲得"中央"研究院近代史研究所"近代中國婦女史博士論文獎"以及唐獎教育基金會"余英時先生人文研究獎—專書寫作獎"兩個重要獎項。這不僅是對作者論文的肯定，而且書稿的出版將對相關的學術研究領域帶來高度的貢獻。

民間宗教和歷史人類學的研究，不能在安樂椅中進行。要明白民眾的歷史，就只有走進民間，從碑刻、傳說、儀式等方面入手。本書在理論上、在方法上提出了嶄新的視角。本書可以說是一部對地域社會文化和大傳統之間的整體研究。整體觀是把每一個當代的空間平面整體串聯，從而建構出一個三維的歷史圖像；同時在時間和空間的架構裡，嵌入每一個當代的持份者對大文化傳統的想像、解讀和實踐。無論是掌握發言權的權勢或地域菁英，還是默默地生活的群眾，每一個過去的歷史場景都為他們提供了在當代對大傳統文化理解、詮釋和行動的依據；合理化了在記憶和忘卻之間的選擇。本書無疑成功地綴織了這樣的整體的、三維立體的圖像。

本書是我近年閱讀的書中最好的其中一本。何仙姑是家喻戶曉的八仙之一。作者指出何仙姑信仰在宋代進入廣東的增城地域，是官員和跨族群的地方菁英對文人士大夫敘事和羅浮道教洞天大傳統的推廣。從宋到明代，何仙姑的神蹟以及以"井"為中心的文化符號不斷地強化。然而，對於增城的何姓宗族來說，何仙姑不過是儒家節孝論述中的貞女和孝女。清中葉以前增城鄉落的何氏地域宗族團體，另有一套用以聯繫父系族群的譜系傳統。文人士大夫的傳統、道教洞天的傳統以及宗族譜系的傳統在地方社會相互糅合。不同祖源（三鳳、十郎）、不同族源（本地、客家、疍家）的何姓相繼建立何仙姑祠／廟、再次強調"仙姑之後"的跨族源身分，是晚清轟動地方的大動亂引發的結果。在建廟過程中，大傳統的何仙姑形象和廟宇型規、宗族的祖姑像以及增城地方社會的姑婆崇拜，嵌入地方社會之中。也就是說，層層累積的文化符號，在地方信仰的再形塑時，提供了不同的持份者在生活行為中有效的文化依據。意識模型（conscious model）、文化標籤（cultural marker）、文化的再現（cultural revival）或重塑（recycle）等的討論，必須置放於時間和空間的立體視野，才能理解國家和社會對文化資源的選擇、取代和詮釋的過程。作者透過何仙姑信仰在增城地方約八百年的歷史，有力地指出地方神明信仰，不僅是國家認可的標準化過程，更重要的是地方社會不斷挪用他們熟識的文化資源，在地方社會和大傳統信仰協商的過程中，創造一套既為國家認可、整合於國家禮儀體系，同時不違地方過去生活樣式的宗教文化。

作者巧妙地結合官方和民間文本與田野的口述資料和參與觀察，以生動的文筆，描畫一個地方神明崇拜的創造和糅合過程。有力地指出民間信仰是不同的文化底蘊、不同的組織人群在歷史長河中相互碰撞、磨合出來的。這是一部上乘的理解中國社會和地方宗教的歷史人類學作品，極具閱讀的價值。

蔡志祥
2021年9月2日於新加坡

序 二

在中國的女神信仰中，無論是觀音、媽祖或是北方的碧霞元君，都以其無遠弗屆的宗教能力，而贏得民眾的信仰。但從廣東增江流域逐漸發展出來的何仙姑——八仙中唯一的女性，在近千年的發展過程中，除了以其神異的能力，成為廣東泛珠江三角洲地區，乃至東南亞華人社會的重要女神信仰；晚清時期，這位歷來以違抗父命、拒斥婚嫁而修行成仙等事蹟廣為粵地知識菁英所熟悉的嶺南何氏女，卻因緣際會地憑藉其鮮明的未嫁女形象，登上社區神廟和宗族祠堂的神龕，成為增江流域龐大而複雜的何姓宗族社區共同奉祀的神仙祖姑。和前述的幾位女性神祇相比，何仙姑既是神明又為祖先的雙重身分，實在是華南泛珠三角地域社會獨特的現象。

在這本紮實而精彩的論著中，廖小菁博士詳細地剖析了何仙姑信仰的千年發展史，以及增江流域增城、龍門一帶分屬不同族支的何姓社區，如何逐漸競合、匯整成一個有著共同祖先——何氏"貴七郎"的過程，最後又如何在地域性別文化、明清宗族話語與晚清地方政治的脈絡下，選擇了同邑同姓的何氏女仙——何仙姑，作為他們共同奉祀的祖姑。

根據作者的考證，何仙姑本為一位在南粵宗教聖境羅浮山羽化的神話人物。宋元以降，以此為核心的傳說話語和廟祀傳統，在增城的菁英文化圈中流傳。宋至明代，遠代文獻中模糊出場的神異人物何氏女，以"何仙姑"之名，在地方官員與文士層層累加的傳說下，逐漸被賦予豐實的在地形象和血肉，並逐漸以非官方祀典之神的身分，逐步晉身為表徵地方意識和施行教化的神聖象徵。

在經歷了將近千年的在地化"下山"過程後，一直要到清代咸豐四年（1854）兩廣甲寅之亂爆發，何仙姑才終於得以"出城"。在這番關鍵性的轉折後，從咸豐末年到同治初期，增江沿岸各大何姓宗族聚落，相繼成立專祀何仙姑的祠廟："何仙姑憑藉雜糅女神與祖姑雙重形象的'仙姑婆'身分，進入何姓村族的家廟與神廟祭祀體系，成為不同宗派的何姓社區在地方權力格局重構時期共組同姓村際聯盟的象徵資源"（引見本書頁259）。何仙姑信仰自此邁出增城縣城，成為十九世紀中葉以降，進一步擴散至增江流域全境甚且是泛珠三角和海外南洋地區的開端。

在這番精闢的解析中，作者花了大量的時間和功力，爬梳增江流域各支何姓宗族的發展、整合和鬥爭歷程。任何研究中國家族或宗族的人，都詳知Maurice Freedman的理論：東南宗族組織並非自然發展出來，而是在移居一地很多代之後，由一個有科名或財富的子孫倡議而創立，祖先由此出現。廖博士在本書中，以極大的篇幅，對增江地區何姓宗族的發展，作了全面而深入的分析。根據她的研究，明中葉後何氏"三鳳十郎"祖先傳說盛行於泛珠三角何姓社區間，諸多何姓勢力倚用一套共同的祖源傳說架構，創發出各式何氏兄弟南遷故事，據此編製譜系、構造宗族，作為彼此辨源分派的依據。但讓事情更複雜的是，在同屬"三鳳十郎"祖源敘事系統的何氏聚落之外，還有不少的何姓社區，無法納入這套聯宗的體系。本書相關章節提供的豐富資料和分析，值得任何一位對華南家族／宗族史有興趣的學者仔細閱讀。

Philip Kuhn 在他的第一本成名著 *Rebellion and Its Enemies in Late Imperial China: Militarization and Social Structure, 1796–1864* 中，為了建構他關於地方軍事化—團練—理論，特別運用了Freedman 關於高等宗族（higher-order lineage）的概念，來討論為了軍事目的，由不同聚落的同姓宗族組成的區域聯盟。[1]這種跨區域的同宗聯盟，本來

---

[1] Philip A. Kuhn, *Rebellion and Its Enemies in Late Imperial China: Militarization*

是為了對付其他族群或外國人的挑釁。但在本書中，咸豐四年前後兩廣"紅匪之亂"脈絡下爆發的何六佔領增城事件，卻成為了增江何姓之間被迫共同面對的存亡之爭以及非宗族形態的同姓村際聯盟的創發契機。這場戰事對增江各大何姓村族以及在地何仙姑信仰最大的衝擊是，原本在宗源敘事與譜系關係上無法納入當地勢力最大的何姓宗族——貴七郎何氏——的何姓社區，藉著動亂之際，各自在村中廟祀何仙姑，而和上述"七郎何"集團建立了友好的同盟關係。在姓氏符號與宗族語言的操作下，女神何仙姑被賦予了擬制的前代宗門之女——祖姑的新身分。經由共同奉祀兼具神仙與先人雙重形象的何仙姑，這些來自土客不同方言群、不同村族的何姓宗族房派，被統合成"何仙姑菩薩"的"裔孫"和"仙姑之族"中的"兄弟"，而宋代以來廟祀據點僅止步於增城縣城的何仙姑信仰，亦因此擴展於城外鄉村地區，真正扎根於地方社會。

在具體時空脈絡下細緻梳理一位女性傳說人物與地方社會千百年來共構發展的歷史過程，是本書最大的貢獻之一。本書另一個也許更重要的貢獻，則在於分析一位抗拒婚嫁的女性神祇，如何與中國主流的儒家思想和男權社會折衝、對話，最終得以進入父系宗族社會的家廟與祠堂之中。明清以來的中國華南向來以其結構井然的宗族組織著稱，然而本書處理的增江流域，深受珠江三角洲獨特的地域性別文化影響，反映了華南民眾在形塑地方認同與宗族建構過程中所展現的寬容與彈性，使得地方社會在處理類似何仙姑形象的未嫁女性祭祀問題上，有一套兼容土俗與正統禮教的應對策略。不論是就民間宗教中神話、傳說人物的建構/解構，還是華南社會宗族建構的角度來看，廖小菁博士這本關於何仙姑既登神壇、又入宗祠的專書，是我自己這幾年所接觸的相關著述中最精彩的，對於我們理解民間信仰中的女性神祇、華南地方社會以及宗族組織，都有新鮮而重要的貢獻。

---

and Social Structure, 1796–1864 (Cambridge, Mass. : Harvard University Press, 1970), pp. 80–81. Freedman的相關討論，見Maurice Freedman, *Chinese Lineage and Society: Fukien and Kwangtung* (London: Athlone Press, 1966), pp. 20–21.

何仙姑，作為華南泛珠三角最具多元象徵意義和統合能力的女性神祇，從此一步步拓展她的版圖，向更廣大的世界展示她的仙名。期待作者亦如是。

李孝悌
2021年7月18日於臺北

目 錄

序 一（蔡志祥） i
序 二（李孝悌） iii

緒 論 001
　第一節　問題意識 001
　第二節　核心議題 002
　第三節　學術回顧 007
　第四節　章節介紹 023

第一章　羅浮神鄉何女仙——明代之前增城的何氏女仙傳說 029
　楔　子　誰是何仙姑？ 029
　第一節　神話地圖：羅浮洞天下的增城 033
　第二節　唐朝有姓名：早期崇拜傳統的雪泥鴻爪 043
　第三節　城市有仙山：城裡人的何仙姑故事 057
　小　結 059

第二章　鳳凰山下遺履井——明代的何仙姑故事與增城縣城 061
　小　引　山中"丹井"今無恙 061
　第一節　從丹井到遺履井：洪武年的新情節 067
　第二節　可語的仙異：明中期前後的說法 084
　第三節　琅琅仙名：明末的彙整與定調 097
　小　結 103

第三章　何七郎的子孫們——明清增江何姓社區的宗族建構　107
　　小　引　"何氏之族"與"仙姑之後"　107
　　第一節　五嶺仰十郎：廣府何姓的"三鳳十郎"祖先傳說　109
　　第二節　七郎公的子孫（一）：縣城坊都何氏　120
　　第三節　七郎公的子孫（二）：崇賢都小樓何氏　127
　　第四節　七郎公的子孫（三）：金牛都龍潭埔何氏　136
　　小　結　154

第四章　何六西山做大王——甲寅之變與晚清信仰版圖擴張　157
　　小　引　仙姑"出城"：近代增江地區的何仙姑信仰景觀　157
　　第一節　咸豐甲寅年的"亂"與"變"：何六事件始末與衝擊　159
　　第二節　譜系同珍小石樓：小樓何仙姑家廟與七郎裔宗盟的確立　180
　　第三節　由增仙而分一脈：亭子岡仙姑古廟與客裔何氏的入夥　197
　　第四節　脈接羅浮山左股：南塱何仙姑廟與下增城何氏的加盟　208
　　小　結　216

第五章　神龕上的祖姑婆——泛珠三角地區的女性崇拜傳統　221
　　小　引　女仙、女兒、祖姑婆　221
　　第一節　珠璣巷之外：增江地區的"神仙之後"族源敘事　222
　　第二節　祠堂中的未嫁女：泛珠三角地區的祖姑崇祀傳統　230
　　第三節　"夫人"、"孝女"、"姑婆嬷"：博羅陳孝女之例　242
　　小　結　255

結　論　259
參考書目　271
後　記　307

圖　目

圖 Ⅰ	增城地理位置	x
圖 Ⅱ	增江流域範圍	xi
圖 Ⅲ	明清增城縣圖（1496—1911）	xii
圖 0	何仙姑得仙處	005
圖 1—1	增城縣域範圍（明弘治九年〔1496〕前）	035
圖 1—2	增城縣疆域山川圖（明弘治九年至清宣統三年〔1496—1911〕）	037
圖 1—3	羅浮山雲母峰、鳳凰岡	054
圖 1—4	鳳凰山與鳳凰岡	055
圖 1—5	增城歷代縣治所在地（龍潭埔、東街、九崗村）	056
圖 2—1	鳳凰山與會仙觀	066
圖 2—2	崇賢都招賢山	083
圖 3—1	明清以來增江流域何姓聚落分布地圖	110
圖 3—2	珠璣巷何氏南雄譜系——何氏十郎宗支源流圖	113
圖 3—3	《何母徐太恭人墓誌銘》中的何氏世系	126
圖 4—1	近代增江流域何仙姑祠廟分布地圖	158
圖 4—2	"靖安約"村落地理位置	167
圖 4—3	"上六都"地理位置	167
圖 5—1	博羅縣沙河地理位置	244

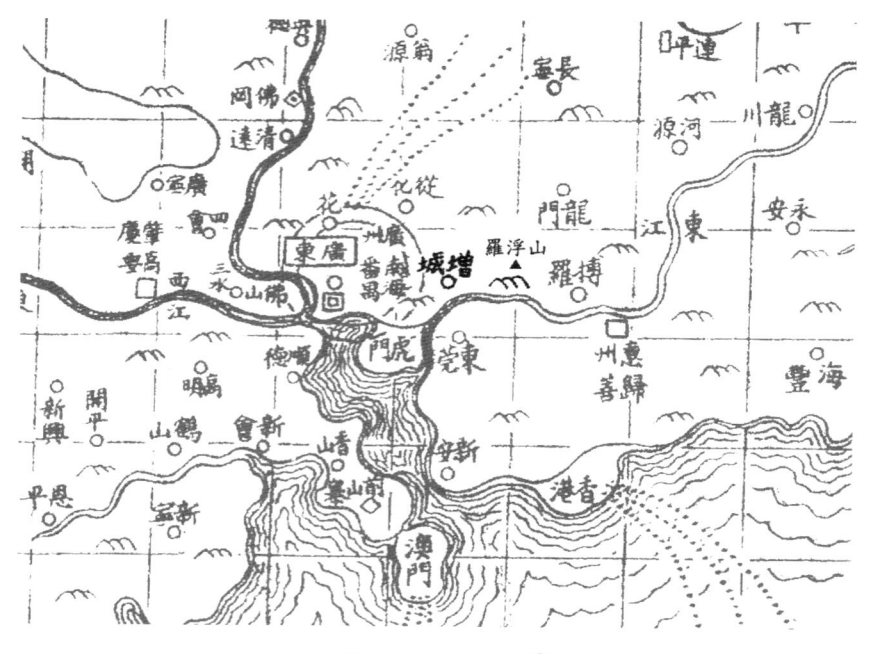

圖 I　增城地理位置[①]

---

①　本圖根據清光緒二十年（1894）《皇朝一統輿地全圖》輯錄之《廣東全圖》繪製。參見中國第一歷史檔案館編，《廣州歷史地圖精粹》（北京：中國大百科全書出版社，2003），頁56。

圖 II　增江流域範圍[①]

① 本圖根據清光緒二十年（1894）《新安縣全圖》附錄之《廣東廣州府屬（圖）》繪製。參見譚廣濂，《從圓方到經緯：香港與華南歷史地圖藏珍》（香港：中華書局，2010），頁102—103。

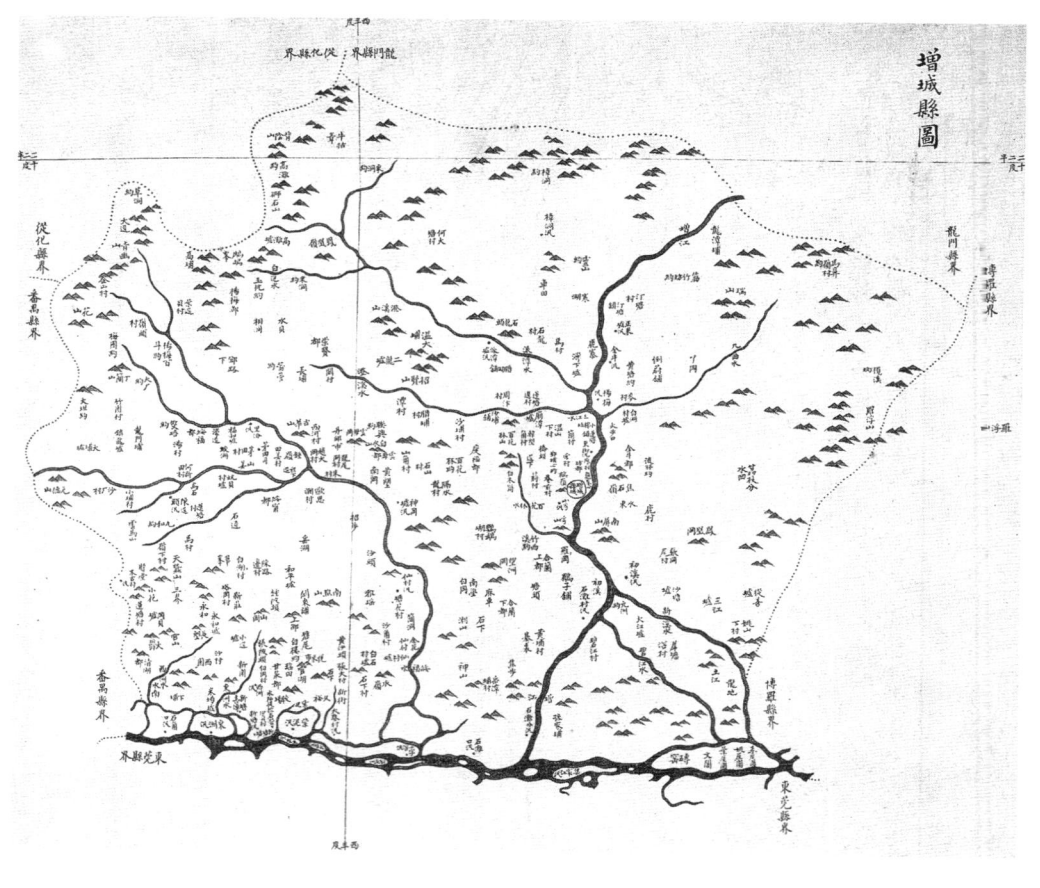

圖Ⅲ 明清增城縣圖（1496—1911）[①]

---

① 本圖根據清代《廣東省圖》（約成圖於清嘉慶二十年至同治五年〔1815—1866〕之間）輯錄之《增城縣圖》繪製。參見中國第一歷史檔案館編，《廣州歷史地圖精粹》，頁44。

緒　論

第一節　問題意識

　　中華帝國晚期的神州大地，是眾家女神擅場飛舞的蒼穹。以女身形象顯化四海的觀音菩薩、華南的天后娘娘（媽祖）、華北的碧霞元君（泰山娘娘）以及體現八方風土姿彩的各路地方女神，在中國百姓的信仰世界中佔據了顯著的地位。女神信仰在宗教傳統中的重要性，如同女性在實際社會生活中擔當的角色一樣無可忽略。然而，迄今為止，有關中國宗教與性別的研究成果，尚未能清楚告訴我們，以女性形象為核心的信仰傳統，如何為一方水土之民所創造、延續與易變，是以能在歷史長河中持續呼應此間各類崇拜人群所面臨的機遇與挑戰？醞釀於不同時空脈絡的女性崇拜傳統，又如何在各自的發展過程中相互對話，進而在跨地域的宏觀歷史場景中，交織出一致與多元並存的信仰景觀？

　　以上述關懷為切入點，本書綜合文獻分析與田野調查等研究途徑，聚焦廣東增江流域何仙姑信仰從宋代至清代咸豐、同治時期的長期演變歷史，試圖透過地域社會史、性別史與宗教史的理論視角，進一步結合跨地域的比較研究視野，探討華南地區女性崇拜傳統與地方社會自中世以迄帝國晚期相互構造的歷史動態結構（structuring）歷程。本研究試圖提出並回答以下問題：為什麼在明清華南地區森然謹嚴的宗族社會秩序下，地方社會中來自不同社會階層、歷史淵源的人群，會相繼選擇崇拜一位具有鮮明抗婚形象且離世"成仙"的女性傳說人物，作為表達社群與地方認同的策略？特定女性神祇的傳說系統和崇拜傳統是透過何種機制、媒介與行動者的選擇過程，得以在不同時空脈絡下走進地方與人群，並且在這個過程中被不斷延續與更新？從上述問題出發，本書將細緻展陳女性神祇的形象與象徵意義如何在具體的時空脈絡與社會生活中被創造與實踐，並進一步在多元政教話語、地域文化和族群歷史記憶相互碰撞、交融的歷史過程中被留存與更新，同時反饋成為模塑在地族群關係、文化景觀與歷史敘事的關鍵力量。

從何仙姑信仰所植根的時空脈絡出發，本書嘗試爬梳此一以女性形象為核心的崇拜傳統在十世紀以降的增江流域漸次發展的過程，同時揭示其傳說話語和廟祀傳統所隱含的地方社會發展軌跡。希望藉此說明，一方之神的靈顯之名與多元形象，除了植根並展演於特定的地域社會之中，為社區生活的展延、地方歷史敘事的不斷更新以及敬拜人群持續選擇與實踐的結果，同時亦是鄉土邊界內外的政治經濟力量與文化傳統相互對話和構造出來的產物。本書亦綜合比較分析泛珠三角地區土俗傳統下的女性崇拜案例，爬梳粵地特有的土著巫俗暨性別文化、跨地域宗教敘事、國家意識形態與社會制度相互對話的歷史軌跡，藉以展陳與何仙姑相似的女性角色——未婚無嫁之女性在華南社會長期演進歷史中，如何在多元的宗教話語、變遷的社會制度以及不同社群的文化策略操作下，以女仙、女兒、女祖先等多元身分，逡巡往返於社會結構與文化象徵體系的邊陲與核心之間，展現出雜糅凡俗與神聖形象的豐富面貌與意義。

第二節　核心議題

"八仙"[①]是明清以來最親近常民生活的信仰圖像，當這個神仙

[①] "八仙"是由八位仙人所組成的神仙團體，明清時期迄今，將八位各具來歷與特色的神話傳說人物（鍾離權、呂洞賓、李鐵拐、張國老、曹國舅、韓湘子、藍采和、何仙姑）視為一個整體的八仙故事，是民間信仰與道教傳統中流傳最廣、最為人所熟悉的神仙傳說，以此為主題所衍伸的小說、戲曲、藝術與宗教文化傳統，透過多樣性的傳播

團體的成員名單在明朝中葉固定下來後[①]，此中唯一女仙人——"何仙姑"的來歷，一直是各方爭論的焦點。宋代以來的廣東、湖南、浙江、江蘇、安徽、福建等處，都有自己在地版本的何姓女仙傳說。[②]然而，在不同文類、出處與時代地方背景各異的版本中，有一位出身於廣東省增城縣的何氏女仙，她／祂的生平與神異事蹟，從宋元以來，持續透過多元的文本媒介，如地理書、文人筆記與文集、小說、戲曲、道教與民間宗教經卷等，傳播到中華帝國各個角落。[③]帝國晚

媒介散見於各階層民眾的生活中。

　　[①]　"八仙"一詞起源甚早，不過就近世大眾熟悉的八仙群像而論，其雛形主要醞釀於宋元之際（主要是元代）的繪畫和戲曲。又，八仙的組成名單歷ая明之世曾有浮動，一直要到明代吳元泰（生卒年不詳）成書於嘉靖年間的《東遊記》（按：或名《上洞八仙傳》、《八仙出處東遊記》）和湯顯祖（1550—1616）的《邯鄲夢》刊行後，才確立為後世所悉的"鍾、呂、李、張、曹、韓、藍、何"組合。參趙景深，《八仙傳說》，原載《東方雜誌》卷30期21（1933年11月），載吳光正主編，《八仙文化與八仙文學的現代闡釋——二十世紀國際八仙論叢》（哈爾濱：黑龍江人民出版社，2006），頁43—56；浦江清，《八仙考》，《清華學報》卷11期1（1936年1月），頁89—136。

　　[②]　多數在"八仙"脈絡下論及何仙姑故事的作品，或多或少都會提到宋以來不同地方版本的何姓仙姑故事並存的現象。浦江清是近現代研究八仙信仰的開拓者之一，他很早就注意到，明清時期的文人對於何仙姑故事來源紛雜的困惑以及試圖加以考證的現象。當代學者吳光正則根據宋代以來的文人筆記、地方志、道教仙傳等材料，仔細找出中國各地的"何仙姑"，特別是號稱與八仙有關的版本。吳氏指出，擁有自己"何仙姑"故事的地區大致是：廣東增城、湖南永州與祁陽、江蘇維揚、浙江、安徽歙縣與安慶、福建武平等。這裡必須特別指出，在上述的地方版本中，明清以來的研究者大致上都同意，廣東增城和湖南永州的版本是其中比較重要的。參浦江清，《八仙考》，頁89—136；吳光正，《從何仙姑傳說看宗教傳說與民間傳說的互動》，《海南大學學報（人文社會科學版）》2004年第1期，頁54—59。

　　[③]　W. Perceval Yetts, "The Eight Immortals," *Journal of the Royal Asiatic Society* 48: 4 (October 1916), pp. 773–807; W. Perceval Yetts, "More Notes on the Eight Immortals," *Journal of the Asiatic Royal Society* 54: 3 (July 1922), pp. 397–426; Anning Jing, "The Eight Immortals: The Transformation of Tang and Sung Daoist Eccentrics during the Yüan Dynasty," in Maxwell K. Hearn & Judith Smith, eds., *Arts of the Sung and Yüan* (New York: The Metropolitan Museum of Art, 1996), pp. 213–229; Yang Erzeng（楊爾曾）, *The Story of Han Xiangzi: The Alchemical Adventures of a Daoist Immortal*, translated and introduced by Philip Clart (Seattle: University of Washington Press, 2007), pp. 15–16, 450. 浦江清，《八仙考》，頁89—136；周曉薇，《八仙考補》，《中國典籍與文化論叢》輯4（北京：中華

期，相較於其他地方的何姓仙姑們，增城何仙姑在各類文本中的"能見度"很明顯從明中葉至清末漸次取得了優勢。①（圖0）雖然歷來關於八仙的重要研究都曾注意到，增城何氏仙姑傳說是形構近世八仙何仙姑神話的重要元素，卻鮮有研究者實際走探仙人的故里，進一步探討她／祂與地方的關係。

承此，神祇形象與特定地域的連結，是本研究的起點。本書試圖在地域社會史、性別史與宗教史的視野下，探討女神何仙姑信仰與地方社會相互構造的歷史過程。研究地點為廣東省東江水系主要支流——增江流域沿岸地區②，主要聚焦廣州府增城縣（今廣州市

書局，1997），頁186—197；白化文、李鼎霞，《讀〈八仙考〉後記》，載吳光正主編，《八仙文化與八仙文學的現代闡釋——二十世紀國際八仙論叢》，頁123—139；吳光正，《從何仙姑傳說看宗教傳說與民間傳說的互動》，頁54—59；吳光正，《八仙故事系統考論——內丹道宗教神話的建構及其流變》（北京：中華書局，2006），頁287—328。

① 宋元以來中國諸多省縣皆有何氏女仙故事流傳，不過廣東增城何仙姑故事的部分情節，在明清時期透過仙傳小說、戲曲、道教文獻與民間寶卷等多元文類廣泛傳播，成為近世八仙——何仙姑神話的重要構成元素。分析明中葉至清末之間形成的八仙故事文本，可以發現，無論在民間信仰還是道教神譜體系，廣東增城為"八仙何仙姑"家鄉的形象都漸趨強化。〔元〕趙道一，《歷世真仙體道通鑑·後集》（臺北：新文豐出版公司，1985，影印明正統道藏本）卷5第8《何仙姑》，頁886；〔清〕柳守元，《九天大羅八洞仙祖證道開宗心懺·青霞洞天仙姥宏慈妙法元君》，載〔清〕彭文勤纂輯，賀龍驤校勘，《道藏輯要》（臺北：新文豐出版公司，1986，影印清光緒三十二年〔1906〕成都二仙庵重刊本）冊21《柳集五》，頁76b—78b；〔清〕柳守元，《清微宏範道門功課》，《妙法元君何祖誥》，載胡道靜等編，《藏外道書》（成都：巴蜀書社，1992，影印重刊《道藏輯要》）冊29《張集一》，頁457；《何仙姑寶卷》卷上，頁3a，載《中國宗教歷史文獻集成·民間寶卷》（合肥：黃山書社，2005，影印清光緒十六年〔1890〕重刊金陵一得齋善書坊藏版），頁316；《何仙姑寶卷》（上海：文益書局，1914，"中央"研究院歷史語言研究所傅斯年圖書館藏縮影資料），頁1b；《孝女寶卷》（按：又名《何仙孝女寶卷》）（山東濟南府明聖壇重刊本，1921）卷1《第一回·呂純陽天堂領命，何袁氏月下訓子》，頁1a—3b，載黃寬重、李孝悌、吳政上主編，《俗文學叢刊》（臺北：新文豐出版公司、"中央"研究院歷史語言研究所，2001）冊353，頁19—24。

② 增江主幹流經增城、龍門。增江於龍門一段當地稱為"西林河"，或稱"龍門河"，為增江上源。狹義的增江專指增城境內的河段，廣義的增江包含龍門的西林河與增城境內的增江主幹，本研究所指增江為後者。

增城區）①，旁及接壤增城東北、十五世紀末前為增城縣地的龍門縣。②研究時段始於神祇在地傳說話語和廟祀傳統初立根基的宋代，迄於信仰版圖大幅擴張的清代咸豐、同治時期。

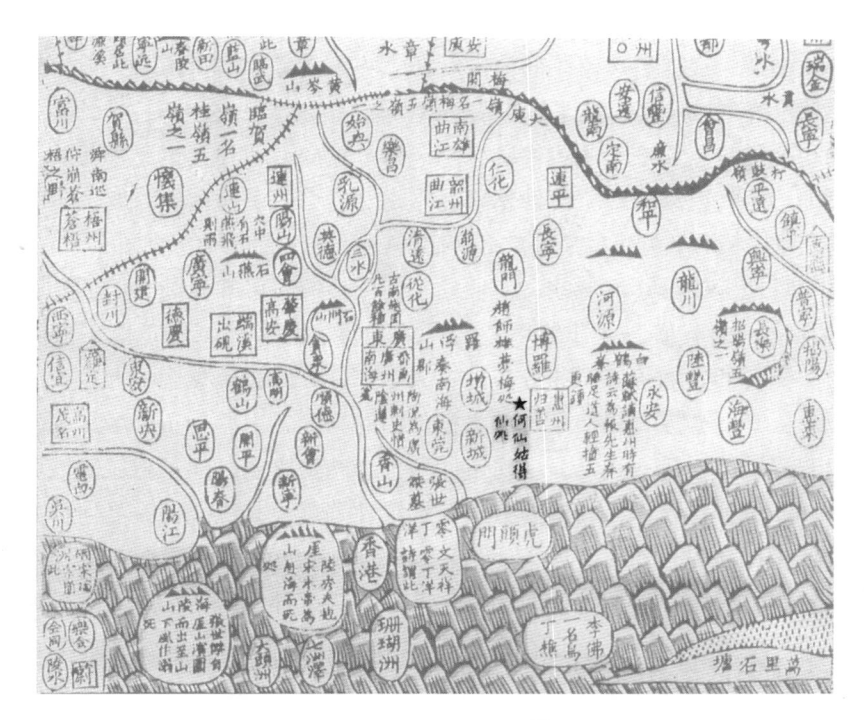

圖0　何仙姑得仙處③

---

① 增城置縣於東漢，歷來皆隸於廣州，明清時期為廣州府轄下十四縣之一。1993年12月8日增城撤縣設市，為廣州市管轄的縣級市。2014年2月12日增城撤市設區，併入廣州市，現為廣州市增城區。《（民國）增城縣志》（上海：上海書店，2003，影印民國十年〔1921〕刻本）卷1《輿地·沿革考》，頁4；《增城縣志》（廣州：廣東人民出版社，1995），頁49、978—993；增城市地名委員會等編著，《廣東省廣州增城市標準地名錄》（增城：增城市國土房產管理局，2000），頁1。

② 民國《龍門縣志》（臺北：成文出版社，1967，影印民國二十五年〔1936〕鉛印本）卷1《縣地志一·沿革》，頁9。

③ 本圖根據清光緒二十一年（1895）《古今地輿全圖》繪製。參見譚廣濂，《從圓方到經緯：香港與華南歷史地圖藏珍》（香港：中華書局，2010），頁120。

增城位於廣東省珠江三角洲東北隅，東面傍鄰道教十大洞天之一的羅浮山①。明清時期，增城是八仙女仙"何仙姑"故鄉的說法在中國各地廣為流傳。在增城，不同於尋常八仙傳說描述的形象，女神何仙姑擁有專屬的地方神話及廟祀傳統。傳說於唐朝抗拒父母婚配之命而捨家仙遊、成道於羅浮山的何氏女仙，施丹救世、禱祈輒驗，被當地民眾奉為增城代表神祇"何仙姑菩薩"②，多處奉其為主祀神祇的祠廟和相關的社區節慶、儀式傳統，迄今猶可見於增城和其東北鄰縣龍門境內。近代以來，為"何仙姑菩薩"靈應之名吸引而來的信眾，不僅遍及增、龍和其鄰近的廣、惠二府諸縣，更及於港澳與南洋地區。③

實地考察增江流域的"何仙姑"信仰傳統，可知此間"何仙姑"崇拜活動的興盛，並非普境皆然，而是特別集中於某些地區。細究增、龍何仙姑廟祀傳統的分布位置與歷史，可以發現幾個耐人尋味的現象：其一，以"何仙姑"為主祀神明的祠廟，主要分布於增江主幹與支流沿河地帶；其二，這些何仙姑祠廟的坐落處，除了增城縣城與一、二處雜姓墟里，其餘多數是何姓單姓聚落；其三，傳說為何仙姑故居地的會仙觀仙姑祠位於增城縣城，其歷史可以追溯至宋代，然而，地處縣城之外的其他何仙姑祠廟和相關崇拜傳統，卻幾乎都是遲至清代咸豐、同治之際，才陸續出現與開展。

相較於增城縣城會仙觀仙姑祠發端於宋、成熟於明末的廟祀傳

---

① "羅浮山"實際是四百三十餘座大小丘陵、山峰所組成的地理區，明清時期羅浮主脈主要隸於惠州府博羅縣（今惠州市博羅縣）。

② "何仙姑菩薩"是現今增城當地居民稱呼"何仙姑"的一種方式。在民國時期天主教傳教刊物裡，這種稱呼方式曾出現在天主教教友對於增城何仙姑信仰的描述記載中。筆者，《何○仲、何○威、丁○好訪談紀錄》，2010年9月15日、12月25日，於增城石灘鎮沙隴村何仙姑廟；陳煥章，《增城信友敬賀德肋撒瞻禮情況》，《石室公教月刊》期6（1930年），頁23—26。按：在廣東與香港，民眾對於那些在生時為聖人能者、離世後能護祐人間的超自然存在，常以"菩薩"敬稱之，即使該神靈與佛教無甚淵源。參廖迪生，《香港天后崇拜》（香港：三聯書店，2000），頁24。

③ 《新界道院》，《華字日報》（香港）1926年2月2日第9版；筆者，《"仙居古廟鎮蠻邦"：拉律戰爭與何仙姑信仰在英屬馬來亞的開展》，《"中央"研究院近代史研究所集刊》期100（2018年6月），頁47—84。

统与傳說話語，為什麼縣城之外的何仙姑祠廟多是遲至清代咸同之際才如雨後春筍般湧現，且又大多分布於增江邊上的何姓聚落？隴畝間流傳的何仙姑故事與縣城會仙觀的"主流"說法有何關聯？城鄉墟里在"大歷史"下貌似枝微閎默，然實則悠遠綿長、生氣勃勃的信仰傳統，如何暗喻或彰示了鮮為人知的地方社會遷變歷程？以上述問題為切入點，本書綜合文獻分析與田野調查，運用地方性與跨地域的文字、口述材料，爬梳以"何仙姑"之名為中心的傳說話語和崇拜活動，是如何在一方水土之上相繼為不同的人群與勢力團體所創造、選擇與挪用，漸次交織出近代的樣貌。透過縷析崇拜傳統與地方社會相互構造的歷史進程，本書將具體展陳神祇傳說話語和廟祀傳統背後所隱含的族群關係、社會制度與文化傳統，並進一步揭示神祇的靈顯之名，為何與如何鑲嵌進入地方社會的組織結構與文化肌理之中，以及在這樣的過程中被編創、留存與衍異。

第三節　學術回顧

1974年人類學家Arthur P. Wolf在《神、鬼和祖先》一文中指出，中國民間信仰中代表超自然力量的神靈結構，實際上是中華帝國皇朝科層制的象徵性展演。神靈世界中的三種超自然存在——神、祖先、鬼，分別是現實世界中三種社會角色的投射，即官員、親屬和陌生人。[①]Wolf的"神—鬼—祖先"理論，不僅開創了從常民宗教實踐出發去理解中國政治體制、社會結構的研究範式，也成為此後學界逾三十年的討論熱點。基本上，Wolf提出的"超自然—凡俗"三元結構，主要淵源於他對中國官僚政治的思索。[②]然而，有學者認為，其

[①] Arthur P. Wolf, "Gods, Ghosts, and Ancestors," in Arthur P. Wolf, ed., *Religion and Ritual in Chinese Society* (Stanford: Stanford University Press, 1974), pp. 131–139.

[②] Wolf文章原來主要的出發點，是藉由中國民眾的日常宗教實踐形態，重新檢視帝制科層體系在中國歷史上的重要性和影響力。回顧此前歷史學家和政治學家關於中華帝國統治效能的討論，Wolf發現，若只從行政安排的層面來評價中國帝制政府的效能，

推論結果看似工整，實際上並不能真正反映中國社會多元複雜的宗教傳統。例如，在中國民間信仰活動中扮演重要角色的女性神祇，無論其出身背景為佛、道或民間信俗，在Wolf描繪的天界官僚圖像中，竟皆未佔有一席之地。①此外，釋、道二教諸多佛菩薩、神仙與民間各式來歷的神祇，其神格特質也並不盡然能以帝國官員的形象和功能精準描述。②很顯然，Wolf對於中國百姓如何構想彼世與人世關係的分析，排除了許多逡巡或游離於"神—鬼—祖先"／"官員—陌生人—親屬"三類別之間與之外的神靈與社會成員。

Wolf的官僚模式架構提出以來，一直是研究漢人宗教的重要理論範式。繼起的討論所在多有，多年來陸續有學者提出相應的反思與挑戰，然而事實上都只是在不同面向的細節上修改Wolf的理論，無法真正推翻或提出更具解釋力的新架構。③雖然如此，這些以Wolf理

無法有效解釋行政效能低下的帝國體制何以能夠延續千年。Wolf認為，從行政安排的面向來評價，政府可能是無能的，但從長期對民眾的影響來看，帝國政府卻是最成功的政府，因為"它依照它自己的模型創造了一個宗教"、"緊緊抓住一般人的想像"，這也許是帝制在統治效能上雖然存在諸多弱點，卻還能持續千年的原因。Arthur P. Wolf, "Gods, Ghosts, and Ancestors," pp. 131–132.

① Meir Shahar and Robert P. Weller, "Introduction: Gods and Society in China," in Meir Shahar and Robert P. Weller, eds., *Unruly Gods: Divinity and Society in China* (Honolulu: University of Hawai'i Press, 1996), pp. 8–20; Brigitte Baptandier, "The Lady Linshui: How a Woman Became a Goddess," in ibid., pp. 105–149; P. Steven Sangren, "Myths, Gods, and Family Relations," in ibid., pp. 150–183.

② Meir Shahar and Robert P. Weller, "Introduction: Gods and Society in China," pp. 8–20; Paul R. Katz, "Enlightened Alchemist or Immoral Immortals? The Growth of Lü Dongbing's Cult in Late Imperial China," in Meir Shahar and Robert P. Weller, eds., *Unruly Gods*, pp. 70–104.

③ 例如，Meir Shahar與Robert P. Weller（1996）、Philip Clart 與Charles Jones（2003）、Paul R. Katz與Murray Rubinstein（2003）領頭編著的三部論文集，當中所集結的數十篇文章增加了對於變遷、性別、邊陲和國家宗教之外宗教傳統的關懷，不過基本上都無法成功挑戰Wolf的架構。又如Robert Hymes在其經典之作《道與庶道：宋代以來的道教、民間信仰和神靈模式》（*Way and Byway: Taoism, Local Religion, and Models of Divinity in Sung and Modern China*）一書中，試圖提出與Wolf官僚模式相對應的個人模式（personal model），該模式的特點有三：其一，神人之間或神祇之間的層級

論為中心而開展的眾多討論,紛紛以宗教信仰的象徵體系或實踐活動為"進入"中國社會的通道,試圖循此挖掘與剖析中華帝國文化、政治與社會結構的實相,深刻影響了日後關於中國女性神祇崇拜現象的研究。

針對Wolf理論缺乏對於性別問題的關注,另一位同樣以臺灣為研究地點,致力於漢人民間信仰研究的人類學家P. Steven Sangren,在其1983年的文章《中國宗教象徵中的女性:觀音、媽祖與無生老母》中提出反省。① 該文指出,雖然女神在中國神靈信仰與儀式傳統中佔有顯要的地位,但是大部分的學者卻多只針對具有官僚特質的男性神祇進行研究。Sangren指出,這些天界官僚多半是屬於區域性的信仰崇拜,他/祂們的地位和角色功能因此和人間官員的品級階層一樣,有著尊卑差等和管轄範疇的限制。相較於男性神祇,Sangren認為,女性神祇諸如觀音、媽祖和無生老母,由於性別特質使然,並不在天官之列(如同女性在現世社會中亦不具備成為帝國官員的資格),是以中國的女神崇拜較不具地域、階層或身分上的排他性,其信仰內涵的包容性底蘊常可以用來結合人群。同時,女神非屬男性天界官員的身分,潛在具有顛覆男性主導的價值體系的能量,因此在歷史上的千禧年運動中,常能見到以特定女神作為號召群眾追隨的神聖象徵。②

關係為一對一;其二,立基於不同的關係(諸如繼嗣、師徒等等)之上;其三,人神之間的交通無須透過中間媒介。然而,此一理論架構雖頗具新意,但是嚴格說來只能視作與Wolf相互補充的解釋範式。同時,Hymes所謂的個人模式架構也存在與Wolf理論一樣的缺憾,即不試圖將性別的問題納入討論。Meir Shahar and Robert P. Weller, eds., *Unruly Gods*; Philip Clart and Charles Jones, eds., *Religion in Modern Taiwan: Tradition and Innovation in a Changing Society* (Honolulu: University of Hawai'i Press, 2003); Paul R. Katz and Murray Rubinstein, eds., *Religion and Formation of Taiwanese Identity* (New York: Palgrave Macmillan, 2003); Robert Hymes, *Way and Byway: Taoism, Local Religion, and Models of Divinity in Sung and Modern China* (Berkeley: University of California Press, 2002), pp. 1–5.

① P. Steven Sangren, "Female Gender in Chinese Religious Symbols: Kuan Yin, Ma Tsu, and the 'Eternal Mother'," *Signs: Journal of Women in Culture and Society* 9: 11 (Autumn 1983), pp. 4–25.

② 有關特定女性神祇信仰與千禧年運動的聯繫,除了Sangren所舉的無生老母

Sangren的看法實際上並沒有挑戰Wolf的官僚模式理論架構，而是增加了性別意識的面向，對Wolf的理論作進一步的應用與延伸。以宗教學者于君方對於觀音（Avalokiteśvara）信仰的探討為例，可以看出Wolf與Sangren理論深刻的影響。于君方指出，中國觀音信仰明顯的特點，是該信仰在本土化的同時，也經歷了觀音形象從男身到女身的轉變歷程。[①]受到Sangren研究的啓發，于君方認爲，觀音在中國轉變爲女神的原因，在於中國本土女神信仰的真空狀態。她的論證是，自漢代獨尊儒術之後，男性官員與神祇壟斷了帝國政治體系與超自然世界中的主要位置，彼世的女神、交通人天的女性巫者、凡俗社會生活中的婦女等女性角色，亦隨之一同被邊緣化，女神信仰因此衰落，造成宗教上的真空狀態。地域性或官吏型的男性神祇無法完全滿足人們的宗教需求，而中國本土也沒有任何強而有力的女神可以填補這個空隙。有鑑於此，于氏進一步指出，女身觀音的出現，一方面填補了這個空隙，一方面也重新啓動了中國女神信仰的發展：當觀音變成女神後，一些重要的女性神祇如媽祖、碧霞元君與無生老母等，相繼於宋代之後出現，以這些女神爲核心的崇拜活動也隨之興盛起來。于氏著作中的一段話或可扼要總結其想法："如果觀音與中國本土女神之間真有任何關聯，我會認爲那是負面的。換句話說，正因爲沒有強而有力的女神，觀音才能有性別的轉換，如果中國有既受歡迎且又神威顯赫的女神，觀音或許不會成爲中國的女神。"[②]言下之意，如果觀音信仰傳入中國時，中國本土已然有強大的女性神祇信仰傳統，或許觀音形象就不會有轉化性別的需要。

　　1996年在Meir Shahar和Robert P. Weller主編的論文集《不羈之

之例，另一個例子是漢代的西王母崇拜。P. Steven Sangren, "Female Gender in Chinese Religious Symbols," pp. 21-22; Hubert Seiwert and Ma Xisha（馬西沙）, eds., *Popular Religious Movements and Heterodox Sects in Chinese History* (Leiden; Boston: Brill, 2003), pp. 31-32, 442, 489.

① Chün-fang Yü, *Kuan-yin: The Chinese Transformation of Avalokiteśvara* (New York: Columbia University Press, 2001).

② Chün-fang Yü, *Kuan-yin: The Chinese Transformation of Avalokiteśvara*, pp. 412-413.

神：中國的神明與社會》中，七位分別來自歷史學與人類學的學者根據自己的研究，提供了相當不同於Wolf所描繪的中國宗教與社會景觀，對於日後有關中國宗教與社會的研究影響深遠。該論文集的作者們試圖指出，中國民間存在著眾多女性神祇與以非官僚姿態出現的神靈崇拜，這樣的現象說明了Wolf"神─鬼─祖先"研究範式的有限性。然而，相關學者雖然是以挑戰者的姿態與Wolf進行對話，書中展示的研究成果並未能真正反駁Wolf理論的有效性①，而是在此基礎之上更細緻地展示，中國民間信仰不僅是社會機制與人群關係的象徵性表述（symbolic representation），同時也是不斷與社會變易和歷史沿革相互對話的實踐傳統。

舉例來說，《不羈之神》收錄有Sangren的一篇文章，討論哪吒、目蓮與觀音（妙善公主）三位非"天官"身分但在民間相當受歡迎的神明。分析三位神明的神話與戲曲，Sangren認為，這些神祇本質上是中國社會家庭關係的象徵：哪吒、目蓮與觀音／妙善公主②，分別代表了中國家庭在父子、母子與父女三種親子關係中潛在的衝突與緊張。以中土觀音／妙善公主傳說為例，Sangren指出，中國文化中理想的女兒，必須要離開原生家庭，藉由從夫居（virilocal）的婚姻制度進入夫家的父系繼嗣系統。③在妙善公主傳說中，妙善因立志

---

① 部分研究者的立論過於執著反對Wolf解釋架構的立場，反而弔詭地提供了強化其論證的反例。例如，Meir Shahar與Robert P. Weller在該書序言中指出，女性神祇因其不具有官僚屬性，象徵並體現了不同於男性儒家菁英所提倡的社會價值，是以潛在具有顛覆帝國晚期父系階層政治結構的力量（意即因為處於制度之外的位置，所以自然具備了反制度的能量）。Meir Shahar and Robert P. Weller, "Introduction: Gods and Society in China," p. 18.

② 中國本土的觀音菩薩在造像上由男身至女身的轉化歷程，歷來是學界關注的焦點。觀音的本生故事在中國民間最為人熟悉的是妙善公主的傳說，關於妙善傳說歷來的演變，Glen Dudbridge根據民間寶卷和碑文資料有精細的探討。Glen Dudbridge, *The Legend of Miaoshan* (revised edition)(Oxford: Oxford University Press, 2004); Glen Dudbridge, "Miao-shan on Stone: Two Early Inscriptions," *Harvard Journal of Asiatic Studies* 42: 2 (December 1982), pp. 589–641.

③ Sangren在文章中以妙善兩位姊姊的招贅婚姻為例，說明以妻族為中心的婚姻制

求道而抗拒其父婚嫁安排的情節，表面上是對父親權威的挑戰，實際上所凸顯的，是未嫁女兒的身分對於從夫居的父系家族結構可能造成的衝擊與威脅。由於這樣的反抗行動不符合社會對女兒角色的期待，所以妙善的最終結局只能是成為彼世的神明——觀音，無法再回到現世。[1]此外，妙善從公主到菩薩的成道之路象徵女性捨棄女兒身分，昇華為包容、庇佑眾生等類母親形象的神聖象徵，類似的經歷同樣可見於媽祖等女性神祇傳說。[2]

妙善公主挑戰父系婚姻制度並不是一個孤立的例子。早前已有學者注意到，中國近世重要的女性神祇如觀音（妙善公主）、媽祖（"天后"、"天妃"，林默）、臨水夫人（陳靖姑）等，其傳說形象幾乎都與年輕離世並無嗣的女性有關。[3]除了生前的神通與離世後展現的靈異事蹟各擅其場，抗拒婚姻的情節毋寧是這些女神傳說共通的主題。[4]拒絕走入婚姻制度，一方面是宗教傳統所認可的女性尋求超越之路，另一方面卻又潛在具有扞格社會體制的危險，我們如何理解這樣的矛盾？對此，諸多論者將女性拒絕婚姻的行動，視為女性對於帝國晚期社會主流價值體系的反叛，象徵婚姻與親族制度當中潛在的緊張關係。[5]由於這樣的實踐有衝擊社會秩序之虞，在真實的世界中不會被認可，所以故事最終是透過讓主角成為庇佑萬民的神明的隱喻情節，吸納並消弭衝突，讓社會回到原先的秩序。上述Sangren的妙

度因為夫妻角色的模糊性（妻子成為妻家的"女兒子"，丈夫則成為"男媳婦"）可能為妻子的原生家庭繼嗣秩序帶來混亂，因此並非中國文化所認可的婚姻制度。P. Steven Sangren, "Myths, Gods, and Family Relations," in Meir Shahar and Robert P. Weller, eds., *Unruly Gods*, p. 165.

[1] P. Steven Sangren, "Myths, Gods, and Family Relations," p. 168.

[2] P. Steven Sangren, "Female Gender in Chinese Religious Symbols: Kuan Yin, Ma Tsu, and the 'Eternal Mother'," pp. 4–25, esp. pp. 10–14.

[3] 阮昌銳，《莊嚴的世界》（臺北：文開出版事業股份有限公司，1982）。

[4] P. Steven Sangren, "Female Gender in Chinese Religious Symbols: Kuan Yin, Ma Tsu, and the 'Eternal Mother'," p. 12; Meir Shahar and Robert P. Weller, "Introduction: Gods and Society in China," p. 13.

[5] Meir Shahar and Robert P. Weller, "Introduction: Gods and Society in China," p. 13.

善公主研究，初步表達了這樣的思考。

在成神的過程當中，排斥婚嫁的女性神異人物往往被文化中的行動者藉由宗教象徵方式，轉化為符合社會期待的女性角色，淡化有抵觸主流價值之虞的未婚女性身分或抗婚行動。對於臨水夫人和媽祖的研究成果，進一步呼應並補充了Sangren上述的論點。《不羈之神》中，Brigitte Baptandier討論了閩臺重要的臨水夫人信仰。在臨水夫人的傳說裡，主角陳靖姑在出嫁前也經歷了類似於妙善公主的人生轉折：堅心求道，抗拒父母婚配安排而離家拜師學法。①Baptandier後來在自己的專著《臨水夫人：一個中國女性崇拜傳統》中，對於臨水夫人傳說反映的女性角色與女性意涵，進行更細緻的分析。Baptandier的基本論點是，女性在中國社會中的選擇有三：進入父系家族，依附宗教②，死亡。臨水夫人故事的主角陳靖姑，原本是拒絕婚姻以及擁有神異力量的女巫者，最終卻成為庇護天下婦幼的"救產保胎"女神。從"女人"陳靖姑到"女神"臨水夫人，此間身分轉化的過程，實際上脫離不了父系意識形態對女性角色的設定框架。Baptandier指出，單憑女性宗教師的身分和神異力量並不足以讓陳靖姑成神，陳氏成神的關鍵在於，其因難產而逝後，猶勉力憑藉一縷精魂，重返閭山學習扶胎救產之術，以救護在生產育養過程中遭逢危難的母親與嬰孩。藉由這個過程，陳靖姑的女巫者身分轉化為社會所認可的母親角色以及照拂天下母親與孩童的庇護者，這也是陳靖姑身為女性卻能在

---

① Brigitte Baptandier, "The Lady Linshui: How a Woman Became a Goddess," pp. 105–149.
② Baptandier認為，傳說中陳靖姑到閭山修法時，有情誼親厚的結拜師姊妹，反映了中國社會中已屆適婚期的年輕女性拒絕婚姻並共組宗教社群的現象。作者另以廣東自梳女為例，指出"自梳"的女性們也同樣以未婚身分和女性同伴共營團體生活，作為進入父系結構（無論是婚嫁之後進入夫家還是留在原生家庭）的另一種選擇，而這種選擇常常是以宗教為凝聚團體的要素。Brigitte Baptandier, *The Lady of Linshui: A Chinese Female Cult*, translated by Kristin Ingrid Fryklund (Stanford: Stanford University Press, 2008), pp. 46–48. 按：關於自梳女抗婚行為與宗教的討論，可參Marjorie Topley, "Marriage Resistance in Rural Kwangtung," in Margery Wolf and Roxane Witke, eds., *Women in Chinese Society* (Stanford: Stanford University Press, 1975), pp. 292–324.

中國文化中堂皇成神的關鍵原因。Baptandier強調，中國社會中反抗父系體制權威的女性只有兩種選擇：依附宗教或者死亡[1]，因此在臨水夫人故事中，女性逃離父系家庭或家族的成神過程不只是死亡的情節被刻意渲染，還必須是以一種死於非命的非常形式。

媽祖是另一個未婚女性成神的例子。媽祖信仰的多面向使媽祖成為歷來學界關注的女性神祇之一，不同學科訓練以及學術關懷的學者相繼貢獻了非常豐富的研究成果。[2]例如，人類學家James Watson曾以香港天后信仰探討國家文化權力與地方社會之間的互動關係，提出影響深遠的神明"標準化"（standardization）概念。Watson指出，神祇的標準化是指國家通過敕封地方神靈以收編邊疆地區的土著信仰，目的是使該神靈信仰能與國家意識形態保持一致。因此，地方信仰被

---

[1] Brigitte Baptandier, *The Lady of Linshui: A Chinese Female Cult*, p. 28.

[2] 李獻璋，《媽祖信仰の研究》（東京：泰山文物社，1967）；李獻璋，《媽祖傳說的展開》，《漢學研究》卷8期1（1990年6月），頁287—307；黃美英，《臺灣媽祖的香火與儀式》（臺北：自立晚報文化出版部，1994）；黃美英，《香火與女人：媽祖信仰與儀式的性別意涵》，載漢學研究中心編，《寺廟與民間文化研討會論文集》下冊，臺北："行政院"文化建設委員會，1995；張珣，《女神信仰與媽祖崇拜的比較研究》，《"中央"研究院民族學研究所集刊》期79（1995年12月），頁185—203；張珣，《文化媽祖：臺灣媽祖信仰研究論文集》（臺北："中央"研究院民族學研究所，2003）；廖迪生，《香港天后崇拜》；廖迪生，《香港天后崇拜的文化詮釋》，載陳慎慶編，《諸神嘉年華：香港宗教研究》（香港：牛津大學出版社，2002），頁222—235。英文學界較具代表性的是Judith M. Boltz、P. Steven Sangren、James Watson等的相關著作。Judith M. Boltz, "In Homage to Tien-Fei," *Journal of American Oriental Society* 106: 1 (January-March 1986), pp. 211–232; P. Steven Sangren, "Female Gender in Chinese Religious Symbols: Kuan Yin, Ma Tsu, and the 'Eternal Mother'," pp. 4–25; P. Steven Sangren, *History and Magical Power in Chinese Community* (Stanford: Stanford University Press, 1987); P. Steven Sangren, "History and Rhetoric of Legitimacy: The Matsu Cult of Taiwan," *Comparative Studies in Society and History* 30: 4 (October 1988), pp. 674–697; P. Steven Sangren, "Power and Transcendence in the Ma Tsu Pilgrimages of Taiwan," *American Ethnologist* 20: 3 (August 1993), pp. 564–582; James L. Watson, "Standardizing the Gods: The Promotion of T'ien Hou ('Empress of Heaven') along the South China Coast, 960-1960," in David Johnson, Andrew J. Nathan, and Evelyn S. Rawski, eds., *Popular Culture in Late Imperial China* (Berkeley: University of California Press, 1985), pp. 292–324.

標準化的過程，實際上也反映了中央政府統治權力和意識形態進入地方社會、將邊疆地區納入王朝政治版圖的歷史。①透過分析一位出身於中國南方邊陲的地方神祇轉變為國家正神的過程，Watson的天后研究旨在探討何以地方文化的多元性無礙於中國成為一個統一的國家。至於神祇的性別角色問題，因為無關其立論宏旨，Watson並沒有太多著墨。

在眾家論述之中，民俗學者李獻璋是少數對於媽祖信仰近世以來的演變提供完整歷史輪廓的研究者。根據李獻璋的研究，以未嫁女巫者之身成神的媽祖，原本為福建莆田沿海地區的地方神明，北宋中葉泉州設置市舶司，媽祖信仰因而興盛。南宋由於宋金對抗的政治態勢，中央政府限制市舶發展，莆田的重要性逐漸衰落，然而其東南面的湄洲因位於海上南北交通銜接之處，不受朝廷貿易政策改變的影響而持續發展，興盛的媽祖祠廟祭祀活動使得該地躍升成為媽祖的"家鄉"。湄洲媽祖的面貌隨著元代漕運的熱絡發展而更趨複雜，元明的方志逐漸賦予這位女神在生時的姓氏、名諱與家世等細節，包括其未嫁而卒的事蹟。②然而，因為李氏的研究重點在於探討媽祖傳說歷代以來的變遷，對於神祇本身性別的文化意義以及巫者的社會角色，並沒有進行更深入的討論。

歷史學者李貞德在回顧歷來的媽祖研究時指出，媽祖成神前的單身女子形象並不符合中國社會對女性角色的理想期待，林默未婚而離世成神，最終卻演變為具有母親形象的"媽祖"，其實是很值得探討的過程。然而，相較於林默成為"媽祖"，包括Watson在內的多數學者卻似乎更有興趣於她如何成為"天妃"、"天后"的歷程。③人類學家張珣在比較印度、歐洲女神信仰與中國媽祖崇拜時，

---

① James L. Watson, "Standardizing the Gods: The Promotion of Tien Hou ('Empress of Heaven') along the South China Coast, 960-1960," pp. 292-324.

② 李獻璋，《媽祖傳說的展開》，頁287—307。

③ 李貞德，《最近中國宗教史研究中的女性問題》，《近代中國婦女史研究》期2（1994年6月），頁259—260。

也注意到媽祖以未嫁身分而卒,最後卻成為國家正統文化所認可和表彰的神明。張珣指出,早期的媽祖傳說以"通賢靈女"強調林默成神前的未嫁身分,但在後來逐漸上升至全國性神祇的過程中,國家卻屢以"夫人"、"妃"、"后"、"聖母"等暗喻妻子或母親身分的頭銜敕封之;民間也常以媽祖"回娘家"之假借比喻方式,描述分香子廟與母廟之間定期確認上下世代香火傳承關係的儀式行為。張珣認為,上述文化現象其實揭示了一種社會行動者選擇性模塑信仰的過程:當某神明的傳說內容有抵觸主流價值之虞時,文化中的行動者往往會"視而不見"該情節,另行創造一種論述以便利行動順利進行。從"靈女"到"聖母"或民間的"媽祖婆",林默從未婚的女巫者變成中國文化中為人妻、母的理想女性典範,正是上述過程最好的例子。①

Kenneth Pomeranz的碧霞元君研究展示了和媽祖信仰反向的發展歷程。Pomeranz指出,泰山女神碧霞元君的信仰在宋元明時期盛極一時,卻從未正式被納入官方祀典。有清一代,該信仰因為逐漸喪失來自宮廷與士人等菁英階層的支持而式微。迨至二十世紀,這位女神的社會基礎逐漸向平民階層轉變。隨著信仰者社會階層的轉變,神祇的形象從維護正統社會秩序轉變成與男性神祇或官員對抗的角色。② 同樣

---

① 張珣,《女神信仰與媽祖崇拜的比較研究》,頁198—199。按:關於神明形象的演變如何反映大傳統與地方傳統兩造之間相互對話與滲透的過程,劉志偉針對珠江三角洲北帝崇拜的討論,或許可以提供一個與媽祖信仰相互比較的例子。張珣描述的媽祖之例,體現的是神明"從下至上"被"標準化"的過程,珠三角北帝崇拜在劉志偉的研究中,反映的卻是原先正統的神聖符號"從上至下"被賦予地方樣貌的過程。此間值得特別注意的,是地方菁英在過程中扮演了協調折衷"王者之祀"與"氓庶之祀"的角色。劉志偉,《神明的正統性與地方化:關於珠江三角洲北帝崇拜的一個解釋》,載中山大學歷史系編,《中山大學史學集刊》輯2(廣州:廣東人民出版社,1994),頁107—125。

② Kenneth Pomeranz, "Power, Gender, and Pluralism in the Cult of the Goddess of Taishan," in Theodore Huters, R. Bin Wong, and Pauline Yu, eds., *Culture & State in Chinese History: Conventions, Accommodations, and Critiques* (Stanford: Stanford University Press, 1997), pp. 182–206.

受到Sangren關於女神研究的影響①，Pomeranz認為，導致碧霞元君信仰與觀音、媽祖信仰走向不同發展歷程的原因之一，在於碧霞元君的形象凸顯了明確的女性特質——年輕女性的美貌與性徵，這樣的形象基本上難以被正統文化所認可。強烈的女性特質象徵年輕女性所擁有的性與生育能力，在中國社會，這樣的能力一方面是延續家族世系所需要的關鍵力量，另一方面擁有這些力量的年輕妻子與媳婦，卻往往被看成是具有破壞家庭、家族關係之虞的外來者。相對於此，觀音和媽祖則是常以母親或年長女性的形象出現，這樣的女性角色不再有危險的生育能力，其地位和功能也已經完全被家族世系所吸收，能成為孩子情感依附的對象，並進而成為凝聚家庭、家族的紐帶。Pomeranz甚至認為，類似碧霞元君這種常以年輕女性形象出現的妙齡女神，很難成為影響力深遠並廣受敬仰的神明。②

綜觀上述研究，可以發現近半世紀來學界具有歷史—社會視野的女神信仰研究，直接或間接都參與到Arthur Wolf "神—鬼—祖先"架構的對話。這些研究中所描繪的女性神祇崇拜，實際上是以文化象徵的方式展演出女性在中國社會結構——尤其是家庭與家族層次——的角色與功能，以及揭示女性在文化系統中的象徵意義。然而，在看似

---

① Kenneth Pomeranz, "Power, Gender, and Pluralism in the Cult of the Goddess of Taishan," pp. 183–185. 按：Sangren曾指出，媽祖、觀音與無生老母這類型女神，在被社會賦予母親角色的過程中，其實也逐漸被削弱其原有的女性特徵。她們／祂們實現了社會對母親角色與功能的期待：團結與安定，卻毋須扮演妻子或媳婦的角色，不會成為家庭不安和危險的潛在根源。Sangren認為，這些神祇在中國社會扮演了一種類似西方基督宗教"聖母"（Virgin Mother）的角色，一方面符合儒家對孝道的要求，一方面也與宗教對神聖純潔的期待不產生衝突。Alan K. L. Chan亦曾提到，中國女神信仰存在一個永恆的緊張關係，傳統中國女人必須結婚生育，然而女性修行者要獨身修行，兩者之間存在衝突。P. Steven Sangren, "Female Gender in Chinese Religious Symbols: Kuan Yin, Ma Tsu, and the 'Eternal Mother'," pp. 4–25; Alan K. L. Chan, "Goddess in Chinese Religion," in Larry W. Hurtado, ed., *Goddess in Religion and Modern Debate* (Atlanta: Scholars Press, 1990), pp. 9–81.

② Kenneth Pomeranz, "Power, Gender, and Pluralism in the Cult of the Goddess of Taishan," pp. 182–206.

百花齊放的豐碩研究成果下,仍存在必須進一步克服的瓶頸,即多數研究者倚賴的分析文本以及理論架構,抽離了具體時間與空間向度,使得他們講述的眾家女神故事宛若靜滯的平面,而非多元宗教、文化與地域傳統參與對話的動態積累過程。如果女性的抗婚、不婚是普遍存在於中國女神信仰傳統的主題,在此基礎上值得進一步思索的問題或許是:它除了反映女性對父權家族制度與婚俗的反抗,是否可能存在其他的文化意義?在中國廣大版圖下的每個角落,其各自的家庭親族、婚姻等社會制度的運作,是否都是所謂父權意識形態下的產物,以及父系結構在相同程度上的實踐?退一步來說,即便父系宗祧承嗣向來被視為主宰中國社會景觀的核心原則,然而,前述論者據之立論的所謂父權文化與社會結構,實際上並非互古不變的鐵板一塊[①],而是會隨著多元的地域文化傳統、流動的時空環境和變動的社會體制而更迭,身處其間的女性角色和女性意涵亦是如此。

人類學者蕭鳳霞(Helen F. Siu)與歷史學者劉志偉關於珠江三角洲"自梳女"與"不落家"傳統的討論,提供了重新理解拒婚現象另一種不同的視角,同時也提醒我們注意,信仰傳統、女性角色以及兩性關係,其實是不同地方傳統下的社會和文化實踐的結果,應該具體

[①] 前述學者的研究地點多位於中國南方的廣東與閩臺地區,他們著作中所謂的父系結構,指的是明清以來主宰華南社會景觀的宗族制度。必須注意的是,宗族制度作為一種鋪排社會秩序的模式,實際上有深刻的歷史和地域的實踐差異性,同時也塑造了不同的宗教文化景觀。就廣東的情形而論,明中葉以來的社會組織是以宗族制度為主,神廟祭祀系統為輔;然而在閩臺地區,其神明的祭祀系統相較於宗族組織,更關鍵性地影響了地方秩序的鋪排和文化展演方式。相關討論可參科大衛、劉志偉,《宗族與地方社會的國家認同——明清華南地區宗族發展的意識形態基礎》,《歷史研究》2000年第3期,頁3—14;科大衛,《祠堂與家廟——從宋末到明中葉宗族禮儀的演變》,《歷史人類學學刊》卷1期2(2003年10月),頁1—20;劉志偉,《在國家與社會之間:明清廣東地區里甲賦役制度與鄉村社會》(北京:中國人民大學出版社,2010);David Faure, *Emperor and Ancestor: State and Lineage in South China* (Stanford: Stanford University Press, 2007);鄭振滿,《神廟祭典與社區發展模式——莆田江口平原的例證》,載氏著,《鄉族與國家:多元視野中的閩臺傳統社會》(北京:生活·讀書·新知三聯書店,2009),頁210—237。

放到地方歷史、政治與社會生活的脈絡去考察。在《婦女何在？——抗婚和華南地域文化的再思考》一文中，蕭鳳霞認為，婚俗的實踐其實是地方社會中不同人群用來從事資源競爭的象徵行為和文化過程，我們不應該假設有一種男性採納而女性抗拒、合於官方意識形態的婚姻形式。該文指出，婦女的角色和婚俗作為一種文化手段，可以被包括她們自己在內不同的人或人群所理解、選擇和利用，這因此解釋了珠江三角洲一帶長久存在的女性不落夫家習俗，可以在晚清時期為士大夫化的菁英家族當作一種進行社會排斥的文化策略，也可以在十九世紀末、二十世紀初被從事繅絲業的勞動婦女援引為抗婚的手段。①

劉志偉在《女性形象的重塑——"姑嫂墳"及其傳說》一文，藉由分析番禺沙灣何氏宗族的姑嫂墳傳說，探討明清珠江三角洲地區的婦女形象演變過程。②分析比較姑嫂墳傳說的不同版本，劉志偉注意到傳說經歷了主題的變換：早期姑嫂墳故事以女性——矢志不嫁的"姑"和似乎未從夫居的"嫂"——為中心，強調的是"姑"與"嫂"兩位女性的情誼與關係，到後來則轉變為以男性和家族利益為中心，女性在故事中的角色也被以男性的立場重新定義為"妻子"、"媳婦"、"女兒"、"母親"與"姑姑"。劉氏認為，故事主題的轉變，實際上標誌了珠江三角洲的土著文化傳統在明清時期被士大夫文化重塑的過程。此外，該文的另一個重點在於，姑嫂墳傳說的早期版本其實揭示了一種不同於所謂"中原文化"的文化傳統，當中女性的社會角色、家庭地位與明清時期士大夫文化對於女性角色刻板的想像並不完全一致。劉氏將自梳女與不落家的現象放在這個脈絡中思考，他以女性在家庭中的女兒角色為例，說明珠三角女性的社會地位體現了該處地方傳統的特殊性。他指出，當地婦女並不像中國社會典型描繪的女性形象，為男性之附庸；女兒／姑婆在家族中享有的權利

---

① Helen F. Siu, "Where Were the Women? Rethinking Marriage Resistance and Regional Culture History," *Late Imperial China* 11 (December 1990), pp. 32–62.

② 劉志偉，《女性形象的重塑——"姑嫂墳"及其傳說》，載劉永華主編，《中國社會文化史讀本》（北京：北京大學出版社，2011），頁307—322。

及所承擔的責任與義務，展示了女性在原生家族中的特殊地位。劉氏認為，珠三角自梳女與不落家的實踐、女性在家庭中的特殊角色，彼此間應該存在內在的聯繫。①

筆者認為，華南婚俗所揭示的女性文化傳統，相當程度挑戰了目前多數女性神祇研究的論述。根據上述蕭鳳霞和劉志偉的研究，帝國晚期華南社會的婚俗實踐展示了一幅奇異的社會景觀：女性主義論者批判最力的所謂父權宗族制度在這裡得到最淋漓盡致的展演，然而，即便置身於這樣的社會結構之中，女性的位置卻未必如一般論者所設想的處於最卑屈的地方，女性的角色和兩性關係也不盡然符合此前學者透過他們的研究想要強調或暗示的樣子。

頗為遺憾的是，蕭鳳霞藉由華南婚俗研究所提出的"婦女何在"探問，在後來眾多視地方宗教傳統為"進入"民間社會重要入口的區域／地域社會史研究中，並沒有得到持續且足夠的重視。許多以探尋地方社會構造歷程、勾勒國家與地方互動模式為職志的研究者，受到天后信仰"標準化"討論的啟發，深入鄉土，試圖在國家與地方勢力的文化、政治折衝或謀合的脈絡下，審視地方神祇形象與地位的轉化、信仰傳播的動力與媒介等，反之亦然。然而，對於不在上述脈絡下的信仰議題，如神靈性別角色的形塑與影響，則鮮少成為研究者有興趣繼續前行的研究方向。雖然已有少數學者試圖將以女性形象為核心的崇拜傳統納入研究視野②，但是相關研究成果似乎較少嘗試與既有的性別、宗教研究成果進行對話③，未能進一步在宏觀的宗教史脈絡下反饋成為理解中國女神信仰或女性崇拜傳統的助力。

養生送死的關懷以及被回應的需要，是貫穿中國社會制度以及文

---

① 劉志偉，《女性形象的重塑——"姑嫂墳"及其傳說》，頁312—317。

② 賀喜，《土酋歸附的傳說與華南宗族社會的創造——以高州冼夫人信仰為中心的考察》，《歷史人類學學刊》第6卷第1、2期合刊（2008年10月），頁23—66；劉志偉，《女性形象的重塑——"姑嫂墳"及其傳說》，頁307—322。

③ Jia Jinhua, Kang Xiaofei, and Yao Ping, eds., *Gendering Chinese Religion: Subject, Identity, and Body* (Albany: State University of New York Press, 2014)；林欣儀，《道教與性別》，《新史學》卷26期2（2015年6月），頁191—242。

化體系的核心,在此脈絡下探索女性角色與性別關係,是完整理解中國社會與人民無可迴避的研究課題。女性在世時透過婚姻在不同的繼嗣團體和社區中生活,扮演女兒、妻子、母親等不同角色,去世後在夫家宗祧系統內享有正當的香火祭祀,學界關於這方面已經有很多的討論。①不過,對於在上述"正常"生涯藍圖之外的女性,她們在現世社會以及神靈世界中的位置、角色和選擇,相關的認識還不足夠充分與明晰。釐清這些問題,也許有益於我們思考中國女性神祇崇拜中醒目的抗婚、不婚主題,並且能進一步豐富我們對於中國女性社會生活的理解。

在中國民間社會,養生送死的問題如何被圓滿處理,會因為處理對象是男性抑或女性、生活在哪一處地域和社群之中,而有不同的文化操作方式。舉例而言,無祀的亡靈理論上成為"鬼",象徵社會的失序狀態②,如何透過儀式行為與話語體系安頓這股潛在威脅社會穩定的力量,遂成為家族、地方社會與國家共同的挑戰。在社區整頓失序、回歸有序的過程中,亡者的性別差異至關緊要,往往導致了不同的處理方式。一般說來,男性未婚而卒,透過與亡者隸屬相同繼嗣群體的成員後代的祭祀行為,可以順理成章成為家族或宗族祖先,四時承享粢盛之祀。可是,若未婚而卒者為女性,原則上沒有正當的方法可以進入家戶神龕或宗族祠堂受享子姪香火,往往直接淪為無祀飄零之孤魂,抑或是透過非常的方式成為公眾祭祀的神祇。因此,相較於男性,如何處理女性亡魂的問題,不論對家族還是對社區而言,顯然都更為棘手,一方面必須不違禮俗風化與宗教教義,同時也必須考量家族與社區的制度、文化傳統的規範。不過,從另一個角度思考,女性的位置其實提供了很好的切入點,去觀察宗教禮俗觀念與家庭／家族制度、地方傳統如何碰撞與融合、相互滲透的過程。

---

① 張珣,《女神信仰與媽祖崇拜的比較研究》,頁197—198。

② Arthur Wolf, "Gods, Ghosts, and Ancestors," pp. 131–139; Robert P. Weller, *Unities and Diversities in Chinese Religion* (Houndmills, Basingstoke, Hampshire, and London: The Macmillan Press, 1987), pp. 60–65.

承上所述，女性問題是中國宗教與社會生活不能省略的面向。和性別差異一樣，地方差異的存在，深刻地塑造了信仰傳統和社會生活的形態。地方視野的欠缺以及歷史縱深不足，是目前多數女性神祇或婦女與宗教、性別與宗教等相關研究的共通點。在中國悠久歷史中，統一與多元並存的社會文化景觀下①，不同地域、社群所實踐出來的女神崇拜傳統，應該存在更多尚未被充分認識的面貌與重要的綫索，可以引領我們更進一步清晰描述有女性／女神在場的中國社會文化景觀是什麽樣子，雖然她們／祂們本來就是其中的一部分。當于君方在Sangren的理論背景下試圖尋找中國女性觀音的可能前身時，發現"缺乏有關任何一位女神崇拜的資料"，因此斷言在觀音於宋代完成性別轉化歷程之前，不存在重要的本土女神信仰傳統，而正是這種"女神信仰上的真空"促使觀音在中國經歷了女神化的異變。②然而，在未審慎將地方社會多元信仰傳統納入討論的情況下，于氏所謂女身形象觀音出現之前的中國社會"缺乏有關任何一位女神崇拜的資料"的觀察與預設，既失之武斷，也顯然有違實情，其後續相關推論的有效性因此很難不令人存疑。此番研究困境其實說明了，如果研究者僅根據特定的理論架構、類型有限的經典文獻去設定與回答問題，研究成果很容易因為理論框架和材料而受到限制或誤導。Baptandier的臨水夫人研究也體現了類似的問題。③

綜觀前述研究成果可以發現，或許是因為研究對象大多是影響力不囿於一鄉一地的神祇，研究者們主要選擇了跨地域流傳的神祇傳說

---

① James L. Watson, "Standardizing the Gods: The Promotion of T'ien Hou ('Empress of Heaven') along the South China Coast," pp. 292–324.

② Chün-fang Yü, *Kuan-yin: The Chinese Transformation of Avalokiteśvara*, pp. 412–413.

③ Baptandier的專著《臨水夫人：一個中國女性崇拜傳統》（*The Lady of Linshui: A Chinese Female Cult*），主要以文獻分析作為探索臨水夫人信仰的研究途徑。她以分別在廈門與臺灣收集到的兩部當代版本的《臨水平妖傳》，作為理解臨水夫人信仰的核心文本。以上述文本所揭示的陳靖姑故事為基礎，作者建構了臨水夫人信仰象徵體系的理論架構，至於相關田野觀察經驗，則為此一架構補充了內容上的具體細節。Brigitte Baptandier, *The Lady of Linshui: A Chinese Female Cult.*

文本作為核心研究材料。然而,值得注意的是,任何文本都是某些社群在特定時空背景下的創作,多數研究者卻似乎很少試圖將他們所分析的女性神明傳說,重新放回文本生成的時空脈絡中審視以下問題:這些賦予神祇聲名與形象的故事情節,如何在不同的時代、地域和人群中,被以不同的目的創作、詮釋以及傳播?它們透過什麼樣的實踐形式存續與易變於地方社會,進一步展演為紛陳多元的崇拜傳統?以特定女性神祇為核心的傳說話語和崇拜傳統,如何在不同行動者的選擇下走進地方與人群之中,並且在這個過程中被不斷重新雕塑?筆者希望,本書所呈現的何仙姑故事,是在這些問題下持續探索的過程和結果。

第四節　章節介紹

本書除了緒論與結論之外,正文共為五章,章節結構安排旨趣與各章內容概要分述如下。

第一章"羅浮神鄉何女仙——明代之前增城的何氏女仙傳說",主要講述早期嶺南增城何仙姑傳說話語與崇拜傳統的發端。在正式進入地方歷史文化脈絡探討"何仙姑"的增城故事之前,本章首先澄清並界定全書的主題"何仙姑"所指為何,並試圖說明以其為核心的信仰現象與傳統在既有的學術史背景下,如何構成一個有意義的研究課題。藉由爬梳嶺南何氏女羅浮成道神話與相關崇拜活動在宋元時期增江地區的萌芽與開展過程,本章指出,東漢置縣的廣州府增城縣,位於珠江三角洲與粵東羅浮山的交界地帶,其歷史敘事自古深受羅浮山洞天神話影響,此地的何仙姑信仰淵源於中古以來書寫嶺南風物,特別是羅浮山仙異的文本傳統。唐宋以來流傳的增城何氏女羅浮成道傳說,反映了增江地區與羅浮山在地緣與文化上的緊密聯繫。有宋一代,隨著增城縣治從增江上游移轉至中游的九崗村地區,至晚從南宋開始,九崗村新縣治及其周邊業已出現崇祀女仙"何仙姑"的祠廟,其中最重要者當屬縣治西南鳳凰山下的會仙觀仙姑祠。隨著會仙觀為唐代昇仙的何氏女故居所在地的說法漸次流傳,以會仙觀為中心的何仙姑傳說,在宋元時期逐漸形成一套相對獨立於羅浮山傳統的本地傳說話語體系,這套神話敘事強調唐時於羅浮成仙的何氏女與增城當地的連結,賦予原初面目模糊的羅浮女仙異清晰的在地輪廓。

第二章"鳳凰山下遺履井——明代的何仙姑故事與增城縣城",主要分析增城何仙姑信仰在近世的關鍵性發展,即崇拜中心的確立以及傳說話語主軸的定調。本章指出,有明一代,縣城會仙觀仙姑祠無論在廟祀實踐還是話語體系的層次上,作為增城何仙姑信仰崇拜中心的地位都更加確立。宋元以來環繞會仙觀漸次成形的本地傳說敘事,在官員與士人的集體創作下發展成熟,成就增城何仙姑靈顯、芳潔之名的主流表述於明末大致定調。具體言之,明初洪武年間,外來的政治、文化菁英在與本地新舊地方勢力的謀合下,重新彙整了前代的何氏女仙神話,並且在何氏故居地的傳說基礎之上,新增衍了"履舄遺丹井"情節。履舄遺井此一新情節的添加,不僅揭示了九崗村縣城早期的開發歷程,更大大充實了何仙姑本生事蹟的具體內涵,明清時期增城何仙姑傳說的底本故事(frame story)就此成形。在鋪衍新情節的過程中,何仙姑也成為地方社會中可藉之以兜攏新舊政治與社會勢力的神聖符號。明代萬曆時期,何仙姑此前屏謝塵囂的女仙人形象在粵地省、縣官員的合力打造之下,進一步蛻變為心繫鄉土、保境安民的粵土靈應女神。此階段何仙姑形象的蛻變是以增城當地既有的傳說內容為基礎,一方面融合了明中葉以來四方流衍的神仙故事,如八仙傳說中的仙異色彩,另一方面也回應了國家對於民間宗教信仰必須徵驗於民、貽惠桑梓才得存續的要求。明末崇禎時期,會仙觀仙姑祠煥然於兩任縣令大規模的重修工程,何仙姑在既有的仙異形象之外,被士大夫賦予了芳潔貞孝的教化內涵,甚至成為能與出身增邑的先賢——南宋崔與之、明代湛甘泉相提並論的增城典範人物。自此,唐時矢志求仙、身從井化的何姓邑人之女,生時貞靜純孝,羽化後仙靈永貽桑梓,如此貞孝並忠義雙全的女仙何仙姑,大抵就是有明一代仙姑故事在文本層次的發展總結,透過在地與四方文人雅士的接力書寫與傳唱,成為此後增江地區關於何仙姑故事的"大傳統"基調。

第三章"何七郎的子孫們——明清增江何姓社區的宗族建構"與第四章"何六西山做大王——甲寅之變與晚清信仰版圖擴張",共同探討促成近代何仙姑崇拜傳統真正扎根於增江沿岸地方社會肌理的歷史淵源。以會仙觀仙姑祠為中心的傳說話語體系,在有明一代發展已臻完熟。入清之後,文本層次的何仙姑故事大體而言不再出現重要的新元素。然而,就廟祀傳統的建立與具體影響而言,一直要到清代咸豐、同治時期,何仙姑崇拜傳統才真正超越會仙觀所在的增城縣城,擴展至城外廣大地區。晚清增江沿岸何姓村落間興起的立廟崇祀何仙姑之風,是帶來此番蛻變以及奠定近代增江地區何仙姑信仰景觀的關鍵性發展。第三章與第四章試圖勾勒與爬梳這股信仰風潮的前因後果,並進一步揭示其後的地方社會歷史圖像。

第三章"何七郎的子孫們——明清增江何姓社區的宗族建構",企圖追溯與剖析,歷史上曾經自詡或被視為何仙姑族裔、後來更在晚清何仙姑信仰版圖變遷過程中扮演關鍵角色的增城"貴七郎裔"何氏宗族,實際上是什麼樣的構成與來歷。本章指出,"(何)仙姑之後"的說法在增江地區向來是某些何姓社區用來標榜族群身分的方式,以何仙姑同族之裔的身分自我標誌或被外人所識,淵源於宋元以來逐漸"增城化"的何仙姑崇拜傳統,在明中葉之前已是特定何姓社區習以為常的實踐。然而,明中葉以來,隨著"宗族"這種新形態組織人群的方式開始普及,另一種界定何姓姓氏團體身分來歷的敘事範式——何氏"三鳳十郎"祖先傳說,在泛珠三角漸次蔚為流行,以"貴某郎"之裔定源分派,遂成為以廣府話為母語的"本地"何姓社區確認族群身分並建構宗族的主流話語。本章聚焦增城縣城(坊都)與崇賢都小樓何氏的社區發展史,具體展示兩支來歷各異的地方何姓勢力如何在昔日"仙姑之後"身分之外另闢蹊徑,從明嘉靖時期開始,持續透過"三鳳十郎"衍伸版——南宋粵北梅關將軍貴七郎脈裔南遷傳說的話語與實踐,建立族源論述並重構世系、共結宗盟,偕同後起的龍潭埔何氏,聯袂走向同為何氏貴七郎裔孫的道路。

第四章"何六西山做大王——甲寅之變與晚清信仰版圖擴張",具體分析晚清何仙姑廟祀版圖跨出增城縣城、在增江沿岸何姓社區大幅擴張的現象。宋至清中葉,增江地區唯一主祀何仙姑之處坐落於增城縣城會仙觀,其信仰為地方菁英和縣城百姓所扶持。然而,何仙姑廟祀版圖歷來不出增城縣城的現象,在清咸豐四年(1854)兩廣甲寅之變的增城版本——何六佔領增城縣城事件後,出現關鍵性轉折:咸豐末年至同治初年,專祀何仙姑的祠廟相繼建立於增江沿岸何姓聚落,何仙姑憑藉雜糅女仙與未嫁宗女的身分話語,進入眾多何姓村族的家廟與神廟祭祀體系,成為不同宗派的何氏勢力共組村際聯盟的象徵資源,其崇拜傳統自此邁出邑城。爬梳何六事件此一重塑近代增江地方社會族群關係、權力版圖與文化景觀的大規模武裝衝突始末,本章試圖在咸同之際"造反"與綏靖陣營相互抗衡的背景下,解析增江各大何姓宗族何以相繼選擇廟祀何仙姑以因應此番變局。本章指出,在何六事件餘波盪漾的咸豐後期,增城七郎裔何氏宗族率先藉由建立小樓何仙姑家廟、龍潭埔仙姑祠奉祀何仙姑的具體行動,表達了對於縣城官紳團練集團所代表的政治、文化勢力的扈從立場。明中葉以來在宗族創作風潮下退居幕後的"仙姑之後"話語,不僅重新翻紅,成為七郎裔何姓鞏固甚至擴展宗族勢力、收編新成員的利器,亦在原本與此無甚淵源的其他何姓宗族層層"模作他者"的過程中,成為眾家何姓競相擁抱的身分與族群象徵,並進一步在大亂之後的地方權力格局重構時期,創造了合聚同姓勢力、締結村落誼好互助聯盟的契機。

第五章"神龕上的祖姑婆——泛珠三角地區的女性崇拜傳統",嘗試透過比較研究的視角,探查何仙姑得以堂皇進入增江宗族社會祭祀體系的地域文化脈絡。本章認為,晚清增江何姓宗族社區的"仙姑婆"、"何仙祖姑"之祀,實為匯合本地神仙信仰與宗族兩方敘事話語傳統的結果,而正是增江—羅浮山地區的宗教傳統與泛珠三角特有的性別文化,預先為此番操作鋪陳了可行的條件。首先,本章援引增城著姓石灘單氏之例說明,在向來以羅浮山下"仙靈奧區"、"神仙窟宅"自視的增城,以神仙之說論述社群之源的歷史敘事模式並非獨見於何姓,當地其他姓氏社區也存在類似的作法。其次,本章以廣府南海、番禺、增城、龍門、惠州博羅等地的實踐為例,說明拒絕婚嫁的女性角色向來是泛珠三角土俗傳統中視以為常的女性形象,地方上歷來存在崇祀家族或社區未婚女性的祭俗傳統。明清以來,當宗族制度成為鋪排社會秩序與創造社群身分認同的主要機制後,諸多地方村族在合乎宗族禮制的規範下,承續了早期的未嫁女崇拜傳統,據此發展出各式祭祀宗族先代祖姑的實踐。在祖姑崇拜的地域文化傳統中,何仙姑抗婚傳說所暗示的未嫁女兒角色,使得何姓社區得以在宗族語境下將本為仙神形象的何仙姑轉化為其族未嫁宗女——祖姑的身分,賦予其正當的享祀地位。本章最後以博羅的昌福夫人——陳孝女信仰為例說明,在增江—羅浮山這個嶺南著名的仙靈悠集之地,古老傳說中的羅浮女神以不字女流之姿,逡巡於社區神宇與宗族家廟之間,享祀千秋,成為澤被黎庶的一方之神、瑞應氏族的宗門之女,類似的歷程並不單見於增城何氏女,也透過陳孝女的故事在世人眼前生動展演。

通過以上各章的分析,本書最後以"從'下山'到'出城'"的意象,總結何仙姑崇拜傳統從十至十九世紀中葉逐步扎根於增江流域地方社會肌理的演變。藉由分析以"何仙姑"之名為中心的傳說話語和崇拜活動近千年的發展歷程,本書主要研究目的有二:首先,是企圖在具體的時空脈絡下,揭示女性神祇的形象與象徵意義如何在不同人群創造、選擇與挪用的過程中,漸次鑲嵌進入地方社會的組織結構與文化肌理,同時反饋成為模塑地方社會樣貌與族群關係的文化資源。其次,是超越社區微觀研究層次,透過跨地域、跨學科的比較視野,探討華南地區眾多以女性形象為核心的信仰傳統,如何在多元宗教話語、地方文化和族群歷史記憶相互交融的歷史過程中共振與對話，交互雜糅出多元與一致並存的形貌與意義。同時，筆者嘗試以此一比較研究成果為出發點，進一步探索女性在現實社會與超自然秩序的邊緣和神聖地位之間逡巡或安置的文化模式，以期與涉及性別議題的中國宗教研究成果對話，充實學界對於中國本土女神信仰自中古以迄近代發展模式的宏觀理解。

第一章　羅浮神鄉何女仙
——明代之前增城的何氏女仙傳說

楔子　誰是何仙姑？

　　本書研究的"何仙姑"所指為何？從字面意義而言，"何仙姑"指涉的對象可以有諸多候選者，因為這個名稱充其量只是一個姓氏加上"仙姑"頭銜的組合。①明清時期，發展成熟的八仙故事四方流傳、深入市井，該仙人團體唯一女性成員——"何仙姑"之名廣為各地民眾所知聞②，此一發展與某些地方性的何氏女仙信仰傳統相互激

---

①　"仙姑"是華人宗教傳統中常見用來指稱女性神靈或女性宗教師的稱號。中國現存最早的女仙傳記——晚唐五代道士杜光庭（850—933）所著《墉城集仙錄》，即記載了諸多被冠以"姑"、"仙姑"之稱號的女性成道昇仙者事蹟。從中古以迄當代，不只是道教神譜所收編的女性神人會被喚為"仙姑"，鮮見於經傳卻活躍於常民宗教生活的女性宗教師與神靈，被民眾以"仙姑"稱呼之例，亦不勝枚舉。Du Guangting（杜光庭）, *Divine Traces of the Daoist Sisterhood: Records of the Assembled Transcendents of the Fortified Walled City*（《墉城集仙錄》）, translated and annotated with an introduction by Suzanne E. Cahill（Magdalena: Three Pines Press, 2002）, pp. 86—90, 119—134; 徐祥地，《平陽縣南雁蕩山的朱仙姑信仰》，載康豹、徐宏圖合編，《平陽縣、蒼南縣傳統民俗文化研究》（北京：民族出版社，2005），頁316—369；徐宵鷹，《歌唱與敬神：村鎮視野中的客家婦女生活》（桂林：廣西師範大學出版社，2006）；蔡佩如，《穿梭天人之際的女人：女性童乩的性別特質與身體意涵》（臺北：唐山出版社，2001），頁46—51、53—66、149—192。

②　Philip Clart在譯註明代楊爾曾（生卒年不詳）所著仙傳小說《韓湘子全集》時提到，八仙中最受歡迎的神仙為呂洞賓，而韓湘子與何仙姑在明清時期的受歡迎程度則不相上下，是知名度僅次於呂洞賓的八仙成員。Clart認為，何仙姑是許多民間寶卷的主角人物，其在帝國晚期文學作品中的地位雖然未若韓湘子重要，但近代以來知名度已然超

盪，交織出帝國晚期多元紛呈的神祇崇拜內涵與在地實踐。例如清中葉後在廣東東江流域下游的東莞，"何仙姑"是當地女性矢志不嫁、結伴清修的宗教典範①；二十世紀初期於香港新界，"何仙姑"甚至成為一種標誌，被用來泛稱社會上篤志修行、共營團體生活的女性。②

歷來學界對於"何仙姑"的關注與討論，幾乎都是在八仙信仰的脈絡下展開的。自從近世八仙組成名單在明嘉靖、萬曆（1522—1620）前後固定下來，以該神仙團體為中心的傳說與崇拜活動普傳興盛於民間，每位仙人的身家背景亦成為時人尋趣獵奇甚或孜孜探問的議題，特別是最晚加入八仙團隊且是此中唯一女性成員"何仙姑"的來歷。③然而，明清以來一直到當代，誠如緒論所述，多位學者在考

越後者，是重要性僅次於呂洞賓的八仙神仙。Yang Erzeng（楊爾曾），*The Story of Han Xiangzi: The Alchemical Adventures of a Daoist Immortal*, pp. 15–16, 450.

① 〔清〕歐蘇，《靄樓逸志》，載李龍潛等點校，《明清廣東稀見筆記七種》（廣州：廣東人民出版社，2010），頁171—172。按：在華南地區，無論是"何仙姑"還是任何被冠以"仙姑"之銜的神靈，似乎都與未嫁女性形象有關。林富士指出，在十九世紀的北臺灣淡水，有"女巫"能"召神面談"，該神並以"何仙姑"為號。林氏認為，這位女巫者所祭祀和召喚的"何仙姑"，除了有可能是"八仙"之一的唐代女仙之外，也可能是一名未婚早夭的女性亡靈，後一種可能性淵源於當時北臺灣崇奉"仙女娘"，即未嫁而殤年輕女性的風俗。蔡佩如1997年在南臺灣從事田野調查時，發現當地不少女性童乩所奉祀的"偎身神"，往往也是早夭的未嫁女，且大多以"仙姑"為名，有些女性乩童本身也被信徒稱呼為"仙姑"。參林富士，《清代臺灣的巫覡與巫俗——以〈臺灣文獻叢刊〉為主要材料的初步探討》，《新史學》卷16期3（2005年9月），頁24—99；蔡佩如，《穿梭天人之際的女人：女性童乩的性別特質與身體意涵》，頁149—192。

② 《新界道院》，《華字日報》（香港）1926年2月2日第9版。

③ 元代八仙組成名單猶處於浮動狀態，不過在當時流行的八仙故事戲曲中，八位仙人大抵皆為男性，"何仙姑"名列其中的現象只有偶爾出現。即便後來鍾、呂、李、張、曹、韓、藍已然穩定佔有八仙當中的七個席位，第八席的人選仍是在"何仙姑"與另外兩名男仙人徐神翁、張四郎之間游移擺盪，直到明嘉靖吳元泰《東遊記》問世以後，"何仙姑"才確定入選，"鍾、呂、李、張、曹、韓、藍、何"組合底定，此一八仙名單後來因為湯顯祖《邯鄲夢》的影響進一步確立，自此不再變動。參趙景深，《八仙傳說》，頁43—46；浦江清，《八仙考》，頁89—136；楊富森（Richard F. S. Yang）著，董曉玲譯，吳光正校，《八仙傳說探源》，載吳光正主編，《八仙文化與八仙文學的現代闡釋——二十世紀國際八仙論叢》，頁107—113。

證這位女仙人"真實"出身後發現，八仙傳說體系所吸納的何仙姑故事，存在複雜的來源歧異以及矛盾混淆問題。很難明確界定"何仙姑"具體出身於某時某地，多數試圖"溯源"的努力最終不免未竟全功，仍然留下諸多疑問，主要原因在於研究者未注意到一個重要的面向：近世群體八仙形象於宋元之際初現雛形並於明代嘉萬時期塵埃落定之前，早已存在諸多由來已久的地域性"何仙姑"傳說文本和信仰傳統。①明代以來，印刷術的普及加速了圖書文本的跨地域傳播，訊息的多元以及新舊文本相互傳抄剪貼的現象，加深了追蹤"何仙姑"來歷的難度。

本書主旨不在於溯源與考證，而是進一步探討此前研究者或有

---

① 例如湖南永州零陵縣，安徽徽州歙縣、安慶桐城縣，浙江杭州昌化縣，福建汀州武平縣、上杭縣等。湖南零陵"何仙姑"可見《（弘治）永州府志》（重慶：西南師範大學出版社，北京：人民出版社，2012，影印明弘治八年〔1495〕序刊本）卷4《仙釋·零陵·何仙姑》，頁28a；《（隆慶）永州府志》（臺南：莊嚴文化事業有限公司，1996，影印北京圖書館藏明隆慶五年〔1571〕刻本）卷17《外傳·仙釋·本府零陵附·何仙姑》，頁14a；《（道光）永州府志》（南京：江蘇古籍出版社，2002，影印清道光八年〔1828〕刻本）卷2上《名勝志·零陵》，頁22a、22b—23a；同前引書，卷6《秩祀志·寺觀附·零陵·何仙觀》，頁65b；同前引書，卷18中《金石略·宋陸詵澹山巖題名》，頁21b—22a；《（康熙）零陵縣志》（海口：海南出版社，2001，影印清康熙二十三年〔1684〕刻乾隆增修本）卷14《仙釋·唐·何仙姑》，頁25a—25b。安徽歙縣"何仙姑"可見《（光緒）重修安徽通志》（北京：北京圖書館出版社，2004，影印清光緒四年〔1878〕刻本）卷348《雜類志·仙釋·何仙姑》，頁7b—8a；《（康熙）徽州府志》（臺北：成文出版社，1975，影印清康熙三十八年〔1699〕刊本）卷18《仙釋·宋·何仙姑歙人》，頁20a。安徽桐城"何仙姑"可見《（康熙）安慶府志》（臺北：成文出版社，1985，影印清康熙六十年〔1721〕刊本）卷21《仙釋·唐·何仙姑》，頁28a—28b；《（康熙）桐城縣志》（南京：江蘇古籍出版社，1998，影印清康熙二十二年〔1683〕增刻本）卷6《仙釋·唐·何仙姑》，頁3b—4a。浙江昌化"何仙姑"可見《（乾隆）杭州府志》（臺北：東方文化供應社，1970，影印清乾隆四十九年〔1784〕刊本）卷107《人物十三·仙釋二·宋·何仙姑》，頁1b—2a；《（乾隆）昌化縣志》（臺北：成文出版社，1983，影印臺北故宮博物院藏清乾隆十三年〔1748〕刊本）卷17《方外·宋·何仙姑》，頁3a。福建武平、上杭"何仙姑"可見《（康熙）武平縣志》（北京：北京圖書館出版社，2007，影印清康熙三十八年〔1699〕增刻本）卷9《人物·方外志·仙釋·宋·何仙姑》，頁17a—17b；《（乾隆）上杭縣志》（海口：海南出版社，2001，影印清乾隆二十五年〔1760〕刻本）卷12《雜志·紀異·宋何仙姑》，頁6b。

注意,但沒有深入爬梳的現象:在不同出處、時代地方背景各異的"何仙姑"中,相較於其他來歷的何姓女仙異逐漸淡出歷史舞臺,出身於廣東增城的何氏女仙,其身影自宋元以來不僅持續地為世人所關注,且形象愈發清晰。①神祇的形象與特定地域的連結,是本研究的起點。本書聚焦的"何仙姑",主要是指宋代以降在廣東增江流域沿岸地方社會中創造出來的女神。她／祂原初是中古羅浮山洞天傳說中渺無形跡的神異人物;宋明時期,其在增城落地生根,被賦予具體的在地形象與意義,成為矢志不嫁、辟穀得道的女仙,以及保境安民的粵土女神和女教典範;晚清以來,這位增城女神在宗教文書中晉身為"八洞仙祖"組合裡的"何祖宏慈妙法元君",在道教的神仙系譜下正式佔據了八仙行伍中的女仙位置②,另一方面則是在其所出之地,進一步成為隸屬不同宗派、方言群的何姓村族共同尊崇的"何仙祖

---

① 最明顯的例子是湖南永州零陵與廣東廣州增城兩地"何仙姑"自宋元以迄近代發展上的對比。零陵與增城的何仙姑傳說都曾具有跨地域的知名度,然而兩者後續的影響力卻隨著時代的推移而呈現此消彼長的態勢。零陵何仙姑據說為北宋人,其傳奇事蹟廣泛出現於兩宋文人筆記與元明仙傳,曾經與增城何仙姑同為形塑八仙—何仙姑原型的重要競爭者。但是,隨著明中晚期"何仙姑"正式列身八仙團隊,與零陵何仙姑角色形象相關的傳說元素在各類八仙文本之中亦漸漸失色。更有甚者,有清一代在湖南地方志書中,有關零陵何仙姑的記載,部分內容明顯可見是來自增城何仙姑傳說的影響。在塑造帝國晚期跨地域八仙—何仙姑形象上,湖南零陵何仙姑傳說的重要性逐漸衰微,筆者猜測,該現象很可能與其自身在地信仰傳統的凋零有關,相關問題或值得進一步探討。參吳光正,《八仙故事系統考論——內丹道宗教神話的建構及其流變》,頁288—292;《(康熙)零陵縣志》卷14《仙釋·唐·何仙姑》,頁25a—25b。

② 〔清〕柳守元,《九天大羅八洞仙祖證道開宗心懺·青霞洞天仙姥宏慈妙法元君》,載〔清〕彭文勤纂輯,賀龍驤校勘,《道藏輯要》冊21《柳集五》,頁76b—78b;〔清〕柳守元,《清微宏範道門功課》,《妙法元君何祖誥》,載胡道靜等編,《藏外道書》冊29《張集一》,頁457。按:頗堪玩味的是,當增城的何仙姑以八仙女仙的姿態成為各地婦孺皆曉的女神仙時,她／祂的增城"鄉親"雖然大多不否認這位成仙的"增城女兒"已經嶄露頭角成為八仙中的一員,然而他們對於這位女神生平事蹟的說法,卻鮮少能和世人熟悉的八仙故事沾上邊。舉例而言,許多八仙故事會提到何仙姑是受到呂洞賓或李鐵拐的度化而成仙,但是歷來增城本地流傳的何仙姑事蹟,其實鮮少述及何仙姑和其他七位八仙神仙的關係。根據當地的口傳與文字傳統,何仙姑由凡入聖是出自自身的品格與修煉,與其傳說情節較有關連的神人是同為羅浮山女神的麻姑和鮑姑。

姑"、"仙姑婆"、"仙姑婆太"。本書綜合文獻分析與田野考察等研究進路,嘗試在地方社會具體的時空脈絡下爬梳,以"何仙姑"之名為中心的傳說系統和廟祀傳統,悠悠千載中,如何在一方水土之上為不同的人群與勢力團體所模塑與襲用,漸次交織為近代以來時人眼見的樣貌。

第一節　神話地圖:羅浮洞天下的增城

> 余中華之子族兮,家增城之九重;從遊帝之囿兮,閒逍遙乎閬風。……依雲母兮高嶺,邇安期兮左隣;處太乙之穹廬兮,抱羅浮之飛雲。
> 〔明〕湛若水,《交南賦》①

> 增城故多仙蹟,以羅浮朱明為之堂奧也。
> 〔清〕吳應新,《棲雲菴記》②

　　增城位於廣東省中部,地處珠江三角洲東北隅,為廣州市轄下十一個市轄區之一。③增城東部有屬東江水系的增江通貫南北,與惠

---

① 《(嘉靖)增城縣志》(上海:上海書店,1990,影印明嘉靖刻本)卷16《藝文內編·賦》,頁408—409。按:湛若水(1466—1560),字元明,廣東增城人,世居增城縣甘泉都沙貝里,因以為號,時人稱甘泉先生。明弘治十八年(1505)進士,嘉靖初為南京祭酒、禮部侍郎,累遷南京禮、吏、兵三部尚書,隆慶時贈太子少保,諡文簡。湛氏少從學於陳獻章(1428—1500),後與王陽明分庭講學,以"隨處體認天理"為宗。參〔明〕黃宗羲,《明儒學案》(北京:中華書局,2008)卷37《甘泉學案一·文簡湛甘泉先生若水》,頁875—876;〔清〕萬斯同,《明史》(上海:上海古籍出版社,1997,影印北京圖書館藏清鈔本)卷384《儒林傳·儒林二·湛若水》,頁103—104。

② 《(康熙)增城縣志》(上海:上海書店,2003,影印上海辭書出版社藏清康熙二十五年〔1686〕刻本)卷14《外志·寺觀·棲雲菴》,頁29a—29b。

③ 目前廣州市十一個市轄區,分別是越秀、海珠、荔灣、天河、白雲、黃埔、番禺、花都、南沙、增城、從化,其中番禺、花都(原稱花縣)、增城、從化舊屬廣州府轄下縣份。

州市博羅縣羅浮山隔江比鄰（圖Ⅰ）；西面毗連廣州市黃埔區，西南端濱珠江口；南緣隔東江與東莞市相望，東北與西北部則分別與惠州市龍門縣與廣州市從化區接壤。由於地處珠江三角洲平原與粵東山地丘陵的過渡地帶，自然地理環境複雜多樣，歷來有謂此地為"嶺海之奧區，山川之匯會"①、"五嶺山水之聚"②的說法。整體而言，全境地勢北高南低，約略可分為北部山地、中部丘陵、東部河谷平原、南部沖積平原四大地形區。③獨特的地理位置與山川形勢，使增城自古為"省會入惠（按：惠州）、潮（按：潮州）水陸衝地"④，一方面是廣州東北面重要的門戶與屏障，另一方面亦是連結珠三角與粵東的交通要樞。

　　增城置縣於東漢，"增城"之名聞於百越嶺嶠之地，迄今已逾一千八百年。東漢時期析分當時的番禺縣地以及合併博羅縣部分疆域，設立增城縣，隸於交州南海郡。⑤南朝宋元嘉（424—453）中，劃縣西南

---

　　① 〔明〕張星，《增城縣志序》（《嘉靖戊戌志序》），載《（康熙）增城縣志》卷首《舊序》，頁2。

　　② "增城，實五嶺山水之聚。語云中州之山，至嶺而窮，又云五嶺宗粵，庾嶺西來，歷韶英（按：韶州府英德縣）、番禺千里而遙至增城而止；羅浮東來，歷汀、惠博羅（按：惠州府博羅縣）至於增城而止。水自凌江北來，由韶英趨虎門入海；自惠陽東來，由龍川、博羅趨虎門入海。"〔明〕霍韜，《贈尚書湛公神道碑》，載《（乾隆）增城縣志》（海口：海南出版社，2001，影印清乾隆十九年〔1754〕刻本）卷18《藝文·碑碣》，頁46。

　　③ 王一洲，《增城地理》（番禺：《增城地理》編輯組，1985），頁12—21；賴罴家編著，《增城縣地名志》（增城：增城縣地名委員會，1989），頁2。

　　④ 〔清〕尹源進，《康熙癸卯（志）序》，載《（康熙）增城縣志》卷首《舊序》，頁17。

　　⑤ 關於增城立縣時間，明清以來縣志都記載是東漢獻帝建安六年（201），但是當代學者透過其他文獻材料進行考證，多數認為立縣時間可能落於更早的東漢順帝永和時期（約140年）。參王一洲，《增城縣沿革考略》，載增城市地方志編纂委員會編，《（1995）增城縣志》（廣州：廣東人民出版社，1995），頁991—993；唐森，《關於增城建縣始於何時的我見》，同前引書，頁978—982；曾昭璇，《增城縣建置時代考》，同前引書，頁983—986；陳代光，《增城始建縣年代小識》，同前引書，頁986—989；黃蒼臣，《關於增城縣建置年代的思考》，同前引書，頁989—990；司徒尚紀，《關於增城建縣時間的管見》，同前引書，頁990—991。

之地別置綏寧縣，增城、綏寧二縣皆屬南海郡。隋開皇十年（590），綏寧縣廢，併入增城，屬廣州。①唐時增城屬嶺南道，隸於廣州督都府；五代時期為劉隱（873—911）建立的南漢政權（917—971）所統轄，屬廣州興王府。北宋開寶三年（970），潘美（925—991）克廣州平南漢，廢增城縣，但隨即復置；開寶五年（972），廢東莞縣併入增城，六年（973）復設東莞，增城縣地如舊，屬廣南東路廣州督都府。元代沿襲，隸廣州路。明代改路為府，屬廣州府。②（圖1—1）

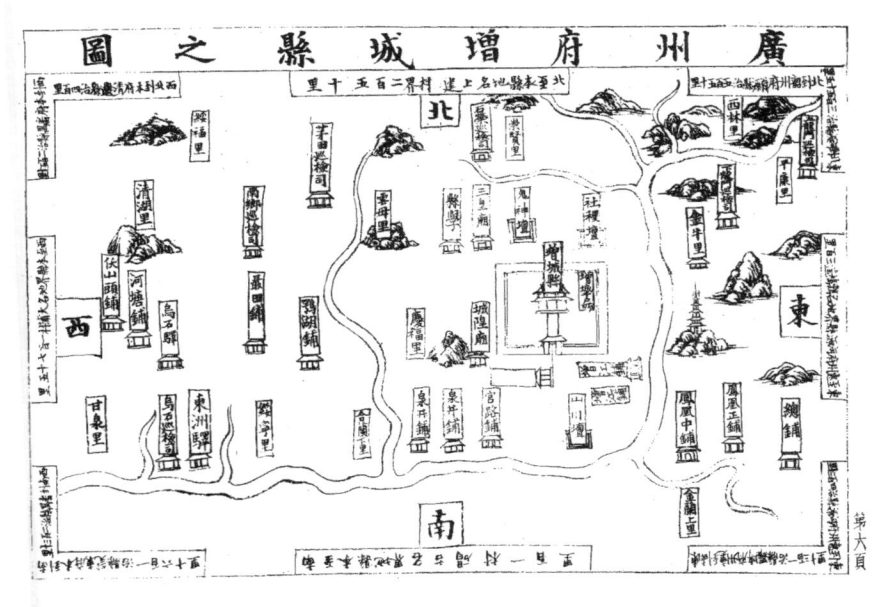

圖1—1　增城縣域範圍（明弘治九年〔1496〕前）③

---

① 南朝時的綏寧縣地，即後來明清時增城縣的綏寧都，範圍大致是現今西福河（按：古名"綏福水"）流域及其以西。《（民國）增城縣志》（上海：上海書店，2003，影印民國十年〔1921〕刻本）卷1《輿地·沿革考》，頁4。

② 《（民國）增城縣志》卷1《輿地·沿革考》，頁4。

③ 本圖根據明代《永樂大典》輯錄之《廣州府增城縣之圖》繪製。參見〔明〕解縉等纂修，〔明〕姚廣孝等監修，《永樂大典》冊64（臺北：世界書局，1962，影印永樂大典存本）卷11905之附圖，頁6。

明朝中葉，增城縣的疆域經歷東漢置縣以來最大規模的變動。弘治九年（1496），縣境東北部的西林、平康二都與金牛都部分共民版十一里，被劃出另立龍門縣，增、龍同隸於廣州。① 易言之，弘治之前的增城縣範圍，實際上涵蓋了明中葉後新置的龍門縣域，這場十五世紀末的政區變動，使增城版圖較前此縮減了一半有餘。清代承襲明代建制和境域規模，增城縣下轄十二都坊②：清獻坊（按：縣城所在地）、慶福都、金牛都、崇賢都、楊梅都、綏寧都、清湖都、甘泉都、合蘭上都、合蘭下都、雲母都、綏福都。③（圖1—2）民國時期，增城縣仍維持原來治理範圍，屬粵海道，後來直屬廣東省。④

增城雖為嶺南少有的千年古縣，然而其早期歷史只能在片紙隻字中求索拼湊。宋代之前的增城，在中原史家的眼中，似乎是一個洪荒中的神鄉，地處邊陲卻充滿神妙嘉美的想像。例如關於"增城"之名的由來，唐代的《元和郡縣圖志》是這樣說的：

> 增城縣，西南至州（按：廣州）一百八十里。本漢番禺縣地，後漢於此置增城縣。按：崑崙山上有閬風、增城，蓋取美名也。屬南海郡，隋開皇十年（590）屬廣州。⑤

---

① 《（民國）龍門縣志》卷1《縣地志一·沿革》，頁9。
② 坊、都為縣之下的政區單位，在縣城為"坊"，去城在鄉為"都"："在城為坊，坊有坊長，長各有甲，甲各十戶。在鄉為都，都有里長，長各有甲，甲各十戶以相統轄"。《（嘉靖）增城縣志》卷2《地理志·坊都類》，頁55—56。
③ 《（嘉靖）增城縣志》卷2《地理志·坊都類》，頁54—55；《（民國）增城縣志》卷1《輿地·里廛》，頁12a—22a。
④ 1949年中華人民共和國成立，增城縣隸屬東江地區。1954年劃入粵中行署。1956年劃屬惠陽專區。1958年增城、龍門合併，仍稱增城縣。1961年又各自恢復建置。1975年增城縣劃歸廣州市管轄。1993年撤縣，改設為廣東省直轄的縣級市，由廣州市代管。《（1995）增城縣志》，頁49。
⑤ 〔唐〕李吉甫撰，賀次君點校，《元和郡縣圖志》（下）（北京：中華書局，1983，據清光緒六年〔1880〕金陵書局初刊本排印點校）卷34《嶺南道一·廣州》，頁889。

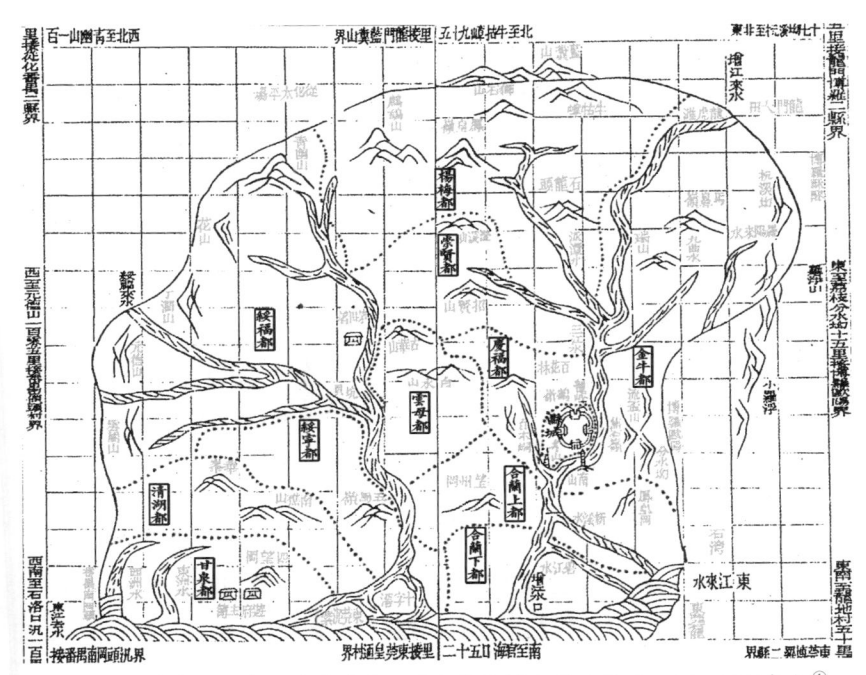

圖1—2　增城縣疆域山川圖（明弘治九年至清宣統三年〔1496—1911〕）①

根據這個說法，增城縣之名來自於遠古的崑崙山神話。"增城"原意是指崑崙山上九層重疊的宮殿②，典故由來於屈原《離騷》中的《天問》："崑崙縣圃，其凥安在？增城九重，其高幾里？四方之門，其誰從焉？西北辟啓，何氣通焉？"③西漢劉安（前179—前122）在《淮南子》（《淮南鴻烈》）中如此描述"增城"之境：

> 掘崑崙虛以下地，中有增城九重，其高萬一千里百一十四步二尺六寸，上有木禾，其脩五尋，珠樹、玉樹、琁樹、不死樹在

---

① 本圖根據民國十年（1921）《增城縣志》輯錄之《增城縣疆域山川圖》繪製。參見《（民國）增城縣志》卷1《輿地》，頁2b—3a。

② 王承文，《"增城"和"博羅"地名與羅浮山早期神話關係考》，戴朱澤君主編，《崔與之與嶺南文化研究》（北京：人民出版社，2010），頁121—122。

③ 〔漢〕王逸章句，〔宋〕王興祖補注，《楚辭》（上海：上海書店，1989，影印上海涵芬樓借景江南圖書館藏明繙宋刊本）卷3《天問》，頁8b—9a。

其西,絳樹在其南,碧樹、瑤樹在其北。旁有四百四十門,門間四里,里間九純,純丈五尺。旁有九井,玉橫維其西北之隅。北門開,以內(納)不周之風。傾宮、旋室、縣圃、涼(閬)風、樊桐在崑崙閶闔之中,是其疏圃。……崑崙之丘或上倍之,是謂涼(閬)風之山,登之而不死;或上倍之,是謂懸圃,登之乃靈,能使風雨;或上倍之,乃維上天,登之乃神,是謂太帝之居。①

實際上,"增城"(按:或作"曾城"、"層城")作為崑崙山等神仙之境的象徵,在漢魏六朝以及隋唐時期的文學作品中,是被廣泛使用的典故②,如東漢張衡(78—139)《思玄賦》中有"登閬風之曾城兮,構不死而為牀"之句。對此,《後漢書》作者范曄(398—445)是這樣解釋的:"閬風,山名,在崑崙山上。……《淮南子》曰:崑崙山有曾城九重,高萬一千里,上有不死樹,在其西,今以不死木為牀也。"③北魏酈道元(約 470—527)在《水經注》中註解"崑崙墟"時,也引用了"層城"的典故:"崑崙墟在西北,三成為崑崙丘。《崑崙說》曰,崑崙之山三級,下曰樊桐,一名板桐;二曰玄圃,一名閬風;上曰層城,一名天庭,是為太帝之居。"④

《元和郡縣圖志》認為增城縣的名稱淵源於先秦以來的崑崙山神話,也許是合理的推測⑤,因為在歷來關於增城縣的文字記載中,可以

---

① 〔漢〕劉安撰,〔漢〕許慎注,《淮南鴻烈解》,載《道藏要輯選刊》第5冊(上海:上海古籍出版社,1989,選印民國十二年至十五年〔1923—1926〕上海涵芬樓縮印刊印明引正統道藏本)卷7《地形訓》,頁30。
② 王承文,《"增城"和"博羅"地名與羅浮山早期神話關係考》,頁122。
③ 〔南朝宋〕范曄,《後漢書》(臺北:世界書局,1986,影印臺北故宮博物院藏清乾隆四十三年〔1778〕鈔本)卷89《張衡列傳第四十九‧張衡傳》,頁31b。
④ 〔北魏〕酈道元,《水經注》(臺北:臺灣商務印書館,1981,影印臺北故宮博物院藏文淵閣四庫全書本)卷1,頁1a。
⑤ 關於增城縣名的由來,歷代文獻上的說法主要有三,一是來自崑崙山神話的典故,如《元和郡縣圖志》;二是因為境內有增江,以江為名,如《太平寰宇記》;三是因為西漢時南海郡統領六縣,東漢時因增城立縣又增加了一縣,因以名之,此說據傳出自已佚的明永樂《增城縣志》,現存纂修於清代康熙、乾隆、嘉慶三朝與民國時期的

發現無論是"增城"、"曾城",還是"層城",都曾經被用來指稱這個漢末新立的南海之邑。①當時為何會以此名立縣,已不可考,然而有趣的是,和被賦予的縣名一樣,魏晉以來關於縣中山川風物的描述,也充滿了瑰異奇幻的色彩。在這個南方的神鄉異境中,山有珍禽:

《南越志》曰:(增城)縣多鷓鷞。鷓鷞,山雞也,光采鮮明,五色炫耀,利距善鬭,世以家雞鬭之,則可擒也。②

《南越志》曰:增城縣多白雀,大如鳩,素質凝映。③

晉孝武帝太元十六年(391)十二月,白雀見南海增城縣民吳比屋。④

水有異獸:

黿泉,在(增城)縣西青山,有神龜,帶銅鐶上此水,有穢此水,則便澍雨。⑤

增城縣東北二十里深洞無底,北岸有石,周圍三丈,漁人見

《增城縣志》,都可見此說法。當代學者根據史料的時間與可考性,傾向支持《元和郡縣圖志》的主張。參王一洲,《增城縣沿革考略》,頁993—994。

① 據筆者所見,在南北朝及隋唐時期的文獻有關增城縣的記載裡,混用"增"、"曾"、"層"等字指稱縣名,是常見的情形。

② 〔北魏〕酈道元,《水經注》卷37,頁30b—31a。按:《南越志》作者為劉宋沈懷遠(生卒年不詳),已佚。

③ 〔唐〕歐陽詢,《藝文類聚》(臺北:臺灣商務印書館,1983,影印臺北故宮博物院藏文淵閣四庫全書本)卷92,頁9a。

④ 〔南朝梁〕沈約,《宋書》(北京:中華書局,1974)卷29《志第十九》,頁844。

⑤ 〔唐〕李吉甫撰,賀次君點校,《元和郡縣圖志》(下)卷34《嶺南道一·廣州》,頁889。

金牛自水出，盤於此石。義熙中，縣人常於此潭石得金，鑠尋之不已，俄有魚從水中引之，握不禁以刀扣斷，得數段，人遂致富，年登上壽。其後，義興周靈甫常見此牛宿伏石上，旁有金鑠如繩焉。靈甫素驍勇，往掩之，此牛掣斷其鑠，得二丈許，遂以財雄也。出《（宋·王孝等撰）十道記》。①

以及得道的神人：

> 北河司命頃闕無人，昔以桃俊兼之耳。俊似錢唐（塘）人，少為郡幹佐，未負笈到太學受業，明經術災異，晚為交趾太守。漢末棄世，入增城山中學道，遇東郭幼平。幼平，秦時人，久隱增城，得道者也。②幼平教俊服九精鍊氣輔星在心之術，俊修之，道成。今在洞中兼北河司命，主水官之考罰，此位雖隸定錄，其實受事於東華宮中節度。桃俊，字翁仲者也。陶按：《漢書》無此事，今冢在錢唐臨平，墳壇歷然，苗裔猶存鄉。近時聞鼙角之響，故人不敢侵毀之，皆知呼為桃司命冢。③

秦漢方士桃俊與東郭幼平隱居的增城山，實為嶺南的宗教聖地——羅浮山。④事實上，增城之名除了西北崑崙仙境的比附外，與

---

① 〔宋〕李昉，《太平廣記》（臺北：臺灣商務印書館，1983，影印臺北故宮博物院藏文淵閣四庫全書本）卷434《畜獸一·牛·金牛》，頁3a—3b。按：關於金牛潭傳說，也可見於唐代白居易編纂的《白氏六帖事類集》："竺法（真）《羅山記》：曾城縣有金牛潭，人見牛出其中。"〔唐〕白居易，《白氏六帖事類集》（北京：清華大學出版社，2003，影印1933年吳興張芹伯影印南宋紹興間明州刻本）卷29，頁781。

② 東郭幼平（或名東郭延年）為秦漢時期隱居增城山的方士，根據《後漢書》記載，曹操曾"問其術而行之"。〔清〕阮元，《（道光）廣東通志》（上海：上海古籍出版社，1995，影印1934年商務印書館影印清道光二年〔1822〕刻本）卷329《列傳六十二》，頁683—684。

③ 〔南朝梁〕陶弘景，《真誥》（臺北：新文豐出版公司，1985，影印明正統道藏本）卷12，頁113。

④ 〔宋〕李昉，《太平御覽》（臺北：臺灣商務印書館，1983，影印臺北故宮博物

這座位於中國南方的神話聖域有著更大的聯繫。中古時期關於增城縣的文字記載，多見於與羅浮山相關的描述。例如北宋類書《太平御覽》引述南北朝《茅君內傳》與《羅浮山記》所載，指出"朱明燿（曜）真之天"羅浮山位於層城、博羅二縣：

> 《茅君內傳》曰，羅浮山之洞，周五百里，名朱明燿（曜）真之天。《羅浮山記》曰，羅，羅山也；浮，浮山也；二山合體，謂之羅浮，在層城、博羅二縣之境。有羅水南流，注於海。舊說羅浮高三千丈，長八百里，有七十二石室，七十二長溪，神湖、神禽、玉樹、朱草。相傳云，浮山從會稽來，今浮山上猶有東方草木。①

羅浮山位於廣東南部，實際是四百三十餘座大小丘陵山峰所組成的地理區，主脈位於博羅縣，北面與西面餘脈與增城縣東面縣境接壤，唐代以來曾記載此山訊息的地輿志、類書等，都稱其地跨博羅、增城二縣，是道教十大洞天當中的第七洞天——"朱明曜真之天"所在。②實際上，在道教的洞天福地體系於中古時期形成之前③，羅浮山已是南海之濱著名的仙隱之地，為漢魏以來南來的奇人異士修煉成仙之所，如秦時的安期生、漢時的朱靈芝，以及上文所述的東郭幼平

院藏文淵閣四庫全書本）卷664《道部六·尸解》，頁11b；〔清〕阮元，《（道光）廣東通志》卷329《列傳六十二》，頁683—684。

① 〔宋〕李昉，《太平御覽》卷41《地部六·羅浮山》，頁11b。
② "羅浮山，《茅君內傳》曰，太天之內有地中之洞天三十六所，羅浮山之洞周迴五百里，名曰朱明曜真之天。……《羅浮山記》曰，羅浮者，蓋總稱焉。羅，羅山也，浮，浮山也。二山合體，謂之羅浮，在增城、博羅二縣之境。"〔唐〕歐陽詢，《藝文類聚》卷7《山部上》，頁34b—35a。按：羅浮山全境跨增、博二縣，是唐至明中葉文獻的主要說法。唐代之前的志書或有稱羅浮獨隸於增城者，如《南越志》和《隋書·地理志》。明弘治九年（1468）因為增城析東北之境另立龍門縣，因此明中葉之後至當代，羅浮山主境隸於博羅，東界止於增城，西北餘脈接於龍門。參見〔明〕陳璉撰，〔清〕九龍真逸陳伯陶補，《羅浮志補·附羅浮指南》（南京：江蘇古籍出版社，2000，影印民國九年〔1920〕刻本）卷1《總論》，頁3—5；同前引書，卷2《洞天福地》，頁8。
③ 王承文，《唐五代羅浮山道教宮觀考》，載黎志添主編，《香港華南道教研究》（香港：中華書局，2005），頁211。

與桃俊等。①唐五代是羅浮山道教發展的重要時期，羅浮山在唐代被正式納入國家嶽瀆祭祀系統，宮觀壇宇興盛，與中央政府及宮廷互動頻繁。此外，被視為廣東道教歷史具體開創者的東晉葛洪（283—343）②，其晚年"在（羅浮）山積年，優遊閑養"，並創都虛（按：宋以後名"沖虛"）、孤青、白鶴、酥醪四庵的事蹟，在唐宋以後的文獻中更是廣泛流傳。③羅浮自此成為道教在華南的傳播發展中心，直至晚近影響力才稍歇。④

增城縣境東部增江沿岸一帶，比鄰羅浮山主脈所在的博羅縣，在版圖疆界概念模糊的古代，其實已進入廣義的羅浮山境之中。加之宋代以降，作為全邑政治與文化中心的縣城，始終設置於增江中游西岸九崗山處，邑城與羅浮山僅有一江之隔⑤，所謂"出郭可望羅浮"。⑥此一特殊的地緣因素，使得增城的歷史敘事與文化景觀自古以來深受羅浮山洞天神話的影響。增城何仙姑的故事，正是在這樣獨特的歷史地理場景中萌芽與開展的。

---

① 〔清〕宋廣業編，《羅浮山志會編》（臺南：莊嚴文化事業有限公司，1996，影印清康熙宋志益刻本）卷4，頁1b—4a。

② 王承文，《葛洪晚年隱居羅浮山事蹟釋證——以袁宏〈羅浮記〉為中心》，《道家文化研究》輯21（北京：生活·讀書·新知三聯書店，2006），頁158—184。

③ 黎志添，《廣東地方道教研究——道觀、道士及科儀》（香港：香港中文大學出版社，2007），頁7。

④ 王承文，《唐五代羅浮山道教宮觀考》，頁211—231。

⑤ 出身於增城的明代大儒湛若水昔時從縣城出發登遊羅浮的遊記內容，或可具體呈現兩地相對地理位置與水陸交通訊息："嘉靖丙申（1536）十一月二十六日至增城，遙望羅浮，勃焉興懷。是日叵了人事，一宿鳳凰山明誠書院。厥明……晨渡相江而東，二十八日到山。"〔明〕湛若水，《羅浮四詩·序》，載《（嘉靖）增城縣志》卷17《藝文內編·古風》，頁456—457。按：湛氏文中所言的"增城"，為增城縣城，其留宿的鳳凰山明誠書院位於城南，翌日出城渡江東行至羅浮的"相江"，為增江。有關增江地理位置以及其別名"相江"的由來，歷代縣志亦多有述及，例如："邑城東有增江水，亦曰相江，以崔相（按：崔與之）得名。發源鐵岡、高明二崗，經龍門白沙南下，過三江口，合楊梅、澄溪二水，趨縣北而東抱城而南，穿南山氻嶺之口而出。"《（康熙）增城縣志》卷1《輿地》，頁14。

⑥ 〔明〕湛若水，《羅浮四詩·其一》，載《（嘉靖）增城縣志》卷17《藝文內編·古風》，頁458。

第二節　唐朝有姓名：早期崇拜傳統的雪泥鴻爪

> 閬苑無蹤跡，唐朝有姓名。不知紅玉洞，千古夜猿聲。
> 　　　　　　　　　　〔宋〕白玉蟾，《題會仙觀》①

現今自詡為"仙姑故里"子弟的增城人相信，"八仙"中唯一的女性成員——"何仙姑"與他們一樣出身於斯土。②然而，在增城，以"何仙姑"之名為街坊大眾景仰的女神明，並非僅是"八仙"中面目模糊的附庸女仙。她／祂在此地擁有清晰的本生故事和獨立神格，村落中有專奉其為主祀神祇的祠廟，每年農曆三月初七與八月初八的兩次仙姑誕期，既是仙姑廟所在村落的年度盛事，也是四方慕名而來的香客的嘉年華會。③對當地民眾而言，傳說在唐朝抗拒父母婚配之命而捨家仙遊、後於羅浮山得道顯聖的"何仙姑菩薩"，既是禱祈輒驗的靈驗神明、增城人的守護神，也是民間女性宗教家"仙姑"、"仙姐"④

---

① 〔宋〕白玉蟾，《題會仙觀》，載《（康熙）增城縣志》卷14《外志·寺觀·會仙觀》，頁12。

② 李思平主編，《仙姑故里》（增城：增城市文學藝術界聯合會、增城市文化局、增城何仙姑文化研究會，2004—2005）。

③ 在增城當地，一年有兩次何仙姑誕：春季的農曆三月初七與秋季的八月初八。根據當地報導人的說法，三月初七是何仙姑的生辰（當地謂為"正誕"），八月初八則是何仙姑得道昇天的日子（當地或謂為"死誕"）。多數存在何仙姑廟的村落一般是依照這兩個日期為仙姑賀壽。筆者，《小樓仙姑家廟田野訪談紀錄》，2010年9月13日、14日，2011年4月8日、9日，於增城小樓鎮小樓墟仙姑家廟；《沙隴何仙姑廟田野訪談紀錄》，2010年9月15日、2011年2月24日、25日、2012年2月10日，於增城石灘鎮沙隴村何仙姑廟；《龍潭埔仙姑祠田野訪談紀錄》，2011年4月9日，於增城正果鎮何屋仙祠。

④ "仙姐（姊）"是增城當地對於佛、道等制度宗教外的民間女性宗教師的稱呼，原意是指能夠交通人世與超自然世界的女性異人。筆者，《何仙姑誕考察與訪談紀錄》，2010年9月13日、14日，於增城小樓鎮小樓墟仙姑家廟；《曹姑訪談紀錄》，2010年12月25日，於增城石灘鎮沙隴村何仙姑廟；《七姐誕考察與訪談紀錄》，2011年8月5日，於增城新塘鎮仙村下境四帥古廟、仙佛古廟；《環姐訪談紀錄》，2011年8月8

等"仙家姊妹"的精神導師與修行典範①，除此之外，她／祂還是眾多自居"仙姑之後"的何姓社區共同敬奉的宗族祖姑。

增城人聲稱，他們所敬拜的"何仙姑菩薩"，是唐朝時得道成仙的增城何姓人家之女。②從現存的文字材料來看，能完整反映這套"人（何氏女）—地（增城）—時（唐朝）"傳說結構的說法，萌芽醞釀於晚唐五代時期，漸次流傳與增益於宋代。成書於北宋太平興國年間的類書《太平寰宇記》，在關於嶺南道雲母山的記載中提到：

> 雲母山，在增城縣東七十里，山出雲母，《續南越志》云，唐天后朝③，增城縣有何氏女服雲母粉得道於羅浮山，因所出名之。④

筆者認為，上述《太平寰宇記》對雲母山的描述，不僅是宋初中原史家對中古以來流傳的羅浮山神話與嶺南輿地知識的整合，更是增城何仙姑故事最初的原型。關於增城雲母山，可見於現存文獻者，最早當屬唐代歐陽詢（557—641）編纂的《藝文類聚》：

> 裴氏《廣州記》曰……增城縣有雲母岡，日出照之晃曜。⑤

日，於增城荔城街。

① 筆者，《環姐訪談紀錄》，2011年8月8日，於增城荔城街。

② 筆者，《朱○寅訪談紀錄》，2010年9月13日，於增城小樓鎮小樓墟何仙姑家廟；《何○仲、何○威、丁○好訪談紀錄》，2010年9月15日，於增城石灘鎮沙隴村何仙姑廟。

③ 指武則天（624—705）當政時期。武氏為唐高宗李治之后，居后位時（655—683）被尊封為"天后"，與高宗並稱為"二聖"。高宗逝後，武氏以皇太后身分於隨後的中宗、睿宗朝臨朝稱制（683—690），後自立為武周皇帝（690—705）。武周朝神龍元年（705），武氏退位，禪位於太子李顯，是為中宗，唐政權復辟。

④〔宋〕樂史，《太平寰宇記》（臺北：臺灣商務印書館，1983，影印臺北故宮博物院藏文淵閣四庫全書本）卷157《嶺南道一》，頁9a。

⑤〔唐〕歐陽詢，《藝文類聚》卷6《地部・州部・郡部》，頁11b。

歐陽詢徵引的《廣州記》已佚，其著者裴淵為晉時人①，而宋初《太平寰宇記》引用的《續南越志》，成書於晚唐五代，②該書所提關於增城何氏女服食雲母於羅浮山得道的事蹟③，未見於晚唐之前的文字材料。據此或許能說，增城有出産雲母之地，在南北朝時已為人所知，然而何氏女服食雲母於羅浮成仙的故事，在晚唐五代之前卻尚未顯聞於世。值得注意的是，《續南越志》關於雲母山和增城何氏女的說法，除了為《太平寰宇記》所轉載，亦被收錄於太平興國時期另一部著名的類書《太平御覽》中④，此後廣為後世的地理志書引用，如南宋婺州金華人王象之（1163—1230）的《輿地紀勝》。⑤綜上所述，或可推測，嶺南增城何氏女服餌雲母於羅浮山成仙的傳說，一直要到宋初之後才開始廣泛流傳。

何氏女服食雲母山所出之雲母而成仙，那麼這座雲母山具體位置何在？根據歷代志書的文字描述與輿圖記載研判，《續南越志》所描述的雲母山，應該是位於增城、博羅兩縣交界地帶——羅浮山

---

① 〔清〕阮元，《（道光）廣東通志》卷193《藝文略五》，頁251。
② 《續南越志》已佚，作者亦不詳。根據清代學者們的考證，《續南越志》應該是唐或五代時人在劉宋吳興人沈懷遠所著《南越志》基礎上所增撰的續編。〔清〕章宗源，《隋經籍志考證》（清光緒元年〔1875〕湖北崇文書局刻三十三種叢書本），卷3，頁42；〔清〕姚振宗，《隋書經籍志考證》（民國師石山房叢書本）卷13《史部三》，頁471。
③ 雲母為一種礦物，可入藥。在先秦以來的神仙方術傳統以及後來的道家修煉傳統中，普遍流傳有服食丹藥以延年養生甚或昇化成仙的信仰與實踐之法，泛稱為服餌術。服餌的丹藥煉製材料來源主要有二，一是植物草木，二是金石礦物，雲母是金石藥中常見的一種材料，久服雲母據說能輕身延年，中古以來的道書很多能見此說法，例如東晉葛洪的《抱朴子》。有學者指出，中唐之後朝廷官員中曾興起服食雲母丹藥的風潮。參廖芮茵，《唐代服食養生研究》（臺北：臺灣學生書局，2004），頁47—48、51、189。
④ "雲母山，《續南越志》云，天后朝曾城縣有何氏女服雲母粉得道於羅浮山，山因所出以名之。"〔宋〕李昉，《太平御覽》卷49《地部十四》，頁16b—17a。
⑤ "雲母山，《寰宇記》云，在增城縣東七十里，山出雲母。《續南越志》云，唐天后朝，增城縣有何氏女，服雲母粉得道於羅浮山，因所出名之。"〔宋〕王象之，《輿地紀勝》（臺北：文海出版社，1971）卷89《廣南東路·廣州·景物下》，頁9a。

四百三十二峰之一的雲母峰。①因此，對於唐五代以來至宋初流傳的增城何氏女傳說而言，羅浮山毋庸置疑是重要的場景與地點。②

宋神宗元豐年間的進士梅蟠③，出身於羅浮山東南的惠州歸善縣④，晚年歸隱羅浮山，他的詩作《何仙姑祠》為前述的何氏女故事提供了"在地"的訊息。透過此詩可以得知，在梅氏的時代，羅浮當地已存在崇祀女仙"何仙姑"的祠廟。《何仙姑祠》描述了這位"何女仙"出生時的靈異，以及煉服雲母飛昇的事蹟：

---

① 〔清〕宋廣業編，《羅浮山志會編》卷首《圖說·羅浮山圖》，頁3a。
② 除了《續南越志》所提到的增城何氏女外，唐中葉戴孚所著《廣異記》另有一則嶺南何姓女仙人"何二娘"的故事，場景也在羅浮山。這則故事亦在宋初太平興國年間被收入《太平廣記》：

  廣州有何二娘者，以織鞋子為業，年二十，與母居，素不修仙術。忽謂母曰：住此悶，意欲行遊。後一日，便飛去，上羅浮山寺。山僧問其來由，答云：願事和尚。自爾恆留居止。初不飲食，每為寺眾採山果充齋，亦不知其所取。羅浮山北是循州，去南海四百里。循州山寺有楊梅樹，大數十圍，何氏每採其實及齋而返。後循州山寺僧至羅浮山說云，某月日有仙女來採楊梅。驗之，果是何氏所採之日也。由此遠近知其得仙。後乃不復居寺，或旬月則一來耳。唐開元中敕令黃門使往廣州求何氏，得之，與使俱入京，中途黃門使悅其色，意欲挑之而未言。忽云：中使有如此心，不可留矣。言畢，踊身而去，不知所之，其後絕跡不至人間矣。出《廣異記》。

〔宋〕李昉，《太平廣記》卷62《女仙七·何二娘》，頁10b—11a。
③ 梅蟠，字子升，號羅浮山人，惠州歸善縣人，生卒年不詳，宋元豐八年（1085）進士。博學強記，鄉人稱作"梅夫子"，著有千首歌咏惠州江山風物的詩作。〔宋〕王象之，《輿地紀勝》卷99《廣南東路·惠州·人物》，頁7a；《（嘉靖）惠州府志》（臺北：新文豐出版公司，1985，影印寧波天一閣藏明刻本）卷13《人物傳》，頁3b—4a。另可參見〔清〕杜臻，《閩粵巡視紀略》（清康熙三十八年〔1699〕刻本）卷下頁52；〔清〕陸心源輯，《宋詩紀事補遺》（臺北：臺灣中華書局，1971，影印"中央"研究院歷史語言研究所藏本）卷24，頁18b—19a。
④ 宋代惠州轄下有歸善、博羅、海豐、河源四縣。這塊區域隋唐時名為循州，五代南漢時期改名為禎州（按：循州領地北移至河源西北方的雷鄉縣，即後來的龍川與興寧縣境），北宋天禧五年（1021）改名為惠州。〔宋〕王象之，《輿地紀勝》卷99《廣南東路·惠州》，頁1a—1b。

昔聞謝自然①，今祠何女仙。昌黎久不作，奇事相留傳。
當其始生時，紫雲光燭天。煉服雲母丹，紅玉飛瓊烟。
窈窕顏不老，霞帔尚翩翩。琪花露含蘂，瑶水月在蓮。
恍若坐深閨，真息長眇綿。左攜魏夫人，右挾夏嬋娟。
不入天台路，永同龍漢年。②

梅蟠沒有言明筆下的何仙姑祠實際位於何處，不過根據他的籍貫與晚年歸隱羅浮的經歷，以及《何仙姑祠》後來被廣泛收羅於後世的羅浮山志書、博羅與增城方志、惠州與廣州府志等事實判斷③，其位置應不出於羅浮山境下的增、博二縣，而詩中的"何仙姑"、"何女仙"，很可能就是前述《續南越志》、《太平寰宇記》、《太平御覽》中服食雲母於羅浮得道的何氏女。

北宋粵東惠州人梅蟠的《何仙姑祠》，或許是從地方觀察者的角度講述增城何氏女故事的先聲。宋室南渡後，以"何姓女子—增城/羅浮山—唐朝"這套"人—時—地"敘事架構為骨幹的何氏女成仙傳說，一方面繼續在嶺北文士所編纂的輿地志、類書等文本中流傳④；另一方面，嶺南出身士人以及宦遊此間的北方文士的相關書寫，進一步賦予何氏女故事更具體的時代與地方脈絡。在南宋時期的文本中，

---

① 謝自然是西蜀果州南充人，為中唐時期著名的女性宗教師。相傳謝氏自幼不食葷血，十四歲開始辟穀，於果州金泉山築室修行，後於唐德宗貞元十年（794）白日飛昇，此事曾為刺史李堅上於朝廷。關於謝自然的事蹟，可參見〔五代〕沈汾，《續仙傳》（臺北：新文豐出版公司，1985，影印明正統道藏本）卷上《謝自然》，頁279—281；〔宋〕李昉，《太平廣記》卷66《女仙十一·謝自然》，頁1a—9b；〔元〕趙道一，《歷世真仙體道通鑑·後集》卷5第8《謝自然》，頁886—887。

② 梅蟠，《何仙姑祠》，載〔明〕陳璉撰，〔清〕陳伯陶補，《羅浮志補》卷14《詩中·北宋》，頁474—475。另可參見〔清〕宋廣業編，《羅浮山志會編》卷15《藝文志六·詩·何仙姑祠》，頁12b—13a；〔清〕陸心源，《宋詩紀事補遺》卷24，頁19a。

③ 明清時期博羅隸於惠州府，增城隸於廣州府。

④ 如南宋王象之《輿地紀勝》中關於雲母山的描述，即是完全援用《太平寰宇記》的說法。〔宋〕王象之，《輿地紀勝》卷89《廣南東路·廣州·景物下》，頁9a；〔宋〕樂史，《太平寰宇記》卷157《嶺南道一》，頁937。

这位五代以来传说得道于罗浮的何氏女仙，无论是她／祂的形象或是以其为核心的信仰传统，与增城的连结都愈益明晰。多方文献不约而同指出，何氏女成仙前的居所、成仙后为人所供奉的祠观，其地点就坐落于增城县城。

前述婺州王象之所著的《舆地纪胜》，成书于南宋嘉定十四年（1221），是南宋最重要和完整的全国性地理通志。该书有关增城县的记载，仍援引《太平寰宇记》对云母山与增城何氏女罗浮成仙的描述，值得注意的是，当其论及广州辖下诸县的仙释人物时[①]，还提到另外两位也是何姓的仙人，一是增城的"何氏女"：

《孔氏六帖》云：增城何氏女有神仙之术，持一石措小石楼之上，远观其石如画。罗浮山有大小石楼。[②]

另一位是广州会仙观的"何仙"：

《会仙观记》：昔有□□（何仙）居此，唐景龙（707—710）中白日升仙。[③]

王象之没有说明《孔氏六帖》中的"何氏女"和前代《续南越志》、《太平寰宇记》中服食云母的"何氏女"是否为同一位，虽然两者都出身于增城，也都与罗浮山有渊源。至于另一位"何仙"及会仙观的来历，由于《会仙观记》已佚，成书或成文时间与作者未详，不过成书于两宋之交的《新定九域志》在述及当时广州辖下诸县古迹

---

① 南宋时期广南东路的广州都督府下领八县：南海、番禺、清远、怀集、东莞、增城、新会、香山。〔宋〕王象之，《舆地纪胜》卷89《广南东路·广州》，页3b—5b。
② 〔宋〕王象之，《舆地纪胜》卷89《广南东路·广州·仙释·何氏女》，页15b。
③ 〔宋〕王象之，《舆地纪胜》卷89《广南东路·广州·仙释·何仙》，页15b，缺佚字据《新定九域志》校之。〔宋〕王存，《新定九域志》（"古迹"部分），载〔宋〕王存撰，王文楚、魏嵩山点校，《元丰九域志》下册（北京：中华书局，1984），卷9《广南路·东路·广州·古迹》，页694。

時①，業已轉載了該記中的何仙故事：

> 會仙觀，《（會仙觀）記》云：何仙居此，食雲母，唐景龍中白日昇仙。②

以《會仙觀記》在上述文獻中輾轉傳抄的情形為綫索，可推知會仙觀最晚在十二世紀上半葉（北宋末年或南宋初期）已經存在。③然而，無論是《新定九域志》還是後來的《輿地紀勝》，對於何仙"白日飛昇"的情節皆未多所著墨，亦沒有進一步交代會仙觀究竟位於廣州何處。

幸運的是，和王象之同時代的福建莆田人方信孺（1177—1222）④，因其宦遊廣東的經歷，為前述輿地志中底細未明的"何仙"與"會仙觀"，提供了更具"在地"意義的訊息。方信孺在廣東番禺為官時，遍覽周邊著名的史蹟與風物山川，成詩百首為《南海百咏》。《南海百咏》中所載的古蹟山川，主要位於廣州的附郭縣南海、番禺，但也擴及新會、東莞、清遠、增城，以及粵北的肇慶府。⑤百首詩作中，有一首《會仙觀》，方氏在該詩題解中寫道：

---

① 作為增補《元豐九域志》之用的《新定九域志》，成書於北宋紹聖四年（1097）至崇寧時期（1102—1106）之間（或說成書於南宋紹興至淳熙之間，約12世紀30—70年代）。該書在南宋時期廣泛流行，是王象之編修《輿地紀勝》時多所援引的參考材料。〔宋〕王存撰，王文楚、魏嵩山點校，《元豐九域志》下冊《前言》，頁1—6；潘晟，《宋代圖經與九域圖志：從資料到系統知識》，《歷史研究》2014年第1期，頁92；閆建飛，《新、舊《九域志》考》，《中國典籍與文化》2014年第1期，頁84—86。

② 〔宋〕王存，《元豐九域志》下冊《新定九域志》，頁694。

③ 以《新定九域志》成書時間為推論依據。

④ 〔元〕脫脫，《宋史》（臺北：臺灣商務印書館，1983，影印臺北故宮博物院藏文淵閣四庫全書本）卷395《列傳第一百五十四·方信孺》，頁14b—17b；〔清〕阮元，《（道光）廣東通志》卷198《藝文略十》，頁327。

⑤ 南宋時廣南東路肇慶府，下轄四會、高要二縣。〔宋〕王象之，《輿地紀勝》卷96《廣南東路·肇慶府》，頁2a—2b。

> 會仙觀，在增城縣（按：指縣治）南三百步許，何仙姑所居也。姑生於唐開耀（681—682）中，嘗於旁穴得雲母石，服之體內漸覺清舉，有凌雲之致。一日告其母，以群仙之會，吾將暫往，遂不復見。今祠堂、丹井俱在觀中。①

此段文字清楚指出會仙觀的具體位置，就坐落於增城縣。對於曾在此地服餌修仙的"何仙姑"事蹟，詩中是這麼說的：

> 綽約長眉海上仙，久餐雲母學長年。
> 山中丹井今無恙，為弔南充謝自然。②

我們可以推論，無論是兩宋輿地志編修者相繼援引抄錄的《會仙觀記》，還是南宋方信孺《南海百詠》的《會仙觀》，實際上說的都是同一個故事：廣州增城縣往昔有唐朝人何氏，因服食雲母而成仙，被以"何仙姑"或"何仙"之名，供奉於由其故居改立的會仙觀。《會仙觀記》記錄了何氏飛昇離世的時間——唐中宗景龍年間（707—710），而《南海百詠》的《會仙觀》則提到何氏出世的時間——唐高宗開耀年間（681—682），並且進一步明確指出會仙觀的地理位置：增城縣治南行三百步處。兩者同樣提到何氏服食雲母的情節。此外，在《南海百詠》中，保留了方信孺遊歷此觀時的觀察：供奉何氏的祠堂以及或作為何氏修煉之用的所謂"丹井"，當時還保存於觀中。

與層層轉錄傳抄的輿地志與類書相較，《會仙觀記》與《南海百詠》的作者可貴地提供了他們對於增城何仙姑崇拜傳統的實地觀察紀錄。如果說北宋神宗年間梅蟠的《何仙姑祠》，顯示羅浮山或其周邊地區至晚在十一世紀業已存在祭祀何氏女仙的祠廟，《會仙觀記》與《南海百詠》則是更進一步聚焦於增城，說明最晚在十二世紀兩宋之交，該

---

① 〔宋〕方信孺，《南海百詠》（揚州：廣陵書社，2003，影印清《宛委別藏》本），《會仙觀》，頁84—85。
② 〔宋〕方信孺，《南海百詠》，《會仙觀》，頁84—85。

縣境內也已經出現了因何氏升仙傳說而得名的宮觀。此外，根據明代縣志的記載，可知約莫在十三世紀，當時增城除了縣城會仙觀外，也存在其他供奉何仙姑的場所。例如，曾有地方名士以同為"里德之人"的理由，將何仙姑與其他兩宋邑中名賢並祀於私人設辦的"里德祠"中：

> 李公肖龍，字叔膺……宋辛未（按：宋度宗咸淳七年〔1271〕）進士，初調贛州司戶，改調循州興寧部尉，攝長樂縣事，後除大社令。……晚歲厭市囂，去邑之五里築松鶴庵，又去庵五里創里德祠，祠崔清獻（按：崔與之）①、古帝君、賓佛②、何仙姑，皆里德之人也。③

增城名士李肖龍供奉何仙姑於其私設的里德祠，說明到了宋末元初，增城當地祭祀何仙姑的地方並非只有會仙觀一處。④然而，當何仙姑於宋元時期躋身於"里德之人"的行列時，或許暗示此時織就仙姑仙名的，除了早期與羅浮山的文化、地理淵源外，更多緣於增城本地的

---

① 崔與之（1158—1239），字正子，號菊坡，卒諡清獻，廣東增城人。南宋光宗紹熙四年（1193）由太學舉進士，為廣東士人由太學舉科第之第一人。光宗、寧宗、理宗三朝為官，歷任四川安撫制置使、潯州司法參軍、淮西提刑司檢法官、建昌與新城知縣、邕州通判、淮東安撫使、秘書兼太子侍講、工部侍郎、煥章閣待制學士、成都、潭州、隆興知府、湖南、江西安撫使、廣東經略安撫使兼知廣州等職。理宗時召為吏部尚書參知政事，拜右丞相，十三次上疏力辭不就。嘉熙三年（1239）以觀文殿大學士提舉洞霄宮致仕，累封至南海郡開國公。卒年八十二歲，諡清獻，著有《菊坡集》。明代崔氏後人崔子璲輯錄崔與之生前文集、奏疏、家藏御劄與相關譜牒文獻為《崔清獻全錄》。省城廣州、增城歷代舉祀鄉賢，增城並於縣中鳳凰山下崔氏故居設立崔清獻祠祀之。《宋史》卷165《列傳·崔與之》，頁1a—8b；《（康熙）增城縣志》卷8《人物志·德業·崔與之》，頁3a—10a；《（民國）增城縣志》卷18《人物一·列傳·崔湛國史本傳·崔與之》，頁3a—12a.

② 賓公為增城金牛都香埔塘人，北宋皇祐時削髮於明山寺，坐化於瑞山石上，鄉人後徙金身於瑞山之右，即證果寺立廟奉祀，謂之為"賓公佛"。

③ 《（嘉靖）增城縣志》卷6《人物·儒林類》，頁165—167。

④ 必須注意的是，李肖龍的里德祠並非單奉何仙姑一人，若根據現存的文獻材料而論，專祀或主祀"何仙姑"的祠廟觀宇很可能只有會仙觀一處。

創造。

　　相較於早期何氏女羅浮山得道的神話，在宋代以來述及會仙觀的文獻中，何氏女仙是增城人的說法，也因為其故居地點——會仙觀的確認，而得到進一步的強化。然而，下文將說明，此一地點的選擇與確認，實際上間接地展示了一頁增江沿岸地區早期的開發史。

　　根據《南海百詠》的記載，祭祀何仙姑的祠堂，亦即據說是何氏"飛昇"前的居所，以及供其修煉之用的所謂"丹井"，在方信孺於南宋末宦遊廣州期間，還得見於增城縣城南三百步的會仙觀中。出身於番禺沙村的南宋末進士陳大震[①]，其撰寫的《大德南海志》是現存年代最早的廣東方志[②]，當中提到："增城人何仙姑，所居地曰春岡，下有穴，產雲母。忽夢老人教以服餌，兼得化煉之術，後常服之，體覺輕健，日月有異。"[③]明朝洪武十一年（1378）遊歷增城的台州天台人孟士穎曾撰《何仙姑井亭記》，文中提到仙姑所居的春岡亦名鳳凰臺，"東北與羅浮山相望"。[④]此後明清歷代增城縣志的一致說法是，"鳳凰臺"或"鳳凰山"古名"春岡"，由於宋神宗熙寧年間有鳳凰聚集岡上，此後遂改名為"鳳凰臺（山）"。[⑤]關於春岡改名的傳說，《宋史》中能找到一則或可呼應的記載："熙寧七年

[①] 陳大震，生卒年不詳，廣東番禺（後改隸增城）人，南宋理宗寶祐元年（1253）進士。按：陳氏的家鄉沙村位於增城南面東江之濱，鄰近增城、番禺兩縣交界處，本為番禺舊地，明中葉後才劃屬增城。〔明〕陳璉，《直齋修譜前序》（1453），載《增城沙隄陳氏族譜》（清乾隆四十三年〔1778〕重修），族譜傳序藝文初編・敘字號，頁3b；〔清〕馮成修，《增城沙隄陳氏重修族譜序》（1778），同前引書，族譜傳序藝文初編・敘字號，頁2b。

[②] 《大德南海志》成書於元成宗大德八年（1304），記事的地理範圍包含廣州與當時其下所領七縣：南海、番禺、東莞、增城、香山、新會、清遠。

[③] 〔元〕陳大震著，廣州市地方志編纂委員會辦公室編，《元大德南海志殘本・附輯佚》（廣州：廣東人民出版社，1991），頁153。

[④] 〔明〕孟士穎，《何仙姑井亭記》，載《（康熙）增城縣志》卷14《外志・寺觀・會仙觀》，頁12。

[⑤] "鳳凰臺，舊名春岡，宋熙寧間有鳳集其上，因改岡為鳳凰臺。按增城舊志爲山，今依《一統志》改之以臺名。"《（嘉靖）增城縣志》卷2《地理志・山川類・境內山川》，頁65。

（1074）六月乙未，增城縣鳳凰見"①，然並未具體指出鳳凰出現的地方。綜合上述，宋以來的會仙觀傳說確定了何仙姑的故居地，明清時期的文本則在會仙觀故事的基礎之上，增添了鳳凰臺／鳳凰山的傳說。

頗堪玩味的是，雖然歷來的文本多認為羅浮山得道的何氏女仙出於增城，但是關於何氏故居具體的位置，從宋代以來開始出現兩種不一致的看法。凡述及增城會仙觀的文獻，包括宋代的文人遊記和元明清的方志，皆直指何仙姑昔時住所位於該縣縣城城南處的"春岡"或"鳳凰臺"、"鳳凰山"。不過，另一套以羅浮山為書寫核心的文本傳統，則顯然不是如此。宋代以來開始出現系統性編寫整理羅浮山歷史的志書，舊時嶺南何氏女羅浮得道的傳說也開始被更細緻地述記。南宋沖虛觀道士鄒師正所著《羅浮指掌圖記》，是歷來第一篇記述羅浮山水名勝的圖記，②當中提到，羅浮山境西面"花首臺"山背的"鳳凰岡"，為"何仙姑所居"，其下則是"雲母溪"，"其中出雲母石"。③（圖1—3）明初廣州香山縣人黃佐（1490—1566）的《（羅浮山）圖經》也提到何仙姑居於鳳凰岡：

> 雲母峰之西北曰鳳凰岡，神女居之。雲母峰，西龍潭上，轉泉源山界則增城縣也，乃何仙姑所產之地。其下雲母之水出焉，北注於增城西青山而成淵，神龜潛焉，是曰龜淵。④

---

① 〔元〕脫脫，《宋史》卷64《五行志第十七·五行二下火下》，頁11a。
② 《羅浮指掌圖記》成文時間在南宋理宗寶慶元年（1225），是首篇記述羅浮山水名勝的圖記，為後世編纂羅浮山志書的主要參閱資憑與採輯對象。"指掌"意謂在指掌之間翻閱此文，羅浮山水、寺觀庵堂可一目了然。參賴保榮編著，《羅浮道教史略》（廣州：花城出版社，2012），頁46—47。
③ 〔宋〕鄒師正，《羅浮指掌圖記》，載〔明〕陳璉撰，〔清〕陳伯陶補，《羅浮志補》卷1，頁7a。
④ 〔明〕黃佐，《圖經并序》，載宋廣業編，《羅浮山志會編》卷1《地理志·名勝一》，頁9a—9b。按：在筆者所見過的羅浮山志書中，黃佐的說法最早明確指出何仙姑所居的鳳凰岡位於增城縣境內。

圖1—3　羅浮山雲母峰、鳳凰岡①

明中葉廣州從化縣人黎民表（1515—1581）的《羅浮山圖經注》，進一步補充黃佐的說法：

> 舊志雲母峰在西龍潭上，轉泉源山背西北一百三里至鳳凰岡，則增城界也，乃何仙姑所居，嘗餌雲母，故溪水以此得名，西北流注於增城西綏寧鄉，北循虎獅逕青山下，有黽淵焉。俗稱黽泉。②

綜合鄒師正以來的羅浮山志文獻，可知在這些羅浮志作者筆下，何仙姑就住在位於博羅與增城交界處的鳳凰岡，其下有雲母溪流過，是仙姑服餌的雲母石來源。然而，值得注意的問題在於，羅浮山志書所提到的鳳凰岡和會仙觀文本中的春岡（鳳凰臺／鳳凰山），其實是兩個不一樣的地方：鳳凰岡位於增城縣治東面十五里處的增江東岸③，接近縣境與博羅的交界（縣東五十里即為羅浮山主脈）④；至於鳳凰臺／鳳凰山，則位於增江西岸的增城縣城。（圖1—4）

---

① 本圖根據清代康熙時期《羅浮山志會編》輯錄之《羅浮山圖》繪製。參見〔清〕宋廣業編，《羅浮山志會編》卷首《圖說》，頁1b—3a。
② 〔明〕黎民表，《羅浮山圖經注》，載宋廣業編，《羅浮山志會編》卷1《地理志・名勝一》，頁18b—19a。
③ 《（嘉靖）增城縣志》卷2《地理志・山川類・境內山川》，頁65。
④ 《（嘉靖）增城縣志》卷2《地理志・山川類・境外山川》，頁72。

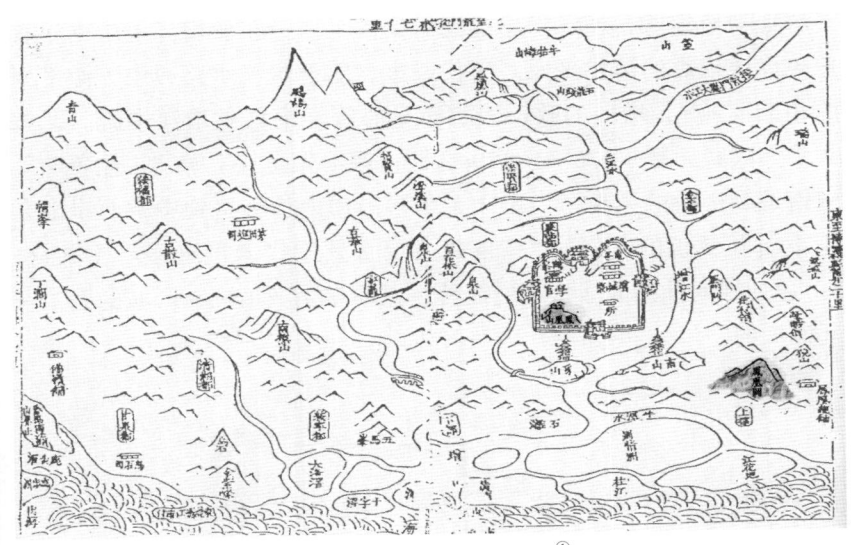

圖1—4　鳳凰山與鳳凰岡①

　　述及何仙姑故事的兩類文本傳統——以記載增城縣風物和歷史沿革為中心的方志、遊記，聚焦羅浮山名勝和山中仙釋人物軼事的羅浮山志書——對於何氏故居地點的說法無法兜合的現象，值得進一步探討。筆者試圖就目前學界對於增城沿革與歷史地貌變遷的研究成果，提出一些初步的觀察，或有助於釐清上述問題。首先，分析宋代以來第一類文獻所記載的會仙觀何氏女仙事蹟，這類文本大多宣稱何氏在世的時間約莫是唐朝高宗至中宗在位的七世紀晚期至八世紀初期，而其故居所在地，則坐落於增江中游西岸增城縣邑城南處。然而，這個所謂"縣邑城南處"的地理位置必須進一步商榷，主要原因在於，增城縣治的位置隨著增江河道在不同歷史階段的開發進程，歷來經過多次變動。唐末之前，縣治並不在宋元以降的九崗村處，而是位於增江上游古名"二龍爭珠"地，即現今增城與龍門交界的正果鎮龍潭埔一帶。其時增江河道的開發尚不及於中

---

①　本圖根據清康熙二十五年（1686）《增城縣志》輯錄之《增城縣圖》繪製。參見《（康熙）增城縣志》卷1《輿地》，頁1b—2a。

下游地勢地窪處，增江沿岸的民居聚落主要分布於增江上游兩岸有丘陵崗地依靠的河谷平原。宋代以來，隨著增江水路與中下游平原的相繼開發①，增城的政治與經濟重心逐漸南移到增江中游。北宋太平興國與元豐（976—1085）之間，縣治先是從上游"二龍爭珠"處南遷到中游的東街村，不久，又再沿河南遷十里到中游西岸由九座小山崗環繞的九崗村②，自此之後直到近代未再遷移。（圖1—5）會仙觀何仙姑故居傳說的流傳，差不多是與這個新縣城的歷史一起開展的。

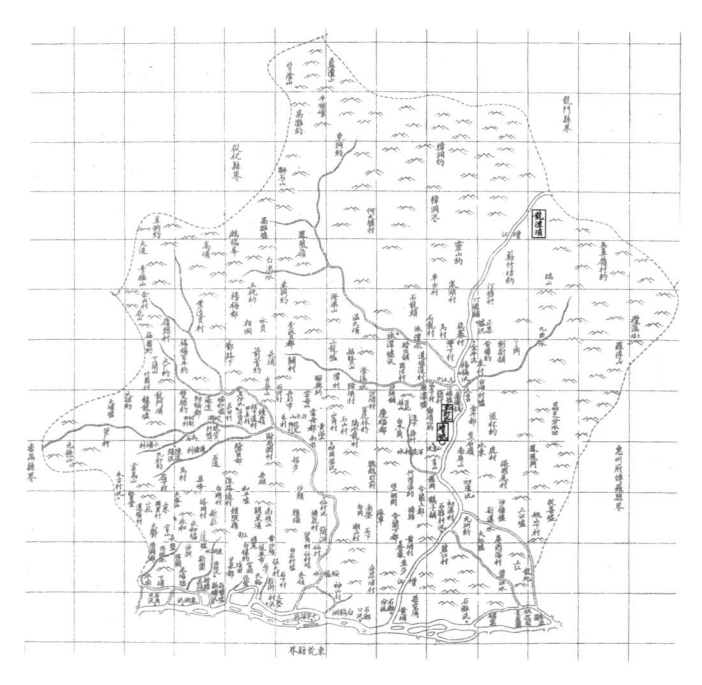

圖1—5　增城歷代縣治所在地（龍潭埔、東街、九崗村）③

---

① 曾昭璇，《增江三角洲歷史地貌研究》，《人民珠江》1989年第6期，頁9—13。
② 九崗村因其地有九座小山崗環抱而得名：賀登崗、螺旋崗、龜峰崗、鶴嶺崗、春崗（鳳凰臺／鳳凰山）、獅嶺崗、蟹崗、槎崗、豸嶺崗。賴鄧家編著，《相水鈎沉》（香港：中華文化出版社，1997），頁111。
③ 本圖根據清光緒二十三年（1897）《廣東輿地全圖》輯錄之《增城縣圖》繪製。

第三節　城市有仙山：城裡人的何仙姑故事

> 不隔塵寰咫尺間，誰知城市有仙山。
> 化成雲母長生藥，駐得仙姑不老顏。
> 明月鳳臺千古在，青霄鶴駕幾時還。
> 洞門深鎖香風軟，滿地松花白晝閒。
> 〔明〕劉銘，《題何仙姑祠》①

增城立縣於東漢，然而其本地的風物輿情卻必須要到十世紀前後，才開始褪去氤氳的神話面紗，漸為五嶺以北的中原世界所悉。宋代開始，中古以來流傳於輿地志和類書的嶺南何氏女羅浮得道傳說，透過越來越多宦遊嶺嶠的北方官員、文士與嶺南當地出身士人的詩文志略作品②，在此前"人（何氏女）—地（增城／羅浮山）—時（唐朝）—事（服食雲母）"的基調上，被增益以更多來自羅浮山周邊地區包括增城在內的"在地"細節，仙人於是有了更為具體的生平、老家，以及祠廟。新文本承載的新訊息，可能是古老地方口傳神話、信仰傳統的集結與發表，也有可能是因應新時代需要的創造。兩造的可能，也許互為表裡，相互為用。

與前代的嶺南何氏女仙傳說相較，宋代以來聚焦增城當地史事的新傳說版本，仍然保留了何氏服餌雲母的情節，明顯的差異在於故事

參見中國第一歷史檔案館等編，《廣州歷史地圖精粹》，頁44。

① 《（康熙）增城縣志》卷14《外志·寺觀·會仙觀》，頁21。按：劉銘，廣東增城人，明初明經舉，增城縣訓導。《（康熙）增城縣志》卷5《秩官·訓導》，頁20。

② Brian E. McKnight, *Village and Bureaucracy in Southern Sung China* (Chicago: University of Chicago Press, 1971); Robert Hartwell, "Demographic, Political, and Social Transformations of China, 750–1550," *Harvard Journal of Asiatic Studies* 42: 2 (December 1982), pp. 365–442; David Faure, *Emperor and Ancestor: State and Lineage in South China*, pp. 25–37.

场景地点的转换：不再直接提到罗浮山，而是在何氏女出身增城县的基础上，更清楚将其出场和活动的场景与增城县城中的特定景物（如会仙观、凤凰台）相连结。承继与新创之间，新演绎的传说内容所揭示的，一是早期罗浮山的宗教传统以及罗浮山与增城的地缘、文化连结，二是增江地区在宋代以来的新发展轨迹。

留存下来的云母相关情节，有两层重要的象征意义。其一，它体现了中国本土宗教早期服饵辟谷的修行求仙传统①，该传统的历史或早于佛、道等制度性宗教，实践上亦可独立于有组织的修行社群之外。②当罗浮山在中古之后逐渐被纳入道教"洞天福地"理论体系，而增城的何仙姑也逐渐被整合进入其经典与神谱系统后，后人在仙姑服饵云母、独身修仙的情节中，或许还能依稀看出罗浮山道教洞天景观之外其他宗教实践传统的遗绪。其二，何氏服饵云母升仙的事迹渊源于中古以来书写罗浮山的文本传统，神话原初的罗浮色彩亦间接揭示了增城在地理、历史与文化上和罗浮山的紧密联系。虽然宋元以降逐渐流传开来的会仙观何仙姑传说不再特别聚焦罗浮山，不过由于云母并非随处可得之物，本身具有明确的地域连结意涵，因此当何氏成仙的关键仍来自云母的取得③，故事的场景便不可能脱离罗浮山的地理与文化影响范围。是以当仙姑故事在宋元之后继续衍伸更多新主题时，"餐云母"④一节实犹自暗语着仙姑传说早期的罗浮脉络。

故居地的指认是增城何仙姑故事从宋代开始的新发展。罗浮山的

---

① Robert F. Campany, *To Live as Long as Heaven and Earth: A Translation and Study of Ge Hong's Traditions of Divine Transcendents* (Berkeley: University of California Press, 2002), pp. 173–174, 199, 233, 244, 250, 270, 274, 363.

② Robert F. Campany, *Making Transcendents: Ascetics and Social Memory in Early Medieval China* (Honolulu: University of Hawai'i Press, 2009).

③ "（会仙观）在增城县南三百步许，何仙姑所居也。姑生于唐开耀中，尝于旁穴得云母石，服之体内渐觉清举，有凌云之致。"〔宋〕方信孺，《南海百咏》，《会仙观》，页84。

④ 〔清〕谢士章，《拓建何仙姑祠记》，载《（康熙）增城县志》卷14《外志・寺观・会仙观》，页17—18。

鳳凰岡成為增城縣城中的鳳凰臺，從此仙山來到了塵寰之中，鳳凰山麓下的會仙觀自此成為騷人墨客追訪何仙姑仙蹟的聖殿。仙姑的所謂故居之地，其實是增城的新邑所在。當增江中游之濱的九崗村在宋代逐漸成為縣中水陸輻輳之地，會仙觀的仙姑祠堂、"丹井"，或許和春岡上所現蹤的鳳凰、縣城周邊的寺庵、邑中氏族的開居時間等，都共同塑造，也展演著這個"在宋紹熙（1189—1194）已日趨於盛"①縣邑的發展史。

小　結

東漢置縣的廣州府增城縣，位於珠江三角洲與嶺南宗教聖境——羅浮山的交界地帶，其歷史敘事自古深受羅浮山洞天神話影響，而此地悠久的何仙姑崇拜，亦淵源於中古以來書寫羅浮山仙異的文本傳統。唐宋以來流傳的嶺南何氏女羅浮成道傳說，反映了增江地區與羅浮山在地緣與文化上的緊密聯繫。有宋一代，何氏女仙傳說的主要場景，經歷了從羅浮山到增城縣城的轉移。隨著增城縣治從增江上游移轉至中游的九崗村地區，最晚從南宋開始，九崗村新縣治及其周邊業已出現崇祀女仙"何仙姑"的祠廟，其中最重要者當屬縣治西南鳳凰山下的會仙觀仙姑祠。宋元時期，會仙觀為何仙姑故居所在地的說法漸次流傳，以會仙觀為中心所演繹的何仙姑傳說，逐漸形成一套相對獨立於羅浮山傳統的本地傳說話語體系，這套神話敘事強調唐代於羅浮成仙的何氏女與增城的連結，賦予原初面目模糊的羅浮女仙異清晰的在地輪廓，同時也反映了增江地區在宋代以來的新發展軌跡。

宋代是增江流域以增城新縣治為核心的中游地區陸續開發的時代，亦是遠代羅浮山仙異何氏女"增城化"的起點，而此一在地化的趨勢，之後將在明代持續進展並開花結果。在下一章中我們會看到，

---

①〔宋〕張星，《增城縣志序》（《嘉靖戊戌志序》），載《（康熙）增城縣志》卷首《舊序》，頁2。

宋元時期會仙觀內那口傳說曾為何氏修煉所用的"丹井",有明一代如何在增城當地官員與文人相繼的鋪陳與渲染下[①],成為何氏女傳說新主題——"履舄遺丹井"焦點所在。相關情節不僅賦予何氏女故事更加完整的在地輪廓與骨血,享有"仙井靈源"美名的會仙觀更成為標誌增城地方特色的十大勝景之一。[②]明代的會仙觀仙姑祠不僅是增城縣中最重要的宗教場所,更是四方而來的文人雅士駐足流連的邑中名勝。在當時諸多賞詠會仙觀的詩文作品中,何氏女不再只是遠古服餌成道的飛仙,她/祂進一步成為了矢志不嫁的芳潔女貞,以及忠孝於家國的"粵人"與"邑人"何仙姑。關於這些到了明代才逐步從邑城生成並流衍四方的何仙姑故事,將在下一章細細道來。

---

① 〔宋〕方信孺,《南海百詠》,《會仙觀》,頁85。
② 明代的"增江十景"分別是:鳳臺涼月、仙井靈源、龜峰秋色、增江晚渡、雲母丹丘、流杯曲水、南山釣臺、仙鯉春波、牛潭古蹟、鶴嶺書聲。其中,"仙井靈源"指的就是會仙觀中的仙姑井,當時縣志曾說明其典故之由來:"在縣治南會仙觀內左,井浚數仞,何仙姑化身遺履之地也,其水清洌味甘,至冬不竭,故稱為靈源云"。《(嘉靖)增城縣志》卷18《雜志·風景類》,頁552—553。

第二章　鳳凰山下遺履井
——明代的何仙姑故事與增城縣城

小引　山中"丹井"今無恙[①]

承前章所述，唐宋以來有關廣州何氏女於羅浮山得道的傳說，大致是透過兩種文本書寫傳統記載與流傳，一類是以羅浮名勝為描寫主題的類書、輿地志和藝文作品[②]，另一類是以增城縣本土風物、沿革為敘事重心的地方志和遊歷詩文。元初道士趙道一編著的《歷世真仙體道通鑑·後集》收有女仙《何仙姑》傳記一則[③]，內容彙整了唐宋以來各方文獻的說法，是元代之前關於嶺南何氏女仙傳說的一個總成之作：

> 何仙姑，廣州增城縣何泰之女也。唐天后時，住雲母溪，年十四五，一夕夢神人教食雲母粉，可得輕身不死，因餌之，誓不嫁。常往來山頂，其行如飛。每朝去，暮則持山菓歸，遺其母。後遂辟穀，語言異常。天后遣使召赴闕，中路失之。廣州《會仙觀記》云，何仙姑居此，食雲母，唐中宗景龍中白日昇仙。至玄

---

① 語出南宋方信孺詩作："綽約長眉海上仙，久餐雲母學長年。山中丹井今無恙，為弔南充謝自然。"〔宋〕方信孺，《南海百詠》，《會仙觀》，頁84—85。
② 以羅浮山全境為地理範圍編寫志書的書寫傳統，直到明清一直都有重要的作品傳世。例見明代陳璉所撰《羅浮志補》與清代宋廣業編著之《羅浮山志會編》。
③ 元代趙道一（生卒年不詳）的《通鑑後集》與晚唐杜光庭（850—933）的《墉城集仙錄》，是系統性收羅整理女真、女仙傳記的重要著作。在《通鑑後集》成書之前的其他仙傳作品中，筆者尚未發現有收錄嶺南何仙姑故事者，包括《墉城集仙錄》。

宗天寶九載，邠（按：實為"都"）虛觀會鄉人齋，有五色雲起於麻姑壇，眾皆見之，有仙子縹緲而出，道士蔡天一識其為何仙姑也。代宗大曆中，又現身於小石樓，廣州刺史高翬（按：實為"翬"）具上其事於朝。①

趙道一生平、里籍未明，只能知道其大致活動於宋末元初，《歷世真仙體道通鑑》約成書在元世祖至元年間（1264—1294）。②該書不僅介紹了女仙人的里籍與時代、父親名姓、居所位置等訊息，更具體描述了其在世時與升遐後的仙異事蹟。根據《通鑑後集》的記載，我們大略可以知道，嶺南廣州增城縣何泰之女"何仙姑"主要生活於唐高宗至武周時代，在唐中宗景龍年間升遐。仙姑少時蒙神人傳授餌食雲母的辟穀長生之術，誓不適人。武周時，其蒙召入京卻半途失蹤。中宗時，白日飛昇，之後於玄宗天寶與代宗大曆年間，曾有過兩次顯靈之事。值得特別注意的是，趙道一筆下的《何仙姑》，故事場景主要位於羅浮山，例如仙姑所住的雲母溪，天寶與大曆年間兩次顯靈的地點——都虛觀③、麻姑壇與小石樓等，皆是羅浮山的勝景。④趙氏書中雖然也引用了《會仙觀記》的說法，提到位於廣州的會仙觀是何仙姑的居所，然而並未對此處多所著墨。

相較於趙道一雜糅各方文獻而成的神仙傳記，與趙氏一樣生活於宋元之際的廣東本地士人以及宦遊嶺南的外地官員，如前章所提到

---

① 〔元〕趙道一，《歷世真仙體道通鑑·後集》卷5第8《何仙姑》，頁886。
② 劉永海，《論道教傳記的史學價值——以〈歷世真仙體道通鑑〉為例》，《中國道教》2006年第2期，頁12。
③ 都虛觀在宋代之後改名為沖虛觀。有關都虛觀歷史以及唐宋時期其在羅浮山道教中的地位，可參王承文，《唐五代羅浮山道教宮觀考》，頁212—214。
④ 雲母溪、麻姑壇與小石樓在羅浮山境中的分布位置，可參見〔宋〕鄒師正，《羅浮指掌圖記》，載〔明〕陳璉撰，〔清〕陳伯陶補，《羅浮志補》卷1，頁6b、7a；〔明〕黎民表，《羅浮山圖經注》，載〔清〕宋廣業編，《羅浮山志會編》卷1《地理志·名勝一》，頁18b—19a；同前引書，卷首《圖說》，《羅浮山圖贊》，頁1a—3a（《羅浮山圖贊·羅浮山圖》），頁12b—13a（《羅浮山圖贊·麻姑峯說》），頁27b—28a（《羅浮山圖贊·石樓峯說》）。

的番禺籍進士陳大震與福建莆田籍官員方信孺，則是對於增城當地以何仙姑為中心的在地信仰景觀，提供了更接地氣的觀察報導，特別是從南宋寧宗慶元時代（1195—1200）開始即長期於廣東任官，其間遍覽嶺南山川風物的方信孺。① 方氏所著《南海百咏》收錄百首吟咏嶺外名蹟勝景的詩作，其中，有兩首是以增城縣景物為題的創作，一是《鳳凰臺》，另一即是《會仙觀》，而鳳凰臺與會仙觀都與宋代以來增城當地流傳的何仙姑故居地傳說緊密相繫。在《會仙觀》一詩中，方氏是這樣歌咏何仙姑的：

綽約長眉海上仙，久餐雲母學長年。
山中丹井今無恙，為弔南充謝自然。②

方氏並於此詩題解具體描述了會仙觀的實際位置、何仙姑的來歷以及觀中景物：

會仙觀，在增城縣（按：指縣治）南三百步許，何仙姑所居也。姑生於唐開耀（681—682）中，嘗於旁穴得雲母石，服之體內漸覺清舉，有凌雲之致。一日告其母，以群仙之會，吾將暫往，遂不復見。今祠堂、丹井俱在觀中。③

方氏仕途之初是於番禺為縣尉，後曾辟知增城縣，時間大約是在南宋寧宗慶元至開禧（1195—1207）之間④，《會仙觀》詩文所描述的

---

① 〔元〕脫脫，《宋史》卷395《列傳第一百五十四·方信孺》，頁14b—17b；〔清〕阮元，《（道光）廣東通志》卷198《藝文略十》，頁327。
② 〔宋〕方信孺，《南海百咏》，《會仙觀》，頁84—85。
③ 〔宋〕方信孺，《南海百咏》，《會仙觀》，頁84—85。
④ 〔宋〕蔡戡，《定齋集》，《薦趙時侃方信孺奏狀》（臺北：臺灣商務印書館，1983，影印臺北故宮博物院藏文淵閣四庫全書本）卷6《奏議》，頁22b—23a；《（乾隆）紹興府志》（臺北：成文出版社，1975，影印清乾隆五十七年〔1792〕刊本）卷28《職官志四·縣佐·宋·丞尉·方信孺》，頁2a。

何仙姑事蹟與觀宇景況，應是他當時宦遊番禺與增城時的親身見聞。

"餐雲母"與鳳凰山邊的"丹井"、祠堂，是方信孺筆下的何仙故事所著墨的重點。服餌雲母的情節，來自歷史悠久的羅浮山文本傳統；會仙觀中的"丹井"與仙姑祠堂，則似乎是首度披露的地方信仰實景，為前代文獻所未見。透過方氏的記載，我們依稀能知道，在十二世紀末至十三世紀初的增城鳳凰山會仙觀中，有一口井與一座祠堂，與傳說中因餌食雲母而羽化成仙的何氏女有關。方氏所言的祠堂，很可能是增城當地人士供奉何氏之所，重要性不言可喻。不過，令人好奇的是，方信孺在詩文與題解中都提到"丹井"，顯然此井是何仙姑增城故事的關鍵，不過，與井相關的情節歷來並未見於羅浮山文本，為什麼會在方氏的何仙姑詩作中特別被凸顯？

誠如上章所述，"餐雲母"的情節一直被保留在增城本地的何仙姑傳說中，實際上揭示了兩個事實：一是何仙姑的形象孕育於遠古以來服餌辟穀的修行求仙傳統，二是增城在地緣、文化上與羅浮山的緊密聯繫。方信孺筆下聚焦的會仙觀"丹井"，除了強化仙人形象與增城的連結外，其實亦如同服餌雲母的情節一樣，體現出古老的宗教傳統和地緣文化的遺緒是如何影響外地文士對當地神異人物的認識。很明顯的，在《會仙觀》一詩，方氏是在中土既有的女性修仙傳統脈絡下，去描摹一位地方性的女性神話人物。詩中所提到的"長眉海上仙"、"南充謝自然"，說的都不是何仙姑本身事蹟，而是兩位傳說中同樣於唐朝成仙的女子：廣州南海的盧眉娘[①]與

---

① 盧眉娘和增城何仙姑都是傳說中的唐時嶺南神異人物，此二人常為後來的廣東士人視為古代粵地奇女子的代表。盧眉娘事蹟較早期的出處，是唐朝蘇鶚所著的筆記小說《杜陽雜編》：

永貞元年（805），南海貢奇女盧眉娘，年十四。眉娘生而眉如綫細長也，稱本北祖帝師之裔，自大足中流落於嶺表。後漢盧景祚、景裕、景宣、景融兄弟四人皆為帝師，因號為帝師也。幼而慧悟，工巧無比，能於一尺絹上繡《法華經》七卷，字之大小不逾粟粒，而點畫分明，細於毛髮，其品題章句無有遺闕。更善作飛仙蓋，以絲一縷分為三縷，染成五彩於掌中，結為傘蓋五重，其中有十洲三島、天人

果州南充的謝自然①。盧眉娘與謝自然的仙異事蹟，從唐五代以來廣泛流傳於各類的傳奇小說、神仙傳記、類書、地理志與詩賦等文學作品，如中唐文學大家韓愈（768—824）就曾經寫詩討論謝自然其人其事。②可以推測，方信孺寫作《會仙觀》時，將他在增城當地聽聞的

玉女、臺殿麟鳳之象，而外列執幢捧節之童，亦不啻千數，其蓋闊一丈，秤之無三數兩，自煎靈香膏傳之，則虬硬不斷。上歎其工，謂之神助，因令止於宮中，每日但食胡麻飯二三合。至元和（806—819）中，憲宗皇帝嘉其聰慧而奇巧，遂賜金鳳環以束其腕，知眉娘不願住禁中，遂度為黃冠，放歸南海，仍賜號曰"逍遙"。及後神遷，香氣滿室，弟子將葬，舉棺覺輕，即徹其蓋，惟有藕屨而已。後入海。人往往見乘紫雲遊於海上，是時羅浮處士李象先作《盧逍遙傳》，而象先之名無聞，故不為世人傳焉。

《杜陽雜編》所記盧眉娘事，亦廣見於後世類書與神仙傳記，如宋代李昉《太平廣記》、張君房《雲笈七籤》、陳葆光《三洞群仙錄》以及元代趙道一的《歷世真仙體道通鑑·後集》等。見〔唐〕蘇鶚，《杜陽雜編》，載〔明〕李栻輯，《歷代小史》（臺北：臺灣商務印書館，1969，影印民國二十九年〔1940〕上海涵芬樓影印明刻本）卷25，頁10b—11a。另參見〔宋〕李昉，《太平廣記》卷66《女仙十一·盧眉娘》，頁9b—10b；〔宋〕張君房，《雲笈七籤》（上海：上海書店，1989，影印上海涵芬樓借景白雲觀藏明正統道藏本）卷116棠七《傳·神姑（盧眉娘）》，頁11a—11b；〔宋〕陳葆光，《三洞群仙錄》（上海：上海古籍出版社，1995，影印民國涵芬樓影印明正統道藏本）卷19《盧娘綠眉》，頁190；〔元〕趙道一，《歷世真仙體道通鑑·後集》卷5第8《何仙姑》，頁886；〔清〕屈大均，《廣東新語》（北京：中華書局，2006）冊上卷8《女語·盧眉娘》，頁260。

① 謝自然是西蜀果州南充人，為中唐時期著名的女性宗教師，相關事蹟參見第一章第二節。
② 與謝自然同時代的韓愈曾為《謝自然詩》，詩中除了描述謝自然的生平仙異事蹟，更就當時士庶對謝自然之類神異之事的狂熱，提出深刻的批判：

果州南充縣，寒女謝自然。童騃無所識，但聞有神仙。
輕生學其術，乃在金泉山。繁華榮慕絕，父母慈愛捐。
凝心感魑魅，慌惚難具言。一朝坐空室，雲霧生其間。
如聆笙竽韻，來自冥冥天。白日變幽晦，蕭蕭風景寒。
簷楹氣明滅，五色光屬聯。觀者徒傾駭，躑躅詎敢前。
須臾自輕舉，飄若風中煙。茫茫八紘大，影響無由緣。
里胥上其事，郡守驚且歎。駈車領官吏，吒俗爭相先。
入門無所見，冠屨同蛻蟬。皆云神仙事，灼灼信可傳。

何氏女求仙傳說與前代知名女道人的仙異事蹟相提並論，如同北宋惠州文士梅蟠所作《何仙姑祠》一般。於是，何氏女在方氏的詩文裡與盧眉娘、謝自然一樣同臻化境，晉身道家修煉有成的女仙真之列，會仙觀中的水井遂也成為她昔日於故居修習道術、拾掇雲母煉取長生丹藥所用的"丹井"。

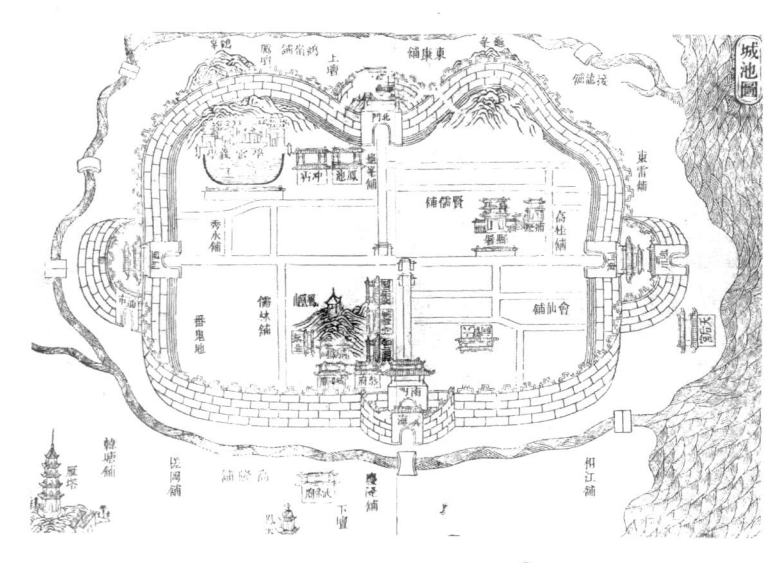

圖2—1　鳳凰山與會仙觀[①]

余聞古夏后，象物知神姦。山林人可入，魍魎莫逢遊。
逶迤不復振，後世恣欺謾。幽明紛雜亂，人鬼更相殘。
秦皇雖篤好，漢武洪其源。自從二主來，此禍竟連連。
木石生怪變，狐狸騁妖患。莫能盡性命，安得更長延。
人生處萬類，知識最為賢。奈何不自信，反欲從物遷。
往者不可悔，孤魂抱深冤。來者猶可誡，余言豈虛文。
人生有常理，男女各有倫。寒衣及飢食，在紡績耕耘。
下以保子孫，上以奉君親。苟異於此道，皆為棄其身。
噫乎彼寒女，永託異物群。感傷遂成咏，昧者宜書紳。

〔唐〕韓愈，《昌黎先生文集》（上海：上海古籍出版社，1994，影印北京圖書館藏宋蜀刻本），《謝自然詩》卷1《賦詩》，頁11b—12a。
① 本圖根據清同治十年（1871）重刊增補《（嘉慶）增城縣志》輯錄之《城池圖》

從宋元之際方信孺的《會仙觀》開始，增城會仙觀中的所謂"丹井"逐漸嶄露頭角，成為騷人墨客遙想與憑弔何氏女仙軼事的焦點。之後，整個明代的增城何仙姑故事都將持續圍繞著這口井演繹與開展。

第一節　從丹井到遺履井：洪武年的新情節

> 鳳臺深處翠微封，縹緲霞衣迥俗容。
> 堤柳合烟舒翠黛，石欄迎日上高春。
> 空餘井履留仙蹟，惟向鸞簫訪道宗。
> 去去滄洲何處是，羅浮曾寄語童童。
> 〔明〕吳子愷，《題何仙姑祠》②

明洪武十一年（1378），一干剛到任不久的增城縣衙職官為會仙觀仙姑祠中的水井加蓋了井亭，並延請其時造訪增城的浙江天台士人孟士穎為文紀念此事，此文當時被鐫刻於仙姑祠牆上，名為《何仙姑井亭記》。關於這口"何仙姑井"的來龍去脈，孟氏是這樣說的：

> 仙姑姓何氏，邑人何泰女也。生唐開耀間，有孝行，性靜柔簡淡。所居春岡，即今鳳凰臺，東北與羅浮山相望。仙姑常告其母曰："將遊羅浮。"父母怪之，私為擇配。親迎之夕，忽不知所之。明旦起，視家側井陘遺履一。頃有道士來自羅浮，見仙姑在麻姑石上，顧謂道士曰："而（爾）之增城，囑吾親收拾井上履。"道家所謂尸解者，其信然與？鄉人因稱之曰仙姑，祠於姑居，今會仙觀是也。初仙姑生，紫雲繞室，頂有六毫，四歲能舉移一鈞。恒自謂則天童子時，唐固未麗（罹）武氏禍也。所居

繪製。參見《（嘉慶）增城縣志》（臺北：成文出版社，1974，影印清同治十年〔1871〕增補重刊嘉慶二十五年〔1820〕刊本〕卷1《輿地》，頁3b—4a。

② 〔明〕吳子愷，《題何仙姑祠》，載《（康熙）增城縣志》卷14《外志·寺觀·會仙觀》，頁22b。

地產雲母，常夢老人授服餌法，漸覺身輕健。尸解之術，信有之與？唐賜仙姑朝霞服一襲，宋元豐邑士譚粹為文刻之石。今井具存，而石竟燬於景炎之兵燹矣。洪武十有一年，吉安謝君①、江夏沙君與余偶過祠下，會教諭唐君②、訓導溫君③白其事，因為亭於井上，俾余記諸壁。嗟乎，夫神仙之說，若誕幻不足深信，如何仙姑者，詢之故老，考之郡乘，歷歷在人耳目，抑尤有可信者焉。況何氏之族，至今尚繁衍，有足徵也。④

仙姑遺履於井，是孟士穎筆下何仙故事的高潮，卻也是前所未見的說法。"井陘遺履"情節在孟氏的敘述中，似乎是唐時增城人何泰之女成仙最重要的事證，然而，頗堪玩味的是，從唐至明初數百年之間，各類有關嶺南何氏女成仙的文本卻都不見著錄此事。有兩種可能，一是記載的文本恰好都遺失了，這類說法就如同孟氏自己的解釋"宋元豐邑士譚粹為文刻之石。今井具存，而石竟燬於景炎之兵燹矣"；另一種可能，"井陘遺履"是洪武年間孟氏著文時才首度出現的情節。

先從作者談起。孟士穎是在明洪武十一年前後到訪增城並寫下《何仙姑井亭記》一文。根據現存的史料，無法得知孟氏確切的身分背景以及到訪增城的目的，只知其為浙江台州天台人⑤，曾任稅使此

---

① 謝英，江西吉安人，明洪武十年（1377）任增城縣丞。《（康熙）增城縣志》卷5《秩官·縣丞》，頁9a。
② 唐奎，字景文，廣東順德人，明洪武十年（1377）任增城教諭。《（康熙）增城縣志》卷5《秩官·教諭》，頁16b；同前引書，卷7《宦績》，頁3b。
③ 溫裕，字文中，廣東增城人，明洪武十年任增城訓導。《（康熙）增城縣志》卷5《秩官·訓導》，頁19a。
④〔明〕孟士穎，《何仙姑井亭記》，載《（康熙）增城縣志》卷14《外志·寺觀·會仙觀》，頁12a—13a。按：康熙之後的縣志亦皆全文收錄此文。參見《（乾隆）增城縣志》卷18《藝文·記狀》，頁10b—11b；《（嘉慶）增城縣志》卷17《藝文·記狀》，頁8a—9a；《（民國）增城縣志》卷28《藝文·文選·記狀》，頁8a—9a。
⑤〔明〕孟士穎，《何仙姑井亭記》，載《（康熙）增城縣志》卷14《外志·寺觀·會仙觀》，頁12a。

类属吏之职。① 可以确定的是，孟氏在游历增城期间，与当地的县署官吏和社会名流有密切的往来。他与当时的县令李世英②，是同乡并且相熟于李氏的僚属，如时任县丞的谢英、主簿林岳③、教谕唐奎④、训导温裕⑤等。除了地方官员，孟氏也和当时活跃于增城的广州名士孙蕡⑥与王佐⑦有交谊。⑧明洪武十三年（1380），在孟士颖《何仙姑井亭记》成文两年之后，孙蕡接着写下《书何仙姑井亭记后》，文中补充了他认为孟氏《何仙姑井亭记》的缺漏之处——何仙姑遗于世间的五首诗作：

> 天台孟士颖记何仙姑井亭，事颇悉，然有可恨者，不记仙姑

---

① 〔明〕林岳，《新村记》，载《（增城）夏街黎氏族谱》（1991年重修），页733。

② 李世英，浙江天台人，明洪武十一年任增城县令。《（康熙）增城县志》卷5《秩官·知县》，页3a。

③ 林岳，浙江永嘉人，明洪武十年（1377）前后任增城主簿。《（康熙）增城县志》卷5《秩官·主簿》，页12a。

④ 《（康熙）增城县志》卷5《秩官·教谕》，页16b；同前引书，卷7《宦绩》，页3b。

⑤ 《（康熙）增城县志》卷5《秩官·训导》，页19a。

⑥ 孙蕡（1337—1393），字仲衍，号西庵，广东南海（后改隶顺德）人。元末，孙蕡与王佐、赵介、李德、黄哲等人结诗社于广州之南园，开抗风轩延接名士，人称"南园五子"。何真据岭南，孙蕡等五人受其礼遇延入幕府，时称"五先生"。明洪武元年（1368），明将廖永忠南征，孙蕡为何真起草降表，岭南遂得以不费兵卒归入明政权。入明之后，孙蕡出仕为官，历任工部织染局使、安徽虹县主簿、翰林典籍等职，后因受蓝玉案牵连而卒。〔明〕黄佐，《广州人物传》（台南：庄严文化事业有限公司，1996）卷12《前翰林典籍孙公蕡》，页1a—2b；〔清〕万斯同，《明史》卷386《文苑传·孙蕡》，页144—145；〔清〕阮元，《（道光）广东通志》卷271《列传四·广州四·孙蕡》，页604—605。

⑦ 王佐（1337—？），字彦举，广东南海人，元末"南园五子"之一。何真据岭南，开署辟士，王佐与孙蕡首先为其礼聘入府。入明之初，何真归附朱明，王佐还归故里。明洪武六年（1373）受荐，征为给事中。〔明〕黄佐，《广州人物传》卷12《给事中王公佐》，页2b—3b；〔清〕万斯同，《明史》卷386《文苑传·王佐》，页145；〔清〕阮元，《（道光）广东通志》卷271《列传四·广州四·王佐》，页605—606。

⑧ 〔明〕林岳，《新村记》，载《（增城）夏街黎氏族谱》，页733。

所遺詩，豈舊志無所於考耶？仙姑吾郡人，其詩吾父記之，今以附此。《鍊藥詩》云："鳳臺雲母似天花，鍊作芙蓉白雪芽。笑殺狂遊勾漏令，卻從何處覓丹砂。"《初昏長逝之夕留詩硯屏間》云："麻姑怪我戀塵嚚，一隔仙凡道路遙。去去滄洲弄明月，倒騎黃鶴聽鸞簫。"《羅浮道中口占三絕寄家》云："鐵橋風景勝天台，□樹萬樹桃花開。玉笙吹過黃巖洞，勾引長庚□鶴來。"又云："寄語童童與阿瓊，休將塵事惱閒情。蓬壺弱水今清淺，蒲地花陰護月明。"又云："已趁群真入紫微，故鄉回首尚遲遲。千年留取井邊履，說與草堂仙子知。"後二句無解之者，自開耀至洪武，今將六百年，而謝貳令英方表其事於石。草堂，貳令號是也。長庚句亦不可曉，及余遇今增邑李大尹世英問之，乃天台黃巖人，始悟仙語無一不有謂云。洪武庚申（十三年）八月望日識。⑨

孫蕡所謂的何仙姑"遺詩"，實際上是孫氏本人呼應孟士穎《何仙姑井亭記》的附會之作。⑩《鍊藥詩》、《初昏長逝之夕留詩硯屏間》與《羅浮道中口占三絕寄家》，分別是循《何仙姑井亭記》所載何仙姑事蹟而逐步鋪陳與衍生的細節：《鍊藥詩》描述的是仙姑成仙前在鳳凰山故居地採拾雲母煉丹修行的情景；《初昏長逝之夕留詩硯

---

⑨〔明〕孫蕡，《書井亭記後》，載《（康熙）增城縣志》卷14《外志·寺觀·會仙觀》，頁13b—14a。按：清康熙之後的各版縣志，皆以《書何仙姑井亭記後》為題名，全文收錄此文。參見《（乾隆）增城縣志》卷18《藝文·題跋》，頁3b—4a；《（嘉慶）增城縣志》卷18《藝文·題跋》，頁3a—4b；《（民國）增城縣志》卷28《藝文·文選·題跋》，頁40a—40b。

⑩ 關於此五首詩的真偽，刊行於清乾隆十九年（1754）的《增城縣志》編修者曾做過相關考證。該志指出，嶺南何氏女的事蹟很早就見諸唐小說傳奇，不過早期的文本均未見載錄何氏女詩作，直到明初孫蕡撰寫《書何仙姑井亭記後》，孫氏所謂的何仙姑"遺詩"才開始流傳，該志因此認為這些詩作應是後人所擬。另外，當代學者陳恩維透過考證，也認為這些詩作是孫蕡假託仙姑之名"以資談謔"的代擬之作。《（乾隆）增城縣志》卷20《雜紀·異史一則》，頁4a—4b；陳恩維，《嶺南詩宗孫蕡佚文輯考》，《古籍整理研究學刊》2012年第6期，頁60—61。

屏間》呼應的是《何仙姑井亭記》"親迎之夕，忽不知所之"的說法，為仙姑離家（離世）之夜所遺訣別詩的隱喻；《羅浮道中口占三絕寄家》則是演繹自羅浮道士在羅浮山麻姑石遇仙的情節①，被呈現為仙姑成仙之後，藉由道士攜回家鄉的口信，自陳求道的心跡與對來事的預言。

　　上述詩作的文意表面看來非常隱晦，尤其是《羅浮道中口占三絕寄家》三詩所寓意的典故，更是瀰漫著神秘奇幻的氛圍。然而，詩作的隱晦其實是精心佈局的前言，重點在於詩後"解密"的註解：孫蕡將歷來的仙姑之說與當下的時人世事結合在一起，以古老的地方傳說烘托今人，同時也以今事映襯前人前事的不虛與不朽。然而，弄巧成拙的是，這些詩作的內容和孫氏為解釋詩中奧義所刻意書陳的註解，因為佈局太過工整完美，正好揭示了其所謂孟士穎"不記"的仙姑遺詩，實質是孫氏自己酬應當道的托擬之作。②不過，如此斧鑿斑斑的詩文卻意外道出一個實情，即"千年留取井邊履"所喻的何仙姑井陞遺履情節，其實是洪武十一年在當時縣丞謝英的主導下，首次透過孟士穎的書寫而揚傳。這個說法很顯然推翻了孟士穎所說，此事曾經在宋朝為邑士譚粹"為文刻之石"的解釋。

　　至此答案已經很明朗。仙姑井邊遺履的說法，實為明朝洪武十一年到十三年之間一場文化、政治菁英集體創作的結果。明初的增城地方官員以及他們的故舊或新識的文友，如孟士穎，如孫蕡，是重新蒐羅、裁編前代何氏女仙傳說的關鍵人物；這批多數從外地而來的政治與文化菁英，以鄉間舊聞與殘斷的文獻為素材，加上刻意增衍的情節，重新講述了"增城的"何仙姑故事。透過他們的筆下文章，洪武

---

①〔明〕孟士穎，《何仙姑井亭記》，載《（康熙）增城縣志》卷14《外志·寺觀·會仙觀》，頁12b。

② 孫蕡的《西菴集》收錄了兩首關於謝英的詩作，分別是《題昭陽草堂手卷為增城縣丞謝英賦》與《與謝縣丞坡山聯句》，或可證明兩人有相當程度的交情。〔明〕孫蕡，《西菴集》（北京：書目文獻出版社，1988，影印明弘治十六年〔1503〕金蘭館銅活字印本）卷5，頁2b—3b；同前引書，卷9，頁23b。

之後，何仙姑"井留朱履"①的事蹟廣泛流傳，會仙觀因著觀內有口"仙姑井"（按：亦名"遺履井"）的緣故，成為四方文人雅士駐足與憑弔"仙蹟"的邑中名勝。從後來的發展觀之，明初在李世英、謝英等地方官支持下，透過孟士穎與孫蕡等人著詩為文、齊力傳唱的何仙姑故事，深刻地形塑了明清以來增城何仙姑的基本樣貌：何仙姑不再僅是服餌雲母、矢志求仙的遠代異人，她／祂也曾是品行端孝與文采燦然的增邑奇女子。一改前代以來斷簡殘編上支離模糊的面目，關於何仙姑其人其行跡，從此在增城有了一套完整、主導的敘事架構與核心主題。

然而，井邊遺履的新情節，並非只是騷人墨客在洪武年間一場興之所至的遊戲之作，它背後反映的，是元明之際地方上新舊政治與社會勢力的交替與銜接。這場集體創作參與者的聚合並非萍水相逢，而是兩股原本各擁其主的政治勢力的會合與交融：補述所謂仙姑"遺詩"的孫蕡，事實上是元末雄踞嶺表的何真陣營的核心份子；孟士穎背後的李世英、謝英等官員，則是明政權的地方代表。元朝末年，嶺南雄豪紛起，有的以一方之霸的態勢安於一隅，有的則是廣招兵馬，企圖更上一層。當各股規模不一的武裝勢力於地方交相崛起，增城由於位於聯繫廣、惠二府的交通要衝，為兵家所必爭，因此陷入戰亂頻仍、各方勢力交替傾軋的局面。元順帝至元三年（1337），出身於增城金牛都到蔚村的縣民朱光卿率領同縣石崑山、鍾大明等舉兵反元，立"大金國"並改元為"赤符"。②朱光卿陣營從增城、博羅、歸善一路向東攻城掠地，直達韓江流域，震動元廷出兵平亂。③大亂甫平，至正二十一年（1361），

---

① "鳳臺明月挾飛仙，自入滄洲不記年。雲覆丹丘冕玉永，井留朱履映靈泉。"〔清〕歐陽羽文，《題何仙姑祠》，載《（康熙）增城縣志》卷14《外志·寺觀·會仙觀》，頁21a。

② 《（嘉靖）增城縣志》卷19《大事通志》，頁581—582。

③ 〔明〕宋濂，《元史》（臺北：臺灣商務印書館，1976，影印北平國立圖書館及自藏明洪武刊本）卷39《本紀第三十九》，頁6a、8a—9a、10a—10b；《（嘉靖）惠州府志》卷1《郡事紀》，頁13b—14a。

增城縣城為東莞王可成①、曹叔安所佔②,至正二十五年(1365),又轉而落入王氏的死對頭何真(1321—1388)之手。③

何真與王可成的軍事鬥爭持續多年④,至正二十三年(1363)從另一名南海豪強邵宗愚手中拿下廣州後不久⑤,至正二十五年,何真派遣其弟何迪攻取增城,作為守護廣州的前哨。何迪成功於王可成手中拿下增城縣城,為了加強守備,原本沒有城牆的縣城,在其主導下首次建造起簡易的土城牆。⑥至正二十七年(1367),何真長子何榮攻下增城此前未降諸營。至此,增城縣境大致都屬於何真的勢力範

① 王可成(1311—1367),本名王成,可成為其字,廣東東莞石岡人。元末中原兵起,蔓延嶺表,王氏捐貲募士,以功授廣東道副都元帥。《(民國)東莞縣志》(臺北:成文出版社,1967,影印民國十年〔1921〕刊本)卷54《人物略一·元·王夢元(按:王可成父)》,頁21b—22b。按:史料上常見"王可成"、"王成"、"王可誠"和"王誠"等混用的現象,根據民國《東莞縣志》編纂者陳伯陶(1855—1930)的考證,以上這些名字指的都是同一人。

② 《(嘉靖)增城縣志》卷19《大事通志》,頁583。

③ 《(嘉靖)增城縣志》卷19《大事通志》,頁583。按:何真,廣東東莞圓(員)頭山人,元至正初出仕為廣東河源縣務副使,轉淡水鹽場管勾。元末嶺海騷動,何真棄官歸養,聚眾保鄉十四載,為一方豪強。惠州人王仲剛、黃常據惠,何真擊殺黃、王,併循、惠二州,以功授惠州府判,尋遷惠陽路同知廣東都元帥,守惠州。元至正二十三年(1363),南海邵宗愚陷廣州,何真自惠州還攻邵氏,收復廣城,遣其弟何迪平諸縣豪民,擢廣分省參政,尋擢右丞。後以江西、福建為一省,改拜資德大夫江西福建行中書省左丞,敕賜南臺銀印,仍治廣州。明洪武元年,征南將軍廖永忠取廣東,何真上降表歸附,家族子姪多人入朝為官,洪武二十年(1387)受封為"東莞伯",二十一年(1388)薨於京師。〔明〕黃佐,《廣州人物傳》卷11《東莞伯何公真》,頁1a—4a;〔清〕張廷玉,《明史》(臺北:臺灣商務印書館,1983,影印明故宮博物院藏文淵閣四庫全書本)卷130《列傳第十八·明·何真》,頁26a—28b;《(民國)東莞縣志》卷55《人物略二·何真》,頁1b—8b。

④ 〔明〕何崇祖,《盧江何氏家記》,載《玄覽堂叢書·續集》(臺北:"國立中央"圖書館,1985,影印明萬曆三十二年〔1604〕鈔本)冊1,頁313—319、322、324;《(民國)東莞縣志》卷54《人物略一·元·王夢元》,頁22a—22b;同前引書,卷55《人物略二·明·何真》,頁1a。

⑤ 《(民國)東莞縣志》卷54《人物略一·元·王夢元》,頁22a—22b。

⑥ 《(嘉靖)增城縣志》卷2《地理志·城池類》,頁52。

圍。^①明洪武元年（1368），征南將軍廖永忠由福州水路南下取潮、惠、廣州^②，何真以廣州及其轄下州縣獻降，其中也包括增城。^③增城全境為何真所控的時間或許不長，然而在元末多股軍事勢力交相纏鬥的過程中，增城一方面緊鄰何真主要根據地東莞，另一方面扼惠東往來廣州的官路要道，是以成為何真勢力在廣、惠之間重要的攻防要地。因此，不僅何真屢次派往增城負責攻守事宜的將領皆是心腹至親^④，旗下的核心要員如首席幕僚孫蕡和王佐等^⑤，更是活躍於增城的菁英社交圈，廣泛結交地方縉紳豪族。

地方的家族史料或有助於一窺元明之際孫、王二人在增城交游的對象和社會影響力。臘圃位於增城縣城西北約莫三四十里處^⑥，地處

---

① 〔明〕何崇祖，《盧江何氏家記》，頁378—379、386。

② 〔明〕郎瑛，《七修類稿》（上海：上海古籍出版社，1997，影印北京圖書館藏明刻本）卷9《國事類》，頁2b—3a。

③ 《（嘉靖）增城縣志》卷19《大事通志》，頁584。

④ 〔明〕何崇祖，《盧江何氏家記》，頁359、378、386；《（嘉靖）增城縣志》卷19《大事通志》，頁583。

⑤ 在元末廣州"南園五子"中，孫蕡、王佐同鄉同庚，交情最為深厚，並分別以才華敏捷、文思深雄聞名一時。何真佔據嶺南時期，即首先延聘孫、王入幕，"令掌書記，軍旅事多見咨詢"。孫、王二人中，尤以孫蕡為何真所倚重，亦與何真家族有著密切的交誼。明洪武元年征南將軍廖永忠至粵，其時何真向明政權輸誠歸降的降表，即是出於孫蕡之手。明代嶺南大儒黃佐（1490—1566）在《廣州人物傳》對此事有如下評述，可看出孫蕡在何真陣營中的重要性："洪武改元，戊申，征南將軍平章廖永忠至，真求蕡作書請歸附，曲盡誠款。永忠不戮一人，而南海帖然者，蕡之力也。"〔明〕尹守衡，《皇明史竊》（上海：上海古籍出版社，1997，影印中國科學院圖書館藏明崇禎刻本）卷97《高楊張徐孫王李黃趙袁林列傳第七十五》，頁2a；〔明〕何崇祖，《盧江何氏家記》，頁310、488—491；〔明〕黃佐，《廣州人物傳》卷12《前翰林典籍孫公蕡》，頁73。

⑥ 〔清〕梁鳳來，《明處士梅庵賴公淑配陳氏孺人墓表》，載《增城臘圃賴氏族譜》（1999年六修）卷12《墓表志》，頁2246；〔清〕尹思敬，《宋處士克庵賴公墓表》，同前引書，卷12《墓表志》，頁2205。按：臘圃舊名梅圃，明清時期隸於崇賢都，今隸於小樓鎮臘圃村委，居民主要為賴姓。賴鄧家主編，《增城地名大全》（廣州：廣東省地圖出版社，1993），頁275；筆者，《賴○祥訪談紀錄》，2010年12月30日、2013年7月31日，於增城小樓鎮臘圃村。

增江中游①，原籍江西的賴姓於南宋紹興末在此開村。②元代的臘圃賴氏已是增江中游一帶富甲一方的巨族。③明中葉，邑中名士張潮④為臘圃賴氏的八世祖"春湖公"賴君實（1284—1361）撰寫墓誌銘時，如此描述賴氏定居臘圃的始末以及元季時賴氏的富庶：

> 公諱君實，字存誠，號春湖，厥姓賴氏，世家增之崇賢臘圃里。始祖南山天齊公，由江西贛州甯都上三鄉，宋紹興末從父司諫原穎公宦遊於廣……定居於增之臘圃焉。……春湖公迄南山公八世矣。……（春湖）敬承父兄之業，營充而開廣，富甲於邑。時往省，庄佃傳換送迎，供應如子趨父事。⑤

富厚的家業以及時常往來省城的機會，使得賴君實有能力結交省城的名流，其中"相友最善者"，即是孫蕡與王佐：

---

① 臘圃地處增江中游河谷平原西壤接近中部丘陵地的位置，境內有增江支流澄溪水（今名為"二龍河"）流經。綜合地方文獻與實地田調觀察，筆者初步發現，增江中游一帶開居歷史較早的氏族，如大埔心村鄧氏（北宋神宗元豐八年〔1085〕開村）、龍角村韓氏（北宋哲宗元祐年間〔1086—1093〕開村），其聚落的自然區位大抵皆如臘圃，坐落於離增江主幹道較遠的西岸河谷平原與中部丘陵地形接壤的山邊丘陵間地。參見《臘圃賴氏族譜》卷2《臘梅園約記》，頁158；《（增城）大埔心鄧氏族譜》（影印民國三十七年〔1948〕鈔本）卷2《仲奇祖珠璣移增》，頁1b；《（增城龍角）韓氏族譜》（清光緒三十一年〔1905〕鈔本），頁1；賴鄧家主編，《增城地名大全》，頁275。

② 〔清〕尹思敬，《宋處士克庵賴公墓表》，載《增城臘圃賴氏族譜》卷12《墓表志》，頁2205。

③ 臘圃的富裕積醞了明清時期賴氏其族鼎盛的文風，一直到民國時期，臘圃都是增城文人雅士眼中縣境之內"文化最高"的大村。參見秦慶鈞，《增城回憶錄》（作者手稿，1987），頁45。

④ 張潮，字允信（按：《（康熙）增城縣志》載為"克信"），號春岡，廣東增城坊都儒林舖人。明正德十一年（1516）舉人，曾任建始縣知縣。張氏與湛若水相善，晚年主持湛氏創辦的明誠書院，後舉祀鄉賢。《（民國）增城縣志》卷7《祀典・秩祀・鄉賢祠》，頁15b；同前引書，卷15《選舉一・明・正德朝・舉人》，頁23b；同前引書，卷19《人物二・明・張潮》，頁31a—31b。

⑤ 〔明〕張潮，《元春湖賴公墓誌銘》，載《增城臘圃賴氏族譜》卷12《墓表志》，頁2214。

> （春湖）公……謙遜富而好禮，一時名賢傑士，必虛己隆禮下之。常與南海孫公蕡、王公佐相友最善，為通家文字之交，故賴家多其遺墨。公時尚未子孫，王為禱於大鐘樓仙祠①，其卜章云：願賜麒麟兩箇兒。後果連得二子，遂命麒卿、麟卿。及大明起運，孫、王乘時奮庸，擬欲接引公，而公已蚤逝矣。②

王佐為賴君實於廣州大鐘樓求子之說的神異之處可堪玩味③，然文人雅士之間的"文字之交"竟也涉及求子私事，或可見賴氏與孫、王二人之間的深厚交誼。不僅如此，憑著一方之富④，賴氏甚至在家鄉臘圃的後山蓋起了屋苑，作為孫、王客旅增城時的落腳處，一時之間這裡竟成為省城碩彥與本地縉紳文賢避世絃歌之處：

> 八世春湖公（按：賴君實）乃築室於招賢峒，日與名士張

---

① 大鐘樓仙祠位於廣州。見〔明〕梁衍泗，《明處士碧峯賴公墓誌》，載《增城臘圃賴氏族譜》卷12《墓表志》，頁2228。

② 〔明〕張潮，《元春湖賴公墓誌銘》，載《增城臘圃賴氏族譜》卷12《墓表志》，頁2215。

③ 有關大鐘樓求子之事，在賴君實次子賴麟卿的墓表中有更細緻的描述。見〔明〕倫以洗，《明西河賴公墓表》，載《增城臘圃賴氏族譜》卷12《墓表志》，頁2317。

④ 除了財力雄厚外，賴氏家族很可能也擁有一定規模的地方武力。《賴氏族譜》中曾多處提到賴君實長子賴麒卿於元末保衛鄉邑的事蹟，如"麒卿生有異質，才略過人，時值元末兵燹之禍，民間苦之，麒卿獨為一方保障，邦邑以義勇誌之"，又如"有曰麒卿者，公（按：賴氏二世祖賴元嗣）之裔孫也，元季統帥義兵，為增城保障"等。這些描述都暗示了元末賴氏其族在地方上有一定的軍事實力。入明之後，賴氏在增城仍保有相當武裝實力。明洪武十四年（1381），東莞人蘇友輕（按：或作"蘇友興"）起兵於東莞湛菜，後攻劫增城，最後為南雄侯趙庸所平定。當時賴君實已逝，然其子賴麒卿還有實力能"招募義兵，往隸南雄侯趙庸，聽調發討捕，立奇功"，由此可見，臘圃賴氏的地方勢力不容小覷。〔明〕倫以洗，《明西河賴公墓表》，載《增城臘圃賴氏族譜》卷12《墓表志》，頁2317；〔明〕冼桂奇，《宋太一賴公暨配謝氏淑人墓表》，同前引書，卷12《墓表志》，頁2198。另參見《（康熙）增城縣志》卷9《人物·武略·賴麒興》，頁11a。按：此人物傳記載可見於康熙、乾隆、嘉慶與民國版本的《增城縣志》，除了賴麒卿之名在康熙志與乾隆志中書為"賴麒興"外，內容皆一致。

度、孫蕡、王佐、陳謙益咸往來焉。①

眾"名士"中除了孫、王來自省城，張度②與陳謙益③都是增城人。明清時期增城"永思堂"一脈的張氏稱述張度為六世祖，族譜中除了指出張度祖居所在瀲瀝村④比鄰於臘圃，也提到元末賴君實招引群賢偕聚臘圃家中"杜門讀書"的往事：

> 六世度……字景儀，號岐山。風姿偉特，弱冠以才學聞。元至正十五年（1355）舉茂才，為高要教諭。遭亂，棄官歸隱邑西故居瀲瀝，與南海孫公蕡、王公佐，邑人陳公謙益，同主於臘圃賴春湖公家，杜門讀書，業益進。洪武四年辛亥（1371）受薦，五年壬子（1372）與姪迪同舉於鄉。……後人因名其里曰"崇賢里"，山曰"招賢山"，蓋為公與孫、王、陳三君子故也，邑府皆祀鄉賢，邑志、通志有傳。⑤

賴君實卒於元至正二十一年（1361），孫、王等人與賴氏一門

---

① 〔明〕梁衍泗，《明處士碧峯賴公墓誌》，載《增城臘圃賴氏族譜》卷12《墓表志》，頁2227—2228。

② 張度，字景儀，廣東增城坊都南門慶隆鋪人。元季舉茂才為高要縣學教諭，遭亂棄官歸里。明洪武四年（1371）受薦儒士，五年（1372）壬子科舉人，至京授監察御史，後拜吏部侍郎，擢遷吏部尚書。舉祀邑鄉賢祠。《（康熙）增城縣志》卷8《人物志前·德業·明·張度》，頁11b—12b；《（民國）增城縣志》卷11《祀典·秩祀·鄉賢祠》，頁15a；《（康熙）增城縣志》卷15《選舉一·明·洪武朝·舉人》，頁12b；同前引書，卷19《人物二·明·張度》，頁13b—15a。

③ 陳謙益，增城縣坊都一雷鋪人。初舉儒士，官增城縣訓導，明洪武三年（1370）庚戌科舉人，改任增城縣學教諭。《（民國）增城縣志》卷15《選舉一·明·洪武朝·舉人》，頁12a。

④ 瀲瀝為古村落名，位置在臘圃西南約一公里處，距荔城之北約二十公里，今轄於小樓鎮正隆村。賴鄧家編著，《相水鈎沉》，頁239；賴鄧家主編，《增城地名大全》，頁323。

⑤ 《（增城派潭）張氏永思堂族譜》（影印清光緒十七年〔1891〕刻本）卷2下《永思堂世系紀·六世·度》，頁4b—5a。

的"通家之交"當醞釀於此前而或不終於其卒。① 臘圃當地最重要的信仰中心"報德祠"②中,迄今仍保有一塊立於明萬曆二十三年（1595）的石碑,碑記內容不僅可以說明,賴氏一族與上述"群賢"的交往,在賴君實去世後,由其長子賴麒卿所延續,它也進一步揭示,臘圃賴氏元末以來交好孫蕡、王佐等人的"招賢"之舉,實際上是元明之際地方豪強藉由籠絡何真旗下的核心人物以附從何氏勢力的表現:

> 自元末干戈燹起,何左丞（按:何真）節鉞全廣,我先叔祖麒卿揮帥公建義旗以應之,常於陣伍中儼若洪聖（按:南海廣利洪聖大王）前茅,遂一掃秕糠,為增保障。時則吏部尚書張公度、翰林孫公蕡、給事王公佐、舉人陳謙益恬於草莽,公禮致之招賢洞,歲資薪水,讀書於洞之文昌祠。暨聖祖（按:指明太祖）龍興,四公相繼奮庸,嗣是招賢之祠斷址頹垣,鞠為茂草。③

上述引文生動地勾勒出,元末的廣東地方豪族如臘圃賴氏是如何出錢出力響應何真勢力。入明之後,隨著何真的軍事力量逐漸為明政權所收編,當初避世於鄉野的文士們也陸續"乘時奮庸"晉身於朝。孫蕡

---

① 根據賴氏族譜的說法,孫蕡、王佐、張度、陳謙益等於元末隱居招賢山,直到明洪武二年（1369）前後才先後出山。《增城臘圃賴氏族譜》卷2,頁316、317、319。

② 報德祠現為臘圃當地著名的觀光景點和香火鼎盛的神廟,主殿供奉有南海廣利洪聖大王（當地人喚為"南王"）、臘圃賴氏開基祖賴天齊之父賴原穎,以及九世祖賴麒卿（當地人尊稱為"麒卿公"或"賴將軍"）之塑像。根據祠中分別立於明萬曆二十三年（1595）與清嘉慶十二年（1807）兩座石碑的記載,此祠創設於萬曆二十三年,為臘圃賴氏十五、十六世子孫賴梓、賴維杭、賴道中等鄉耆所倡建,成立之初是作為供奉洪聖、文昌和賴氏九世祖"揮帥公"賴麒卿之所。〔明〕賴廷瑤、賴效聖、賴庭喻、賴三畏,《臘圃報德祠碑銘》（1595）,增城小樓鎮臘圃村報德祠藏;〔清〕《重修報德祠題名碑記》（1807）,增城小樓鎮臘圃村報德祠藏;筆者,《賴○祥訪談紀錄》,2010年12月30日、2013年7月31日,於增城小樓鎮臘圃村。

③ 〔明〕賴廷瑤、賴效聖、賴庭喻、賴三畏,《臘圃報德祠碑銘》（1595）。

在明洪武三年（1370）初開的科考中，選授為工部織染局使，後為安徽虹縣主簿，一年後又奉召入京為翰林典籍①；王佐則是於洪武六年（1373）受薦徵為給事中。②然而，兩人的入朝並沒有斷絕其與增城的聯繫與往來。洪武十一年至十五年（1378—1382）是孫蕢仕途中的一段低潮③，其間他罷官回到廣府，摯友王佐當時似乎也沒有官職在身，兩人結伴重遊故地，恰好見證了另一支大姓城南黎氏的崛起。

縣城南門④外的夏街黎氏，在明清時期是顯赫的地方望族⑤，嘉靖十一年（1532）時任南京兵部尚書的邑人湛若水，應黎氏後人之請，為其始祖撰寫墓誌銘，文中清楚交代了夏街黎氏的來歷：夏街村的開基祖黎榮（1342—1382）原為東莞鳳涌人，洪武五年（1372）因應辟為增城稅課大使，由東莞攜家來至增城。洪武十一年（1378）春天，黎榮辭官卜居於城南，開墾當時猶為濕荒邊僻的方壺洲低地⑥，構闕屋宇與園田塘河為閒養終老之所。⑦黎氏營構的莊園距城郭五十餘步，落成之際被以"新村"名之（按：後易名

---

① 〔明〕黃佐，《廣州人物傳》卷12《前翰林典籍孫公蕢》，頁73；〔清〕萬斯同，《明史》卷386《文苑傳·孫蕢王佐等》，頁4759—4760；《（道光）廣東通志》卷271《列傳四·廣州四·王佐》，頁605—606。

② 〔明〕黃佐，《廣州人物傳》卷12《給事中王公佐》，頁73—74；〔清〕萬斯同，《明史》卷386《文苑傳·孫蕢王佐等》，頁4759—4760；《（道光）廣東通志》卷271《列傳四·廣州四·王佐》，頁605—606。

③ 〔明〕黃佐，《廣州人物傳》卷12《前翰林典籍孫公蕢》，頁73；〔清〕萬斯同，《明史》卷386《文苑傳·孫蕢王佐等》，頁4759；《（道光）廣東通志》卷271《列傳四·廣州四·孫蕢》，頁604—605。

④ 增城縣城在明代之前本無城池，元至正二十五年（1365），何真之弟何迪在攻下縣城後搭築防禦用的土牆，正式的城池則是在明洪武二十八年（1395）才首次濬築，訖工於永樂元年（1403）。一直要到成化五年（1469）又一次高築城垣加強雉堞的工事後，明清至民國時期的縣城形制規模才大略底定。

⑤ 明清以來，增城縣城普遍流傳有"湯、黎、鄭打死人不要償命"的俗諺，反映城北湯氏、城中鄭氏與城南黎氏勢力之盛。參見秦慶鈞，《增城回憶錄》，頁45。

⑥ 縣城地勢北高南低，城北丘陵起伏，夏街村所在的城南一帶，地勢低窪平坦。參見秦慶鈞，《增城回憶錄》，頁3—4。

⑦ 〔明〕湛若水，《稅課大使黎公暨張氏孺人墓誌銘》，載《（增城）夏街黎氏族譜》，頁691—692。

為"夏街")。"新村"其名,是一幫文人雅士集思廣益的結果,包括其時以在野身分重遊增城的孫蕡、王佐,以及撰寫《何仙姑井亭記》的江南文士孟士穎。在眾士推波助瀾的妝點與宣傳下,黎氏"新村"的聲名顯於一時:

> 顧其茅舍柴扉星分棊列,雞鳴犬吠不達於市,過客行人不知徑路,探幽索隱者不識垣墉,故以"新村"名之。前翰林典籍仲衍孫公(按:孫蕡)、給事彥舉王公(按:王佐)、稅使士穎孟公,或為序記,或為詩歌,咸鋪張其實已。①

洪武十四年(1381)東莞與增城等地爆發蘇友興之亂,增城縣城一度陷落。②黎榮於洪武十五年(1382)正月參與地方捕剿蘇友興的軍事行動,不久就陣亡於增城陸村的一場戰役中。③據此推測,黎氏"新村"之基的紹構,當是黎榮在洪武十一年至十四年(1378—1381)之間所完成。

洪武十一年至十四年,不僅是城南黎氏"新村"肇建之際,更是前文所述何仙姑傳說獲得"井邊遺履"新情節之時。"新村"的"不泯之名"④,何仙姑的"遺履"與"遺詩",說的其實都是同一件事:元明之際孫蕡、王佐與增城當地菁英階層互動往來的事實、結果或相關的"說法",無論在當時還是之後的時代裡,都成為形塑地方社會歷史記憶的重要資材。異代交替之間,輾轉於仕途的孫、王在所

---

① 〔明〕林岳,《新村記》,載《(增城)夏街黎氏族譜》,頁733。按:作者林岳為浙江永嘉人,明洪武初年曾擔任增城縣主簿,《新村記》是應黎榮之長子黎可善之請而作,文成於建文四年(1402),其時作者為雲南省太和縣主簿。《(增城)夏街黎氏族譜》,頁732—733;《(康熙)增城縣志》卷5《秩官・主簿》,頁12a。

② 《(嘉靖)增城縣志》卷19《大事通志》,頁585。

③ "(黎榮)奉委督兵剿賊蘇友興,於陸村崩沙埔陣亡,時明洪武壬戌(1382)正月二十七,年四十一,崇祀狮霄、鳳池各書院。"《(增城)夏街黎氏族譜》,頁243。

④ 〔明〕林岳,《新村記》,載《(增城)夏街黎氏族譜》,頁733。

謂的"放迹雲林"之時①,直接與間接地參與了地方社會在長期戰亂後重建新秩序的開端:元末,孫、王憑藉何真勢力流連於增城,結識交好,甚或依附於臘圃賴氏這般的世家豪強(或者,其實是相互庇護倚仗的關係);洪武之初,昔時與何真結盟的地方勢力仍然壯大,然而當明王朝派任的官員與移民紛沓而至,新的社會力量也開始崛起。新舊勢力的交融需要能匯通彼此的媒介與潤滑劑,孫蕡、王佐無疑就是扮演這樣的角色。其時兩人舊有的社會關係與地方聲望猶在,加之以新朝科名的光環,是故縱然是以在野之身回到增城,卻仍是城南黎氏和李世英、謝英這些新興的地方氏族與初來乍到的新官們亟於攀附或結交的對象。

洪武初期孟士穎、孫蕡等人重新演繹過的增城何仙軼事,於有明一代伊始即已共同構成來人瞭解增城何仙姑其人其事的底本故事(frame story)②,成為明清以迄近代縣城仙姑祠傳說的基調。③

---

① 〔明〕黃佐,《廣州人物傳》卷12《前翰林典籍孫公蕡》,頁73。
② Glen Dudbridge, *The Legend of Miaoshan* (revised edition), p. 98.
③ 孟、孫二氏有關增城何仙姑之詩文,後來廣泛為廣東歷代府縣方志、輿地志以及各地的文人筆記文集所徵引或改寫。例如清康熙年間的《羅浮山志會編》即收錄一篇託名孫蕡所著的《何仙姑記》,實際為剪裁拼湊孟氏與孫氏之作而成,然而,此文後來卻為諸多方志輾轉傳抄,影響深遠。引之如下:

仙姑,增城何泰女也。生唐開耀間,紫雲繞室,頂有六毫,四歲能舉一鈞。恒自謂則天童子時,唐固未麗(羅)武氏禍也。事親有孝行,性靜柔簡淡,所居春岡,地產雲母,嘗夢老人授服餌丹法,漸覺身輕健。有詩曰:"鳳臺雲母似天花,鍊作芙蓉白雪芽。笑殺狂遊勾漏令,更從何處覓丹砂。"後果有鳳來集其上,遂改名鳳臺云。江北與羅浮山相望,嘗曰:"將遊羅浮",父母怪之,私為擇配,結縭之夕,忽不知所之。留詩屏硯間曰:"麻姑怪我戀塵囂,一隔仙凡道路遙。去去滄洲弄明月,倒騎黃鶴聽鸞簫。"明早起,視家側井逕有遺履而已。頃之有道士來自羅浮,見姑在麻姑石上,顧謂道士曰:"而(爾)之增城,屬吾親收拾井上履。"口占三絕,寄其家曰:"鐵橋風景勝天台,千樹萬樹梅花開。玉簫吹過黃巖洞,勾引長庚跨鶴來。""寄語童童與阿瓊,休將塵事惱閒情。蓬瀛弱水今清淺,滿地花陰護月明。""已趁群真人紫微,故鄉回首尚遲遲。千年留取井邊履,說與草堂仙子知。"其後增城李令世英與謝草堂者表其事,李令乃天台黃巖人,始悟仙語無一不有驗云。仙姑又嘗於黍珠庵(按:黍珠庵位於羅浮山浮山之南,相傳為東晉南海這些外來的文化菁英酬應往來於地方有勢階層的歷史記載、酬贈詩文，甚或附會的傳說等等，在在深刻模塑了明初以來增城當地的文化景觀與社群歷史記憶。明清時期的地方文獻中隨處可見孫蕡、王佐等人的身影：臘圃村後的石仔窿山因為兩人曾客寓此間而成為"招賢山"①，臘圃村所隸屬的臘梅里也易名為"崇賢里"②（圖2—

> 太守鮑覯所創，為其女鮑姑〔東晉高道葛洪之妻〕修真之所，唐末久廢）東壁題一"絕"字，比晉人差清婉少骨。壁後半毀，惟餘"百尺水簾飛白虹，笙簫松栢語天□"十三字，其下必"風"字也，後二句無人能續之者。今有祠，在增城縣南，有井尚存，即其舊宅也。唐賜仙姑朝霞帔一襲。

實際上，孟、孫二氏詩文所塑造的何仙姑形象的流傳，並不僅限於增城或廣東，例如明代江西籍文學家游潛（按：游氏生卒未詳，江西豐城人，明弘治十四年〔1501〕舉人，曾任賓州知州）在其著作《夢蕉詩話》中，亦提到增城何仙姑事蹟，內容明顯是孟、孫二氏何仙姑故事的綜合版本：

> 廣之增城有何仙姑者，相傳為邑民何泰之女。生唐開耀間，常欲絕俗去遊羅浮，父母怪之，將婚夕，忽不知其所之，惟硯屏間遺script云："麻姑怪我戀塵囂，一隔仙凡道路遙。去去滄洲弄明月，倒騎黃鶴聽鸞簫。"明旦有道士自羅浮來，見其至麻姑石上，以詩囑其轉語父母云："鐵橋風景勝天台，千樹萬樹桃花開。玉笛吹過黃嵒洞，勾引長庚騎鶴來。"餘二首不及盡錄。又煉藥處："鳳凰雲母似天花，煉作芙蓉白雪芽。笑殺狂遊句漏令，卻於何處覓丹砂。"鳳凰，增城之山名。鐵橋、麻姑石俱羅浮之高處。夫以女子而得證仙道，固有不可知者，今特讀其所作，絕無風塵物愛之累，本傳又稱其夙有孝行，則其人品足可想見。先儒有言曰："為學而至於聖賢，為國至於祈天永命，修性命至於出世神舉，為三大難事。"以此論之，仙學雖別是一道，然與聖賢事業均以崇德立善為本，世之學為仙者是無怪乎其不可成也。

〔明〕孫蕡，《何仙姑記》，載〔清〕宋廣業編，《羅浮山志會編》卷12《記》，頁4a—5b；〔明〕游潛，《夢蕉詩話》（臺南：莊嚴文化事業有限公司，1997，影印北京大學圖書館藏明刻清康熙修補夢蕉三種本）卷上，頁24a—24b。另參見《（嘉靖）增城縣志》卷8《人物·仙釋傳·仙類·何仙姑》，頁251—253；《（嘉靖）惠州府志》卷6《外志·仙釋·何仙姑》，頁6a；《（道光）廣東通志》卷329《列傳六十二·釋老二·何仙姑》，頁703；《（光緒）廣州府志》（上海：上海書店，2003，影印清光緒五年〔1879〕刻本）卷140《列傳二十九·方外一·何仙姑》，頁8a—9a。

① 《增城臘圃賴氏族譜》卷13《新投贈序》，頁2567。
② 明永樂之後改"里"為"都"，此後遂作"崇賢都"。《（增城派潭）張氏永思

2），私家譜牒中往往可見"群賢"們的軼詩遺文。正如同洪武初年孟、孫筆下的何仙姑故事試圖重新標舉古老地方傳統中的神話人物，創造可藉之以兜攬新舊勢力團體的神聖符號，對於明清時期的某些氏族而言，特別是那些於元明之際才來到增城的"新"移民群體，在譜牒書寫中刻意強調明初"群賢"與其家族重要祖先、社區開拓史的連結，藉以接軌社群自身的歷史與增城既有的文化傳統，此舉在明中葉後"造作宗族"的潮流中，成為諸多社區建構宗族歷史論述的尋常實踐。①

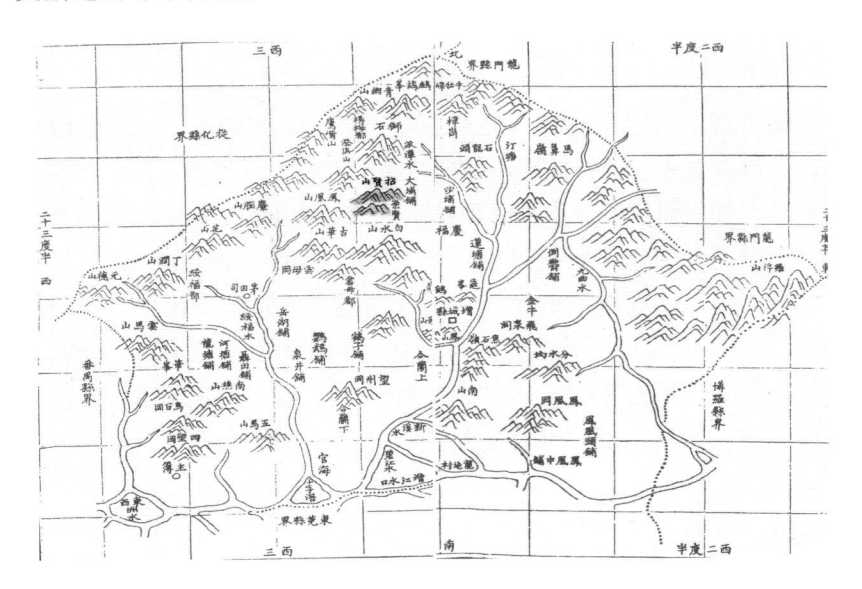

圖2—2　崇賢都招賢山②

堂族譜》卷2下《永思堂世系紀·六世·度》，頁4b—5a。

① 除了前文提到的城南夏街黎氏，另一個明顯的例子，是縣城坊都何氏。何氏於清中葉編修族譜時，宣稱其族於元末開基增城的祖先何妙保，當年即是因為不仕異族，與孫蕡、王佐等隱於招賢山，自此定居增城："遠祖肇昌，宋鎮國將軍，殉國難。孫妙保義不仕元，與孫蕡、王佐隱於招賢山，因家焉。"〔清〕潘光瀛，《特授修職郎河工議敘欽加八品銜五城兵馬司吏目加二級筆海何公墓誌銘》，載《文績公貴七郎裔·增城何氏族譜》（1990，影印清同治七年〔1868〕續修刻本）卷4《藝文·誌銘》，頁85a。

② 本圖根據清道光二年（1822）《廣東通志》輯錄之《增城縣圖》繪製。參見

第二節　可語的仙異：明中期前後的說法

> 鳳臺明月挾飛仙，自入滄洲不記年。
> 雲覆丹丘熒玉永，井留朱履映靈泉。
> 座邊霞彩浮衣袖，頂上毫光拂霧烟。
> 蟬蛻空餘遺像肅，顯奇殲寇至今傳。
> 〔清〕歐陽羽文，《題何仙姑祠》①

從洪武十三年（1380）之後一直到嘉靖十七年（1538）百餘年間，並沒有太多關於會仙觀仙姑祠的歷史記載。正德十六年（1521）十一月，赴廣州就任廣東提學副使的魏校（1483—1543）②，頒佈毀拆"不載於祀典，不關於風教，及原無敕額者"的神祠佛宇以興社學之令。禁毀"淫祠"的相關措施首先施行於省城廣州以及附郭縣南海、番禺鄉間。③不出數月，"凡神祠佛宇不載於祀典者，盡數拆除"的命令，在嘉靖元年（1522）四月之後，陸續下達至南、番以外廣東各縣，尤其是廣州府直接轄管的高明、四會、增城、新會、從

《（道光）廣東通志》卷83，頁627—628。

① 《（康熙）增城縣志》卷14《外志・寺觀・會仙觀》，頁21a。按：歐陽羽文，廣東南雄保昌縣人，清順治十七年（1660）任增城儒學訓導，任滿於康熙五年（1666），陞任香山儒學教諭。《（民國）增城縣志》卷14《職官表二・國朝（清）縣官屬・儒學》，頁2a。

② 魏校（1483—1543），字子才，號莊渠，江蘇崑山人。明弘治十八年（1505）進士，授南京刑部主事，歷員外郎、郎中。正德九年（1514）召為職方郎中，以疾歸。嘉靖元年（1522），起為廣東提學副使，以師道自任，毀淫祠、興社學、禁火葬。嘉靖五年（1526），由江西兵備改河南提學。嘉靖七年（1528），升太常寺少卿，轉大理寺，次年（1529），進國子監祭酒，尋以太常寺卿致仕。嘉靖二十二年（1543）卒，贈禮部右侍郎，諡恭簡。〔清〕萬斯同，《明史》卷384《儒林傳・魏校》，頁106—107。

③ 〔明〕魏校，《莊渠遺書》（臺北：臺灣商務印書館，1983，影印臺北故宮博物院藏文淵閣四庫全書本）卷9《公移・嶺南學政》，頁6a—6b。

化、新寧等諸縣。①魏校的毀淫祠行動雷厲風行於一時，對廣東地區特別是上述珠江三角洲核心與周邊地帶的宗教活動，造成相當大的衝擊。嘉靖十七年成書的《增城縣志》作者張文海提到，嘉靖元年"大毀寺觀"的結果，使得增城境内"寺觀無復存者"②，名載歷代縣志的四十一所寺廟道觀在張氏編寫縣志期間③，多數仍是毀廢的狀態，其中倖存的只有八所，依序分別是：（何）仙姑祠、萬壽寺、證果寺、會仙觀、真武廟、水仙廟、石神廟、城隍廟。

嘉靖年間張文海對於增城寺觀的觀察記錄，透露了一些值得注意的訊息，有助於我們一窺明中葉前後縣城何仙姑廟祀傳統的發展狀況。首先，是嘉靖《增城縣志》有關仙姑祠的介紹，位列寺觀祠宇名錄之首。一般方志記錄地方寺觀的順序，多見是先佛寺、後道觀，再來才是神廟，然而仙姑祠在張文海的記載中卻打破這種慣例，突兀地被擺放於眾佛寺之前，而緊接其後的萬壽寺與證果寺，前者是增城縣僧會司所在④，後者是縣中唯一受過朝廷正式敕額者⑤，地位在全縣神

---

① 〔明〕魏校，《莊渠遺書》卷9《公移·嶺南學政》，26a—26b、47a—49a。
② 《（嘉靖）增城縣志》卷19《大事通志》，頁591。
③ 張文海編纂的嘉靖《增城縣志》，成書於明世宗嘉靖十七年（1538）。〔明〕張星，《增城縣志序》，載《（嘉靖）增城縣志》，頁8；〔明〕張文海，《增城縣志引》，同前引書，頁12。
④ 萬壽寺位於邑治鳳凰山東麓，會仙觀之左，舊名法空寺，宋代創為祝延聖壽之所，因之改名為萬壽寺。明洪武十五年（1382）設立僧會司於萬壽寺，逢聖誕與慶賀日為縣署印官習儀之所。清乾隆、嘉慶時期皆有重修。主殿迄今尚存於鳳凰山原址。《（康熙）增城縣志》卷14《外志·寺觀·萬壽寺》，頁4b—5a；《（民國）增城縣志》卷11《祀典·寺觀·萬壽寺》，頁41a。
⑤ 證果寺位於今荔城街（原縣城）東北十七公里正果鎮（舊時金牛都）瑞山東麓，臨證果墟，濱增江東岸。該寺始建於南宋慶元三年（1197），明成化年間重建，清嘉慶、光緒年間重修。證果寺主祀賓公佛。證果寺賓公曾於南宋慶元三年與清光緒五年（1879）兩度受到國家正式封敕，光緒七年（1881）並建"敕封昭顯牌坊"。《（民國）增城縣志》卷11《祀典·寺觀·證果寺》，頁44b—45b；〔宋〕《敕賜德施廟額碑》，載《（嘉慶）增城縣志》卷19《金石錄》，頁4a—7a；〔清〕黎粵俊，《重修證果寺記》（嘉慶十七年〔1817〕），載《（民國）增城縣志》卷11《祀典·寺觀·證果寺》，頁44b—45a；〔清〕《敕封昭顯賓公佛碑記》（清光緒六年〔1880〕），增城正果鎮證果寺藏。

祠佛宇之中不可不謂高崇。然而，主祀何仙姑的仙姑祠歷來不僅非在祀典之列，亦未曾受過國家正式封贈①，以其為核心的地方崇拜傳統內涵是否裨益"風教"當時猶未有定論，卻得以倖免於嘉靖初年毀寺拆廟的浩劫，並被列名於眾寺觀與神廟之首，如此的排序方式，可說明當時其地位的不一般。②再者，嘉靖《增城縣志》中另一個必須特別留意的細節，是仙姑祠與會仙觀是被分開描述的宗教場所。會仙觀是增城道會司所在，明清兩朝縣志雖然都聲稱該觀所在地舊屬何仙姑宅，何仙姑祠則位於會仙觀之中，但是仙姑祠與會仙觀在諸志中一直是被分開來單獨記載的宗教場所，可想見其廟祀傳統的獨立性。③嘉靖《增城縣志》中這兩個異於尋常的書寫安排，實際上間接揭示了明代仙姑祠在地方宗教傳統中的重要位置。

關於仙姑祠中供奉的何仙姑其人其事，張文海在嘉靖《增城縣志》的《仙釋傳》中如此寫道：

---

① 雖然明初孟士穎的《何仙姑井亭記》中曾提到"唐賜仙姑朝霞衣一襲，宋元豐邑士譚粹為文刻之石"，但一來沒有其他相關的史料可佐證"唐賜仙姑朝霞衣一襲"之事，二來孟氏此番說法與後來孫蕡在《書何仙姑井亭記後》中所言"自開耀至洪武，今將六百年，而謝貳令英方表其事於石"有所出入（參見本章第一節相關討論）。〔明〕孟士穎，《何仙姑井亭記》，載《（康熙）增城縣志》卷14《外志·寺觀·會仙觀》，頁13a。

② 從增城的例子可以看到，嘉靖初年毀淫祠行動中，關於地方神祠廟宇的存毀，並非完全依照魏校所謂"不載於祀典，不關於風教，及原無敕額者"的標準而逕行廢立。不符合這套標準的神祇之祀，例如仙姑祠，在此場宗教整肅的風暴之中仍然無恙；而某些符合這套標準的神廟，如天妃廟，如南海（神）洪聖王廟，即使供奉的神靈皆位列國家祀典中，也無法倖免於被廢毀的命運。孰存孰廢，在官方說法與地方實踐之間存在游移折衝的空間。

③ 在清代的縣志中，除了康熙志將有關仙姑祠的相關記載附屬於"會仙觀"的記載下，乾隆、嘉慶與民國時期縣志皆將會仙觀與仙姑祠分開獨立記載。《（康熙）增城縣志》卷14《外志·寺觀·會仙觀》，頁12a—23b（按：為仙姑祠相關碑記、詩咏）；《（乾隆）增城縣志》卷8《祠祭·列剎·會仙觀》，頁27b；同前引書，卷8《祠祭·列剎·何仙姑祠》，頁27b—30a；《（嘉慶）增城縣志》卷8《祠祭·寺觀·會仙觀》，頁33a—33b；同前引書，卷8《祠祭·寺觀·何仙姑祠》，頁33b—35a；同前引書，卷11《祀典·寺觀·會仙觀》，頁42b；《（民國）增城縣志》卷11《祀典·寺觀·何仙姑祠》，頁42b—44b。

何仙姑，邑人何泰女。唐開耀二年生，頂有六毫，四歲力能舉一鈞。自謂則天童子時，唐未罹武氏禍也。居地產雲母石，常夢異人教以服餌。兼得化煉之術後，常服之體覺輕健。一日告其母欲遊羅浮，母曰："女子迎送不出門，奈何獨遊。"父母怪之，私為擇配，親迎之夕，不知所之。明旦視井側，遺履一隻。頃有道士來自羅浮，說姑在麻姑石上，顧謂道士曰：若之增城，囑吾親收拾井上履。口占詩寄家云："已趨群真入翠微，故鄉回首尚遲遲。千年留取井邊履，說與草堂仙子知。"後兩句無解之者，自開耀至洪武六百年，而二令謝英表其事於石，草堂乃二令號也。鄉人立祠於仙姑之故居，即會仙觀是也。唐賜仙姑朝霞帔一襲。井與祠今存。天台孟士穎曰："神仙之說，若誕幻不足深信，如何仙姑者，詢之故老，考之郡乘，歷歷在人耳目，有可信者。況何氏之族，至今尚繁衍，有足徵也已。"①

很明顯的，張氏的何仙姑傳是以明初孟士穎《何仙姑井亭記》與孫蕡《書何仙姑井亭記後》為底本綜合裁織而成。可以推知，從孟、孫等人傳唱何仙姑故事之後一直到嘉靖時期，其間仙姑的生平事蹟在增城的主流文化圈和書寫傳統（written tradition）中，已逐漸形成一套大家普遍認同與共享的說法：唐代邑人何泰之女生有異相，服餌雲母能行化煉之術，在違背父母之命拒絕婚嫁後失其所蹤，遺於世間的履舄與詩文則標誌了何氏女成仙的"事實"，也是其"仙姑"之名以及會仙觀仙姑祠的由來。

遺世獨立、屏謝塵囂且善詩文的女仙人形象，是何仙姑於嘉靖《增城縣志》刊刻之前較為人所熟悉的模樣。然而在數十年之後的萬曆年間，一直以來棄世絕俗的仙姑卻進一步蛻變，成為心繫鄉土、保境安民的粵土女神，仙靈徵顯於千里之外。神宗萬曆十七年至十八年（1589—1590）間，在其時兩廣總督劉繼文②一道不尋常的命令下，

---

① 《（嘉靖）增城縣志》卷8《人物·仙釋傳·仙類·何仙姑》，頁251—253。
② 劉繼文，南直隸鳳陽府（今安徽省）靈璧縣人，明嘉靖四十一年（1562）進士，

增城縣官方重新修敕仙姑祠，重修的原因來自劉繼文在萬曆十七年掃蕩粵西海域非法採珠活動中遭遇的一椿所謂"得仙姑之佑"的奇事。劉氏在紀念廟宇重修的碑記中，清楚地交代了整件事的來龍去脈：

> 仙姑姓何氏，為增城縣何泰女。唐開耀間生於春岡里也，今鳳凰臺云。初生紫氣繞室，頂有六毫，蓋仙徵也。已而夢授服餌術，遂冥悟仙機。所居嘗產雲母。親迎之夕，忽遺履井側，飄然仙化。迄今所傳詩咏及井、廟具存，前翰林典籍孫君蕡記之詳矣。①余初慕仙名，而未灼知其出處。歲己丑（按：明萬曆十七年）春，移鎮端州。時灣酋李茂、陳德樂嘯聚海上，烏合至千餘眾。一時未集舟師，慮懷叵測，因籌計問仙，而仙姑至，乃憑箕授算，詩曰："將軍穩卧九霄宮，進士高登萬歲樓。明公若欲談兵事，莫外區區一女流。"蓋自謂識兵也，竊欲同夫鍾呂。又曰："用兵勇往是良圖，懼敵全身豈令謀。將相協心同贊事，何愁山寇不消除。"蓋謂兵貴擇將也，而深有惡於貪生。時瓊崖當事參將懦怯，所謂畏敵全身者，因以邵都司往代之，不兩月間，而我師大捷，遂草薙禽獮，嶺海寧謐，悉符仙讖云。夫難料者兵，況女流談兵，古未有也，豈其仙靈圓朗，藏往察來，徵應之神，不異於鍾呂二仙之談兵事耶。余得仙姑之佑不忘，迺旁搜仙蹟，而得其井、廟故址尚存，第歲久將及湮頹，所謂有其存之，

授萬安令，歷官給諫、浙江參政。萬曆十五年（1587）由四川左布政陞右副都巡撫廣西。萬曆十六年（1588）以兵部右侍郎總督兩廣。〔明〕過庭訓，《本朝分省人物考》（上海：上海古籍出版社，1997，影印北京大學圖書館藏明天啓刻本）卷17《南直隸鳳陽府四·劉繼文》，頁33b—34a；〔明〕雷禮，《國朝列卿紀》（上海：上海古籍出版社，1997，影印北京大學圖書館藏明萬曆徐鑒刻本）卷107《總督兩廣尚書侍郎都御史年表·劉繼文》，頁5b；同前引書，卷109《巡撫廣西侍郎都御史等官年表·劉繼文》，頁1b；《（乾隆）江南通志》（南京：鳳凰出版社，2011，影印清乾隆元年〔1736〕刻本）卷149《人物志·劉繼文》，頁37b。

① 根據"前翰林典籍孫君蕡記之詳矣"之語，可知劉繼文在撰文之前，業已知曉其或參考了孫蕡有關增城何仙姑傳說的文本。

曷可廢也。遂檄縣重加修飾,井亭垣宇煥然改觀,為文遣官而致祭焉。夫仙姑粤人也,粤其故土也,仙雖屏謝塵囂,逍遙蓬閬,而其精靈焄爽,當必有戀戀於其鄉者,宜其談兵決策,殲數十年之逋寇,以永貽桑梓之洪庥,厥功偉矣。《禮》:"有功德於民者,祀之。"然則是舉也,所以答仙靈於既往,而祈福庇於將來,無非為粤土保安計耳,詎曰諂瀆云乎哉?是為記。時萬曆歲次庚寅(按:明萬曆十八年)孟夏吉旦,欽差總督兩廣軍務兼理糧餉帶管鹽法兼巡撫廣東地方兵部右侍郎兼都察院右僉都御史劉繼文撰,增城縣知縣林繼衡立石。①

碑文中的故事大抵如是:明萬曆十七年,總督兩廣兵事的劉繼文移鎮端州②,發兵剿蕩海南島海域以李茂、陳德樂為首的非法採珠勢力。③初期,因李茂勢眾而官方的戰船與軍隊未能及時集結,戰事一度陷於膠著。憂心的劉氏遂透過扶箕的方式召求神靈的指示④,召來的箕仙

---

① 〔明〕劉繼文,《重修何仙姑廟碑》,載《(民國)增城縣志》卷30《金石錄·石類》,頁15b—17a。

② 端州位廣東省肇慶府,臨西江北岸。明代兩廣總督駐劄廣西省梧州,同時也在廣州、肇慶兩府分設行署。由於梧州所在位置過於偏西,距離粤東諸縣十分遙遠,加上氣候炎熱,是以明時歷任兩廣總督在夏月將至時,經常以避暑為由,移鎮端州,實際上主要是出自方便管理的考量:端州的地理位置在兩粤之中,與梧州相較,更易於督控廣東、廣西各郡縣,不致有偏重遙制的問題。萬曆八年(1580),當時的兩廣總督劉堯誨大修端州行署,自此總督常駐端州便成為常態。〔明〕林大春,《修建端州總督部院公署記》,載《(道光)肇慶府志》(臺北:成文出版社,1967,影印清光緒二年〔1876〕重刊道光十三年〔1833〕刊本)卷5《建置·廨署》,頁23b—25a;《(道光)廣東通志》卷129《建置略五·廨署一》,頁67—68。

③ 〔明〕瞿九思,《萬曆武功錄》(上海:上海古籍出版社,1997,影印天津圖書館藏明萬曆刻本)卷3《李茂列傳》,頁58a—64b;陳賢波,《明代中後期粤西珠池設防與海上活動——以〈萬曆武功錄〉"珠盜"人物傳記的研究為中心》,《學術研究》2012年第6期,頁112—119。

④ 扶箕占卜在中國社會有悠長的歷史,特別是從十一世紀開始,隨著新形態扶箕方式的興起,召箕問卜功名前程或與來降的箕仙應對酬唱,逐漸成為文人之間流行的宗教與文娛活動。David K. Jordan & Daniel L. Overmyer, *The Flying Phoenix: Aspects of Chinese Sectarianism in Taiwan* (Princeton: Princeton University Press, 1986), pp. 36—46;

是劉氏稱為"（何）仙姑"的女仙，這位"仙姑"先後降下兩首近似於讖語的箕詩。在第一首詩中，"仙姑"首先暗示進士出身的劉氏會安然度過此次危機，官位安穩並能更上一層；再來則是表明自己熟悉兵家之事，暗示劉氏不要因為來降的是女仙而小覷她。就劉氏自己的詮釋，他認為這是"仙姑"宣稱自己擅長兵事的程度並不遜於像鍾離權、呂洞賓這樣的男性神明。至於第二首詩，對劉氏來說，是女仙提醒他作戰取勝的關鍵在於兵將勇往殺敵不偷生，上下協力一心就能攻克敵寇。因為得到上述箕詩的啓發，劉氏撤換了原先在他眼中膽懦貪生的瓊州參將，以邵姓都司取而代之，之後不到兩個月官方進剿李茂的行動就取得大捷。

　　故事還沒有結束。打勝仗的劉繼文將戰場上的勝利歸因於這位"何仙姑"的庇佑，他認為是仙姑靈準的"仙讖"，指引他在軍情膠著時找出問題癥結並採用合當的策略，因此能一舉殲滅李茂、陳德樂集團，朝廷眼中導致粵西海岸十多年來靖亂無常的海上勢力終告瓦解。[1]為了答謝仙靈之佑，劉氏開始打聽女仙人的來歷，"旁搜仙蹟"的結果是找到位於增城縣城中的仙姑井及仙姑祠。其時井亭與廟身或因時間久遠而失修，在劉氏命令縣官重新修敕仙姑祠之後，原本老朽的井亭、廟宇煥然一新，劉氏甚至親自撰文紀念，並派遣官員致祭。劉氏在該文中解釋自己大張旗鼓修仙姑廟的作為，並不是為了向女仙人獻媚，而完全是為粵地百姓的安危著想：一方面是答謝仙靈既往助戰之恩，再者是為了祈求百姓將來的平安。劉氏在文章中亟力稱許這位保佑過他的女仙人，認為粵地出身的何仙姑雖然早已離世成仙，卻一心繫念家鄉安危，仙靈藏往察來、徵應於官府用兵決策之際，因此為亂十數年的李茂勢力才能被一網打盡，其造福鄉里之功之大，完全符合《禮記》所說的，有功德惠及百姓者得蒙享祀的禮法。

許地山，《扶箕迷信底研究》（臺北：臺灣商務印書館，1986），頁21—73。
[1]〔明〕鄧宗齡，《平南碑記》，載《（萬曆）雷州府志》（北京：書目文獻出版社，1990，影印日本尊經閣文庫藏明萬曆四十二年〔1614〕刻本）卷20《藝文志》，頁14a—16a。

劉繼文的重修廟記在萬曆十八年為當時的增城知縣林繼衡①鐫刻於石，石碑樹立於會仙觀仙姑井亭左方②，面朝縣城的南門大街，堂皇但靜默地向往來的行人昭示著何仙姑在距增城千里之遙的海疆保鄉衛民的神蹟。沒有人料想得到，遙遠粵西沿海戰事中一個召箕問仙的小插曲，最終竟會在增城演變成為一場由封疆大吏所主導的宣揚仙姑神威的加冕儀式。

　　仙姑的徵應之靈似乎並不獨衷於劉繼文。在劉氏《重修何仙姑廟碑》鐫立於會仙觀的同一年，另一位省級高官李得陽因公務途經增城，慎重其事寫下《增城何仙姑神應記》一文，講述他與何仙姑之間長達十餘年的奇妙緣分：

　　　　余昔以九江郡擢巡潮陽，時先君多病，弗忍行，請告終養。棲遲林壑，久之，宦情無有已。一夕，夢如攜家赴任狀，稍憩旅館，登堂入室。東房戶半開，窺之，有一女姑南向立，可十七八許，縝髮圓面，綠衣紅裳，玉顏秀異，非人間世有也。右攜一女，左侍一童，余詢誰何。曰："我何仙姑也。"女："吾在黃生。"童："吾在倪生。"余且驚且喜，再拜稽首，以傾素仰。曰："然則仙姑曾適人乎？（仙姑）曰："然。""適人亦可仙乎？"曰："然。"余婦後至，一一以告，引之亦拜，恍然覺矣。曰："異哉，今夕何夕，有此良遇。"因記仙經有黃婆嬰兒姹女之說，曰："仙姑命之矣。"③乃結廬羲蒼習所，為養生者

---

① 林繼衡，福建長樂人，明萬曆十四年（1586）進士，同年任增城知縣，舉祀名宦祠。《（康熙）增城縣志》卷2《政治・壇廟・名宦祠》，頁7a；同前引書，卷5《秩官・知縣》，頁6a；同前引書，卷7《宦蹟》，頁12b—13a。

② 《（民國）增城縣志》卷30《金石錄・石類》，頁15b。

③ "嬰兒"、"姹女"、"黃婆"皆是內丹修煉傳統中的術語。"嬰兒"喻肝氣或真氣元神，"姹女"喻肺氣或心之靈知、後天感性，"黃婆"喻脾或能調和先天與後天秉性的力量。筆者認為，李公夢中所出現的人物：何仙姑、侍女黃生和侍童倪生，以及其文中描述的仙姑年紀與姿容、侍女與侍童的姓氏（"黃"與"倪〔兒〕"），恰恰是對應丹道修煉傳統中"姹女—黃婆—嬰兒"概念而衍生的情節。透過這樣的書寫，李

十餘年。萬曆丁亥（1587），忽朝命起余巡閩之漳南，（萬曆）庚寅（1590），復守粵之嶺南，度嶺下韶，取道濛瀼清溪間，峰巒聳秀，風物瀟□□□□□□□□□□□□□□□（灑，如夢所憩，心竊異之，偶閱增志所載仙姑蹤）跡頗悉，增令來謁，詢仙姑祠宇規制，一與夢合。□（噫）！余髮未乾即聞有仙姑，一不知其為增人也，寧知今者得遊其鄉，厚幸多矣。十餘年前旅館稍憩之兆，豈仙姑預知我有今日之遊耶？黃女倪童之說，豈仙姑默示我以入道之機耶？宦遊茲土，以姑之靈，既碌碌事簿書，聊以無罪，敢不勇退急流以終仙姑嬰兒姹女之訓。茲以王事，復將度嶺而北，不得親拜仙姑之祠，悵恨為甚，謹捐俸令縣治酒漿為禮，因刻石記之。①

李得陽是江南廣德州人，萬曆十八年（1590）剛由福建分巡漳南道之職，轉任廣東布政使司左參政分守嶺南道。②李氏前往韶州分駐地途中，過境增城縣③，覺得沿路山水景致似曾相識。在閱讀過增城縣志中的何仙姑事蹟，以及聽取來謁的增城縣令關於仙姑祠形制的描述

得陽將自己遇仙的夢境與道家"黃婆嬰兒姹女"之說聯結在一起。參張樨總策劃，《中國道教大辭典》（臺中：東久企業出版有限公司，1999），《姹女》、《黃婆媒娉》、《嬰兒》、《嬰兒姹女》，頁851、1115、1367。

① 〔明〕李得陽，《增城何仙姑神應記》，載《（康熙）增城縣志》卷14《外志·寺觀·會仙觀》，頁16a—17b。按：缺佚字據《（乾隆）增城縣志》收錄《嶺南道李得陽增城何仙姑神應記略》校之。《（乾隆）增城縣志》卷8《祠祀·列剎》，頁28b。

② 李得陽，字伯英，號景渠，廣德州（今安徽省宣城市廣德市）人。明嘉靖四十四年（1565）進士，歷任蘭谿知縣、九江知府，移廣東兵備副使，歸養十年。萬曆十六年（1588）起補分巡漳南道，萬曆十八年陞廣東右參政。《（乾隆）廣德直隸州志》清乾隆五十九年〔1794〕刊本》卷33《人物志》，頁1958—1960；《（道光）廣東通志》卷19《職官表十·左右參政》，頁346；《（光緒）漳州府志》（北京：中華書局，2011，影印清光緒三年〔1877〕芝山書院刻本》卷10《秩官二·明歷官·分巡漳南道》，頁261。

③ 李得陽在離開原本擔任分巡漳南道的駐紮地福建上杭縣後，可能是先前往廣東承宣布政使司所在的省城廣州述職，其後才從廣州前往嶺南道轄下的韶州，中途經過增城。參葉顯恩主編，《廣東航運史（古代部分）》（北京：人民交通出版社，1989），頁51—53。

後，李氏認為，該祠完全符合十多年前他在一場奇夢中遇仙的場景。原來，穆宗隆慶年間（1567—1572），李氏從九江知府陞任廣東兵備副使之際①，因父親多病，奏請辭官歸家奉養。當時無心於宦途的李氏做過一場玄奇的夢，夢境中，攜家赴任的他在客居的旅店裡，邂逅了一名容顏絕秀出塵、自稱為"何仙姑"的年輕女子，以及她的黃姓侍女與倪姓侍童。孩提之時已聞何仙姑之名的李氏大喜過望，與家人虔敬叩拜該女後，又與之討論成家之人能否入道的問題。夢醒後，李氏認為夢中的這場奇遇，是何仙姑藉由種種暗示叮囑其息養修身，此後便安心地度過十餘年的在野生活，直到萬曆十七年（1589）才再度奉召出仕。一年之後，當李氏又因轉赴廣東為官而過境增城，這才恍然大悟，原來十多年前在夢境中，何仙姑已經預示他日後會有這場宦遊其鄉的機遇。

如此看來，萬曆十八年似乎是增城何仙姑聲名榮顯以及被賦予新形象的一年。無論是劉繼文還是李得陽，其自身與仙姑的神奇遭遇與說法，都因為他們的朝廷要員身分而被地方官慎重以對，或致祭，或立石張揚其事。"憑箕授算"的仙姑、入夢預示"入道之機"的仙姑，這些有別於既往形象的靈應面貌，在萬曆十八年省、縣官員合力撰文刻石的宣傳行動下，公開地展示在會仙觀仙姑祠前庭。從此，"遺履井側，飄然仙化"的增城何女仙不再只是遠代不食人間煙火的飛仙，她／祂明確地成為仙靈徵顯、感應無邊的粵土之神。然而，神祇形象與角色職能的進一步轉化與增益，並不是劉、李二人的何仙姑故事所能告訴我們的唯一訊息。萬曆年間兩位外省籍官員看似幻誕的遇仙經歷，實際上揭示了一個事實：在明代中葉，除了增城當地的何仙姑信仰傳統，以"何仙姑"為名的信仰實踐還同時以其他的形貌與姿態，活躍於一鄉一地之外的文化傳統中。

回顧萬曆十七年劉繼文扶箕召仙的情節，當時劉氏只知道來降的

---

① 《（乾隆）廣德直隸州志》卷33《人物志》，頁1958—1960；《（道光）廣東通志》卷19《職官表十・左右參政》，頁346；《（光緒）漳州府志》卷10《秩官二》，頁691。

箕仙是名為"何仙姑"的女仙①，而不知其背景來歷，這也是為何他在《重修何仙姑廟碑記》首段中提到自己"初慕仙名，而未灼知其出處"的原因。等到廟宇重修工事竣工而劉氏提筆撰文以誌其事之際，此時的劉氏似乎已非常確定，當初來降的箕仙"何仙姑"，就是明初孫蕡筆下的增城縣何泰之女。可想而知，從"初慕仙名"到"灼知其出處"，中間其實經歷了一番刻意的探尋與考證，而正是在"旁搜仙蹟"的過程中，仙人的增城籍貫、身世傳說與奉祀之所等訊息一步步為劉氏所悉，女仙"何仙姑"的身分才逐漸與增城產生連結。

如果劉繼文是透過扶箕才初曉仙姑之名，那麼李得陽則是在孩提時代就已經知道有"何仙姑"這位仙人。在《增城何仙姑神應記》中，李氏曾明白提到，自己從小就聽聞何仙姑之名，只是不知道她／祂是增城人，更想不到有朝一日有幸遊歷仙姑的家鄉："余髮未乾即聞有仙姑，一不知其為增人也，寧知今者得遊其鄉，厚幸多矣。"②綜合言之，劉繼文與李得陽的例子共同說明了一個現象，即"何仙姑"在明中葉的中國作為一位廣為人知的仙人，與她／祂是廣東增城人的說法，這兩件事可能出自不同發展脈絡的文化傳統，但是在劉、李二人所宣稱的靈驗故事中，這兩套傳統中的"何仙姑"匯合了，無論是偶然還是有意操作的結果。

無論是劉繼文扶箕時出現的女箕仙，抑或李得陽幼年即已知曉的"何仙姑"，"仙名"在萬曆十八年之前已為劉、李二氏所聞但"未灼知其出處"的何氏女仙，並非如增城何氏女般可在相對獨立的地域脈絡下溯其根源，而是來自另一套跨地域傳播的宗教與文本傳統。在這個傳統中，女仙"何仙姑"的身分與形象，或來自不同地方版本何

---

① 可能是箕仙自述其名。扶箕之時，扶箕者有時可以預先請定一神來降，有時則無法事先預知來降的神靈為何，因此箕神在扶箕之始幾乎都會先自道名姓甚至略述身世，或者是在扶箕過程中透過文字遊戲來暗示自己的身分。參許地山，《扶箕迷信底研究》，頁21、55。

② 〔明〕李得陽，《增城何仙姑神應記》，載《（康熙）增城縣志》卷14《外志·寺觀·會仙觀》，頁17a。

氏女仙故事的融合,及其與其他神仙信仰傳說互動的結果。劉繼文將戰場上的勝利歸功於"何仙姑"透過降筆給他的啟發,不過,初時劉氏並不知曉這位來降的女箕仙來歷為何,而是逕自將其與鍾離權、呂洞賓兩位男神仙相提並論。但為何是鍾、呂二仙而非其他的神明?

筆者認為,一開始劉氏將"何(仙姑)"、"鍾(離權)"、"呂(洞賓)"三仙連結到一塊的想像並非空穴來風,而是反映了一幅更複雜與廣闊的信仰圖像:至少在"旁搜仙蹟"之前,劉氏很可能是在元明以來發展逐漸成熟的八仙傳說脈絡下,去理解這位以"何仙姑"之名來降的女仙。元代以降,以鍾、呂二仙信仰為核心所衍生的八仙故事①,逐漸成為戲曲、小說與繪畫作品常見的主題。②明代嘉靖、萬曆時期,隨著"鍾離權—呂洞賓—李鐵拐—張果老—藍采和—韓湘子—曹國舅—何仙姑"陣容的底定並廣為流行③,"八仙"中每個成員的名字與形象透過戲劇與小說等媒介的跨地域流衍,廣泛且深刻地走進四方大眾的宗教與文化生活之中。扶箕活動本身就是很好的例子,能反映這股新的文化潮流。④明中葉以來,隨著八仙傳說的風行,這個仙人群體中的成員常常單獨或聯袂在各處扶箕活動中"現身",特別是呂洞賓與何仙姑,在當時都是很受文人青睞的箕

---

① 鍾呂的組合出現時間甚早,此二仙組合很可能是元明以降八仙信仰的雛形。參羅永麟,《八仙故事形成的社會歷史原因和影響》,載吳光正主編,《八仙文化與八仙文學的現代闡釋——二十世紀國際八仙論叢》,頁101;白化文、李鼎霞,《讀〈八仙考〉》後記》,頁129—132。

② 浦江清,《八仙考》,頁89—104。

③ 相關討論參見緒論第二節與第一章楔子。

④ 每個時代的扶箕有其特別偏好的主題與形式,這似乎也反映了當時的信仰景觀。在十一世紀之前的扶箕活動中,來降的箕仙常是出身庶民階層的亡靈,此類箕仙多利用非文字的形式傳達訊息。十一世紀以後,扶箕活動逐漸有文字化的取向,來降的箕仙常託名為有名的仙人或歷史名人,這類型箕仙對召箕者的回應常以文字的方式呈現,駢雅的韻文或歌詩即是常見的"降筆"形式。David K. Jordan & Daniel L. Overmyer, *The Flying Phoenix: Aspects of Chinese Sectarianism in Taiwan*, p. 36;許地山,《扶箕迷信底研究》,頁21。

仙人選。①

劉繼文與李得陽的奇遇只有在上述的文化脈絡中才能被充分解釋，從"初慕仙名"到"灼知其出處"之間，兩者所經歷的是跨地域

---

① 生活於明代嘉靖、萬曆期間的浙江錢塘文士田藝蘅（1524—?），著有《留青日札》，書中述及自己透過扶箕與呂洞賓相互唱和，而"何仙姑"尾隨其後來降的往事。田氏以詳實生動的筆觸描繪了箕仙與召箕者之間有趣的互動過程："呂嵒，字洞賓，幼名紹先，京川人，二十不從婚娶。會昌、咸通時，舉進士，滯場屋者二十三年，五十道始成。祖渭，禮部侍郎；父讓，海州刺史。余嘗召箕，洞賓降書云：'輕揮羽扇，平分湘水，烟霞泉石為佳侶。清風兩袖膽氣粗，洞庭飛過經千里。飽嚼瑶華，醉斟玉髓，乾坤收拾葫蘆裡。一聲長笑海空秋，數著殘棋山月起。'末書曰：'踏莎行。'余請作西湖賦，即運箕如飛，筆不停綴，有云：'攀碧落之兩峯，卧白雲於三竺，六橋水流魚與俱，四賢堂寂鹿獨宿。'真佳句也。客有戲之者曰：'公之仙姑何在？'即書云：'仙姑至矣。'箕停少選，復書云：'閬苑蓬萊自可人（按：合"可"、"人"為"何"字），東山人駐幾千春（按："山"與"人"暗喻"仙"字）。要知古女真消息（按：合"古"、"女"為"姑"字），碧漢青天月一輪。'余曰：'非藏"何仙姑"三字邪？'復書曰：'然然然。'余出一句曰：'日月為明分晝夜'，求之屬對。箕即應之曰：'此拘於字難對，聊對一句。'乃書曰：'女生合姓別陰陽。'客又戲之曰：'適見洞賓否？'箕忽震怒者久之，復書曰：'仙友從來有洞賓，爾今問我是何因。婉妤自許逢周穆，姜女誰知與亂臣。烈火精金應不鑠，蒼蠅白璧未嘗磷。道心清净渾如水，不學凡間犬豕人。'"《留青日札》首次刊刻於萬曆元年（1573），可知田藝蘅召箕之事應發生在萬曆之前。與田氏同時代的湖南桃源人江盈科（1553—1605），在所著《雪濤詩評》記錄了自己在家鄉看人扶箕召仙的經驗。其時來降的箕仙也自稱為"何仙姑"，江氏對於此位"何仙姑"敏捷的文思印象深刻："吾鄉亦有請箕仙者，仙至，自云'何仙姑'。一頑童戲之，於掌心書一卯字，問姑曰：'此何字？'箕遂題云：'似卯原非卯，如邜不是邛。仙家無用處，轉贈與尊堂。'頑童又戲問曰：'洞賓先生安在？'箕即題云：'開口何須問洞賓，洞賓與我卻無情。是非都入凡人耳，萬丈長河洗不清。'其敏捷如此。"田藝蘅與江盈科的扶箕故事中，分別在江南與湖南出場的箕仙"何仙姑"，除了都以機敏的才思令人印象深刻外，祂與呂洞賓的關係也常成為好事者作弄箕仙的題材。這些戲謔之語實際上反映了一個現象，即當時一般人對特定仙異人物的認知，很大程度來自於戲劇、小說等文本的跨地域傳播與影響，例如流行於一時的湯顯祖《邯鄲記》與馮夢龍《警世通言》，對於何、呂關係皆曾特別著墨。〔明〕田藝蘅，《留青日札》（上海：上海古籍出版社，1997，影印明萬曆三十七年〔1609〕刻本）卷28《呂紹先、何仙姑》，頁6a—7a；〔明〕江盈科，《雪濤詩評》，《箕鬼》，載黃仁生輯校，《江盈科集》上冊（長沙：岳麓書社，1997），頁832。關於《留青日札》的相關研究，可參王寧，《田藝蘅研究》（杭州：浙江大學中國文學系碩士論文，2007），頁32—33。

八仙神話與增城在地何氏女仙傳說相互嵌合的過程，同時也展示了"何仙姑"從文人想像到地方實體形象成立過程中的一個例子。另須補充說明的是，跨地域的八仙——何仙姑傳說在元明以來的發展過程中，綜合採擷了羅浮山的何氏女傳說以及其他地域性的何氏女仙故事元素，不過值得注意的是，其對於增城何氏女故事的吸納，似乎僅止步於明初。① 與跨地域的文本傳統相較，增城的何仙姑故事則是不斷地呼應在地歷史與社會情境的變化而持續生成與更新。

第三節　琅琅仙名：明末的彙整與定調

> 吾增一佛與一仙，琅琅邑乘至今傳。……何姑慧潔懷幽貞，夢告顯奇殲巨寇，英烈萬古欽忠誠。
> 〔清〕吳應新，《仙佛吟》②

何仙姑祠位於會仙觀東翼而緊鄰萬壽寺，原為會仙觀鑿開東壁而擴建的廂房，祠宇規制一直受限於觀、寺之間窄小的空間而無法進一步開拓。萬曆十八年（1590）該祠雖曾在兩廣總督劉繼文的主導下大事重修，在半甲子之後的萬曆末年，井亭垣宇早已不復當年煥然之貌。當萬曆時期最後一任縣令謝士章③偶然路過仙姑井亭時，也不禁

---

① 舉例來說，就筆者所見過的八仙故事文本而論，即便能在這些跨地域流傳的文學、戲劇等作品中發現增城何氏女傳說元素，卻幾乎不見有提及洪武之後增城當地衍生出來的遺履情節者。

② 《（康熙）增城縣志》卷14《外志·寺觀·會仙觀》，頁22b—23b。按：吳應新，廣東增城雅瑤人，清乾隆十六年（1751）恩貢。《（嘉慶）增城縣志》卷11《國朝（清）·恩貢》，頁25a。

③ 謝士章，本姓陳（按：歷代縣志中亦有以本姓載之者），字含之，江西寧都人。幼育於貴州，以貴州普安籍中明萬曆四十四年（1616）進士，萬曆四十五年（1617）令增城。後舉祀名宦祠，縣城南門講院並特立"賢侯謝士章祠"，誕期尸祝。《（康熙）增城縣志》卷2《政治·壇廟·名宦祠》，頁7a；同前引書，卷2《政治·壇廟·賢侯謝士章祠》，頁12a；同前引書，卷5《秩官·知縣》，頁6b；同前引書，卷7《宦蹟》，頁15a—15b。

有感於眼前井、廟的陰蔽舊陋。其時地方耆老有意改善仙姑祠長久以來規制窘隘的問題，正好碰上過訪的謝氏詢問仙姑來由，耆老們在講述仙姑事蹟之餘，也將擴建計畫呈告謝氏。在謝氏的許可下，擴建工事順利進行，落成之際，謝氏應地方父老之請，撰文以記其事。該文首先詳細描述仙姑祠的位置、擴建前的建築規制，以及遺履井、井亭的細節，甚至還提到井水的滋味：

> 仙姑祠在會仙觀之左，即剖觀東壁而軒之者，深可丈，廣尺者六①，列像布几，鼎而外，所容不能餘十，跡亦陋甚矣。祠隣萬壽寺，寺故多隙地，僧人十笏，居已鱗鱗相次，尤有幽窈閒室而掣於祠之肘，是可損有餘以補不足者。祠前可十武②，存一井，為姑遺履處，舊以亭翳之。井從陰，水味雖冽，而弗醴。③

在歷來有關仙姑祠的文獻中，這是首次具體描繪井廟設置細節的記載。謝氏接著交代了造訪仙姑祠時從當地耆舊處聽聞的仙姑傳說，以及地方上對於擴建仙姑祠的提議與落實的過程。從謝氏的敘述可知，地方耆老解決仙姑祠空間窘隘的辦法，主要是向萬壽寺購買該寺西面與仙姑祠接壤的間隙地，使仙姑祠能增加半畝地的空間以擴建祠宇：

> 謝子來令是邑④，□三年⑤……偶陟□（姑）亭，□（延）里

---

① 一丈為十尺，明制三尺相當於今制一米。按：明制"尺"有三類，每尺換算為今制分別如下：營造尺：32 釐米，量地尺：32.7 釐米，裁衣尺：34 釐米。

② 武，度詞，明代五尺或六尺為一步，半步為武。因此，一武為二尺半或三尺，相當於今制零點八米或一米長。按：《明史·食貨志》規定五尺為一步，但民間也有以六尺為一步的慣例。

③ 〔明〕謝士章，《拓建何仙姑祠記》，載《（康熙）增城縣志》卷14《外志·寺觀·會仙觀》，頁17b。

④ 關於謝士章何時就任增城縣令，縣志上有兩個說法，一說是明萬曆四十四年（1616），另一說是萬曆四十五年（1617）。

⑤ 筆者猜測缺字或許是"越"，謝士章可能是在明萬曆四十四年或四十五年就任增城縣令的三年之後，在萬曆四十七年（1619）或光宗泰昌元年（1620）時造訪何仙姑祠。

□（老）問姑遺事，□（里）老□（談）姑之仙異，不過飡雲母一節，□（述）姑性之芳潔，則□（真）仙乎，非傳記所悉也，余且耳傾之心揖之矣。里□（老）因請改其地而新是圖，且議貸寺邊裔地以益姑半畝①宮，予可其請，里老遂醵貲協力，不匝月而結清宇者二，一以為姑龕，一為里人設俎燎栖之地，堂以除稱之，并撤其陰是井者，而檻以石，□津津一仙瀰雅觀矣。②

最後，謝氏解釋了自己之所以願意為文表彰仙姑之祀的理由：

落成之日，里老復請予記，余曰：予之為邑，為士也，為民也，豈以為是姑也而媚之。雖然姑邑人也，邑人則吾民也，吾民而有性靈不□（蝕）、芳潔不淄之子若女，父母喜且寧以告人，邑人□（喜）且傳以告後之人，矧為民父母者，寧不欣欣有喜色，思儀其賢，以教國人耶。邑之先民，如菊坡，如甘泉，此誠不蝕，性靈之丈夫矣，如使不祀於郡，不祀於社，人心弗公也，人心亦弗勵也。姑非芳潔則不能仙，姑不仙不表其芳潔，邑之女盡芳潔之性如姑，即不飡雲母而無女不仙矣。是不可傳耶？是□□（不可）祀耶？不祀□□□□（姑以勵增）女，猶之不祀菊坡、甘泉，不足以教增士，是皆不可廢者也，則予表姑，亦為士為民之意也，故不妨新其祠而記之。③

對於謝氏來說，從里老處聽聞的何仙姑"遺事"主要有兩個重

---

① 一畝為二百四十弓，約為今制614或640平方米。按：一弓為方圓一步（2.56㎡／2.67㎡）。
② 〔明〕謝士章，《拓建何仙姑祠記》，載《（康熙）增城縣志》卷14《外志·寺觀·會仙觀》，頁17b—18a。按：缺佚字據《（嘉慶）增城縣志》收錄《邑侯陳士章拓建何仙姑祠記略》校之。《（嘉慶）增城縣志》卷8《祠祭·何仙姑祠》，頁34a。
③ 〔明〕謝士章，《拓建何仙姑祠記》，載《（康熙）增城縣志》卷14《外志·寺觀·會仙觀》，頁18a—19a；《邑侯陳士章拓建何仙姑祠記略》，載《（嘉慶）增城縣志》卷8《祠祭·何仙姑祠》，頁34a—34b。

點，一是仙姑當年服食雲母的"仙異"事蹟，二是不見於文字記載的所謂"芳潔"之事。謝氏文中的"芳潔"或有兩個意涵，一方面指何仙姑德行高尚端整，如明洪武年間孟士穎《何仙姑井亭記》一文所述，仙姑"有孝行，性敬柔簡淡"，另一方面則隱喻仙姑的未嫁之貞（指仙姑成仙時是未嫁之身）。兩者在地域文化下融通匯合出來的女子"貞孝"品格，應是謝氏文中的"芳潔"要義之事。① 很顯然，相較於"仙異"，這才是謝氏該文想要著墨的重點。謝氏認為，仙姑之所以能為仙，是其性"芳潔"使然，而非流於神異的服餌雲母之說。以父母官自居的他並極力強調，自己修建祠宇與撰文為記並非媚神之舉，而是以父母官的身分，表彰身為邑人之女的何仙姑"芳潔不淄"行誼。正如同地方上既有的崔與之與湛甘泉之祀，是因二者皆為出身增城的前賢典範，足以作為地方士人的精神表率，因此當祀於郡社以勵人心，而何仙姑之祀，也同樣因為仙姑的邑人身分與"芳潔"之性，堪為全邑女子學習的榜樣，因此有維繫其存在的必要。

　　邑令謝士章的《拓建何仙姑祠記》提供了許多很有意義的觀察。首先，謝氏對祠宇規制的細緻描寫，除了呈現明代萬曆晚期仙姑祠本身的景觀，也反映出何仙姑祠與會仙觀、萬壽寺彼此依託但又各具自主性的空間關係和信仰面貌。特別是仙姑祠與會仙觀，謝氏的描寫很精準傳達一個訊息，即仙姑祠雖原是開鑿會仙觀東壁增建的祠宇，卻有其獨立的廟宇空間和專屬的建築規制，並不全然依附於會仙觀。這正呼應了張文海在《（嘉靖）增城縣志》中的描述，體現了一貫以來的地方信仰傳統。在清代與民國時期的縣志中，仙姑祠總被歸為會仙觀的附屬，但就地方的信仰實踐層次而言，仙姑祠中的"仙姑娘"或"何仙姑菩薩"對地方士庶的意義與重要性，實際上遠大於會仙觀後

---

① 清季東莞名紳陳伯陶在編纂《東莞縣志》的《列女傳》時，設置了一個"貞孝"的類別，意指"貞女之孝"，用來歸類終生守貞不字、居父母家盡孝的女子。東莞位於增城東南，與增城同屬廣州府轄下，兩地在地緣與文化上有緊密的聯繫，筆者推測，謝氏念茲在茲的"芳潔"，在地域文化脈絡下，應類近於陳伯陶所謂的"貞孝"概念。〔清〕陳伯陶等纂修，《（民國）東莞縣志》卷75《列女略一（序言）》，頁1a。

来主奉的道教三清。①

再則，謝氏之文留存了所謂"非傳記所悉"的何仙姑故事與崇拜活動內涵。相對於此前涉及仙姑或會仙觀的書寫，以父母官身分親自探訪仙姑祠舊事的謝氏，難能可貴地報導了當時地方百姓對仙姑"遺事"的說法，並且翔實記錄下地方人士群力修築廟室的過程。當謝氏談及擴建後的仙姑祠中有一處是提供里人祭拜仙姑的"設俎燎柏之地"，此般描述也間接說明一個重要的事實，即會仙觀仙姑祠不僅僅是文人雅士憑弔仙姑遺事的名勝古蹟，也不只是士大夫單行教化之功的鄉賢祠②，它同時也是對地方百姓開放、有實際宗教活動於此中進行的場所。

最後，文中謝氏勉力淡化仙姑的神異色彩，並將其與崔與之、湛甘泉相提並論，藉此賦予仙姑之祀正當性的說辭，一方面凸顯了地方官力圖在維繫國家意識形態與保存地方信仰傳統之間求其兩全的微妙立場，另一方面也揭示了一個長久以來幽蟄未發的問題，即何仙姑的崇拜傳統其實歷來未曾進入任何國家或地方層次的正祀之列。謝氏的孤詣苦心或許正說明了，就地方宗教與政治的實踐而言，在"媚淫神"與"崇正信"兩造之間的灰色地帶，存在相當程度的選擇與操作空間，特別是像何仙姑信仰這樣承載深厚地方社群歷史記憶的崇拜傳統。

明代最後一次可考的仙姑祠記載，緣於崇禎十年至十四年（1637—1641）之間的井亭修建一事，主其事者是當時的增城縣令陸清源。③陸

---

① 《（康熙）增城縣志》卷14《外志·寺觀·會仙觀》，頁12a。

② 謝士章的作法即是如此。事實上，早在宋元之際，增城已有地方紳耆視何仙姑為"里德之人"而立祠崇祀的例子，當時與仙姑並列的受祀者中也有南宋名相崔與之。《（嘉靖）增城縣志》卷6《人物·儒林類·李肖龍》，頁167。另可參見第二章第二節的相關討論。

③ 陸清源，字嗣白，浙江平湖人。明崇禎七年（1634）進士，崇禎九年（1636）任增城縣令。後舉祀名宦祠，縣城南門鳳臺書院並特立"賢侯陸清源祠"。《（康熙）增城縣志》卷2《政治·壇廟·賢侯陸清源祠》，頁12a；同前引書，卷5《秩官·知縣》，頁7a；同前引書，卷7《宦蹟》，頁18a—18b。

氏在親撰的《存仙井亭記》中記錄了重修的緣由與經過：

> 千載而上有仙焉存否也，吾不得而知之；千載而下有炯炯獨存者，心之靈乎，仙之靈也，夫亦可得而深長思矣。語曰："靈之來兮如雲，若有臨也。"曰："滿堂兮美人，忽獨與余目成。"若有許也得其解者，可以解馮使君存仙之旨矣，曷旨乎感於井也。曷感於井？井乃何姑得仙之遺跡也。姑，邑人，詳於邑乘，余亦習聞，而吏道塵俗，仙弗緣也，乃緣於使君之夢而詔之矣。夫使君按行諸部，肅官邪，剔吏奸，燭民隱，大小悉稟裁焉。……使君至增視倉庫，畢返行臺，經廟謁仙，遂歸而夢，且丞丞於井亭之圮廢，三致意焉。所謂臨之許之者，斯之謂歟。爰考其舊，舊回有制，古棟斯落，他宇斯立，誠如夢中所云。使君遂捐貲為倡……督余總成。余受教經營……一如使君所指定，少少變通焉。井之北則撤而敞之，井之東則拓而方之，縱橫共廣數武，於是築臺以拱井，雕欄以護臺，臺瑩如玉，欄曲成徑，徑轉去井七尺為亭，曜以朱碧，顏以存仙，使君之記即碑於其中。亭下街廣丈餘，直街西向為門，向也堂外即門，委井道側，今也周垣委迤，由門入亭，循欄繞井以升堂。爰造邃室，爰瞻遺像，仙欣欣其樂康矣。……間考姑傳，姑約身柔靜，事母純孝，及憑箕授算，濟師殄寇，則姑之仙，固以忠孝存也。……神而明之，存乎其人，得存之解，可以上下千載矣。①

明末這次井亭的修建，緣起於一位馮姓官員的倡議。沒有相關的資料能進一步說明這位"馮使君"的背景。從陸氏對其職務的描述"按行諸部，肅官邪，剔吏奸，燭民隱"判斷，馮氏可能是縣級以上巡按之類監察地方吏政得失的官員。馮氏到增城的目的是巡視倉庫，

---

① 〔明〕陸清源，《存仙井亭記》，載《（康熙）增城縣志》卷14《外志・寺觀・會仙觀》，頁19a—20a。

公務完畢後於臨行前造訪了仙姑祠。馮氏與仙姑的"仙緣"並未因增城之行告終而就此完結，在離開增城回返駐所之後，他做了個與增城何仙姑相關的夢。①夢醒之後的馮氏殷殷懸念仙姑祠井亭頹圮寥落的景況，對他來說，井亭不甚理想的存在狀態，並不能好好發揮它蔭翳屏障"仙井"此一仙姑"得仙遺跡"的功能。為此，他積極聯繫陸氏，盼身為知縣的陸氏能在地方上總責修復井亭事宜。

陸清源不負馮氏所託，順利完成保存仙人遺跡的"存仙"任務，更重要的是，其《存仙井亭記》一文概要地呈現出增城何仙姑故事在明代不同時期的重要主題：文中稱讚何仙姑"約身柔靜"、"事母純孝"等語，以及有關仙姑祠之古井為何氏成仙之跡的介紹，反映的是洪武年間孟士穎與孫蕡攜手演繹的何氏女生平事略和井邊遺履的情節；至於"憑箕授算"、"濟師殄寇"的描述，則呼應了萬曆時期兩廣總督劉繼文在酬答仙靈助戰之恩的碑記中賦予何氏的保鄉衛國形象。如此一來，唐時矢志求仙、身從井化的增城何氏女，在生時貞靜純孝，羽化後仙靈永貽桑梓——如此芳潔忠孝、神靈昭顯的邑人之女與女神仙形象，是有明一代增城何仙姑故事在文本層次上的發展總結，也構成明清增城關於何仙姑其人其事的主流說法。

小　結

有明一代，縣城會仙觀仙姑祠無論在廟祀實踐或話語體系的層次上，作為增城何仙姑信仰崇拜中心的地位都更加確立。早在南宋就被視作何氏女故居地的會仙觀仙姑祠，在明朝數百年間經歷數次大規模擴整修建，與此相應而生的，是傳說文本不斷增衍的新情節與主題。這些饒富新意的情節不僅進一步充實與完整了何仙姑的在地面貌與信仰內涵，同時也將原本神異色彩鮮明的土俗崇拜傳統巧妙嵌入儒教國

---

①　縣級以上的外地官員或中央大吏以夢境為由，標舉仙姑的神異靈顯，類似的例子可參見〔明〕李得陽，《增城何仙姑神應記》，載《（康熙）增城縣志》卷14《外志·寺觀·會仙觀》，頁16a—17a。

家"崇正信"、"裨教化"的政教話語裡,一位遠代的女仙因此漸次被模塑為一個能與南宋宰相崔與之、明代理學大儒湛若水齊名的地方神聖象徵與女教典範。宋元以來環繞會仙觀漸次成形的本地傳說敘事,在官員與士人的集體創作下發展成熟,成就增城何仙姑靈顯、忠孝與芳潔之名的主流表述於明末大致定調。①

增城的何仙姑故事在明代萌生了許多新枝葉,不可否認的是,從宋代的"丹井"到明代的"遺履井",井的意象始終是故事的軸心。對於明清時期熟悉嶺南風物與史蹟典故的文人雅士而言,增城的何仙姑與仙姑井基本上是一體無殊的故事。例如,十分熟悉增城何仙姑掌故的番禺籍名士屈大均(1630—1696)②,在所著嶺南博物志《廣東

---

① 入清之後,增城本地的何仙姑故事在文本層次上沒有太多新的進展,但是以何仙姑為中心的廟祀實踐和信仰版圖,在清咸豐、同治時期經歷了重大的改變,詳情參見以下各章。

② 屈大均曾經兩度造訪增城,皆客寓於會仙觀鄰近,留下了三首關於增城何仙姑的詩作,分別是《何仙姑壇作》、《重至何仙姑壇作》與《增城萬壽寺乞取丫蘭之作》,這些詩作的內容展現了作者對增城當地何仙姑傳說典故的嫻熟。摘錄三詩內容如下,首先是《何仙姑壇作》:

咫尺春岡接鳳臺,朱明門戶井中開。金精不使吳王得,雲母難貽葛令來。
帝賜霞衣留洞府,人傳玉舄在莓苔。綠珠豔曲先南越,爭似仙靈更有才。
少小長桑夢裡逢,天花煉就不乘龍。飛過海上麻姑石,化作雲邊玉女峰。
井有寒漿如太華,岡餘紅雪似芙蓉。鮑家尚爾婚勾漏,仙李多情笑彼穠。

其次是《重至何仙姑壇作》:

逍遙愛向女仙壇,玉井真同華頂看。氣湧天花三寶小,光含雲母一泓寒。
無煩冰雪求姑射,解飲清泠即大丹。素綆金瓶爭汲取,莓苔休滑碧欄杆。
蓬瀛只在相江□,羽化雲含少女姿。石鼓虛無被髮影,玉盆蕩漾洗頭時。
無多水碧金膏訣,絕妙芙蓉白雪辭。終古仙靈多闃寂,笑他香雨逐瑤姬。
鳳子初生即羽翰,龍孫未老已檀欒。月中自解飛金鏡,天上何勞墜玉棺。
萼綠早歸瑤水去,麻姑時上石樓看。阿瓊漫把聲聲寄,吹徹籠笭夜夜寒。
瑤壇東北是羅浮,仙女殷勤為二樓。飛雪不教蕭史贈,采珠鄖與宓妃遊。
紛紛作使來么鳳,一一翩飛向藥洲。輕舉只須能服食,羽人何必問丹丘。
少好仙顏旭日紅,丹成早遣密香通。□臺太妙依尊母,鳳笈青真掌小童。

新語》中,並沒有特別將增城何仙姑傳說歸入該書談論神仙故事的"神語"或是記錄粵地奇女軼事的"女語"等類目下,反而是在漫述粵地之水的"水語"類目中,以"何仙姑井"為題,記載了何仙姑遺履舊事:

> 井在增城會仙觀,其深不測,水比他水重四兩,味清甘,人多汲之。何仙姑去時脫履其上,故井上有亭曰"存仙",吾疑井脈通羅浮。仙姑當時從井中潛出,見於羅浮麻姑之峰,令人取其遺履井上,蓋以水府為解也。浮丘為朱明門戶,有珊瑚井,井者,朱明門戶地,地道四通,以一竅為往來之所,自此井如之。人見以為井,不知其為洞天也。①

無論是宋代的"丹井",或是明清的"遺履井",值得進一步思索的問題或許是:在近世何仙姑傳說敘事在地化的過程中,為什麼鳳凰山下這口水井始終居於如此關鍵的地位?如若把仙姑井的情節置

故宅秋餘金井月,荒臺夜引玉簫風。自慚玉斧猶尸濁,未得攀鸞上碧空。

再次是旁及仙姑祠之事的《增城萬壽寺乞取丫蘭之作》:

僧多蘭蕙作花師,乞取離騷第一枝。葉短花長爭尺寸,春黃秋紫間參差。
焦岡樹色含霜早,丹井泉香出雪遲。莫笑湘纍哀窈窕,頻來只住女仙祠。
(屈氏註:"予兩至增城,皆寓何仙姑壇側。")
丹邱白水勝瀟湘,最產丫蘭莖葉長。有地欲求香祖種,無金枉入女花鄉。
皆知服媚尊王者,更喜栽培出上方。及此秋分數本,爭貽野客作歸裝。
(屈氏註:"藍為香祖,一名女花。增城人以種丫蘭為業,非兼金不售。")

〔清〕屈大均著,趙福壇、伍錫強校點,《翁山詩外》,《何仙姑壇作》、《重至何仙姑壇作》、《增城萬壽寺乞取丫蘭之作》,載歐初、王貴忱主編,《屈大均全集》二(北京:人民文學出版社,1996,廣東省立中山圖書館藏屈明洪〔按:屈大均子〕補刊清康熙刻凌鳳翔補修本)卷11《七言律二》,頁893、998—999。按:屈氏詩題與詩文中所稱"仙姑壇"、"女仙祠",皆指會仙觀仙姑祠。

① 〔清〕屈大均,《廣東新語》卷4《水語·何仙姑井》,頁158。

於增城縣城開發歷程的脈絡中審視，或許能看到些許端倪。明清時期增城縣城中有七口著名的大水井，由高處俯瞰，七井分布狀似北斗七星，城中居民俗稱為"七星井"。①關於"七星井"的來歷，地方相傳，宋代增城縣治由東街村剛遷移到九崗村時②，隨此開居於縣治週邊地區的民眾陸續挖掘了這些水井③，故七井錯落分布之處，亦是宋代新縣治所在的九崗之地最早開發的民居聚落點。必須特別指出，"七星井"之中有四口水井，包括嘉靖《增城縣志》列為七井之首的會仙觀仙姑井，皆鄰近縣治西南的鳳凰山麓。④簡而言之，七星井傳說所揭示的，實則是增城縣城早期開發的歷程，而仙姑井所在的鳳凰山週邊，則是縣城坊都一帶較早出現的人烟叢集之處。⑤據此或可推知，在宋代新闢九崗村為縣治所在地之初，後來所謂的"仙姑井"原先或許只是一口供給此間聚居百姓飲食不匱的尋常水井，隨著邑城開發漸顯規模，才漸次鋪衍出所謂何仙姑"丹井"或"遺履井"的情節。

---

① 《(嘉靖)增城縣志》卷2《地理志·井類》，頁77—78。
② 王一洲，《增城地理》，頁94；王一洲，《增城縣沿革考略》，頁994。關於增城縣治歷史沿革，參見第一章第三節的相關討論。
③ 陳金志主編，《增城風情》(廣州：嶺南美術出版社，1995)，頁19；賴鄧家編著，《相水鉤沉》，頁18。
④ 《(嘉靖)增城縣志》卷2《地理志·井類》，頁77—78。
⑤ 鳳凰山位於增城縣治西南，原名春岡(崗)，為九崗之地其中一"崗"，近世以來是增城知名的風景秀絕與人文薈萃之處，明代時業已流傳"惟茲鳳凰山，為是邑靈淑之氣所聚"的說法。明清時期，鳳凰山周邊除了分布有會仙觀仙姑祠，尚有興建於宋代的萬壽寺，以及原為南宋宰相崔與之故居的鳳山崔氏祠堂(按：或名崔相祠、清獻祠)、明代大儒湛若水所創設的明誠書院、鳳山書院等。〔明〕張泰，《重修崔清獻公鳳凰山祠院記》(明弘治二年〔1489〕)，載〔宋〕崔與之撰，張其凡、孫志章整理，《宋丞相崔清獻公全錄》(廣州：廣東人民出版社，2008)，頁225；《(康熙)增城縣志》卷1《輿地·縣城圖》，頁2a—2b。

第三章　何七郎的子孫們
——明清增江何姓社區的宗族建構

小引　"何氏之族"與"仙姑之後"

> 嗟乎，夫神仙之說，若誕幻不足深信，如何仙姑者，詢之故老，考之郡乘，歷歷在人耳目，抑尤有可信者焉。況何氏之族，至今尚繁衍，有足徵也。
>
> 〔明〕孟士穎，《何仙姑井亭記》[①]

明朝洪武十一年（1378），地方官為仙姑祠中的仙姑井加蓋了井亭，並延請其時造訪增城的浙江天台士人孟士穎撰寫碑記。孟氏在碑記中提出三個事證，強調文中所言的何仙姑事蹟並非虛構的神怪之說，而是源有所本：當地文士與民間鄉老的言談[②]、地方志書的記載，以及"何氏之族，至今尚繁衍"的事實。雖然孟氏當時並沒有明言，其文中所指的"何氏之族"為哪些人，然若以孟氏之文為綫索，或許這樣的推論是合理的：明初增城某些何姓氏族的身分標誌，是與當地的何仙姑崇拜傳統聯繫在一起的，而相關的社群歷史記憶與敘述，正是孟氏遊歷增城時所聽聞的說法。

兩百六十年後的崇禎年間，時任增城知縣的陸清源重新修建了這

[①]　《（康熙）增城縣志》卷14《外志·寺觀·會仙觀》，頁12a—13a。

[②]　孟氏等人造訪仙姑祠時，即是本地出身的增城訓導溫裕告知他們何仙姑事蹟。〔明〕孟士穎，《何仙姑井亭記》，載《（康熙）增城縣志》卷14《外志·寺觀·會仙觀》，頁13a。

座井亭①，陸氏在《存仙井亭記》一文中記錄了重修的原因與過程：

> 姑，邑人，詳於邑乘，余亦習聞，而吏道塵俗，仙弗緣也，乃緣於使君之夢而詔之矣。……使君至增視倉庫，畢返行臺，經廟謁仙，遂歸而夢，且巫亟於井亭之圮廢，三致意焉。……使君遂捐貲為倡，戴君、蔣君、彭君為和，而督余總成。余受教經營，且得仙姑之後士遇與鉞二生，庀材鳩工，以任厥勞，一如使君所指定，少少變通焉。②

知縣陸清源寫下的這個"井亭"故事，成為有明一代最後一次可考的關於修整仙姑祠活動的記載，關於修建緣由與後續影響，本書第二章已有相關討論。然而這個故事的弦外之音，是陸氏於文中提到，在井亭修建工事進行的過程中，他得到所謂"仙姑之後"何士遇（1580—1656）與何鉞兩位士子"庀材鳩工，以任厥勞"的鼎力相助。陸氏尊稱為"仙姑之後"的何士遇與何鉞，他們是什麼人以及具有何種出身背景？從洪武初年的"何氏（仙姑）之族"到明末崇禎年間的"仙姑之後"，這種以神仙之說論述社群之源的歷史敘事模式，此中又隱含了多少"神仙之說"之外的人間軼事？從上述問題的探討為切入點，本章將具體剖析，於明清之際漸次聚合、後來因故在晚清何仙姑信仰版圖變遷過程中扮演關鍵角色的增江"貴七郎裔"何氏宗族，實際上是什麼樣的構成與來歷。

---

① 修建時間落於陸清源擔任增城知縣的明崇禎九年至十四年（1636—1641）之間。《（康熙）增城縣志》卷5《秩官·知縣》，頁7a。
② 〔明〕陸清源，《存仙井亭記》，載《（康熙）增城縣志》卷14《外志·寺觀·會仙觀》，頁19a—20a。

第一節　五嶺仰十郎①：
廣府何姓的"三鳳十郎"祖先傳說

明清以來，增城、龍門地區戶口達百戶以上規模，或是歷史上曾有成員得到高級功名的何姓聚落，多數是以廣府話為母語的"本地"村族②，主要分布於增江與東江沿岸。③其中，增江沿岸的大型何姓聚落多數集中於"上增城"④與龍門縣，即增城縣城及其以北的增江

---

①　〔清〕何高星，《纂修廬江譜系序》（清乾隆二十年〔1755〕），載《香山小欖何氏九郎族譜》（民國十四年〔1925〕鉛印本），頁13b。按：譜牒文獻中收錄的序文、碑記、誌銘、行述、列傳等，為文時間能追溯者，首次徵引時會於註釋中載明，不能者則無。以下皆同。

②　當地人所謂的"本地"，指清代前就定居於當地且母語是廣府話（按：俗謂"白話"）的住民，是相對於"客"、"客裔"或近代以後所謂"客家"的族群概念。

③　明清以來增城主要的何姓聚落如下：縣城的儒林舖、甌峰舖、接籃舖，崇賢都的小樓（按：範圍包括周圍的大樓、仙湖、凹貝、高原、新樓），金牛都的龍潭埔，合蘭上都的亭子岡、南堅，合蘭下都的石頭堡，綏寧都的（何）沙頭。龍門主要的何姓社區主要是金牛都的白芒約何村（按：範圍包括鄰近的西樓、南灘、橫漢、中秋嶺、上下南山、凹貝等片村）。

④　"上增城"是增江中上游地區，以縣城為核心城市，主流社交語言是俗稱"街話"的縣城話（按：古來當地人稱縣城為"街"）；"下增城"則是石灘以南的增江下游地區以及東江沿岸地帶，中心城市為新塘，新塘話語言音調更接近於廣州話。"上下增城"的地理分界概念以及相應而來的文化差異現象，歷代縣志皆有著墨，如清康熙時期的縣志曾這樣記載："邑之上（按：縣城以北）負山之氣居多，故其音剛而直。其下（按：縣城以南）則稟海之氣居多，故其音柔而婉然，與省會俱無甚差異。"以縣城為界、地分"上下"（南北）的說法，迄今仍常見於一般民眾日常口語，例如某位報導人曾經在訪談中，如此向筆者介紹增城的著姓分布："周、賴、何是'增城（按：指縣城）'以北的'上增城'人口最多的三大姓"。除了縣城之外，由於清末興建的廣九鐵路廣州至東莞路段行經增城南面，近代亦有以鐵路沿綫為區分縣境"上下"分界處的說法。《（康熙）增城縣志》卷1《輿地‧氣候》，頁9b；筆者，《周○沛、周○平訪談紀錄》，2013年1月29日，於增城小樓鎮涊村東境；秦慶鈞，《增城回憶錄》，頁15—16；廣東省民政廳編，《廣東全省地方紀要》（廣州：廣東省民政廳，1934）冊1，頁47。按：廣九鐵路在增城境內的路段，主要依東江河道平行修築，沿綫經過合蘭下都的石廈、石灘、石瀝滘等增江下游重要墟鎮，以及甘泉都的新塘，清湖都的唐美、白石，綏寧都的雅瑤、仙村等東江沿岸大墟。《（民國）增城縣志》卷10《交通‧鐵路》，頁2a。

中上游一带，少数分布於增江下游。至於東江①沿岸的何姓社區則是集中於縣境南端的沙頭、仙村等地，鄰近增城與東莞、番禺三縣接壤處。（圖3—1）

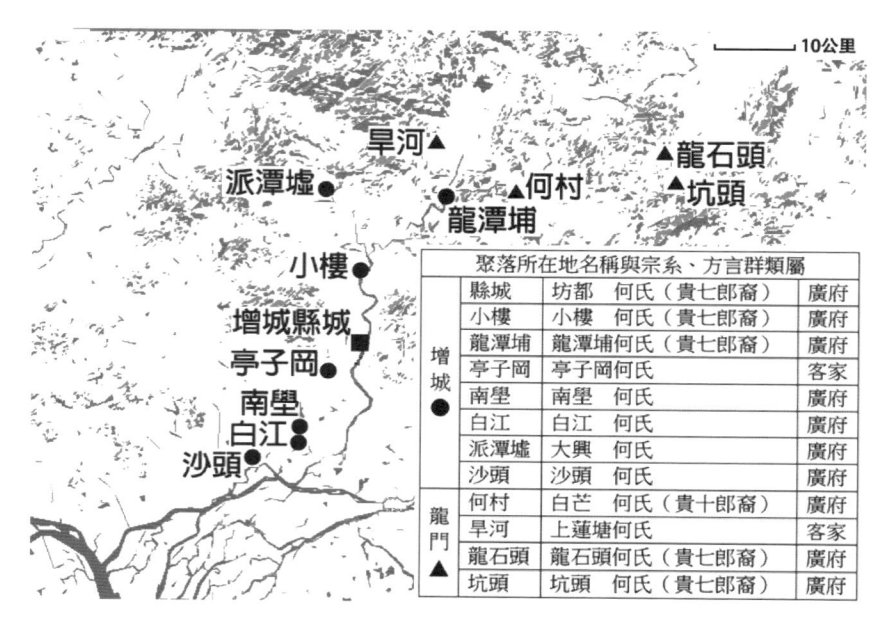

圖3—1　明清以來增江流域何姓聚落分布地圖

聚落所在地名稱與宗系、方言群類屬			
增城	縣城	坊都　何氏（貴七郎裔）	廣府
	小樓	小樓　何氏（貴七郎裔）	廣府
	龍潭埔	龍潭埔何氏（貴七郎裔）	廣府
	亭子岡	亭子岡何氏	客家
	南塱	南塱　何氏	廣府
	白江	白江　何氏	廣府
	派潭墟	大興　何氏	廣府
	沙頭	沙頭　何氏	廣府
龍門	何村	白芒　何氏（貴十郎裔）	廣府
	旱河	上蓮塘何氏	客家
	龍石頭	龍石頭何氏（貴七郎裔）	廣府
	坑頭	坑頭　何氏（貴七郎裔）	廣府

　　當代增、龍一帶何姓聚落的分布與規模，依然反映了前代以來的住居傳統。追溯這些何姓村族的歷史，可以發現一個現象：上增城以及龍門的"本地"何姓社區在講述村落開居史時，不約而同都採用了粵北南雄何氏十兄弟南遷故事以自述先祖來歷。例如，近代以來增江中游商貿地位僅次於縣城的商埠——增城小樓，當地諸多何姓社區迄

---

①　東江源於江西省安遠縣，先後流經廣東省惠州府龍川、河源、歸善（按：惠州府治所在）、博羅以及廣州府東莞、增城諸縣，最終於廣州府城南境與西江匯流入南海。〔清〕顧祖禹，《讀史方輿紀要》（上海：上海古籍出版社，1997，影印上海圖書館藏稿本）卷100《廣東一·大江·東江》，頁11b。按：本文此處的"東江沿岸"，是指當代東江主幹——東江北汊道注入珠江河口獅子洋前的沿河地帶。參曾昭璇、黃少敏，《珠江三角洲歷史地貌學研究》（廣州：廣東高等教育出版社，1987），頁52—56、112—118。

今仍據以定源分派的族譜《文績公貴七郎裔·增城何氏族譜》①中，一篇撰寫於清乾隆十九年（1754）的譜序是這麼說的：

> 何氏系出周姬，肇封於唐，繼改為晉。三晉既分，韓逼於秦，別為何姓，韓何聲相似，此氏族之所由也。至宋僕射文績公槁者，兄棠、弟槊，政和之世，三鳳同飛，靖康之亂，孤忠自許。而南渡以來，乃錄忠臣，榮及子孫，曰雍、曰熙，為裔十人，均襲郎職。在粵著族，問發祥者，咸曰貴某郎之本支也，而著於增（按：增城縣）者，則出貴七郎之後焉。七郎為雍公五子，作（坐）鎮梅關，其三子綬始自南雄卜居東莞，元季復遷增城小陋，瓜緜瓞衍，分處各鄉，星羅棋布於茲者垂二十餘世矣，非譜厥系從何辨其為貴某郎之本支哉？②

小樓古名"小陋"，明清時期隸屬於增城縣崇賢都，有清一代發展漸榮，成為增江中游的大墟，民國時崇賢舊地因以易名為小樓鎮。"小樓"之名來自小樓村，該村位於縣城北方二十至二十五里的增江西岸③，居民主要為廣府何姓。廣義的小樓除了小樓村之外，還包括周圍的大樓、凹貝、高原、仙湖（或稱仙湖口）、新樓等何姓村莊，這六個"本地"何姓村在清代嘉慶之後統稱為"大小樓"或"小樓"④，彼此聲稱擁有共同的祖先——"貴七郎"，為同根連枝的"小

---

① 該譜為增城以"七郎裔"為名的各房派共同編修的合族譜，始修於清乾隆二十年（1755），繼之在嘉慶十四年（1809）、同治七年（1868）以及民國十八年（1929）陸續進行重修，現存有清同治和民國時期續修的版本。有關"七郎裔"典故由來，詳下文的討論。

② 〔清〕黎翰，《何氏族譜序》（清乾隆十九年〔1754〕），載《文績公貴七郎裔·增城何氏族譜》卷首，頁14a—15b。另可見《貴七郎裔·增城何氏族譜》（民國十八年〔1929〕續修刻本）卷首，頁14b—16a。

③ 《（康熙）增城縣志》卷1《輿地·坊都·崇賢都》，頁17b；《文績公貴七郎裔·增城何氏族譜》卷3《住場·崇賢都·小樓》，頁36a；賴鄧家編著，《增城縣地名志》，頁45；賴鄧家主編，《增城地名大全》，頁37—38。

④ "崇賢都統村四十三……合六村為一者，大樓、小樓、凹貝、高原、仙湖口、新

樓何氏"宗族成員（按：下文提及"小樓鄉"、"小樓地區"、"小樓何氏"之處的"小樓"，皆作廣義用法）。前述引文出處為清代乾隆年間小樓何氏與增城其他"貴七郎裔"何氏房支首度同修族譜的譜序，其內容正是該族當時所自述的衍派來歷：北宋政和年間，何氏一門三兄弟何棠、何槀與何桀同登科榜，此即後來粵地何姓所謂"三鳳同飛"典故。"三鳳"中排行第二的何槀（謚號"文縝"）是七郎裔之族的太始祖。何槀在北宋末年靖康之亂中持節盡忠，宋室南渡後被追謚為功臣，他的兩個兒子何雍、何熙與十名孫兒因此皆得以蔭襲為郎官，是以增衍出"十郎"之號。[①] 何氏十兄弟後來南遷，各支"郎房"[②] 子孫散居兩廣，明清時期粵地的廣府（"本地"）何姓社區在溯祖追源時，往往會透過聲稱自己是"貴某郎之本支"的說法以定源分派。增城小樓何氏為貴七郎子孫（"貴七郎裔"），貴七郎為何槀長子何雍的第五子，南宋末年鎮守梅關[③]，其季子何綬從粵北南雄遷居至東莞，元朝末年又遷至增城小陋（小樓），到乾隆修譜當時已繁衍了二十代有餘。（圖3—2）

樓，統名大小樓，或專名小樓。"《（嘉慶）增城縣志》卷1《輿地·里廛·崇賢都》，頁8a—8b；《（民國）增城縣志》卷1《輿地·里廛·崇賢都》，頁14b。

① 何槀十名孫兒皆具郎官之職，各依排行以"貴某郎"敬稱之，此即何氏"十郎"之說由來。關於何氏十郎兄弟的所出與排行，明清廣府何姓社區的主流說法是，何槀長子何雍有八子，分別為：一郎、四郎、五郎、六郎、七郎、八郎、九郎與十郎；何槀次子何熙則有兩子：二郎與三郎。〔明〕何應績，《舊序》（明隆慶三年〔1569〕），載《東莞大汾何氏翠渙堂族譜》（清乾隆二年〔1737〕重修，民國二十六年〔1937〕重印）卷首，頁9a—9b；〔清〕何孚衡，《重修族譜序》（清乾隆元年〔1736〕），同前引書，卷首，頁6a—7a；《羊城廬江書院全譜》（清光緒二十年〔1894〕刻本）上冊《南雄譜系》，頁63a—63b、65b—67b。

② 即何氏某郎之系，如貴一郎裔與貴二郎裔即為不同的郎房。

③ 梅關位於大庾嶺上，古名橫浦關，也名梅嶺關，自秦戍五嶺以來，為南北交通重要的關隘，為江西與廣東交界。〔宋〕王象之，《輿地紀勝》卷36《江南西路·南安軍·景物上》，頁597；〔清〕顧祖禹，《讀史方輿紀要》卷100《廣東一·重險·梅關》，頁3365。

= 婚配

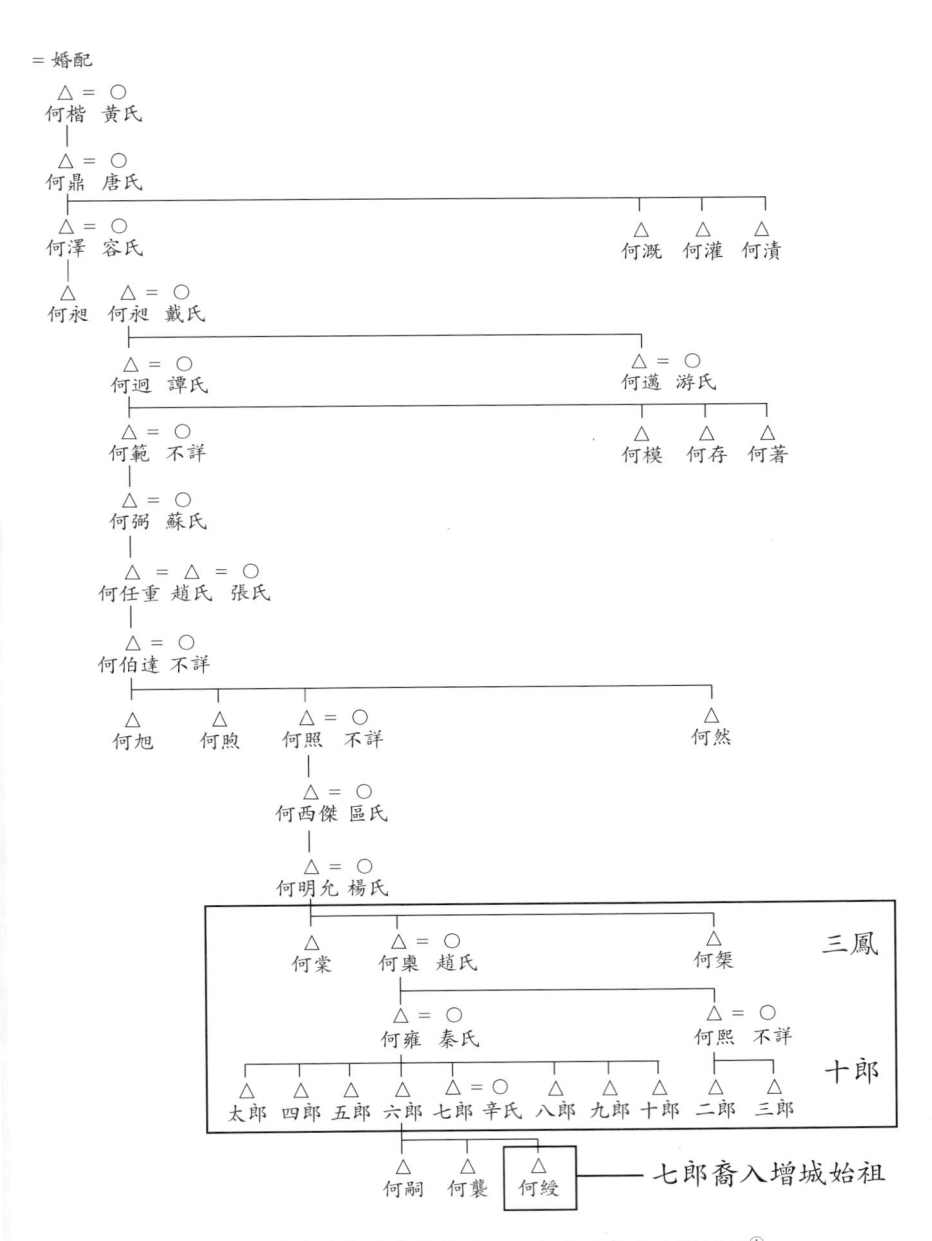

△ = ○
何楷 黃氏
│
△ = ○
何鼎 唐氏
│
├─────────────────────────────────┬────┬────┐
△ = ○   △   △   △
何澤 容氏   何溉 何灌 何漬
│
├────┐
△   △ = ○
何昶 何昹 戴氏
    │
    ├──────────────────────────┐
    △ = ○   △ = ○
    何迥 譚氏   何邁 游氏
    │   │
    △ = ○   ├────┬────┐
    何範 不詳   △   △   △
    │   何模 何存 何著
    △ = ○
    何弼 蘇氏
    │
    △ = △ = ○
    何任重 趙氏 張氏
    │
    △ = ○
    何伯達 不詳
    │
    ├────┬────────┬──────────────────┐
    △   △   △ = ○   △
    何旭 何煦   何照 不詳   何然
                │
                △ = ○
                何西傑 區氏
                │
                △ = ○
                何明允 楊氏
                │
┌───┐
│   ├─────────┬────────────────────────┐   │ 三鳳
│   △   △ = ○   △   │
│   何棠   何槀 趙氏   何椠   │
│   │   │   │
│   △ = ○   △ = ○   │
│   何雍 秦氏   何熙 不詳   │ 十郎
│   │   │   │
│   ┌──┬──┬──┬──┬──┬──┐   ┌──┬──┐   │
│   △ △ △ △ △=○ △ △   △ △ △   │
│   太郎 四郎 五郎 六郎 七郎 辛氏 八郎 九郎 十郎 二郎 三郎 │
└───┘
                        │
                ┌───┬───┐
                △   △   △
                何嗣 何襲 何綏 ───── 七郎裔入增城始祖

圖3—2　珠璣巷何氏南雄譜系——何氏十郎宗支源流圖[①]

① 本圖根據《文績公貴七郎裔‧增城何氏族譜》輯錄之《何氏宗統‧南雄譜世系

透過"三鳳十郎"傳說話語闡述己族源流、建構宗支譜系的作法，並非增城七郎裔何姓社區所特有。前引譜序聲稱"著於增者①，則出貴七郎之後焉"，事實上，在增江流域一眾何姓社區中，若論貴顯，龍門白芒何氏才是發跡最早的大族：

> 自吹律以來，我姓顯於寰區，亦著於本邑（按：增城縣）。②白芒一帶，簪纓濟美，故世其家。即新塘與吾鄉（按：小樓），元明間亦有能配玉明堂、揚芬竹帛。迨乎本朝（按：清朝）龍興，二鄉經兵燹之餘，繼以流寇，而風頗不競矣。③

小樓七郎裔何氏眼中歷世"簪纓濟美"是以對其頗生競仿之思的白芒何氏，為龍門地區規模最大的何姓社區，自宋元以來相繼有成員獲取高級功名。④白芒位於龍門西南端，明中葉龍門立縣後，為該縣金牛都轄下一約。有清一代，白芒約下十二村中有七個是何姓村：西樓、

圖》與《羊城廬江書院全譜》輯錄之《何氏宗統圖·南雄譜世系圖》繪製。《文績公貴七郎裔·增城何氏族譜》卷5，頁4b—5a；《羊城廬江書院全譜》上冊，頁35b—37a。

① 此處的"增"（增城），廣義上也包括龍門。龍門地處增江上游，本屬增城縣境，明弘治九年（1496）後才單獨別置一縣。增、龍兩地民眾自古互動頻繁，長期以來發展出緊密的經濟、社會與文化交往聯繫，如商貿、婚配、宗誼、軍事保安聯盟等，特別是增江中上游的"上增城"與接壤增城的龍門麻榨、永清（按：民國後易名為"永漢"）地區。

② 由於增、龍兩縣特殊的歷史地理淵源，即使到了清代，增江地區諸多世家大族在家乘譜志中提到"本邑"、"增邑"、"邑中"、"增城"時，其所指涉的對象往往仍是明中期前轄地包含龍門的增城。

③〔清〕何道行，《天寵大姪行述》，載《文績公貴七郎裔·增城何氏族譜》卷4《藝文·行述》，頁96a。按：行述傳主何天寵（1696—1750）是七郎裔新塘房十七世，作者何道行是七郎裔小樓房十六世，該文撰寫時間應落在清乾隆十九年（1754）增城七郎裔何氏首修合族譜前後。《文績公貴七郎裔·增城何氏族譜》卷9《世系·富後（居龍門新塘）》，頁31a。

④《（咸豐）龍門縣志》（清咸豐元年〔1851〕刻本，香港中文大學圖書館藏縮影資料，編號：mic/f 112）卷10《選舉·宋》，頁1a—1b、2a；同前引書，卷10《選舉·元》，頁4a；同前引書，卷10《選舉·明》，頁8a、9a、10b—11a、17a—17b；同前引書，卷11《選舉·國朝（清）》，頁7a、9a、10b、11b、13b、14a。

南灘、橫漢、中秋嶺、上南山、下南山、凹貝①，相偕分布於西林水②下游河西舊稱"何村"之地。③根據白芒何氏現存族譜《何氏家乘》記載④，除了橫漢一支未見錄入族譜⑤，白芒何村中的六個何姓聚落皆奉"貴十郎"（"十郎公"）為始祖，而貴十郎的次子何經則是由香山始遷龍門的開基祖：

  一世貴十郎，宋丞相槀公之孫，雍公之少子，配妣姚氏，生終俱逸，葬香山小欖鳳山翠微嶺。生二子，長諱行，字仲遠，號子仁，配妣陸氏，合葬鳳山，出震主鬯，百世不遷，世居香山小欖（按：廣州府香山縣小欖鄉）。次諱經⑥，字仲達，別自為禰，始遷龍門何村。⑦

《何氏家乘》不僅提到白芒何村這支龍門貴十郎之族的來歷，更補充了關於何氏十兄弟南遷故事的諸多細節：

---

① 《（咸豐）龍門縣志》卷3《輿地二·都堡》，頁17b。村落分布位置見《麻榨八約圖》，載《（咸豐）龍門縣志》卷1《圖說》，頁27b—28a。

② 增江上源在龍門縣境內的主河道，現稱西林河。《（咸豐）龍門縣志》卷2《輿地一·山川》，頁15b—16a。

③ 《（康熙）龍門縣志》（海口：海南出版社，2001，影印清康熙二十六年〔1687〕刻本）卷2《疆域·村崗》，頁3a。

④ 《何氏家乘》修撰於清代道光年間，現存卷1與卷2。《（龍門何村）何氏家乘》（約清道光二十二年〔1842〕）卷1，頁1—6；同前引書，卷2《南灘三之二世系》，頁193b—194b。

⑤ 筆者尚未發現有關記載橫漢何氏來歷的文字資料，然而根據當地某位報導人所言，橫漢或為凹背何氏的支系，不過，何村《何氏家乘》中未見有關於這支房派的記載。筆者，《何○森等訪談紀錄》，2013年8月4日，於龍門縣麻榨鎮橫漢村。

⑥ "二世祖諱經，字仲達，號雲溪，乃十郎公次子，中紹興乙卯（五年〔1135〕）鄉貢科，任廣州路教授，載縣、省志。配鄭氏，生終俱逸。合葬本里（按：白芒里）湖公坑飛鵝形穴，中乾戌向，生一子服休。"《（龍門何村）何氏家乘》卷1《十郎公至八世止·二世·經》，頁6a（首2a）。

⑦ 《（龍門何村）何氏家乘》卷1《十郎公至八世止·一世·貴十郎》，頁6a（首2a）。

龍門之族字仲達公諱經者，仕宋為廣州路教授，由鳳山（按：廣州府香山縣小欖鄉）而遷於增城之何村，逮明孝宗皇帝九年（1496）分其地為龍門，故龍族以之為祖。其仲遠公諱行者，同父貴十郎公居香山之小欖，今香與龍則以貴十郎公始焉。十郎公之上有二祖，曰雍、曰熙，十郎之祖曰槼，字文鎮（按："鎮"字在此譜亦時有著録為"績"者），累官至尚書右僕射丞相，隨難於青城，復殉於燕，七日不食而卒。比南渡，兩祖從之，因居雄州，及定，而追文鎮之功，録其孫十人為十職郎官。後保昌民有匿皇妃胡氏之釁，懼誅避地，即衆兄弟以竹牌為舡，至連州江口，洪水沖散各處寓居，故新會、順德、東莞、增城、香山、龍門俱有何之族，乃我族始十郎公而不始文績公者，諸宗分派也，祖十郎而追述其上者，原所自也。①

從上述引文可知，相較於小欖何氏族譜中對於自身來歷的說法，龍門十郎裔何氏的宗源論述顯然更為清晰。例如，何氏十郎之祖何槼為國殉身，以致子孫得以襲蔭為郎官的前因後果，以及後來這十個兄弟因故從雄州保昌南渡、離散至廣府諸縣的歷程，在文中一目了然。此外，白芒何氏在《何氏家乘》中，不但詳細交代了其先世"三鳳"祖——何棠、何槼、何榘三兄弟的生段、仕宦與特行，亦清楚介紹了本支貴十郎裔脈之外其他郎房衍派的主要分布地②，而始祖貴十郎與龍門始遷祖何經除了基本背景外，其各自的婚配對象與葬地亦鉅細靡遺載明其中。值得一提的是，白芒何氏聲稱他們的二世祖何經是從香山縣小欖鄉遷居龍門，而何經的兄長何行與其後裔則留在祖居地"百世不遷"。如若對照香山小欖十郎裔族譜，的確也能發現"二世叔祖"何經由祖居地香山縣小欖遷居龍門縣的記載。兩地十郎裔子孫所追憶的祖先故事遙相呼

---

① 《（龍門何村）何氏家乘》卷1《十郎公先世祖世系·何氏十郎公先世祖支圖》，頁5a—5b（首1a—首1b）。

② 《（龍門何村）何氏家乘》卷1《十郎公先世祖世系·何氏十郎公先世祖支圖》，頁5a—5b（首1a—首1b）。

應。①

　　同樣是以"三鳳十郎"為架構而增衍的世系源流敘事，對比於白芒何氏譜秩呈現的細緻樣貌，小欖何氏在族譜中的說法不但明顯粗略許多，更值得玩味的是，以七郎裔自居的他們，對於始祖"七郎公"與始遷祖何綏的墓所位置，竟也語焉未詳。②然而，即便如此，小欖與白芒何氏之譜序共同說明了，有清一代，增江中上游以"宗族"形式組織的"本地"何姓社區③，多已使用"三鳳十郎"話語以紀其族。

　　類似作法並不獨見於增、龍。誠如增城七郎裔族譜所云："在粵著族，問發祥者，咸曰貴某郎之本支也"，以十郎兄弟南遷故事來辨源分派，是清代廣州府轄下諸縣的"本地"何姓社區普遍的實踐。龍門白芒何氏族譜中宣稱的祖居地——香山縣小欖鄉，除了是兩廣各地十郎裔何姓公認的粵地十郎裔眾流之源，另外也是九郎裔何姓主要聚居處。④自述與小欖九郎裔脈出同枝的東莞大汾何氏⑤，在清乾隆元年（1736）的一篇譜序中，清楚羅列了各郎房衍派的主要分布地點：

---

　　① 《（香山小欖）何烏環堂重修族譜》（清光緒三十三年〔1907〕刊）卷2《小欖貴十郎何氏宗支圖》，頁1a。

　　② 譜中未見一世、二世祖的葬所訊息，卻存在一世祖妣辛氏和二世祖妣關氏墓所的記載。相關討論可參筆者，《何仙姑與七郎婆：廣東何氏宗族的女性祖先崇拜與歷史敘事》，《新史學》卷26期4（2015年12月），頁127—183。

　　③ 必須特別說明，本書所提到的"宗族"，不是指基於血緣關係自然形成的繼嗣群體或親屬組織，而是明清時期通過一系列文化手段所建立的社會制度與意識形態的載體。參科大衛、劉志偉，《宗族與地方社會的國家認同——明清華南地區宗族發展的意識形態基礎》，頁3—14。

　　④ 小欖九郎裔與十郎裔何氏族譜上的說法是，南渡時何九郎帶著弟弟十郎一起來到小欖定居，兩人後來都葬在小欖鳳山。〔清〕何桂丹，《重修香山小欖何氏宗譜序》（清光緒三十三年〔1907〕），載《（香山小欖）何烏環堂重修族譜》卷1，頁9a；《香山小欖何氏九郎族譜》，頁22b。

　　⑤ 何九郎葬於香山小欖，九郎妣卻葬在東莞大汾，此類始祖夫婦因宗枝分派而分葬祖居地與遷居地的現象，進一步的討論可參筆者，《何仙姑與七郎婆：廣東何氏宗族的女性祖先崇拜與歷史敘事》，頁164—166。

貴一郎，雍公長子，派居新會古崗。貴二郎，熙公長子，派居三桂鄉。貴三郎，熙公次子，派居順德龍涌、道教、河清。貴四郎，雍公次子，派居南海沙滘，番禺大石、沙灣，增城何沙頭。貴五郎，雍公三子，派居龍門何村、黃連、新安。貴六郎，雍公四子，派居南海大欖、小欖，增城沙滘，順德黃連、西樵、石頭村。貴七郎，雍公伍子，宋末鎮守梅關，歷（立）功封將軍，庾嶺立祠祀之，派居邑（按：東莞）之員頭山、茶園森巷，增城唐村，龍門湖頭村、東浦，海豐，廣州後街並宦居江南。貴八郎，雍公六子，派居廣州後街，有移居小浦仕板村、新會沙頭，亦移龍門。貴九郎，雍公七子，生三子……長公則本支（按：東莞大汾何氏）奉為一世祖也，次公派居香山小欖，季公派居增城。貴十郎，雍公八子，生二子，長仲遠，次仲達，長公派居香山小欖鳳山三角社，次公派居龍門。九郎、十郎並墓鳳山，我本支一世祖亦葬是嶺。⑥

從該序的描述可推知，至晚在乾隆初期，散居廣東各處，特別是珠三角一帶的諸多何姓社區，業已紛紛藉由十郎兄弟傳說所提供的敘事架構進行譜系書寫，在象徵意義上將自己整合進一套可勾聯甚或匯攏各方何姓勢力的共同體論述。嘉慶十三年（1808），廣州城中建起一座名為"廬江書院"的何氏合族祠⑦，廣東各地採納"三鳳"、"十郎"宗源話語以正其族之源的何姓社區，自此在省城有了可共妥先靈的給祀之所。⑧此番發展或可視為這套共同體論述在清中葉時進一步

---

⑥ 《東莞大汾何氏翠渙堂族譜》卷首序二《重修族譜序》，頁6b—7b。
⑦ 《羊城廬江書院全譜》上冊《廬江書院舊圖記》，頁3a；《廣東省南雄市珠璣巷譜系·廬江堂何氏宗譜》（南雄：南雄市何氏宗譜編委會，2008）卷2，頁371。
⑧ 《文續公貴七郎裔·增城何氏族譜》卷3《祠引·議建廬（廬）江合族祠小引》（清嘉慶十六年至十八年〔1811—1813〕），頁114。按："廬（廬）江合族祠"指的是位於廣州流水井的何氏合族祠"廬江何氏書院"。廬江何氏書院始建於清嘉慶十三年（1808），於嘉慶十八年（1813）落成，為來自廣、肇二府六十餘房何氏地方宗族共同集資興建的合族祠堂。雖然"書院"據稱始建於嘉慶十三年，但根據光緒年間《羊城廬

实体化的例证。

上述泛珠三角广府何姓社区所谓"贵某郎之后"的身分主张，渊源于明中叶以来华南地区特殊的历史文化情境。在明清华南造作宗族的潮流中，广东诸多何姓社区纷纷透过谱牒文书的创制与编修，在"三凤十郎"宏大谱系叙事下，一方面"追忆"自己显贵的远代祖先，同时也试图在王朝更替的大传统历史中，定位己族安身立命的城乡墟里。然而，对比帝国晚期泛珠三角广府何姓社区多已是"三凤祖"、"十郎公"子孙的现象，元明之际岭南最显赫的何姓世家——何真一族的传世家乘提醒我们，以"何家三凤"或"何氏十郎"叙事架构编排世系与传述社区历史，在明中叶之前或非普遍的实践。

元末以东莞为根据地，雄踞岭南、后来归附明政权并受封"东莞伯"的何真①，是清代以来两广诸多七郎裔何姓社区引以为傲的同系宗亲，为众所公认的贵七郎长子何嗣曾孙。②颇堪玩味的是，当何真五子何崇于明宣德九年（1434）撰辑《庐江郡何氏家记》首述家世源流时，却不曾在书中提到有关"三凤十郎"的先祖事迹。根据《家

江书院全谱》收录的三篇谱序，可知兴建何氏合族祠的倡议与募款行动，实际上发起与落实于嘉庆十六年至十八年祠堂落成之间。参见《羊城庐江书院全谱》上册《庐江书院旧图记》，页3；〔清〕何应松，《庐江书院全谱序》（清嘉庆十八年），同前引书，页11a；〔清〕何元谦，《庐江书院族谱序》（清嘉庆十八年），同前引书，页13a；〔清〕何耀，《羊城庐江书院族谱序》（清嘉庆十八年），同前引书，页14b。

① 关于何真其人事迹，参见第二章第一节的讨论。
② 东莞县是两广七郎裔分布的大本营，特别是该县的寮埗岗头、圆头山何屋、石碣南浦（按：原属石龙）、大岭山杨屋村（古名"杨溪"）、虎门赤岗等地。其中，圆头山房、岗头房、杨溪房等房派，据称是贵七郎长子何嗣之后，南浦房为贵七郎次子何袭子孙，赤岗房为贵七郎季子何受（或作"绶"）枝叶（按：增城七郎裔诸房派亦以此脉自谓）。在此套谱系叙事下，何真为何嗣的曾孙。《杨溪何氏支派乾隆六年（1741）重修谱序》，载《（东莞市大岭山杨屋村）杨屋何氏族谱》（影印清钞本），页21a—21b；《宋奋武将军贵七郎祖妣何母辛太夫人墓（碑）》（清光绪十五年〔1889〕），墓志拓片，东莞市虎门镇赤岗村何氏宗祠藏。有关东莞与增城七郎裔的交往与连结，相关讨论可参笔者，《何仙姑与七郎婆：广东何氏宗族的女性祖先崇拜与历史叙事》，页127—183。

記》記載，何真之族始祖名為"乾符"①，這位"乾符祖"在《家記》中從未被冠以郎官的頭銜（貴七郎），整部《家記》非但不見何崇以貴七郎裔身分自述家門，更完全沒有任何有關何氏三鳳、雍熙二祖或十郎兄弟衍派的描述。

很難具體探求何時與何人開始說"三鳳十郎"故事。雖然如此，若以《盧江郡何氏家記》為綫索，或能推測，泛珠三角地區原本各具來歷的"本地"何姓社區相繼開始學習與應用"三鳳十郎"傳說作為組織宗族、建構譜系的祖源論述依據，應不早於《家記》成書的明宣德時期。由於以增城七郎裔何姓社區為核心的增江"何氏之族"，後來在晚清何仙姑信仰版圖的擴張過程中扮演了關鍵性的角色，本章以下各節將聚焦增城七郎裔何氏宗族的建構歷程，並於第四章綜合其他郎房以及"三鳳十郎"傳統之外的廣府與客裔何姓社區之例，藉以揭示以下歷史過程：從明中葉到清代咸同時期，原本星散於不同城鄉墟里、各自為政的增江何姓村族，如何靈活運用既有的地方信仰傳統與明中期以來新興的宗族敘事話語，持續合異於同，先是成為同郎派的宗族成員，最後又超越宗派、城鄉甚至土客的族群與地理界綫，共同成為唐代女仙何仙姑的裔孫。

第二節　七郎公的子孫（一）：縣城坊都何氏

　　使君遂捐貲為倡，戴君、蔣君、彭君為和，而督余總成。余受教經營，且得仙姑之後士遇與鉞二生，庀材鳩工，以

---

①　"祖諱乾符，乘自南雄郡宝昌縣沙水鄉七星樹下珠璣巷，見鼻祖何將軍廟在彼，裔孫時祭焉。祖因宋南渡旅遊羊城，抵東莞，初居邑西附郭柵口，生高祖。始祖葬邑南岳廟前。"〔明〕何崇祖，《盧江何氏家記》，頁306—307。按："乾符"在明中葉以後眾多七郎裔何氏宗族的族譜中，常被記載為始祖貴七郎的字或號，而非名諱。筆者推測，何真家族的"乾符"始祖，可能是明清何姓宗族"貴七郎"故事的原型。參見《文續公貴七郎裔‧增城何氏族譜》卷1《登雍‧宋‧一世祖鎮國公》，頁16a—16b。

任厥勞。

〔明〕陸清源，《存仙井亭記》①

回顧明末崇禎年間縣令陸清源所撰的《存仙井亭記》，陸氏於文中提到，兩位士子何士遇（1580—1656）②與何鈛（生卒年不詳）③，曾大力襄助其完成"存仙井亭"重修事宜。這兩位陸氏謂為"仙姑之後"且在仙姑祠井亭重修過程中扮演關鍵角色的何姓士人是什麼來歷？首先從何士遇說起。何士遇是增城縣城接龍舖人④，明末監生⑤，他出身的接龍舖潭頭何氏，是上增城地區發跡最早的何姓氏族，有明一代為地方顯赫的官宦世家。士遇之父何用文（1518—1600）在明萬曆初由恩例擢南京光禄掌醞署署正，萬曆十年（1582）陞為湖廣永州通判⑥，祖父母與母親亦因父親宦績在萬曆六年（1578）得到朝廷封贈。⑦至於何士遇的高祖何濟（1418—1496），則早在景泰年間（1450—1456）以歲貢身分授廣東廉州府照磨，後補授福建漳州府照磨，後因善政之名拔署漳州府堂事。⑧

---

① 〔明〕陸清源，《存仙井亭記》，載《（康熙）增城縣志》卷14《外志·寺觀·會仙觀》，頁20a。

② 何士遇，字無暇，號良會，生於明萬曆八年（1580）正月十七日，卒於清順治十三年（1656）九月二十七日。《文續公貴七郎裔·增城何氏族譜》卷12《世系·雲菴後住接龍·世系紀·十二世·士遇》，頁9a。

③ 何鈛，字拱參，號曠同，主要活動於萬曆之後的晚明時期。《文續公貴七郎裔·增城何氏族譜》卷10《世系·雲峯後住小樓·世系紀·十二世·曠同》，頁20a。

④ 接龍舖位於城北，為縣城清獻坊所統十一舖之一。《（康熙）增城縣志》卷1《輿地·坊都》，頁16a。

⑤ 《（康熙）增城縣志》卷6《選舉·恩例》，頁20b。

⑥ 何用文，字質卿，號勿軒，由恩例擢南京光禄掌醞署署正，陞湖廣永州通判掌府事。《文續公貴七郎裔·增城何氏族譜》卷12《世系·雲菴後住接龍·世系紀·十一世·用文》，頁7a；《文續公貴七郎裔·增城何氏族譜》卷1《登庸·明》，頁17a；《（康熙）增城縣志》卷6《選舉·恩例·明·何用文》，頁20a。

⑦ 《（康熙）增城縣志》卷6《選舉·封贈·明·何忠恕》，頁25a；《文續公貴七郎裔·增城何氏族譜》卷1《恩綸·明萬曆敕封何忠恕（並）妻曾氏誥敕貳道》（明萬曆六年〔1578〕），頁11b—12a。

⑧ 何濟，字巨川，別號雲菴，生於明永樂十六年（1418）二月十五日，卒於明弘

何濟身後不過數代,隨著子孫逐漸往城中繁衍生息與擴張,到了晚明,何濟除了被視為城北潭頭接龍何氏的開基祖之外,也成為縣城中其他發展較具規模的何姓社區如儒林舖與龜峰舖何氏所共同尊奉的始祖(按:接龍與儒林、龜峰等其他聚落位於縣城一帶的何姓社區,後來一同被泛稱為"坊都"何氏)。①這位以"雲菴"為號的接龍—坊都何氏始祖,不僅因宦聲留名於家乘與地方史志,他同時也是理解明清時期增江勢力最大的何氏郎派——貴七郎裔何氏的關鍵人物。關於何濟其人與城北接龍何氏的來歷,在明代增城大儒湛若水為何濟夫婦執筆的墓誌銘中可見梗概:

　　　　公諱濟,字巨川,別號雲菴,姓何氏。其先由徐徙家於南雄保昌縣,宋南渡時,有始祖貴七郎公始來居廣之增城,凡三擇里而得今之接龍橋潭頭境焉。公穎敏過人,遜志問學,蚤為邑庠生,遂得邑庠名,年三十二貢為太學生,遂得太學生,授照磨於本省廉州府,補福建漳州府,並得善政名。維時巡□□公嚴考察之例,諸僚屬皆以不職獲譴,乃獨器重公,移文使署府堂事,幕屬得署堂事,自公始也。公即感激思報,愈自濯磨興利室弊,知無不為。又四年,入□覲懇於天官,願致政而歸,歸年僅六十餘。僻處一室,課子孫以耕讀為業,尋常足不輒至城市,或聘為鄉飲大賓,間一出焉然。時時潔樽罍招親朋,相與徜徉歌咏於山陬水滋之間,忘情得失,以終其身。②

　　何濟歿於明弘治九年(1496),該年年底與先其而逝的妻子曾氏

治九年(1496)四月初一日。〔明〕湛若水,《明故照府雲菴何公配曾氏孺人合葬墓誌銘》,《(嘉靖)增城縣志》卷16《藝文志·內編·志類》,頁381—382;《(民國)增城縣志》卷15《選舉一》,頁19b。

①　〔清〕何斐生,《魯齋府君祠堂記》(清乾隆十七年〔1752〕),載《文繢公貴七郎裔·增城何氏族譜》卷4《藝文·誌銘》,頁50a;〔清〕黎元祥,《歲貢生勉堂何公暨配伍太君側室趙如太君合葬墓誌銘》,同前引書,卷4《藝文·誌銘》,頁63a。

②　〔明〕湛若水,《明故照府雲菴何公配曾氏孺人合葬墓誌銘》,頁381—382。

合葬於金牛都蕉岡①，湛若水此篇墓誌銘應成文於其時前後，後來被湛氏的學生張文海收錄於嘉靖十七年（1538）刊刻的縣志裡。在縷述何濟的生平時，仕宦生涯顯然是湛氏著意描寫的重點，不過，文章起首關於何濟家世的簡略著墨，對於理解增江何姓氏族的歷史實則提供了更為重要的綫索。從該文內容可知，何濟所出身的接龍何氏當時聲稱其遠祖來自於中原徐州，後來遷居於粵北南雄保昌縣②，兩宋之際始祖貴七郎從南雄來到增城縣，幾經遷徙，最後定居於城北接龍橋潭頭一帶。湛氏這段關於何濟祖先來歷的描述，在明清時期增城地方文獻中，或許是最早述及增城貴七郎裔源流的文字資料。我們可以推測，最晚在何濟夫婦墓誌成文的弘治九年前後，即十五世紀末，增城當地已有何姓社區運用何氏十郎兄弟的敘事架構溯祖追源。

接龍何氏的來歷或許遠較湛若水所言更為曲折。時間倒回"雲菴公"何濟猶在世的成化二十一年（1485），當時致仕回鄉的何濟為其父何康德（1383—1427）位於崇賢里柯木嶺的墳山修築新墳③，新墓誌除了詳書墓主生平，另外還提到兩個重點，一是何康德、何濟父子這支何氏的祖先當初由南雄往南方遷徙時，是先至東莞，之後才遷至增城；二是何康德育有三子，不過文中僅提到第三子何濟的生平與何濟四位女兒的婚配狀況，無隻字片語論及長子和次子：

---

① 〔明〕湛若水，《明故照府雲菴何公配曾氏孺人合葬墓誌銘》，頁381—382。按：何濟夫婦合葬墓至今猶存，位於增城增江街光輝村芍麻嶺。《文續公貴七郎裔·增城何氏族譜》卷2《墓圖·太守雲菴公暨祖妣合墓》，頁又13a—又13b；陳建華主編，《廣州市文物普查彙編·增城市卷》（廣州：廣州出版社，2008），頁101。

② 明清時期廣東當地的"本地"氏族大多宣稱其先祖由粵北南雄而來。參陳樂素，《珠璣巷史事》，載南雄珠璣巷人南遷後裔聯誼會籌委會編，《南雄珠璣巷人南遷史話》（廣州：中山大學出版社，1991），頁85—104。

③ "崇賢里"的範圍與後來的"崇賢都"一致。關於地方行政區單位名稱由"里"至"都"的沿革尚未十分明確，理論上明中葉之前為"里"，之後為"都"。明初《永樂大典》輯錄之增城縣地圖所呈現的政區層級，是先"鄉"後"里"。到了嘉靖時期，根據其時刊刻的方志如《（嘉靖）廣東通志初稿》、《（嘉靖）廣東通志》，可看出原本以"里"名之的行政區此時已改為"都"，此後一直沿用至民國初年。不過，就筆者所見過的民間文獻如族譜而言，常見"都"、"里"混雜使用的情形。

公諱康德，號正東，其先祖因宋南渡，從南雄始徙東莞，後遷增城鄉。公生於大明洪武癸亥（1383）九月十七日，終於宣德丁未（1427）十一月二十日，年四十有五。……淑配蔣氏，生明洪武壬戌（1382）五月二十六日，終成化丙戌（1466）十月二十六日，享壽八十有五，合葬崇賢里柯木豁丑艮像之原。子三人，其季濟，字巨川，由歲貢任廉、漳二郡照磨，居官廉能，當道器重，拔署知漳州府事，後致仕清白，一心終始無愧，女四人俱適名門。成化乙巳（1485），余諭教增江學，巨川公眷愛不已，因出其先君行狀，示銘於余。①

何康德墓誌成文的時間在明代成化晚期，相較於前述湛若水的何濟墓誌約早了十年，然而墓誌中並沒有提及先祖為貴七郎之事。綜合兩篇墓誌內容，大致可以推斷：直到成化晚期，接龍何氏還沒有學會用何氏十郎的故事來建立宗支源流的論述。

承此，這樣的發展其實相當耐人尋味：成化二十一年（1485）何濟在修父親之墓時，自己都不曾使用郎派的說法界定宗源，其長兄與仲兄在父親墓誌中連名字都未可知，但等到弘治九年（1496）何濟去世下葬時，接龍何氏卻憑空出現了一位謂為"貴七郎"的增城始遷祖。

嘉靖初期，上述這些先前的"空白"似乎都有了答案。嘉靖十三年（1534），接龍何氏在何濟之子何善述（1450—1531）②以及善述

---

① 〔明〕鄺郊，《增城何公墓誌銘》，《文績公貴七郎裔·增城何氏族譜》卷4《藝文·誌銘》，頁12b—13a。

② 何善述，號靜山，何濟第四子，明代壽官，生於明景泰元年（1450），卒於明嘉靖十六年（1537）。《文績公貴七郎裔·增城何氏族譜》卷12《世系·雲菴後住接龍·世系圖》，頁2a—5b；同前引書，卷12《世系·雲菴後住接龍·世系紀·九世·善述》，頁5b—6a。按：何善述是陸清源《存仙井亭記》文中提到"仙姑之後"之一的何士遇之曾祖。《文績公貴七郎裔·增城何氏族譜》卷12《世系·雲菴後住接龍·世系圖》，頁2a—5b；同前引書，卷12《世系·雲菴後住接龍·世系紀·十二世·士遇》，頁9a。

姪兒何鍾榮（生卒年不詳）①、何孔明（1467—1545）②的帶領下，修整了族中一位先代女性祖先——何濟祖母何徐氏（1364—1420）之墓，同時延請曾經在朝為官的邑中名紳盧綸撰寫新墓誌。③身為何善述的姻親，也同是縣城名門之後，作者盧綸十分熟悉接龍何氏的背景，文中不僅對於墓主何徐氏的生前舊事如數家珍，更條理清晰地介紹了這支何氏的宗支源流：

龍橋④壽官何靜山（按：何善述）偕其姪鍾榮、孔明等過予，言曰："聞之樂樂其所自生，禮不忘其所自始……吾王太母徐氏生於元至正甲辰（1364）九月六日，卒於明永樂庚子（1420）正月六日，享年五十有七。……傳世今七葉，鄉鄰猶藉藉稱頌其美德。嘉靖甲午（1534）歲冬，維新墓石請誌於左，以傳不朽。"謹按：何之先汴梁人，宋右丞文縝公殉難青城，其子梧窗公挈家避地，再傳南雄保昌，未幾入廣，遂卜居於增城之陋巷里。傳世至旋卿公，隱德不仕，生子茂堂克紹前志，以恢舊業，而恭人配焉。恭人系出慶福里徐族隱君言達之女……今雖沒世已久，但媒妁婚合者必曰："良善得似何徐姑否耶？"其遺稱後代有如此。尤善持家政，調處有方……家道於昌隆者，恭人內相之力居多焉。生子曰正東，其曰志奴者，則側室所出。孫三人，長澄、次清俱以詩禮名，次濟，漳州照磨署知府事，曾玄來

---

① 何鍾榮生卒年不詳，其為何善述長兄何善承的次子，也是早於明弘治九年（1496）延請湛若水撰寫合葬何濟與曾氏合葬墓誌的請託人。
② 《文縝公貴七郎裔·增城何氏族譜》卷12《世系·雲峯後住小樓·世系紀·十世·孔明》，頁17b。
③ 盧綸，字朝言，別號望峰，增城坊都會仙舖人。明弘治十五年（1502）進士，官至四川按察使，舉祀鄉賢。《（民國）增城縣志》卷11《祀典·秩祀·鄉賢祠》，頁15a；同前引書，卷15《選舉一·明·弘治朝·進士》，頁21a—21b；同前引書，卷19《人物二·明·盧綸》，頁26b—30b。
④ 接龍橋為接龍何氏聚落所在，位於縣城城北接龍舖，接龍舖或因為境內有接龍橋而得名。

孫指以千計，族眾富盛為一邑最，皆恭人之餘慶流澤也。……恭人去今百二十餘年，而閨宗壺範尚猶膾炙人口，則其在當時從可知矣，是故不可以不誌也。某忝姻末，聞知最真，且重靜山之誌於禮樂而不忘其所自也，遂比次其行而繫之銘曰："婦德良，鮮儔匹。譜失傳，存口實。後胤昌，崇墓勒。祀事昭，賢哲出。"①

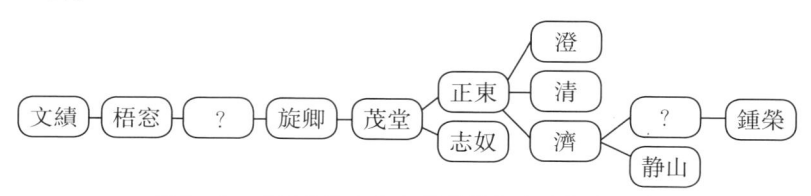

文績―梧窓―?―旋卿―茂堂―正東―澄／清
茂堂―志奴
濟―?―鍾榮
濟―靜山

圖3―3　《何母徐太恭人墓誌銘》中的何氏世系

盧綸在其為何徐氏所撰的新墓誌中，完整地闡述了接龍何氏從始祖文績公開始，一路由汴梁往嶺南播遷，最後來到增城拓墾開基的氏族歷史。從明清增城何氏七郎裔宗族祖源論述的發展過程來看，其基本架構與雛形在這篇墓誌已見端倪。

盧綸之誌中另外一個值得注意的問題，是接龍何氏本是從"陋巷里"而來，然"陋巷里"實際為何處？原來，"陋巷里"即是後來有清一代的崇賢都小樓。②小樓位於縣城西北的增江中游，古稱"小陋"，明代中期後漸為"小樓"取代③，是明清時期增江中游地區另一個重要的何姓聚居處。前文提到何濟之父何康德的墳山所在處為"崇賢里柯木窩"，地點就位於小樓村後山。值得注意的是，小樓的何姓也參與了這場嘉靖十三年（1534）的修墳活動，與何善述聯袂央

---

① 〔明〕盧綸，《何母徐太恭人墓誌銘》，載《文績公貴七郎裔·增城何氏族譜》卷4《藝文·誌銘》，頁11b—12b。
② 此處指廣義的小樓而言，包含小樓村、大樓村等附近地區的何姓聚落。相關討論參見本章第一節。
③ 明代或有"陋"、"樓"混用的現象，清代之後則皆為"樓"。實際上，"陋"與"樓"只是用字不同，在當地廣府方言中，兩者是一樣的讀音。

請盧綸執筆墓誌的何孔明，即出身於小樓何氏。①

小樓何氏的背景為何？為什麼他們也一塊參加了接龍何氏主導的修墳？據前引何徐氏的墓誌可知，何徐氏有三個孫子，長為何澄，次為何清，季為何濟，在後來清代增城所謂"文績公貴七郎裔"的公開說法裡，明清接龍何氏為何濟後代，小樓何氏則是何濟仲兄何清的後代。不過，根據現存的明代材料來看，小樓何氏崛起的時間可能晚於以接龍何氏勢力為首的坊都何氏。理論上何清（雲峯）與何濟（雲菴）兄弟為同輩，然何濟於弘治九年（1496）離世不久即能得大儒湛若水執筆墓誌，而晚何濟三年於弘治十二年（1499）去世的何清——小樓何氏開基祖"雲峯公"的生平②，則一直要到百年之後的萬曆時期，才出現比較具體的記載，小樓何氏的歷史也才跟著逐漸明朗。為小樓何氏帶來這個轉捩點的關鍵人物是何鉞，也就是崇禎年間幫助縣令陸清源修建仙姑祠井亭的另一位"仙姑之後"。

第三節　七郎公的子孫（二）：崇賢都小樓何氏

> 鉞號曠同，邑廩生，善屬文，與邃源公齊名，惜不遇，菜袍終身。生平以承先啓後為念，故修祖墓，飭祀田，復招賢書院，皆其所倡，不遺餘力，至今稱焉。
>
> 《文績公貴七郎裔・增城何氏族譜》卷1《儒行・何鉞》③

---

① 《文績公貴七郎裔・增城何氏族譜》卷12《世系・雲峯後住小樓・世系紀・十世・孔明》，頁17b。

② "八世清，字希聖，號雲峯，即今小樓、大樓祖也。"《文績公貴七郎裔・增城何氏族譜》卷1《人物・隱德》，頁39b。按：時至今日，重陽祭掃"雲峯祖"位於小樓村後土名"觀音望海"的山墳，仍是小樓何氏以及聲稱發源於小樓的他地何氏舉族動員的年度大事之一。筆者，《何〇林訪談紀錄》，2013年1月28日，於增城正果鎮何屋村；《何〇輝訪談紀錄》，2013年1月29日，於增城小樓鎮小樓村；《何〇添訪談紀錄》，2013年1月29日，於增城小樓鎮大樓村。

③ 《文績公貴七郎裔・增城何氏族譜》卷1《儒行》，頁32b。

前文曾經提到，明代的接龍—坊都何氏在增城是"族眾富盛為一邑最"的顯赫望族。坊都何氏始祖何濟與其曾孫何用文（1518—1600）①、來孫何日瀾（1582—1642）②等皆曾出仕為官，並卓有宦聲，族中子弟從學者眾多。③相較之下，聲稱憑藉陶猗之術起家的小樓何氏則明顯文風不競④，族員在功名上的斬獲遠不及坊都何氏出色。在有明一代人文寥落的小樓何氏之族中，出生於萬曆年間的何鈨無疑是個異數。何鈨終其一生僅有邑廩生身分而未能獲取進一步的功名，然其博學能文之名卻能與天啟四年（1624）中舉的何日瀾並駕齊驅。⑤更重要的是，從後來的發展來看，小樓這支何氏能從最初的地方性宗族，最終在清中葉成為聯結增城各地七郎裔何姓社區的核心勢力，何鈨在這個過程中的早期階段，無疑扮演了關鍵性的角色。

---

① 《文續公貴七郎裔·增城何氏族譜》卷12《世系·雲菴後住接龍·世系紀·十一世·用文》，頁7a。

② 何日瀾，字靜觀，號邃源，增城坊都接龍舖人。明天啟甲子科春秋房舉人，初任澄海縣教諭，陞南直隸沛縣知縣。《文續公貴七郎裔·增城何氏族譜》卷12《世系·雲菴後住西廓·世系紀·十三世·日瀾》，頁2a；《（民國）增城縣志》卷19《人物二·列傳·明·何日瀾》，頁59a—59b。按：增城縣志記載何日瀾為接龍舖人，然何氏族譜的世系中則記載其為西廓房（坊都儒林舖西廓）。實情是何日瀾出身接龍何氏，其次子何文（1616—1690）後來由潭頭接龍舖遷入城內儒林西廓，開立西廓何氏一房，西廓何氏皆尊奉何日瀾為坊都西廓房之祖。《文續公貴七郎裔·增城何氏族譜》卷12《世系·雲菴後住西廓·世系紀·十四世·文》，頁2a；〔清〕何斐生，《魯齋府君稱堂記》，載《文續公貴七郎裔·增城何氏族譜》卷4《藝文·誌銘》，頁50a；〔清〕黎元祥，《歲貢生勉堂何公暨配伍太君側室趙如太君合葬墓誌銘》，同前引書，卷4《藝文·誌銘》，頁63a。

③ 近代增城七郎裔何氏合族譜"儒行"傳內所介紹的人物，十之八九皆來自接龍派衍的坊都何氏各房，由此可見雲菴系統的接龍—坊都何氏的蔚然人文。《文續公貴七郎裔·增城何氏族譜》卷1《儒行》，頁30a—38b。

④ 〔明〕吳絅，《壽官雲峯何公墓誌銘》（明萬曆三十四年〔1606〕），載《文續公貴七郎裔·增城何氏族譜》卷4《藝文·誌銘》，頁13b。

⑤ 族譜中關於何鈨生卒年的記載有缺漏字，僅能知其生於明萬曆某年十月十六，終於某年五月十六。按照後來清代"七郎裔"統一的文本說法，何鈨與何日瀾為同輩，主要活動於晚明時期。《文續公貴七郎裔·增城何氏族譜》卷10《世系·雲峯後住小樓·世系紀·十二世·曠同》，頁20a。

關於何鉞,清初出身於坊都何氏的何世裕(1676—1733)[①],曾經如此描述這位"曠同祖叔"其人其事:

> 公諱鉞,字拱參,號曠同,為明博學,食餼於庠,當道咸器重之。……公生平文章學問與裕之曾王父邃源公並譽揚鑣[②],而邃源公登賢書獲宰沛縣,公僅以廩庠終老,遇不遇固氣數使然也。然公有兩大事,承前烈以垂後昆,厥功偉矣。公之高祖雲峯公拓有祀田,歷久廢弛,公毅然率諸孫更新其制,且易甍雲峯之墓,又為雲峯公修招賢書屋,俾聚而浴於詩書,是其敬宗興學之風足以為百世之觀感。[③]

除了文名可堪媲美自己的曾祖"邃源公"何日瀾之外,何世裕認為,"敬宗"與"興學"是這位出身小樓何氏的"曠同祖叔"一生的兩大功業,前者指何鉞擴新其高祖"雲峯公"何清之墳與重整祀田,後者則是指其恢復何清所創"招賢書屋"以振小樓人文風化的作為。[④]明萬曆三十四年(1606),何鉞與堂兄弟等族眾合力翻新何清位於小樓黃牛嶺的山墳,同時也整頓了其生前所立祀田。[⑤]在以"雲峯公"五世孫身分所撰寫的《祀田記》裡,何鉞細述了雲峯祀田的由來與分布地點,以及修墓的經過。從內容可知,其詳書此文的主要目的之

---

① 何世裕,增城坊都儒林舖人,字衍周,號拓堂,附學貢,生於清康熙十五年(1676),卒於清雍正十一年(1733)。《(民國)增城縣志》卷16《選舉二·例貢》,頁35a;《文績公貴七郎裔·增城何氏族譜》卷13《世系·雲菴後住西廓·世系紀·十六世·世裕》,頁3a。

② "邃源公"即何日瀾,邃源為其號。

③ 〔清〕何世裕,《重修曠同祖叔墓誌銘》,載《文績公貴七郎裔·增城何氏族譜》卷4《藝文·誌銘》,頁61a。

④ 招賢書屋的來由,可參見〔明〕吳良粜,《南塘何先生墓表》,載《文績公貴七郎裔·增城何氏族譜》卷4《藝文·誌銘》,頁52a—52b。

⑤ 〔明〕何鉞,《祀田記》,載《文績公貴七郎裔·增城何氏族譜》卷4《藝文·誌銘》,頁15a—15b;同前引書,卷2《墓圖·旋興祖墓圖》,頁3a—3b;同前引書,卷3《祠墓記·墓》,頁34a—34b。

一，是警示後世子孫在承享先祖嘗産之利的同時，必須謹勉維繫祖先祀事：

> 高祖雲峯公（按：何清）配張、王二孺人，內外一德，開拓之廣，諸不具論。當時貽謀身後者，預卜黃牛嶺之兆，度龍門鰲溪岡田四項，歲計租穀五百石，甘泉都岴一項，歲收租銀四十兩有奇，宅前魚塘一口，計二十畝，以供歲時粢盛。又痛器、認二伯祖俱以蚤逝，分葬於此山之麓，更度清湖都田七十畝，歲收租銀二十兩有奇，以綿二子之並墓，其為後世慮至深遠也。祖牖終從所卜，吉葬於牛嶺之陽。……後稍圮，飭之於萬曆之丁亥（1587）。又圮，時歲值丙午（按：明萬曆三十四年），始盡易其朽而新之。是役也，創之則五世孫鏞、孫大佐，六世孫祚浩，而眾孫重本者亦與董焉，更裘葛者，凡五則始得集。既集，命鉞走幣於吳君炯，而以墓誌銘、祀田記索之。吳君於銘則唯矣，記則獨否，且語之曰："余實難代之記夫。趾不及爾野草，則計歲入之難，目不睹爾簿書，則記歲供之難。"……而以其責還鉞，鉞亦不能無言。夫阡陌倉箱，徵豐徵歉，田之利也，而實祀之因也。恒豆嘉豆鯖、蒸全蒸祀之供也，而實田之出。赤文綠字、畱繪丹青，祀田之記也，而所以記者，又不以田而以心也。……傳之一錢一穀，先公矢石可思，爰搆爰堂，先人敝廬有在。……若乃衣租食稅，玩為故事，祀置不飭，堂圮不飭，高山之仰鞠為茂草，此正末流不孝之胤嚮者，吳君所不忍直言，余不讓而盡言之也。是為記。①

何鉞為高祖修墳時新立了墓表，內容委請與其相善的邑中舉人吳絅撰寫。② 百年前"雲峯公"何清的言行風範與小樓何氏一族崛興的

---

① 〔明〕何鉞，《祀田記》，載《文績公貴七郎裔·增城何氏族譜》卷4《藝文·誌銘》，頁15a—16b。

② 吳絅，字錦先，增城龍地村人，祖居雅瑤。明萬曆二十二年（1594）舉人，歷

背景,在吴絅筆下生動展現:

> 公諱清,字希聖,何其氏,雲峯其號,萬松峯又其別號。何之先出周武王子唐叔虞裔孫韓安王之後,以韓為何,歷漢晉唐宋,聞人代有。宋南渡時,有七郎者,其季子由南雄遷卜增之小陋鄉宇焉,遂為增始祖。傳七世生正東,正東娶陳氏,生長子澄,繼娶蔣氏,生公及公弟濟。公生而岐嶷,既壯,慷慨有大節。事親孝,與人信。自公父時已籍故業,稱素侯。公用陶猗奇勝繼之,由是何氏益有聲於邑里。既而嘆曰:"有財弗施,守錢虜耳。"所識窮乏咸賚之以為常,故當時無不德公者。或勸之仕,不應,而私語兄澄謂:"今之吏者,我知之矣,卑疵孅趨,奔伺上官,已而朘所部脂臀進之以順適。夫咆哮嚃己者,一不中而氣色俱厲,輒蒲伏稽顙數百,徐俟怒霽乃起歸,而施施號於里人。"曰:"官也,夫以千日之辱,為一朝之榮,予不能予視。處畎畝之中,棠棣韡、蘭桂芬,是亦為政,寧留於以俟後人,不願仕也。"弟濟以貢太學,官閩中,公送之曰:"嗟予,季毋以一命為卑,丈夫當隨分自致,吾家非患貧,其尚使人謂吾家有清白吏,庶無忝爾祖。"濟緣是振冰蘗於閩,至今漳人仍稱道不衰,亦公勗之也。年七十八,邑令採輿議,請公賓之膠序,無何聖天子恩予民間高鄒,爵一級,有司首以公薦,得膺章服。公配張氏,繼配王氏,俱有婦德。公卒於弘治己未(1499)正月三日,享年八十有八。……乙丑(按:明弘治十八年〔1505〕),葬公於黃牛嶺,以二配附。子男六人,曰器、曰認,俱蚤世;曰議、曰譽,應例為散官;曰論、曰諫,其季也。女三人……孫男九人,議生孔明、孔暘、孔昭、孔曜、孔時;譽生福;論生拔、生挺;諫生統。曾孫男二十餘人,名不悉敘。公葬後爱甓之石,

---

任浙江黃巖、廣西昭平知縣。《(民國)增城縣志》卷15《選舉一·明·萬曆朝·舉人》,頁30a;同前引書,卷19《人物二·明·吳絅》,頁52b—53b。

爰搆之堂，馬鬣奕之，比京兆南陽阡矣。其後百餘年為萬曆丙午（1606），五世孫鉞以狀徵誌於余。……鉞嘗與余遊，雅秀而文翩翩，有凌雲標格，又聞其家諸少多遠器，公所云留以竢，其竢斯人與。①

從文中"由是何氏益有聲於邑里"之語，可推測小樓這支何氏大概是從何清開始才稍具發展規模。②墓誌中所描繪的何清，是一名承繼父親何正東家業並據以發揚光大的富商，作者吳絅沒有說明何清從父親手中承襲的"故業"具體內容為何，然"素侯"、"陶猗奇勝"等描述，都暗示著何正東、何清父子是從商販買賣之業起家。何清鄙視宦途的不仕信念，是吳絅在墓誌中著墨甚多的部分，如此的價值觀不但呼應了何清家族貨殖起家的背景③，同時，也可能是小樓何氏合理化己族歷來功名不顯的文飾之說。

明代萬曆年間何鉞的飭祀田與修祖墓之舉，對小樓何氏後來的發展影響深遠，往後小樓何氏世代永祀不替的"雲峯祖"祭祀傳統實奠基於此。祀田之復與墓堂、墓表之新，立意皆為彰脩雲峯祀事，一方面是為了重建曾經中斷的先祖祀儀④，另一方面，是藉之在新的宗

---

① 〔明〕吳絅，《壽官雲峯何公墓誌銘》，載《文繢公貴七郎裔·增城何氏族譜》卷4《藝文·誌銘》，頁13a—15a。

② 因此在後來清代所謂由"文繢公貴七郎裔"各衍派成員同修的合族譜中，才會有何清是小樓之祖這樣的說法："八世清，字希聖，號雲峯，即今小樓、大樓祖也。"雖然根據墓誌的說法，何清實際是始祖貴七郎的八世孫，即整體何氏七郎裔的八世祖。《文繢公貴七郎裔·增城何氏族譜》卷1《人物·隱德》，頁39b。

③ 何清的子輩也是承襲父業從商，如何清第五子同時是何鉞高祖的何善諫："南塘（按：善諫別號）生而聰敏，為父所鍾愛，父以陶猗之術家成封豫，皆南塘勤勤經營。"〔明〕吳良栞，《南塘何先生墓表》，載《文繢公貴七郎裔·增城何氏族譜》卷4《藝文·誌銘》，頁52a。按：從小樓地區從晚明至民初的發展來看，可以發現，以商賈為業似乎一直是小樓何氏及其旁支大樓何氏的傳統。有清一代，小樓與大樓何氏宗族中的聞人大多皆是貨殖發跡，更有所謂以"半農半賈"、"農商食力"方式富厚家業的例子，此外，小樓村在清代亦進一步發展成為上增城地區重要的墟市，皆可以說明這種商業傳統的存在。相關問題下節將有進一步的討論。

④ 雖然文章的訊息是如此暗示的，實際上也可能是就此創造一個前所未有的崇祀形

族發展階段下重新界定己族的來歷，以建立新的祖源論述。上述何鈙的作為，必須在明代增江不同的何姓勢力相繼造作宗族的脈絡下理解。

小樓何氏的"敬宗"行動必須對照坊都何氏的例子才能得到較合理的解釋。上節曾經提到，坊都何氏是明代上增城地區發跡最早與功名最顯赫的何姓勢力，坊都何氏開基祖何濟出生於永樂年間，景泰時期至外省出仕為官，何濟身後直至明末，數代之間陸續皆有家族成員獲得高級功名。坊都何濟之族的這些發展，無論在官方或私家文獻中，皆有明確可考的記載。更重要的是，根據弘治時期湛若水為何濟所撰寫的墓誌銘，我們可以推斷，在弘治初期，以縣城一帶為根據地的這支何氏已經以貴七郎的後裔自居，是上增城地區最早使用何氏十郎南遷傳說以建立宗源論述的何姓地方勢力。

坊都何濟家族發跡於景泰前後，到了弘治之初已經有能力形成自己的宗族論述。相較之下，小樓何氏在宗族建構的進程上，明顯晚於坊都何氏。從現存的文獻資料而論，奉何濟仲兄何清為始祖的小樓何氏，實質的崛起大概是在弘治至嘉靖之間，即何清的子輩和孫輩之時①，也正是在嘉靖之世，其時家業已然富厚但文風不競的何清家族開始透過聯宗的方式，與當時已是邑中著族的坊都何氏進行譜系上的聯結。小樓、坊都兩支何氏初步的聯宗結果最後也成功反映在文本層次上：嘉靖十三年（1534），何清的長孫何孔明②參與了由坊都何氏主導的修墓活動③。當時，何濟祖母何徐氏新立的墓表不僅介紹了何濟為漳州府照磨時署知府事之事，更明確提到了何濟兩位兄長的名諱——何澄、何清④，在坊

式與傳統。

① 竹庄與南塘之墓誌是現存的小樓何氏成文史料中最早的文獻。
② 《文續公貴七郎裔·增城何氏族譜》卷12《世系·雲峯後住小樓·世系紀·十世·孔明》，頁17b。按：何孔明是何清次子之長子，因為何清長子早逝無後，所以實際上是何清長孫。
③ 相關討論參見本章第二節。
④ "恭人（按：何徐氏）……孫三人，長澄，次清，俱以詩禮名；次濟，漳州照磨署知府事。"〔明〕盧綸，《何母徐太恭人墓誌銘》，載《文續公貴七郎裔·增城何氏

都何氏的家族史料中，這是前所未見的說法。①

因此，嘉靖時期可以稱得上是坊都、小樓兩支何姓攜手成為"兄弟"的開端。無論對坊都還是對小樓何氏而言，嘉靖時期都是兩者由地方宗族或家族團體蛻變成為跨地區聯合宗族的轉捩點。②嘉靖十三年何徐氏的新墓誌所展示的，正是兩方聯宗的最初成果，而這也恰恰反映出近代增江七郎裔何氏最初的輪廓：分別以何澄（雲南）、何清（雲峯）、何濟（雲菴）為代表（村族開基祖）的三支何姓地方勢力所組成的"文績公貴七郎裔"何氏宗族聯盟。到了後來，當萬曆三十四年（1606）小樓何氏重修其系開基祖"雲峯公"何清之墓時，所出現的是明世以來關於增城七郎裔何氏源流與主要宗支派衍的最完整說法：

何之先出周武王子唐叔虞裔孫韓安王之後，以韓為何，歷漢晉唐宋，聞人代有。宋南渡時，有七郎者，其季子由南雄遷卜增之小陋鄉宇焉，遂為增始祖。傳七世生正東，正東娶陳氏，生長

族譜》卷4《藝文·誌銘》，頁3a。

① 明嘉靖之前，無論是何濟在生時為其父何正東修墓所立的墓表，還是去世後由子孫輩請託湛若水執筆的墓誌，內容中都未見任何關於何澄、何清個人與家族的具體記載。具體來說，何正東的墓表雖然提到正東育有三子，但文中僅提到季子何濟的經歷與家族，至於長子與次子則未置一詞，甚至連他們的名字都付之闕如；何濟自己的墓誌則完全沒有提到他有兩名兄弟之事。上述種種或許可以說明，無論對坊都或小樓何氏而言，嘉靖時期都是兩者由地方家族／宗族轉變成為跨地域聯合宗族的轉捩點。

② 小樓何氏在家族歷史的論述上，也體現了類似於坊都何氏的發展方向。明嘉靖之前的小樓並沒有留下太多的文字資料，僅有的一則是何清五子何善諫的墓表，該文成於明正德十六年（1521）左右，其中僅記載何清與善諫父子生平事蹟，未述及任何何清之前的先祖來歷。然而，從嘉靖時期開始，小樓何氏為先祖或墓主撰寫墓表誌銘時，一定會提到何清與何濟的兄弟關係以及何濟的仕宦生平。〔明〕吳良棐，《南塘何先生墓表》，載《文績公貴七郎裔·增城何氏族譜》卷4《藝文·誌銘》，頁52a；〔明〕張潮，《明故義官竹庄何公儒人劉氏墓誌銘》（約成文於明嘉靖二十三年〔1544〕），同前引書，卷4《藝文·誌銘》，頁16a—16b；〔明〕吳綱，《壽官雲峯何公墓誌銘》，同前引書，卷4《藝文·誌銘》，頁13b—14a。

子澄，繼娶蔣氏，生公（按：何清）及公弟濟。①

有關宗源與七郎衍派來由，上引何清墓誌主要的論旨是這樣的：何氏本為韓姓，增城七郎裔何氏是始祖何七郎的季子（按：何綏）於南宋時從南雄遷居增城，在小陌（小樓）開居，第七世祖為何正東，八世祖為正東三子——何澄、何清、何濟。此番論述正是明季之後增城七郎裔歷代纂修族譜時共同依據的核心命題與基本架構的雛形，小樓自此成為增城眾股七郎裔何姓房支公認的其族入增祖源地。②

在何鈹主導下新撰的何清墓表，除了揭示晚明七郎裔何氏聯宗合族的發展進程，另一方面，也反映了小樓何氏在晚明的崛起。何清的不仕與何濟的出仕，是墓誌內容中的另一個重點，呈現了小樓何氏的商賈傳統與坊都何氏詩書官宦門第之間的明顯對比。小樓何氏後坊都

---

① 〔明〕吳絅，《壽官雲峯何公墓誌銘》，載《文績公貴七郎裔·增城何氏族譜》卷4《藝文·誌銘》，頁13a。

② 增城各地以七郎裔衍派自居的何氏宗族社區，一直到清代乾隆年間才開始正式編修合族族譜，這部合族族譜在後來的嘉慶、同治與民國時期陸續進行增修。綜觀乾隆以來各版七郎裔何氏合族譜對於宗族源流問題所提出的代表性論述，如乾隆十九年（1754）譜序："何氏系出周姬，筆封於唐，繼改為晉，三晉既分，韓逼於秦，別為何姓，韓何聲相似，此氏族之所由也。至宋僕射文績公稟者，兄棠，弟棐，政和之世，三鳳同飛；靖康之亂，孤身自許。而南渡以來，乃錄忠臣，榮及子孫，曰雍、曰熙，為裔十人，均襲郎職。在粵著族，問發祥者，咸曰貴某郎之本支也，而著於增者，則出貴七郎之後焉。七郎為雍公五子，坐鎮梅關，其三子綏始自南雄卜居東莞，元季復遷增城小陌，瓜綿椒衍，分處各鄉，星羅棋布於茲者，垂二十餘世矣，非譜厥系從何辨其為貴某郎之本支哉？"以及同治七年（1868）族譜題辭："廬江錫郡（按：清代以來廣東一地的所有何姓宗族，無論廣府或是客家，皆聲稱安徽廬江郡為天下何氏之源頭），韓國分疆。迺改厥氏，源遠流長。洎惟宋代，文績光強。豐功駿烈，炳燄天壤。錄某十子，胄貴七郎。縣汴而粵，卜增發祥。越八其世，篤慶黃堂（筆者按：指八世何濟為漳州照磨時代署府事）。葉從根茂，散布投芳。望環城郭，隆聚諸鄉。"上述譜牒敘事的核心元素與基本主題，在晚明時某些房派的墓表誌銘，如小樓雲峯祖何清的墓誌已出現，諸如何姓出於韓姓、何（貴）七郎三子何綏始遷增城小樓為增城貴七郎裔宗族起源、八世祖（何澄—何清—何濟）為各支城鄉衍派的開基祖等等。〔清〕黎翰，載《何氏族譜序》，《文績公貴七郎裔·增城何氏族譜》卷首，頁14a—15b；〔清〕王超貴，《增城何氏族譜題辭》（清同治七年〔1868〕），同前引書，卷首，頁27a—27b。另可參見《貴七郎裔·增城何氏族譜》卷首，頁14b—16a、28a—28b。

何氏而起，在功名上無甚出色表現，即使在發跡之後，仍必須附驥於坊都何氏以顯家聲，這或許是小樓與坊都聯宗的目的之一。墓誌中，作者吳綱仔細鋪陳何清告誡其弟何濟清白為官的情節，並進一步將何濟在漳州的官聲歸因於何清教導①，這些內容不卑不亢地將小樓何氏的來歷與坊都何氏可考的顯赫歷史兜在了一起，一來成功分享了坊都何氏的聲譽，二來隱約反映出憑"陶猗之術"躍起的小樓在晚明業已擁有能與坊都相提並論的實力。

　　透過小樓何氏對"雲峯祖"何清的追憶之紀，我們可以很清楚看到，有清一代號稱其族在增城"望環城郭，隆聚諸鄉"的貴七郎何氏②，此一跨地域聯合宗族的骨幹結構在明代萬曆時期已見雛形，其最初的兩股主要構成勢力——以何清為開村始祖的"雲峯後"小樓何氏，以何濟為開基祖的"雲菴後"坊都何氏——當時已經攜手成為同宗共祖的七郎裔子孫。小樓何氏的"雲峯祖"何清或許本來有屬於自己的故事，但是至晚從明萬曆三十四年這篇新修的墓表開始，透過五世孫何鉞之手，他的生平事蹟無一不與坊都何氏的"雲菴祖"何濟聯結在一起，這些演繹兄弟之情的故事情節最後都更加拉近並確定了坊都何氏與小樓何氏在聯合宗族組織之下的兄弟關係，成為明清整部增城何七郎裔"大歷史"中不可缺少的部分。

第四節　七郎公的子孫（三）：金牛都龍潭埔何氏

　　明代由坊都與小樓兩支何氏所構成的增城七郎裔宗族聯盟，在進入清代之後，隨著各階段新成員的加入而持續擴大規模。為了因應

---

① "弟濟以貢太學，官閩中，公送之曰：'嗟予，季母以一命為卑，丈夫當隨分自致，吾家非患貧，其尚使人謂吾家有清白吏，庶無忝爾祖。'濟緣是振冰蘗於閩，至今漳人仍稱道不衰，亦公勗之也。"〔明〕吳綱，《壽官雲峯何公墓誌銘》，載《文繽公貴七郎裔‧增城何氏族譜》卷4《藝文‧誌銘》，頁14a。

② 〔清〕王超貴，《增城何氏族譜題辭》，載《文繽公貴七郎裔‧增城何氏族譜》卷首，頁27a—27b。

新的宗族發展情勢，關於祖先開居增城的歷史敘事，也在不斷調整與提煉的過程中逐漸發展成兼容並蓄的面貌。此外另一個明顯的變化，是坊都與小樓在宗盟中地位的改變。明代聯宗初期，坊都何氏的影響力明顯仍大於小樓何氏，然而，隨著小樓作為何氏先祖始遷增城的開居地說法在晚明七郎裔宗源論述中得到確立、小樓周圍何姓村落從明季以後迅速擴張繁衍，以及清初至清中葉一連串社會、經濟情勢的轉變等諸多原因，小樓何氏的影響力在有清一代逐漸超越坊都何氏，在漸次擴大的七郎裔宗族聯盟中成為各方何姓社區依附與結盟的核心勢力。下文將逐步探討增城七郎裔何氏宗族聯盟從清初至清中葉所經歷的遭遇和變化。

入清之後，藉由重修遠祖墳山、墓表進行聯宗的場景，在康熙五十一年至五十五年（1712—1716）之間還發生過一次①，對象是何清、何濟兄弟的曾祖，增城七郎裔何氏五世祖——何旋卿。②不過，這場修墓行動的發起者，並非出身"雲峯（何清）"房的小樓何氏與"雲菴（何濟）"房的坊都何氏，而是來自增城崇賢都仙湖（仙湖口）③和小樓④、金牛都龍潭埔以及龍門新塘等地的何姓社區，這些何姓聲稱自己是何旋卿次子何志清的子孫（按：小樓雲峯房與坊都雲菴房何氏在譜系上為何旋卿另一子何茂堂之後人）。

何志清一系為七郎裔五世祖"旋卿公"新撰了墓表，該文真正提到墓主何旋卿的部分不多，反倒是慎重其事介紹了其次子何志清的生平，並且抬出了旁支的何清、何濟兄弟事蹟以壯聲勢：

---

① 〔清〕區遇，《何氏五世祖旋興公重修墓誌銘》，載《文績公貴七郎裔·增城何氏族譜》卷4《藝文·誌銘》，頁11a；《（民國）增城縣志》卷14《職官二》，頁4b。

② 何旋卿的名字亦可見於前文提到的明嘉靖十三年（1534）的《何母徐太恭人墓誌銘》。根據此墓誌，何旋卿是墓主何徐氏丈夫何茂堂的父親、小樓何氏始祖何清和坊都何氏始祖何濟的曾祖。〔明〕盧編，《何母徐太恭人墓誌銘》，載《文績公貴七郎裔·增城何氏族譜》卷4《藝文·誌銘》，頁11b—12a。

③ 小樓村鄰村，居民主要是廣府何姓。

④ 小樓當地的何姓社區在七郎裔譜系上，大多是本章第三節介紹的何清（雲峯）系統，少數例外者屬於下文將論及的何志清系統。

公諱興，號旋卿，廣通公之子，妙保公之孫，宋鎮國將軍肇易（按：即貴七郎）公元孫也。肇易公季子綬從南雄保昌徙廣州，旋之增城，卜崇賢之陋巷里居焉。五傳至公，賦性穎異，博極群書，數奇不偶，蔬食布衣，怡然自得，教子唯讀書為務。仲子志清，字伯廉，號悅山者，生平孝友，正直溫良，不貪榮利，遨遊山水，歷江右訪名師，凡古今名墓無不遍閱，著有《地理纂要》，深悟楊曾旨趣。因擇得斯地，土名黃牛嶺，以洪武二十五年（1392），奉公棺葬焉，枕山面河，狀其形為觀音望海，至今子姓繁盛，世代衣冠，皆志清公力也。後公（按：何旋卿）曾孫號雲峯公（按：何清），築室於半山，鄉裔子弟悉來肄業，顏曰招賢書室，自是人文蔚起，如何日瀾登賢書①……衣冠稱極盛，公志可謂克成矣。成化二十年（1484），任福建漳州府事，名濟號雲菴者，亦公曾孫也，致仕歸里，擴公墓而重新之。②去今二百餘年，子孫繁衍，分宅各方，遠而惠州之博羅、龍門之新塘，皆公裔也，其在增者，若上、下塘，大、小樓，若仙湖、凹貝，以至龍潭埔，皆公支派，非僅城邑之接龍里也。③

墓表內容中值得注意的部分，是當中大致呈現了康熙末年七郎裔宗盟成員在增江流域的分布地點，反映出從明成化到清初"七郎子孫"聚居版圖大幅擴張之勢：除了縣城北郊潭頭接龍之外，崇賢都小樓及隔鄰大樓、仙湖、凹背、上塘、下塘，增江上游增、龍兩縣交界處的金牛都龍潭埔，龍門縣西面永清都的新塘，甚至是增城東面的博羅縣等

---

① 何日瀾實際上是坊都何濟（雲菴）之六世孫，非小樓何清（雲峯）之後，而明代至盛清時期曾有族員獲取高級功名，真正稱得上是"人文蔚起"、"衣冠稱盛"的，也應該是雲菴後這支何氏。

② 必須特別指出，雖然墓表作者提到，早在明成化二十年時，坊都何氏始祖何濟在致仕回鄉後曾重修何旋卿之墓，但遺憾的是，何濟那次修墓並未留下任何相關記載。

③〔清〕區遇，《何氏五世祖旋興公重修墓誌銘》，載《文績公貴七郎裔·增城何氏族譜》卷4《藝文·誌銘》，頁10a—11a。

地，都存在著以七郎—旋卿之裔自居的何姓之族。①

何志清一系在"旋卿公"的康熙"新"墓表裡，詳細羅列了散居四方的支裔所在地，主要目的是為了說明貴七郎裔的宗支非獨縣城接龍一脈，自己也是正宗的七郎衍派。不過，文中刻意提及的"非僅城邑之接龍里也"等語，反而特別凸顯了坊都何氏當時在宗盟中的優勢地位，等於間接揭示了所謂的七郎子孫，直至康熙晚期，還是以坊都何氏最具知名度和代表性。實際上，從明代到清代乾隆時期，同尊何濟為開基祖先的坊都"雲菴後"一系何姓②，在以貴七郎為號召的聯宗活動中一直處於核心地位，畢竟，七郎支裔中只有他們曾有族員獲取高級功名身分而稱得上是"衣冠稱盛"。

然而，坊都何氏長期以來一枝獨秀的局面在乾隆之後開始鬆動，其中一個重要的原因，是小樓地區自清初以來方興未艾的開發態勢。乾隆朝前期，小樓與坊都何氏相繼修築家祠，作為供奉所屬房派開居祖先的妥靈之所。例如，小樓何氏在乾隆五年至六年（1740—1741）建立了奉祀雲峯祖何清的祠堂③，坊都何氏其下的"西廓"（按：或名"西郭"）一支則在乾隆十七年（1752）前後分別設立了供奉本支先祖的專祠。④在這波修建祠堂的風潮中，小樓雲峯祖祠的建立特別

---

① 實際上，除了縣城接龍何氏和崇賢都小樓何氏開居歷史可以上溯至成化時期或更早，其他地方的何姓都是在晚明至清初的百年之間才陸續發展成稍具規模的宗族社區。

② 在清代的七郎裔合族譜中，縣城的接龍—坊都何氏（即"雲菴後"）主要包含以下各房派：接龍、龜峯、西廓。房派的名稱通常依據聚落所在的村里名稱命名，接龍即是明代所謂的潭頭接龍里，位於城外東北濱增江處；龜峯位於城中之北；西廓則位於城中西南鳳凰山周圍，鄰近會仙觀仙姑祠。

③ 〔清〕黎翰，《重建小樓何氏祠堂記》，載《文續公貴七郎裔·增城何氏族譜》卷4《藝文·碑記》，頁48b。

④ 〔清〕何裴生，《魯齋府君祠堂記》，載《文續公貴七郎裔·增城何氏族譜》卷4《藝文·碑記》，頁50b；〔清〕何渥，《先考拓堂府君家祠記》，同前引書，卷4《藝文·碑記》，頁56b—57b；〔清〕何明哲（按：何渥長兄），《西郭家譜私序》，同前引書，卷4《藝文·家翰》，頁130b—131a；同前引書，卷11《雲菴後住西廓·世系紀·十七世·明哲（1709—1760）》，頁28b；同前引書，卷11《雲菴後住西廓·世系紀·十七世·渥（1713—1748）》，頁28b。

反映出雲峯一系自清初以來族眾繁盛、發展日隆的景象：

> 吾增數甲族，何為最，其在小樓，為余母族，乃宋僕射貴七郎之裔孫也。七郎孫妙保公為小樓始祖，越七世生正東公，正東生子三人，長澄，次清，季濟，濟由歲貢任廉、漳二郡。獨壽官清公號雲峯者，承正東公陶朱猗頓之術，興創有聲，遂構祠堂，以為子孫長久計。……殆明之季世，流寇肆掠猖獗，鄉村竟為所蹂躪，蕩然無復有存。……今國家累治重熙，承平日久，田肥美，民殷富，雲峯公之族蔚然傑出於小樓間，相與各興其堂構，式廓其丕基。……是以十六世孫流像①、悅通②……衛來③、文振④，十七世孫鼎升⑤、佛保⑥，俯揆基制，仰念題楣，捐嘗租，設法經始；興土木，虔方斲廓，規模靡所不備，蓋歷庚申（按：清乾隆五年〔1740〕）、辛酉（按：清乾隆六年〔1741〕）兩年而告竣。余以歲薦幸登是科賢書，不敢忘外祖庥嘉，具來謁告，遂以記屬筆焉。……始於雲峯，奉祀寅清，則舊德之典型猶在也，報本之義也。⑦

清初以來"田美民富"的饒裕醞釀了小樓在整個清代的興盛，

---

① 《文續公貴七郎裔·增城何氏族譜》卷11《世系·雲峯後住小樓·世系紀·十六世·流像（1669—1740）》，頁60a。
② 《文續公貴七郎裔·增城何氏族譜》卷10《世系·雲峯後住小樓·世系紀·十六世·悅通（1688—1736）》，頁28a。
③ 《文續公貴七郎裔·增城何氏族譜》卷11《世系·雲峯後住小樓·世系紀·十六世·衛來（1695—1746）》，頁73a—73b。按：何衛來為何鉞玄孫。
④ 《文續公貴七郎裔·增城何氏族譜》卷11《世系·雲峯後住小樓·世系紀·十六世·文振（1712—？）》，頁73b。按：何文振為何衛來之弟，何鉞玄孫。
⑤ 《文續公貴七郎裔·增城何氏族譜》未著錄這位"十七世孫鼎升（或何鼎、何升）"的世系紀及相關訊息。
⑥ 《文續公貴七郎裔·增城何氏族譜》卷11《世系·雲峯後住小樓·世系紀·十七世·佛保（1698—1750）》，頁40b。
⑦ 〔清〕黎翰，《重建小樓何氏祠堂記》，載《文續公貴七郎裔·增城何氏族譜》卷4《藝文·碑記》，頁48a—49a。

但另一個成就小樓往後百年隆景的關鍵因素，或許是小樓墟在乾隆之後的崛起。小樓地區地處增江中、上游水道的銜接處，這裡除了是增江上游通往增城縣城與廣州、東莞的必經之處，同時也鄰近增江支流派潭河、澄溪河匯入增江主幹的三江口交匯處①，特殊的地理位置提供了小樓地區發展商業的基本條件。前文曾經提到，小樓始祖何清據稱是貨殖起家，其家族後人多有承襲此業者。②以商賈為業的傳統，不僅見於小樓村，自清初以來更逐漸成為小樓村周邊如大樓村、高原村這些何姓聚落鮮明的特色。康熙至道光之間，特別是嘉慶時期，上述村落中的聞人許多皆是由操奇計贏而發跡。小樓的何觀求（1670—1724）③是清代早期因從商致富的例子。何觀求是何鉞的曾孫，主要生活於康熙時期，幼年失怙的他自小跟隨姑父前往潮州營生，成年後回到家鄉，靠著耕種與做生意致富，在鄉里大興產業：

> 公少失怙，更遭播越之秋，無以自立，隨姑丈往居潮州，遭否慘於昌黎，孤苦過於李密。……室家既成，不忘本根，遂歸故里，耕桑樹畜，以身率之，貨而生財，億而屢中，緣以丕基植產，廣置田園，其興創之才，已可見者。④

從潮州回歸故里的何觀求，其"億而屢中"的事業是以家鄉小樓村為基地，與他的例子相較，乾隆時期大樓村的何應文（1715—

---

① 《（康熙）增城縣志》卷1《輿地·山川》，頁14b。
② 〔明〕吳良荣，《南塘何先生墓表》，載《文續公貴七郎裔·增城何氏族譜》卷4《藝文·誌銘》，頁52a。
③ 何觀求，字天碧，生於清康熙九年（1670），卒於雍正二年（1724）。《文續公貴七郎裔·增城何氏族譜》卷11《世系·雲峯後住小樓·世系紀·十五世·曠同（按：何鉞）後·廣平》，頁73a。
④ 〔清〕梁正，《天碧公行譜贊》，載《文續公貴七郎裔·增城何氏族譜》卷4《藝文·贊跋》，頁29b—30a。

1789）①與高原村的何仲詵（1724—1800）②，則是離鄉至省城廣州經商而獲得成功。大樓在小樓東北五里③，濱增江西岸，此村據說初闢於何清之孫何孔昭（生卒年不詳）④，明季毀於兵燹，大約在康熙時為何應文的祖父何茂（1655—1733）⑤所復立並興創產業，奠立大樓日後發展之基。⑥高原位於小樓西北方二里處，與大、小樓一樣東面臨濱增江，相傳為何仲詵之曾祖何文紀（1648—1722）⑦在康熙時期所開闢之新村。⑧大樓的何應文與高原的何仲詵年少時皆棄舉業，在乾隆年間結伴前往省城從商數十年，其間積累了可觀的財富。⑨何

---

① 何應文，字煥碧，號開軒，國學生，生於清康熙五十四年（1715），卒於乾隆五十四年（1789）。《文績公貴七郎裔·增城何氏族譜》卷10《世系·雲峯後住大樓·世系紀·十七世·應文》，頁29b。

② 何仲詵，字緝裕，號陶然，國學生，生於清雍正二年（1724），卒於嘉慶五年（1800）。《文績公貴七郎裔·增城何氏族譜》卷14《源後住高原·世系紀·十八世·仲詵》，頁29b。

③ 《文績公貴七郎裔·增城何氏族譜》卷3《增城縣何氏七郎祖裔城鄉聚居全圖》、《崇賢都何氏聚居總圖》，頁1b—2a、3b—4a；〔清〕湯日躋，《煥碧（按：何應文）翁岳丈大人行述》，同前引書，卷4《藝文·行述》，頁101a。

④ 根據明萬曆三十四年（1606）的何清墓誌，何清共有孫男九名，何孔昭為其三子何議（或名何善議）之子。清代七郎裔何氏譜牒資料中沒有關於何孔昭的生卒年記載。〔明〕吳綱，《壽官雲峯何公墓誌銘》，載《文績公貴七郎裔·增城何氏族譜》卷4《藝文·誌銘》，頁14b。

⑤ 何茂，字祥君，號日旋，生於清順治十二年（1655），卒於雍正十一年（1733）。何茂在清代的譜系上為何孔昭的六世孫。《文績公貴七郎裔·增城何氏族譜》卷11《世系·雲峯後住大樓·世系紀·十五世·茂》，頁28a。

⑥ 〔清〕姚光國，《贈日旋何公序》，載《文績公貴七郎裔·增城何氏族譜》卷4《藝文·行述》，頁28a；〔清〕湯日躋，《煥碧翁岳丈大人行述》，同前引書，卷4《藝文·行述》，頁101a。

⑦ 何文紀，字延尚，號均善，生於清順治五年（1648），卒於康熙六十一年（1722）。《文績公貴七郎裔·增城何氏族譜》卷14《源後住高原·世系紀·十五世·文紀》，頁9a。

⑧ 〔清〕林聞譽，《太學生靜菴何公墓誌》，載《文績公貴七郎裔·增城何氏族譜》卷4《藝文·墓誌》，頁57b—58a。按：何靜菴（1682—1748）為高原開村者何文紀之子，諱嘉倫，字肇修。同前引書，卷14《源後住高原·世系紀·十六世·嘉倫》，頁9b。

⑨ 何應文女婿湯日躋出身於增城縣城大族北門湯氏，在湯氏為岳父所撰的行述中，

應文並在廣州秉政街購置屋宇，以五世祖旋卿公之名創設何氏試館，作為七郎裔旋卿之系的何氏士子赴省城參加科考時的住所。①事業有成的兩人於家鄉修橋整路、建祖祠、興學堂，在鄉里間為族人排難解紛，聲望極隆。②

何應文與何仲詵是乾隆時期遠赴外地經商的成功例子。乾隆之後，小樓和周邊村落以商賈為業的何氏子弟如應文、仲詵一般負笈異地逐什一之利的例子越來越少，取而代之的是在家鄉當地創業致富或光大祖業，原因在於嘉慶、道光時期小樓墟貿易的發展。小樓墟坐落於小樓村旁，向來是由小樓何氏管理的村落小墟集，原本貿易並不活絡，直到小樓何氏在嘉慶年間對墟務進行改造後才煥然改觀。賦予小樓墟新面貌的關鍵人物是何觀懷（1789—1825）③。世居小樓村的何觀懷出生於乾隆晚期，主要活躍於嘉慶之世至道光初年，早年便被族人委以掌理祖先嘗產與祀事的重任。何觀懷深具經營長才，他向族人提議在小樓墟建立質庫並擴大招商，結果既為小樓何氏祖嘗增添了可觀的財富，也成功將小樓墟打造成一個便利鄰近居民進行買賣的場所：

曾提到何應文貨殖生涯中一段船貨在增、莞交界的東江江面被盜之往事，可以想見當時何應文事業的規模並非僅是一般小商小販之流：「曾聞（先岳）貨殖時不下數千金，而積而能散，與世之守錢虜疏科。……嘗在邑之泥紫海上被盜貢照二張及銀五百餘兩，逼控莞邑緝獲無縱，（莞邑）遂將船戶簡振英監候抵罪。先岳慨然曰：『所失雖有數家中人之產，所枉實傷兩大好生之仁，枉而贓回，猶不忍視，紃枉而贓之必不回乎。』遂委曲以脫其罪，英及之子孫猶感誦不衰。」〔清〕湯日躋，《焕碧翁岳丈大人行述》，載《文續公貴七郎裔·增城何氏族譜》卷4《藝文·行述》，頁101b—102a。

① 〔清〕湯日躋，《焕碧翁岳丈大人行述》，載《文續公貴七郎裔·增城何氏族譜》卷4《藝文·行述》，頁101b；同前引書，卷3《省城秉政街秉仁巷尾旋卿祖何氏試館全圖》，頁28a；同前引書，卷3《祭產·旋卿祖新置蒸產》，頁71a。

② 〔清〕湯日躋，《焕碧翁岳丈大人行述》，載《文續公貴七郎裔·增城何氏族譜》卷4《藝文·行述》，頁101b；〔清〕何化參，《陶然大兄傳》，同前引書，卷4《藝文·列傳》，頁103a；〔清〕湛文瀾，《緝裕翁世伯何公大人行述》，同前引書，卷4《藝文·行述》，頁92a—92b。

③ 《文續公貴七郎裔·增城何氏族譜》卷11《世系·雲峯後住小樓·世系紀·二十一世·觀懷》，頁33a—33b。

何族遍處增、龍二邑,嘗產多置原居,族長以公(按:何觀懷)年少老成,推為權理。當春禴秋嘗必集族中少而文者,先期習儀祀事,賴以修明,且時時以厚嘗業為己任,不特會計當而已也。鄉旁有小樓墟,向來貿易未眾,公與族倡建貿庫,招商典當,鄉鄰便之,歲得賃息百兩有奇。①

嘉慶、道光之間何觀懷對小樓墟的改造,不僅更加繁榮了清初以來持續富庶的小樓村,小樓墟的崛起也同時帶動了周遭何姓村落的發展。與何觀懷同時代的七郎裔何氏,特別是小樓及其周邊聲稱系出小樓的何姓社區成員,很多因小樓墟逐漸熱絡的貿易而致富,並據以建立傳世的家業,例如小樓當地的何志融(1789—1851)②、何遲受(1792—1856)③家族,以及高原的何朝杰(1800—1868)④家族等等。如此一來,小樓墟不僅成為小樓鄰近大小村落仰賴的商業中心⑤,更進一步躍身為上增城地區匯通增江中上游與派潭、澄溪河水道以及連結增江河谷平原和增城中北部山地丘陵地帶的重要墟市和碼頭。⑥

嘉道之間小樓墟的發展既使得小樓一帶的何姓村里富厚,也使得

---

① 〔清〕周俊儒,《丹巖何公傳》(清同治七年〔1868〕),載《文績公貴七郎裔・增城何氏族譜》卷4《藝文・列傳》,頁104b。

② 何志融,字毓東,號貫之。〔清〕賴有臨,《貫之何先生墓誌銘》(清同治元年〔1862〕),載《文績公貴七郎裔・增城何氏族譜》卷4《藝文・誌銘》,頁82a—83b;〔清〕何植森,《貫之宗伯先生列傳》(清咸豐六年〔1856〕),同前引書,卷4《藝文・列傳》,頁83b—84b。

③ 何遲受,字德成,號晚芳。《文績公貴七郎裔・增城何氏族譜》卷11《世系・雲峯後住小樓・世系紀・十八世・遲受》,頁51b;〔清〕尹錫勳,《晚芳何公傳》(清同治七年〔1868〕),同前引書,卷4《藝文・列傳》,頁106a—107a。

④ 何朝杰,學名南照,字拱汾,號煒軒。《貴七郎裔・增城何氏族譜》卷14,頁48b;〔清〕何彭柳,《先大父拱汾府君行狀》(民國十七年〔1928〕),同前引書,卷4《藝文・行狀》,頁71b。

⑤ 〔清〕何彭柳,《先大父拱汾府君行狀》,載《貴七郎裔・增城何氏族譜》卷4《藝文・行狀》,頁71b。

⑥ 《(嘉慶)增城縣志》卷1《輿地・里塵》,頁13b。

這批唯小樓何氏馬首是瞻的七郎子孫成為增江上游其他何姓勢力亟於交往、靠攏的對象。隨著增江上游何姓社區的加盟，以小樓為中心所形成的增江中上游七郎裔何氏宗族聯盟，在清代道光末年隱然成型。道光二十九年（1849），在縣東北金牛都龍潭埔一個何姓家族的倡議與大力金援下，小樓一帶的七郎裔何姓村族與縣城接龍何氏攜手在小樓村中①，修建了七郎裔何綬（按：七郎裔二世祖暨入增始祖）—何旋卿（按：七郎裔五世祖）之系的合族大宗祠：

> 祠堂……乃拓基小陋大蘇（按："大蘇"為何綬之號）後合族大宗祠也。吾族自大蘇祖元季由東莞遷居小陋以來數傳，後孫枝各挺，散處鄉城，村分二十。小宗宏立，孝享獨隆於私祠；大宗未營，靈爽曷憑於始祖。念水源而思木本，合族祠堂所當早建也。延至國初，諸前輩起而構光緒堂者，何以廳空小築，狹窄任等於蝸廬；門自橫開，高大莫容乎駟馬。僉曰布置，既因則壞，難以大展其鴻圖，創始又困孔方，奚藉恢宏乎。燕寢增美踵華，堂皇冠冕，所望後賢矣。……道光己酉（1849），龍潭佐勳父子偕大樓之沛然，新樓之配剛，仙湖之迪廣，眷康、小樓之德成、挺輝，高原之廷檢、嘉盛，接龍之擴東、福昭等，復起倡修而式廓焉。時也度支告匱，鳩工庀材之費，幾於策畫無從攤派維均，論房與主所捐，猶自經營不足。……當此措置萬難，圖維皆力，籌款則佐勳父子代勞，督理則沛然諸人分任。……春經始秋落成，輪焉奐焉。……是役也，統計經費不下二千金，微佐勳公諸人之力，何以及此。②

小樓當地俗稱為"光緒堂"的何氏大宗祠，為祭祀七郎裔共同

---

① 大宗祠坐落於小樓梓里，梓里是小樓村中最早開發的何氏聚落。《文縝公貴七郎裔·增城何氏族譜》卷3《小陋村分圖》，頁4b—？（缺頁）。

② 〔清〕何朝鑑，《小樓何氏祠堂圖記》，載《文縝公貴七郎裔·增城何氏族譜》卷3，頁6b—7a。

始祖以及重要祖先（如各房派住場聚落的開基祖、有特別功業傳世的祖先等）的大宗之祠。上述引文來自合族譜中收錄的《小樓何氏祠堂圖記》，其內容關於大宗祠由來的描述，相當程度反映了增城七郎裔何氏聯宗進程幾個重要的歷史發展結果。其一，是增城七郎裔何氏對於祖源論述的創作，自明代弘治時期開始歷經一連串增衍和彙整過程之後，在清代道光末年修建大宗祠時已幾近定調，其核心命題主要如下：七郎裔何氏始遷增城之祖是何大蘇（即貴七郎季子何綏）①，元末大蘇祖何綏從東莞入增後開基於小樓，小樓因此為增城、龍門所有增江七郎衍派的始興之地。此一關於祖先開居增城的歷史敘述，自此成為增城七郎子孫公開談論先祖歷史時的"標準"說法。其二，文中對於大蘇祖何綏入增之後宗枝蔓衍，然各房獨隆私家之祀而未營大宗之祭等現象的感嘆，精準揭示了所謂七郎之族的實際形成與演化過程。合族祠本應早建，卻遲至"國初"（清初）才因陋就簡起構"光緒堂"，箇中原因或許是，以"七郎裔"為名所進行的聯宗運動在明代尚未到達能夠或需要建立大宗之祀的階段。其三，參與道光二十九年（1849）這場修建工程的各地何氏社區，除了龍潭（龍潭埔）、接龍分別位於金牛都與縣城，其他諸如大樓、新樓、仙湖、高原等，皆是小樓村方圓十里之內的何氏村莊。很明顯，雖然《小樓何氏祠堂圖記》開頭聲稱七郎子裔繁衍於城鄉各處，所謂"村分二十"，但真正參與此次大宗祠修建的宗盟成員，主要還是以分布於小樓地區的房派為主力。最後，值得特別一提的是，這場大興土木的宗盟聯誼活動標誌了一股新崛起的何姓勢力——增江上游龍潭埔何佐勳家族的登場。

來自金牛都龍潭埔的何佐勳（1772—1864）②、何景光（1805—

---

① 有關入增始祖何綏的討論，參見本章第一節。大蘇為貴七郎季子何綏，是增城七郎裔獨有的說法。

② 何佐勳，諱李德，字信邦，號聚堂，佐勳為其官名，生於清乾隆三十七年（1772），卒於咸豐四年（1854）。何佐勳與原配廖氏的合葬墓建於咸豐十一年（1861），至今尚存，坐落處為崇賢都大樓村土名西園，在今增城小樓鎮小樓村大樓自然村。《皇清敕封儒林郎候選直隸州分州十八世顯考佐勳何公府君・顯考廖氏淑德安人墓（碑）》，載陳建華主編，《廣州市文物普查彙編・增城市卷》，頁111—112。另可參

?）①父子，在修建小樓何氏大宗祠一事上扮演了關鍵性的角色——他們是首先提出修建計畫的倡議人和主要贊助者。②《小樓何氏祠堂圖記》撰文於同治七年（1868）前後，作者是何佐勳的長孫何朝鑑（1830—?）③，文中多處強調其父祖當初在籌謀小樓大宗祠"鳩工庀材之費"上的挹注。事實上，道光二十九年宗祠落成之際所立下的《建小樓何氏大宗祠碑》，就已很明顯呈現了何佐勳家族的影響力，碑記主筆者雖是小樓雲峯房後人，與何佐勳家族所出身的七郎裔龍潭房一系分屬不同房派，但碑文中卻用了三分之二以上的篇幅鋪陳和表彰何佐勳在此事上的貢獻。④

何佐勳家族是金牛都龍潭埔的巨富，也是嘉慶以來龍潭埔地區最重要的地方勢力。龍潭埔位於增城縣城東北五十里處⑤，與龍門縣交界。增江主幹從龍門麻榨由東至西流入增城縣界，在龍潭埔隔塘村匯合南流的增江支流永清水之後⑥，河道從原本的東西向轉彎呈南北向，此後一路南流縱貫增城縣東部。增江河接壤兩縣邊界並轉向所形

見《文績公貴七郎裔·增城何氏族譜》卷8《華後住龍潭埔·世系紀·十八世·佐勳》，頁84b—85a。

① 何景光，名潤秋，字景光，別字清華，生於清嘉慶十年（1805），卒年不詳。《文績公貴七郎裔·增城何氏族譜》卷8《世系·華後住龍潭埔·世系紀·十九世·景光》，頁86a；〔清〕劉昌齡，《景光何君小傳》，同前引書，卷4《藝文·列傳》，頁108a—109a；〔清〕劉藻翔，《何景光翁事略》，同前引書，卷4《藝文·列傳》，頁110a—111a。

② 〔清〕劉昌齡，《景光何君小傳》，載《文績公貴七郎裔·增城何氏族譜》卷4《藝文·列傳》，頁108a—109a；〔清〕劉藻翔，《何景光翁事略》，同前引書，卷4《藝文·列傳》，頁110a—111a。

③ 何朝鑑，名服瑛，字佩珩，別字鐵珊，朝鑑為學名。《文績公貴七郎裔·增城何氏族譜》卷8《世系·華後住龍潭埔·世系紀·二十世·朝鑑》，頁87b。

④ 作者何光裕，出身於前文提及的小樓何志融家族，光裕為志融之子。〔清〕何光裕，《建小樓何氏大宗祠碑》，載《文績公貴七郎裔·增城何氏族譜》卷4《藝文·碑記》，頁46a—47a。

⑤ 今荔城東北約二十一公里處。《文績公貴七郎裔·增城何氏族譜》卷3《增城縣何氏七郎裔城鄉聚居全圖》，頁1b；賴鄧家主編，《增城地名大全》，頁85。

⑥ 隔塘村臨增江河道處設有渡口，對岸即是龍門縣永清（民國之後改稱永漢）。

成的河灣處，即是龍潭埔。①清代以來，龍潭埔主要為何姓與黃姓分族聚居②，其中何姓居民在譜系上分屬貴五郎裔與貴七郎裔③，嘉慶年間發跡的何佐勳家族為七郎裔"龍潭房"衍派代表。④

---

① 增江河道轉彎處東面即河左岸處，形成一深潭，地方傳說是神龍起風颳起沙石而成，此水潭因此名為"龍潭"，這也是龍潭埔得名的由來。參賴鄧家主編，《增城地名大全》，頁85。

② 龍潭埔地區從清代迄今主要的聚落，分別為廣府何姓與黃姓居民所開闢。何姓聚居處濱增江河岸與永清水交匯處，當代稱為何屋村（行政村），下轄石街、大圍、新圍、塘汀、隔塘五個自然村以及上宅、下宅、中宅三個小型聚落。清代以來，上述何姓村落中的居民在譜系上分屬兩個系統：一為貴五郎裔（分布於隔塘、上宅、下宅），另一為貴七郎裔（分布於塘汀、大圍、新圍、中宅、石街）（按：石街、大圍以七郎裔居民為多數，其中也有五郎裔居民混居其間）。筆者，《何○昌訪談紀錄》，2010年12月29日、2011年4月9日，於增城正果鎮何屋新圍村；《何○光訪談紀錄》，2011年4月9日、2011年8月11日，於增城正果鎮何屋大圍村；《何生訪談紀錄》，2013年1月28日，於增城正果鎮何屋石街村；《何生訪談紀錄》，2013年1月28日，於增城正果鎮何屋隔塘村。按：各村相對位置可參見《文績公貴七郎裔·增城何氏族譜》卷3《龍潭住場總圖·附記》，頁8b—9a。

③ 廣東的貴五郎裔何氏主要分布於順德縣羊額與黃連地區，龍潭埔是增城縣唯一分布有貴五郎衍派聚落的地方。根據民國五年（1916）龍潭埔五郎裔紳耆何養正抄錄的《何氏家譜》，當地貴五郎裔的入增始祖為四世祖何志顯。何志顯由順德黃連徙來增城縣崇賢都何崗頭，其後八世與九世祖何廣堂、何南簡伯姪再徙居龍潭埔新園堡。此外，根據增城七郎裔族譜的記載，龍潭埔最初是由七郎裔的何華與五郎裔的何廣堂、何南照（簡）共同開闢。但是，根據現在當地五郎裔何氏的說法，其先祖在龍潭埔開村定居的時間實際早於七郎裔何氏，而龍潭埔另一個主要大姓黃氏亦聲稱"五郎何"為最早遷入龍潭埔一帶的居民。由於五郎裔現存唯一一部族譜（即前述《何氏家譜》），並未記錄有關入增祖何志顯或龍潭埔開居祖何廣堂、何南簡的生卒年，也未提及任何與開村過程有關的歷史時間，是以七郎裔與五郎裔關於龍潭埔開居歷史的兩造說法尚待進一步商榷。《文績公貴七郎裔·增城何氏族譜》卷3《龍潭住場總圖·附記》，頁9b；《（增城龍潭埔貴五郎裔）何氏家譜》（民國五年〔1916〕鈔本），未著頁碼；筆者，《何○林、何○富訪談紀錄》，2013年1月28日，於增城正果鎮何屋石街村、隔塘村；《黃○金訪談紀錄》，2011年8月2日，於增城正果鎮黃屋村。

④ 根據清代七郎裔合族譜的記載，龍潭埔七郎裔開居祖是何華（字竹庄），龍潭房何氏為何華子孫——所謂的"華後"。在譜系上，屬於"華後"一系的龍潭房與屬於"雲峯後"的小樓一帶何氏是六世祖何旋卿下的不同支派：何華為何旋卿次子何志清之孫，何清（雲峯）為何旋卿三子何茂堂之孫。《文績公貴七郎裔·增城何氏族譜》卷8《世系·廣通後總圖》，頁2a—4a；同前引書，卷8《世系·廣通後總紀·八世何華》，

何佐勳其人與家族的發跡歷程頗耐人尋味。何佐勳出身貧寒，父祖兩代家境困窘，到了他這一代，卻在數十年中開創了龐大的家業，其家族成為親族倚賴的豪門大戶：

> 公諱佐勳，字信邦，號聚堂，邑之龍潭埔人也。先世居小樓鄉，後由小樓遷龍潭埔。公大父諱悅道，服賈而耕，貲本屢折。至公父諱極初，貧甚，茅屋數椽，僅避風雨。公生而知艱，自少親稼穡之事，身先亞旅，董勸有方，夙興夜寐，數十年如一日。歲屢豐，物力漸裕，而勤儉如故，生平食不膏粱，衣不文繡。至於濟人之急，成人之美，則慷慨無吝色，親友之匱乏不能自存者，貸以金使營生，或量其能而用之，賴以振拔者，不可勝數。①

龍潭埔新圍村開居於嘉慶十八年（1813）②，此村名義上的開基祖為何佐勳之父何極初，但實際的奠基者是鄉人俗喚為"信邦公"的何佐勳。③根據族譜上的記載，極初父子拓墾之初所面臨的是"風雨數椽，僅堪容膝"的窘境，然不久之後在父子協力之下，竟發展出村落的規模："未幾，父作室，子肯構，螽斯衍慶，比戶鳩居，則儼然小

頁5a；同前引書，卷8《世系‧華後住龍潭埔》，頁33a—107b。

① 〔清〕陳維嶽，《敕封儒林郎直隸州分州晉封武略騎尉國學生佐勳何公墓碣銘》（清咸豐十一年〔1861〕），載陳建華主編，《廣州市文物普查彙編‧增城市卷》，頁113。按：同文亦收入《文績公貴七郎裔‧增城何氏族譜》卷4《藝文‧誌銘》，頁72a—73b。

② 龍潭埔當地最早開闢與規模最大的何氏聚落是大圍村，何極初一家原本居住於大圍，後來遷居至新開闢的聚落，此一新立的聚落遂名之為"新圍"。《文績公貴七郎裔‧增城何氏族譜》卷3《龍潭住場總圖‧附記》，頁8b—9b；筆者，《何○昌訪談紀錄》，2010年12月29日、2011年4月9日，於增城正果鎮何屋新圍村；《何○光訪談紀錄》，2011年4月9日、8月11日，於增城正果鎮何屋大圍村。

③ 《文績公貴七郎裔‧增城何氏族譜》卷3《龍潭埔分居極初祖新村圖‧附記》，頁11b—12a。按：此圖原無標題，此處圖名為筆者所擬。

村落矣。"① 道光十六年（1836），何佐勳更進一步在新村中興建家祠。② 由以上描述可推論，何佐勳家族的崛起大概發生於嘉慶晚期至道光之間。號稱以農耕起家的何佐勳，在嘉道之間短短二十年中，不僅為家族積累了龐大的財富，並有能力聚集人口開發新村，這種一代之間從赤貧到巨富的蛻變歷程不可不謂傳奇。

何佐勳是其家族由衰起盛的靈魂人物，他在少年貧困時已是鄉人"以奇偉待之"的人物，發達之後更儼然成為調難解紛、一呼百應的地方頭人：

> 龍潭佐勳何公以農業起家，少貧時，襪襦自力露宿隴畝，虎至其前不敢過，曉視虎跡，眾始駭厥，時鄉梓咸以奇偉待公矣。洎後，以力穡儉勤課子，詩書之外，同率耕鑒，學積著，以故貲累巨萬，然公仍始終飯粗糲，褲犢鼻，雖納粟天家，橋門樹範，終不改田舍風。顧儉而中禮，積而能散，鄉黨時分餘潤。鄉里有事，排難解紛，不惜多金之費；歲稍有饑，俟舉火者百餘家。以故得眾志成城，一有所役，效臂指使。③

何佐勳的影響力不僅止於龍潭埔，晚年時他與小樓一帶的何氏密切交往，其在龍潭埔當地"一有所役，效臂指使"的威信，似乎也及於此處：

> 常至小樓鄉，見道塗蕪穢，歸即購石鳩工治之，人有義舉以釀錢請者，無不竭力相助，以故人咸服其德，而恥為其所不容。

---

① 《文績公貴七郎裔·增城何氏族譜》卷3《龍潭埔分居極初祖新村圖·附記》，頁12b。

② 《文績公貴七郎裔·增城何氏族譜》卷3《龍潭埔分居極初祖新村圖·附記》，頁12b—13a。

③〔清〕黎達聰，《佐勳何公墓誌銘》（清咸豐十一年〔1861〕），載陳建華主編，《廣州市文物普查彙編·增城市卷》，頁115。按：同文亦收入《文績公貴七郎裔·增城何氏族譜》卷4《藝文·誌銘》，頁78a—79b。

戚里中爭競不決之事,得公一言立解;少年桀驁不馴之輩,公正色斥之,輒帖然俯首,斂跡而退,或用其力輒旋至立應,如指臂焉。①

沒有太多的資料能充分解釋何佐勳家族短短十數年間"力穡儉勤"、"學積著"就能"貲累巨萬"的真正原因,而何佐勳晚年亟於交好小樓地區何氏"宗親"的種種舉措,包括前述與其子何景光倡議在小樓修建七郎裔合族宗祠之舉,背後動機也相當令人好奇。然而,龍潭埔與小樓特殊的地理位置以及嘉慶以來小樓墟貿易的發展,或許能提供一些探討上述問題的綫索。

位於增城與龍門兩縣交界的龍潭埔,向來是所謂的"增龍喉咽之地"②,無論舟行還是陸運,龍潭埔都是連接龍門與增城的輻輳之地,特別是龍門縣西南永清與麻榨地區,由於地理位置與交通、歷史等因素,自古以來在經濟、文化和社會層面與上增城地區互動密切。對於龍門永清、麻榨以及增城東北金牛都證果一帶的居民而言,龍潭埔是往來增、龍兩縣進行日常民生物資交易或商業買賣的必經之地。至於增江中游的小樓墟,此前曾經提到,其自清代乾嘉時期以來逐步發展為縣城以北上增城地區的重要貨運集散地,小樓碼頭亦是增江上游與增城北部山區(按:增江支流派潭河、澄溪河流域)客貨船隻通往增城縣城與東莞的水路要道。③綜合言之,龍潭埔至小樓之間的增江河道,不僅歷來是增江上游地區以及增城北部山區通往增城縣城、增城下游甚至珠三角核心地帶如廣州、佛山、東莞等處的門戶,隨著康熙中後期派潭墟的開復以及嘉慶以來小樓墟的興起④,這段航路進

---

① 〔清〕陳維嶽,《敕封儒林郎直隸州分州晉封武略騎尉國學生佐勳何公墓碣銘》,頁113。
② 〔清〕黎達聰,《佐勳何公誌銘》,頁115。
③ 《(民國)增城縣志》卷10《交通・渡》,頁12a;《(民國)東莞縣志》卷20《建置略五・橋渡・渡・石龍長河渡》,頁10b。
④ 派潭墟位於增江支流派潭河(按:派潭河為楊梅都主要河流,或稱"楊梅水")中游,相傳開墟於宋代。船隻從派潭墟沿派潭河向下游航行,會在大樓附近的三江口處

一步成為銜接龍門與上增城地區的交通與經濟動脈。

何佐勳家族在嘉道之間的迅速崛起，除了文本上宣稱的"力穡儉勤"外，或許也呼應了上述的歷史發展。龍潭埔所濱臨的增江水面，不僅是增江幹流由龍門麻榨進入增城縣境後的首至處，縱貫龍門西南永清都的永清水（按：民國後易名為"永漢河"）也在這裡匯入增江。由於龍潭埔一帶的何姓村落向來都是這條"增龍走廊"的主要掌控者①，乾嘉以來增江中上游漸趨活絡的經濟活動，不僅更加凸顯了龍潭埔地理位置的重要性，同時也必然為有能力掌控當地河岸津渡與水域秩序的個人或家族帶來可觀的利益。綜合何佐勳隴畝起家傳奇背後所透露的訊息②，以及這個家族後來在咸豐年間一場地方武裝自衛

匯入增江主幹。從三江口沿增江北行，能通往增江上游的金牛都證果地區和龍門縣，南行則能到達縣城與增江下游，甚或更遠的東莞與廣州等珠三角核心地區。清康熙四十年（1701）十月，楊梅都高埔永思堂張氏奉當時縣令沈澄之令，與當地林、盧、朱、葉、陳、溫等大族合力捐買各姓稅田，開復舊時的派潭古墟。開復後的派潭墟直至民國時期都是增城北部山區山產物資最大的貿易集散地。由於小樓、大樓一帶是派潭河銜接增江的必經之處，派潭墟在康熙中後期的復墟或許也部分解釋了乾嘉之後小樓墟的興起。參賴鄧家主編，《增城地名大全》，頁234；《（增城派潭）張氏永思堂族譜》卷12《時事譜·時事》，頁13b。

① 今名為"何屋碼頭"的龍潭埔碼頭位於何屋隔塘村，為龍門永漢河與增江主幹河道交界處，現存的碼頭設立於清代，可作為橫渡永漢河至對岸龍門縣永漢地區（按：民國之前名為永清）的橫濟渡渡口，同時也是連結增江上下游的長行渡碼頭，通行船隻、竹筏與木排。何屋碼頭名義上為龍潭埔當地何姓六村——石街、大圍、新圍、塘汀、隔塘、上下宅所共有，根據龍潭埔黃屋村一位時齡96歲黃姓報導人的回憶，清代以來直至1949年之前，航行增、龍之間的各式商貨客船，若行經增江與永漢河（永清水）匯流處（即當地俗稱"龍虎灘"）一帶河面，無論長行或橫渡的船家、放排人，都必須向龍潭埔何氏繳交"保護費"後才能順利通過，至於具體繳交的對象則是何氏六村中所謂的"有勢家族"。黃姓報導人並指出，晚清至民國時期增城境內有能力控制增江河道的兩大水上勢力，一是增江下游石灘岳潭埔以袁華照（別名袁蝦九）為代表的袁氏，另外就是增江上游龍潭埔的何氏。筆者，《黃伯、黃○英訪談紀錄》，2011年8月2日、9日，於增城正果鎮黃屋村。

② 前引何佐勳墓誌有關其年少露宿於田野間"虎至其前不敢過"而被鄉人"以奇偉待之"的事蹟，以及致富之後在地方上能使所謂"少年桀驁不馴之輩"俯首而退，甚或聽其差遣的敘述，都呈現出一方豪強略顯江湖草莽氣息的面貌。根據此番描述，並綜合本章第三節所提清初增江中游小樓、大樓一帶常出現類似的一代暴富例子，不禁讓人合

活动中的积极作为来看,何佐勋家族的发迹,很可能与整合当地不同房派的何姓势力并取得河道控制权有关。①

发迹之后的何佐勋家族宣称其族先世源于小楼②,道光时期他们透过在小楼地区修桥、造路等活动,与当地七郎裔"宗亲"进行密切的交往,后来甚至主导了增、龙七郎裔合族大宗祠在小楼的兴建。然而,与上述一连串积极的行动相较,真正促使何佐勋家族领导的龙潭埔何氏在增江七郎裔宗族联盟中站稳脚跟并拥有实际发言权的关键,在于咸丰四年(1854)的何六事件。在此桩冲击地方社会秩序的武装冲突发生期间,何佐勋家族因为忠诚地扮演了支持官方剿乱的盟友,

---

理怀疑,何佐勋其人的发达之路或许不只有依靠农业起家如此单纯。进一步言之,无论大、小楼或龙潭埔,皆是滨临河岸的水陆要冲,亦都是强烈宗族力量主导的地方聚落,笔者认为,林则徐与Yi-faai Laai对于广东盗匪问题的观察与研究,或许能提供我们一些思考上述现象的灵感。林则徐(1785—1850)在担任两广总督期间,曾归结了数个导致广东历来"弭盗之难"的原因,其中之一是广东"良盗难分"的特殊现象:"臣等窃见广东弭盗之难,别有数端,而寻常之弊不与焉。一则良盗难分也,他省之民良自良,而盗自盗,广东不然,平时耕种之民,遇有黉夜纠劫者,但以'发财去'三字随路招呼,鲜不欣然同往,故一同为盗之人,彼此每不相识,即人数亦无可稽,甚至田舍素封、衣冠巨族亦皆乐於一试。若惠、潮地方,则竟有以盗起家,转因党羽太多,不能破案,人不敢指,官不得挐者,并有通族皆盗、通乡皆盗,一挐即恐滋事,不得不略审机宜,设法诱获者,此盗风所以未易戢也。"另外,Yi-faai Laai在其有关鸦片战争前后两广水上盗贼的研究中指出,广东地区的宗族制度是助长该区水贼活动的有利因素之一,由于宗族势力是乡村地方秩序实际的仲裁者、维护者与利益垄断者,他们一方面可为族中成员提供严密的社会庇护,另方面也成为地下组织必要的往来与接触对象。例如当水贼需要上岸销赃或添置补给时,沿岸村落宗族头人或特定代理人往往扮演了接应的角色。〔清〕黎达聪,《佐勋何公墓志铭》,页115;〔清〕陈维岳,《敕封儒林郎直隶州分州晋封武略骑尉国学生佐勋何公墓碣铭》,页113;〔清〕林则徐,《林文忠公政书三集·乙集·两广奏稿》(上海:上海古籍出版社,1997,影印复旦大学图书馆藏清光绪三山林氏刻林文忠公遗集本)卷3《议覆叶绍本条陈捕盗事宜折》,页192;Yi-faai Laai, "The Part Played by the Pirates of Kwangtung and Kwangsi Provinces in the Taiping Insurrection" (Ph.D. diss., University of California, Berkeley, 1950), pp. 15-19.

① 何佐勋家族在清代咸丰时期之后的发展能间接证明笔者此处推论,相关讨论详见本书第四章。

② 〔清〕陈维岳,《敕封儒林郎直隶州分州晋封武略骑尉国学生佐勋何公墓碣铭》,页113。

亂平之後一躍成為當時上增城最顯赫的家族之一。在他們的支持下，以小樓為象徵核心而聯結各地七郎裔房派的宗族聯盟，遂在同治年間重修合族譜後正式成為定局。何六事件如何影響增江七郎裔何氏宗族整體發展態勢並模塑他們和增、龍其他何姓勢力的關係？相關影響又如何進一步深刻改變了近代增江地區的何仙姑信仰版圖與內涵？這些問題將在下一章中具體討論。

小　結

晚明崇禎年間增城縣令陸清源所謂襄助其修築仙姑井亭有功的兩位"仙姑之後"——何士遇與何鉞，實際上分別代表著當時上增城最重要的兩股何姓地方勢力：縣城坊都何氏以及崇賢都小樓何氏。坊都何氏以功名成就而貴顯，小樓何氏則是憑藉陶朱之術富甲一方。這兩支何氏或有各自的來由與不同的歷史發展軌跡，只不過從嘉靖時期開始，在當時漸次流行的造作宗族潮流下，他們相繼透過"三鳳十郎"的話語與實踐，聯袂走向身為何氏貴七郎裔孫的道路，成為同根而生的宗族兄弟。

明清時期的坊都與小樓何氏，皆宣稱其族與增城的聯結可以上溯至明朝之前，或為南宋初①，或為元季②。綜合分析可考的文獻材料與聚落地點訊息，可知坊都何氏的歷史最晚在元末即有跡可尋，他們也最有可能是明初孟士穎在《何仙姑井亭記》中提到"至今尚繁衍"的"何氏之族"。③孟氏"何氏之族"的說法顯然意味著，當時他在增城所聽聞或接觸的某些何姓，以何仙姑一族後人的身分自居。我們其

---

① 〔明〕湛若水，《明故照府雲菴何公配曾氏孺人合葬墓誌銘》，頁381。
② 〔清〕黎翰，《何氏族譜序》，載《文續公貴七郎裔·增城何氏族譜》卷首，頁15a。
③ 〔明〕孟士穎，《何仙姑井亭記》，載《（康熙）增城縣志》卷14《外志·寺觀·會仙觀》，頁13a；〔明〕盧編，《何母徐太恭人墓誌銘》，載《文續公貴七郎裔·增城何氏族譜》卷4《藝文·誌銘》，頁11b；秦慶鈞，《增城回憶錄》，頁59；秦慶鈞著，秦啓權編，《何吟——秦慶鈞詩詞集》（洛杉磯：洛杉磯世界日報，2018），頁38。

實無法得知,明初孟氏遭逢的縣城何姓人士是否真如其所言,與會仙觀仙姑祠供奉的女仙系出同源。唯一能確定的是,宋代以來隨著何仙姑形象的在地化,"何氏(仙姑)之族"、"仙姑之族"等淵源於在地何仙姑信仰傳統的身分標誌,常為嫻熟於此一信仰傳統的文化、政治菁英授以某些何姓世族,抑或為特定何姓社區援用以定義自身。直到明末,當陸清源以"仙姑之後"等語介紹何士遇與何鈚時,其所顯示的,是這套以神仙之說標誌族群來歷與身分的敘事傳統在地方社會猶具影響力,特別是縣城中的菁英階層。

與上述"仙姑之後"說法共存的另一套族源敘事範式,是明中葉以來在宗族話語下新興的"三鳳十郎"宗源論述。自明代嘉靖時期開始,由於國家對於祭祖禮儀的改革,建立家廟祠堂祭祀祖先的實踐逐漸庶民化與普及化,透過建宗祠、編族譜、置烝嘗等方式合眾人群的宗族創作工程,在泛珠三角一帶大行其道。嘉靖以來直迄清末,新形態的宗族制度遂成為地方社會中主宰資源配置秩序的權威機制與話語。①在造作宗族的風潮下,何氏兄弟南遷傳說自明代嘉靖、萬曆時期以來逐漸風行於泛珠三角一帶的何姓社區之間。於是,所謂"在粵著族,問發祥者,咸曰貴某郎之本支"②——以"貴某郎之裔"的說法定源分派,成為諸多廣府何姓社區在聯宗合族過程中編製譜系、確認宗盟成員身分的主要方法。

明中晚期開始,以坊都和小樓何氏為首的上增城何姓村族攜手合作,以當時流行的何氏十郎兄弟南遷故事衍生版——南宋梅關將軍貴七郎脈裔南遷傳說為基礎,建立共同的宗源論述並重構世系。原本互不相屬的何姓社區在"七郎裔"名號下所進行的聯宗合族行動,從明中晚期開始一直持續到清中葉,小樓何氏最終也成為主宰增城七郎裔

---

① 科大衛、劉志偉,《宗族與地方社會的國家認同——明清華南地區宗族發展的意識形態基礎》,頁3—14;科大衛,《祠堂與家廟——從宋末到明中葉宗族禮儀的演變》,頁1—10。

② 〔清〕黎翰,《何氏族譜序》,載《文繽公貴七郎裔・增城何氏族譜》卷首,頁14b。

宗族話語權的核心勢力。值得注意的是，相較於明中葉之前對於仙姑族裔身分的強調，晚明迄至清中葉，增城七郎裔何氏在宗族語境下創作的各類家乘譜牒文本中，皆不見有關何仙姑其人其事的著墨，而是以貴七郎裔孫的身分取代"仙姑之後"的說法，作為其建構宗族譜系所主要倚用的敘事典範。在宗族制度的基礎上，增江七郎裔各房派共同始祖何七郎（貴七郎）的英雄事蹟和其子裔輾轉南遷於增城開居拓荒的"歷史"，透過多元的媒介——形諸於文字的碑銘、族譜，物質實體的祖墳、宗廟與祖嘗，非物質形式的祭祀儀典等——反覆鋪衍並不斷完備，凝聚成增城眾多七郎裔何姓社區世代信守與傳承的歷史記憶。相較之下，早期"仙姑之後"的說法成為宗族正統歷史敘事下的潛流，流衍於巷議街談的口述傳統中。

以仙姑之族標誌人群的方式，在明中葉以後的宗族創作運動中退居於增城各大何姓村族主流歷史論述之外，卻未真正離開增江畔的歷史舞臺。在下一章中，我們將會看到，當以貴某郎之裔為名的聯宗合族工程在清中葉達到完熟之際，早期地方神仙敘事傳統下的"仙姑之後"身分，如何因為咸豐年間一場地方武裝衝突事件，又重新成為眾多增城何姓村族競相擁抱的身分認同與我群象徵。

第四章 何六西山做大王
——甲寅之變與晚清信仰版圖擴張

小引 仙姑"出城":
近代增江地區的何仙姑信仰景觀

清咸豐八年（1858），小樓村的雲峯祖祠旁建立了以何仙姑為名的"何仙姑家廟"；咸豐十一年（1861），"仙姑祠"落成於龍潭埔大圍村何氏碼頭邊上；同治三年（1864）前後，增城縣城西南十里處的亭子岡村有了號稱"由增仙而分一脈"的"仙姑古廟"，增江下游的南壆村亦啟建了"何仙姑廟"；同光之際，增城北部山區新興的商業市鎮派潭墟也出現了"何仙姑廟"。除了上述這些增城縣境內以何仙姑為主祀神明的祠廟之外，約莫從光緒初期開始，龍門縣麻榨何村、永清旱河一帶某些歷來以文武帝、北帝等神祇為主要供奉對象的地方廟宇，也陸續將來自增城的女仙何仙姑納入旁祀神明之列。在這些祀奉仙姑的後起之秀中，旁祀的新神明何仙姑似乎很快就凌駕於主神的威名之上，長久以來佇立於增江及永清河沿岸村莊中的文武帝祠、北帝廟等，紛紛改換了招牌，成了迄今地方百姓口中"拜何仙姑的地方"。①（圖4—1）

---

① 筆者，《田野訪談紀錄》，2011年4月8日、2011年7月31日、2013年8月4日，於龍門縣永漢鎮紅星村（旱河自然村）；《田野訪談紀錄》，2013年8月4日、7日，於龍門縣永漢鎮寮田村；《田野訪談紀錄》，2011年7月31日、2013年1月26日，於龍門縣麻榨鎮橫漢村；《何〇森等訪談紀錄》，2013年8月4日，於龍門縣麻榨鎮橫漢村；《何〇明訪談紀錄》，2013年1月26日、8月4日，於龍門縣麻榨鎮南灘村；《何〇明、何〇榕等訪談紀錄》，2013年1月26日，於龍門縣麻榨鎮下南山村。

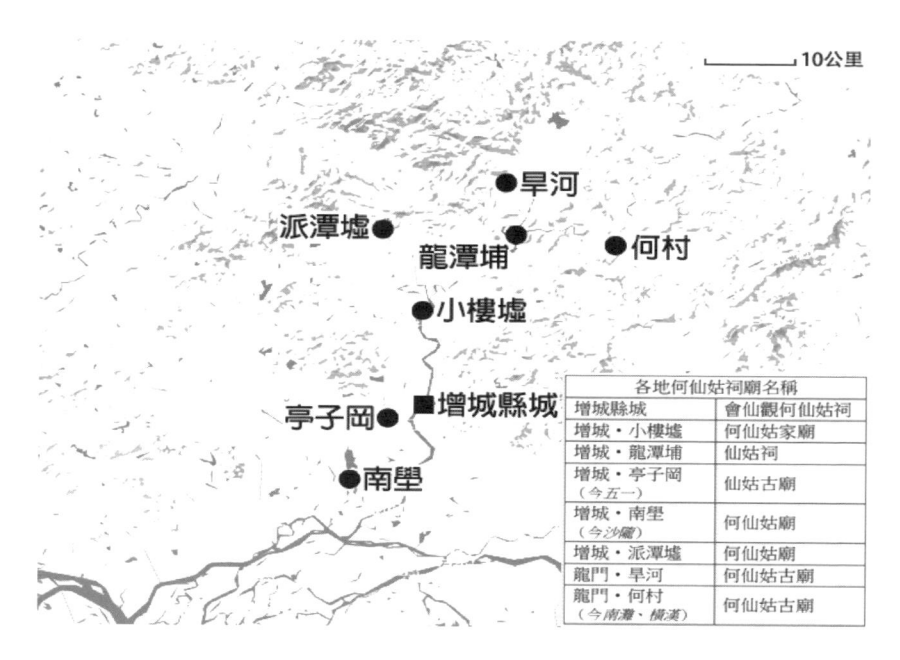

各地何仙姑祠廟名稱	
增城縣城	會仙觀何仙姑祠
增城·小樓墟	何仙姑家廟
增城·龍潭埔	仙姑祠
增城·亭子岡（今五一）	仙姑古廟
增城·南堡（今沙羅）	何仙姑廟
增城·派潭墟	何仙姑廟
龍門·旱河	何仙姑古廟
龍門·何村（今南灘、横瀝）	何仙姑古廟

圖4—1　近代增江流域何仙姑祠廟分布地圖

　　上述這些在咸豐八年之後陸續出現的"拜何仙姑的地方"，其坐落處除了派潭墟、永清旱河分別位於增江支流的派潭河與永清河，且是不同姓氏混居的雜姓聚落外，其他皆為增江沿岸的何氏單姓聚落，這些何姓社區各自隸屬於不同的宗族房派和方言群：增江中上游的小樓何氏為廣府"何氏十郎"話語系統下的貴七郎衍派，龍潭埔何氏為貴七郎與貴五郎裔，龍門縣麻榨何村為貴十郎枝葉；至於分布於增城縣城以南的何姓社區，鄰近增城縣城的亭子岡何氏為客裔（"客家"），下增城的南堡則是一支外於"何氏十郎"宗源敘事範式的"本地"何氏。然而，即使宗派與族群背景紛雜歧異，卻無礙於這些何姓對於何仙姑分享著相似的認同。對上述何姓社區而言，村中專立祠宇奉祀的何仙姑，不僅是神威顯赫的增城代表神明"何仙姑菩薩"，在當地許多居民眼中，何仙姑還是他們的"姑婆"、"姑婆太"[①]，是本家遠代

---

① "姑婆"、"姑婆太"皆指父親的姊妹，說廣府話的"本地"何氏使用"姑

未出嫁外姓的女性祖先。①

相較於會仙觀仙姑祠萌芽於宋、完熟於明末的廟祀傳統與傳說話語，為什麼縣城之外的何仙姑祠廟遲至清代咸同之後才如雨後春筍般湧現，且又大多分布於增江邊上的何姓聚落？宋代以來於鳳凰山下長享文人謳歌與黎庶香火的何仙姑，何以會在晚清邁出縣城，開始在鄉野隴畝中擁有形態多元的享祀殿堂與淵源各異的崇拜群體，甚至進一步成為眾多不同背景的何姓宗族社區共同敬拜的先代祖姑？透過分析晚清增江沿岸村落興起的崇祀何仙姑之風，本章探討促成近代何仙姑崇拜傳統真正扎根於增江沿岸地方社會肌理的歷史淵源，並進一步揭示這股信仰風潮背後的地方社會圖像。

第一節　咸豐甲寅年的"亂"與"變"：
　　　　何六事件始末與衝擊

> 先是咸豐四年（1854），賊踞縣治東門對河西山，城陷，邑紳督鄉勇收復城池，撲掃賊巢，鏖戰陣亡紳士三名，鄉勇一百三十一名，鄉民四名。事後，邑人每歲祀於河幹，祭畢，藏其主於塔下，天陰鬼哭，不足以妥幽魂。同治十年（1871），知縣張慶鏐捐貲建祠，詳奉列憲，以此次收復縣城，實為通省首功，該鄉勇等捐軀致大功，早就專摺奏邀俞旨准建專祠。奉到恩綸，則在同治十一年（1872）十一月初八日也。
>
> 《敕建義勇祠》②

婆"，說客語的"客家"何氏則使用"姑婆太"。"姑婆／姑婆太"也可指前代父系祖先的姊妹，與"祖姑"同義，但更常見於當地居民日常口語中。

① 必須特別指出，視何仙姑為祖姑的現象，主要見於增城的何姓村莊。龍門的何姓村莊如麻榨何村（按：今南灘、橫漢），雖然也將何仙姑當作神祇供奉於村落中，但似乎並沒有將其視為己族的"姑婆"。

② 《（嘉慶）增城縣志》卷首《旌表建坊設位縣案可稽‧敕建義勇祠》，頁3b。

承上章所述，龍潭埔何佐勳家族崛起於清代嘉慶末期，在道光年間與小樓一帶的七郎裔何氏展開密切的交往與聯宗活動。當時無論是增江上游的龍潭埔當地，還是增江中游小樓周遭的大小何姓聚落，都是其家族勢力所及之處。然而，真正促成何佐勳家族聲名在上增城地區達到如日中天之勢，因之能在貴七郎宗族聯盟中確立無法撼動的主幹成員身分[①]，關鍵來自於咸豐四年何六事件所造成的影響。

咸豐四年，廣東各地相繼爆發一連串反政府的地方武裝行動，多縣縣城失守，甚至連省城廣州也為四方集結的民間武裝勢力圍攻長達半年之久。以清朝官方觀點出發的史料常以"甲寅之變"、"甲寅之亂"為名，概括這些於咸豐四年（按：干支甲寅）至咸豐五年（1855，干支乙卯）間密集出現甚而相互呼應的地方民變、寇亂與騷動。[②]在當時諸多直接衝撞官方統治權威的衝突事件中，起事者常以"洪兵"自謂，並流行以頭裹或腰纏紅布作為區分敵我的標誌，是以官方亦常以"紅巾之亂"、"紅匪之亂"謂之。[③]其時清朝政府認

[①] 從清同治七年（1868）續修的七郎裔合族族譜的編輯秩序來看，龍潭房一系何氏在過程中擁有主導性話事權的痕跡非常明顯，清楚展現何佐勳家族在七郎裔聯盟中的影響力。

[②] 對於清咸豐四年（1854）夏天起於兩廣各地陸續爆發的一連串武裝反政府事件，光緒五年（1879）的《廣州府志》有一則概括性的描述，為許多後來的地方史志引用，或可代表清代官方對此事的基本看法："（咸豐四年）夏五月紅巾賊起。先是粵省莠民聚眾拜會，其黨分布各州縣，約期皆反。東莞賊何六首擾石龍墟，未幾，陳開等亦在佛山倡亂，而省城北李文茂、甘先、周春、陳顯良（原按：混名豆皮大）等聚眾佛嶺市應之，還逼省城。又有林洸瀧、李大計屯官河之南，水賊關巨、何博份等沿海攻掠。此外，如陳松年、呂萃晉等起新會，陳吉、梁梱等起順德，陳金釭、練四虎等起清遠，高六、鄒新蘭等起龍門，其餘嘯聚黨羽，私相部署者，不可勝紀。從逆者裹紅巾，服梨園衣冠，造'洪順堂'、'洪義堂'印，設將軍、元帥、先鋒軍師偽號，名其黨曰'洪兵'，官軍麾幟用白賊，遂名'白兵'。"《（光緒）廣州府志》卷82《前事略八·國朝三》，頁3b—4a。

[③] 即為"紅巾賊"、"紅匪"所引起的亂事。中國歷史上曾出現多次以"紅巾"為名的民眾武裝行動，向田洋對這些被冠以"紅巾"之名的反叛傳統做了綜合性的考證。向田洋，《紅巾考——中国に於ける民間武裝集団の伝統》，《東洋史研究》卷38號4（1980年3月），頁569—596。按：關於咸豐年間這一連串武裝行動的性質，在當代出現諸種不同於清代官方視之為叛亂的看法。中國大陸史家常從農民或無產者起義的觀點出

為，這場蔓延兩廣的甲寅之變，基本上是"三合會"、"天地會"這類以反清復明為號召的會黨組織所統一策動的動亂①，涉入者多被歸類為"會匪"之流。②必須補充說明的是，"甲寅之亂"名稱下的各

發，視之為一場農民革命，謂之為"洪（紅）兵起義"。20世紀60年代的日本學界也有類似的觀點，如佐々木正哉認為，這些行動基本上是有產與無產階級的對抗。有些西方研究者如Frederic E. Wakeman則試圖挑戰傳統的看法，認為所謂"紅巾之亂"基本上稱不上是"一"場有組織的行動，只是某些零星暴力衝突事件爆發後，"造反引起造反"，參與者自謂的起義行動使得地方秩序日漸陷於無政府的混亂狀態。參駱寶善，《廣東天地會起義考釋》，載郭毅生編，《太平天國歷史與地理》（北京：中國地圖出版社，1989），頁247—257；佐々木正哉，《咸豊四年広東天地会の叛乱》，《近代中國研究センター彙報》號2（1963年4月），頁14；Frederic E. Wakeman, Jr., *Strangers at the Gate: Social Disorder in South China, 1839–1861* (Berkeley: University of California Press, 1966), pp. 139–148, esp. p. 139.

① 道光之後具有武裝性質的民間會黨組織，通常都被清代官方統稱為"三合會"。清廷對於所謂"三合會"組織成員與會眾間流傳的特定用語、入會儀式，往往存在一套制式的理解與界定框架，光緒《廣州府志》一段相關描述可為代表："道光二十三年（1843）……香山三合會匪再起。……初起時，撰妖書，造隱語。傳教者曰'亞媽'，引見者曰'舅父'，又曰'先生'、曰'升上'，主文字者曰'白紙扇'，奔走者曰'草鞋'，各頭目曰'紅棍'。拜會曰'登壇演戲'，入會曰'出世'。每拜會，亞媽裹紅幘，服白衣，設五色旗，上書'彪壽合和同'字，分布五方。從某方來者隸某旗。設三重門，每門二人，持刀作八字形。拜會者匍匐入，自稱曰'仔'，赤身披髮，跪伏拜斗，念三十六咒，割指血盟，受隱語、三角符，符內寫'參天宏化'四字。髮辮繫兩綫辮，結一圈，頭目曰'天牌'，圈正額；司事曰'地牌'，圈腦後；先入會者曰'人牌'，圈左耳；後入會者曰'人和牌'，圈右耳。俱身披短襖綵帶、藍襪銳屣、露刃。彼此相遇問姓，各以'洪'對，或稱'三八二十一'，便知是會中人。不肯入教者曰'皇仔'，冒其教者曰'野仔'、曰'瘋仔'。每入會科洋銀一銅錢三百六十，曰'祝壽錢'。不識其隱語暗號者即被掠。"《（光緒）廣州府志》卷81《前事略七》，頁41b—42a。

② 《討三合會匪檄》（清咸豊四年〔1854〕），載佐々木正哉編，《清末の秘密結社・資料篇》（東京：近代中國研究委員會，1967），頁108—110；《（民國）東莞縣志》卷34《前事略六・國朝三（道光）》，頁22a—22b。按：關於事件參與者的"會匪"身分，筆者認為，如Barend ter Haar對歷史上所謂"白蓮教"運動的研究所揭示的，實際上更可能是官方權宜標示異己時想像與創造的標籤。事實上，"甲寅之變"主要是由不同地方勢力各自發動的武裝行動，山頭並立的各股勢力，或許彼此聲息相通和存在實質的交流，甚或曾為因應不同環境與政治形勢而形成短期的軍事結盟，但是並沒有直接充分的證據能顯示，這些勢力間確實存在統屬性的階層關係。以下學者的研究或能進一步說明

種各樣反政府活動、地方騷亂等事件之所以被清廷認定為同"一"場動亂，主要淵源於咸豐四年六月至五年二月間各方勢力集結圍攻廣州城的武裝行動：從咸豐四年六月開始，分布於珠三角核心與鄰近地區的多股地方武裝勢力陸續佔領各縣縣城、城鄉墟鎮，並進一步集結兵力於廣州城四方週邊，試圖攻佔省垣。①一直要到咸豐五年正月前後，水陸二路包圍廣州的反叛勢力為清廷肅清，省垣的圍城之危才算完全解除。②

在官方文書或地方文人有關咸豐四年"紅匪之亂"的記載中，

上述觀點。Frederic E. Wakeman指出，各地以"三合會"為名的會黨組織，基本上是以地域為基礎所組成，各地會黨組織間的行動通常互不相關，其共同之處可能只有相似的入會儀式和模糊的兄弟互助概念。David Faure 認為，所謂"天地會"與其說是階層性的組織，更可能體現的是一種儀式的傳統。Yi-faai Laai和Kim Jaeyoon的研究也說明，"天地會"或"三合會"成員實際上都各自有其他本業，具有其他的職業和社會身分。Barend J. ter Haar, *The White Lotus Teachings in Chinese History* (Leiden: E. J. Brill, 1992); Frederic E. Wakeman, Jr., "The Secret Societies of Kwangtung, 1800–1856," in Jean Chesneaux, ed., *Popular Movements and Secret Societies in China, 1840–1950* (Stanford: Stanford University Press, 1972), pp. 29–47; David Faure, "The Heaven and Earth Society in the Nineteenth Century: An Interpretation," in Kwang-Ching Liu and Richard Shek, eds., *Heterodoxy in the Late Imperial China* (Honolulu: University of Hawai'i Press, 2004), pp. 365–392; Yi-faai Laai, "The Part Played by the Pirates of Kwangtung and Kwangsi Provinces in the Taiping Insurrection," pp. 32–35; Kim Jaeyoon, "The Heaven and Earth Society and the Red Turban Rebellion in Late Qing China," *Journal of Humanities and Social Science* 3:1(2009), pp. 5–6.

① 廣州府轄下諸縣中，東莞首先在清咸豐四年（1854）五月被何六攻陷，該年六月至閏七月間，包括花縣、三水、順德、增城、新會、清遠、龍門、從化等縣相繼陷落，廣州城附近的重要市鎮（如佛山）、堡寨、港口等亦自六月開始，為多股民間武裝勢力所陸續佔領："時省兵擊林洸灇於猛涌，擊李文茂、甘先、周春等於牛欄岡，皆為所敗。時甘先陷花縣，陳金缸圍三水，官兵救禦不暇，賊遂於二十六日分三路撲省城。總督葉名琛目上五層樓督戰，然屢為所敗。七月，時陳吉陷順德，陳松年、呂萃晉圍新會，陳金缸、練四虎陷清遠，高六陷龍門，而佛山賊陳開與省垣城北諸賊合南海大瀝堡，練勇扼之不得進，已而，賊攻省城者，皆為省兵擊退故。何六陷增城後，即會攻省城，進至石橋頭據其地為巢，連營及梁邊白泥塱，負隅數月。"《（民國）東莞縣志》卷35《前事略七·國朝四（咸豐、同治）》，頁7b。

② 〔清〕陳坤編，鄭洪貴輯，《粵東剿匪紀略》卷2，載廣東省文史研究館、中山大學歷史系編，《廣東洪兵起義史料》上冊（廣州：廣東人民出版社，1992），頁680。

围攻廣州城的各路人馬被認為是由三合會中不同的"匪首"各自統領①，其中，由廣州東路進攻省垣的主要勢力為"東莞賊"何六（按：部分文獻亦記為"何祿"或"何亞六"）所領導。②何六的根據地主要在東江流域一帶，包括廣州府東莞、增城與惠州府博羅等地③，他在官方文獻中常被描述為甲寅之變的"首逆"之一，此惡名除了來自於他的富謀略與善戰，讓官府疲於對付之外④，最關鍵的原因，是咸豐四年五月十五日他在東莞石龍墟攻擊當地官員與士紳的行動。石龍墟事件由於發生時間較早，普遍被視作是引發該年兩廣各地騷亂的導火綫⑤，何六因此被官方目為甲寅事變帶頭"造反"的始作俑者。

何六是廣東順德縣人⑥，其謀生方式和社會交往與水上舟運、買賣以及幫派活動密切相關。從東莞石龍墟事件爆發前後至圍攻省垣時期，何六以東莞石龍為主要根據地，發展出配備龐大武裝與人力動員能量的組織勢力，不僅控制了東江沿岸河面的水上運輸與商業活動，並且

---

① 《（光緒）廣州府志》卷82《前事略八·國朝三》，頁3b—4a。

② 何六勢力範圍主要在廣州東面東莞、增城等縣，在咸豐四年至五年（1854—1855）圍攻廣州城的行動中，何六部眾是由廣州東路攻打省垣的主要力量："方紅逆之起事也，甲寅夏間，匪股由東莞、增城蜂擁而來，（番禺）慕德里諸梟應之，集佛嶺市，攻省城。"〔清〕馬汝泉，《（番禺陳洞）公平書院碑記》，載廣東省文史研究館、中山大學歷史系編，《廣東洪兵起義史料》上冊，頁865。

③ "何六為東江賊魁，惠州、增城之賊，皆推為首，南海、番禺各縣賊，亦遥相應和。"《（民國）東莞縣志》卷35《前事略七·國朝四（咸豐、同治）》，頁7b。

④ "官書作何祿，即何六也。廣州諸賊，何六最狡悍。幸其志不在莞，未受其荼毒耳。"《（民國）東莞縣志》卷35《前事略七·國朝四（咸豐、同治）》，頁9a。

⑤ 《討三合會匪檄》，頁109；〔清〕陳坤編，鄭洪貴輯，《粤東剿匪紀略》卷1，載廣東省文史研究館、中山大學歷史系編，《廣東洪兵起義史料》中冊（廣州：廣東人民出版社，1992），頁666；〔清〕陳殿蘭，《岡城枕戈記》卷1，同前引書，中冊，頁898；《（民國）東莞縣志》卷35《前事略七·國朝四（咸豐、同治）》，頁3b。另參佐々木正哉，《咸豊四年広東天地会の叛乱》，頁8；Frederic E. Wakeman, Jr., *Strangers at the Gate: Social Disorder in South China, 1839–1861*, p. 139.

⑥ 當代順潭村的貴三郎裔何氏聲稱何六出身其村，與父親往東莞石龍墟開設米店。《廣東省南雄市珠璣巷譜系·廬江堂何氏宗譜》卷3《順德潭村何族世系節錄資料》，頁55—57；同前引書，卷3《太平天國紅巾軍首領順德潭村何六起義事蹟》，頁58—60。

與其他地下會黨組織、衙門胥吏牙役甚至外國勢力都有密切的來往。①在赴東莞"發展"之前，何六曾經是廣西一股水上武裝勢力——田芳的手下。②田芳投誠清政府後被殺，何六逃回廣東。大約從咸豐三年（1853）開始，他在東莞虎門一帶鄉村透過招人"拜會"的方式吸收組織成員③，因躲避當局查禁取締會黨行動，遂藏匿於石龍南浦村④，並認南浦何氏為本家。⑤

咸豐三年十月至四年四月，是何六積極擴張其勢力範圍的階段，他一方面在石龍一帶村莊積極納併地方勢力，並大舉招募新血"入會"⑥，另一方面試圖部署部分旗下勢力至鄰縣增城活動：

> 自去年（按：咸豐三年）十月起至本年（按：咸豐四年）三、四月間，不但良歹多有入會，其不入會者，只係紳士富戶及大生理鋪戶人等，其餘多被協（脅）從，因會中人眾，若不暫

---

① 《東莞縣石龍地方起事緣由》（清咸豐四年〔1854〕），載佐々木正哉編，《清末の秘密結社・資料篇》，頁21—22；《（民國）東莞縣志》卷35《前事略七・國朝四（咸豐、同治）》，頁4a；〔清〕陳殿蘭，《岡城枕戈記》卷1，頁898；William C. Hunter, *Bits of Old China* (London: Kegan Paul, Trench, & Co., 1885), pp. 82-107.

② 〔清〕蘇鳳文，《平桂紀略》卷1，載廣東省文史研究館、中山大學歷史系編，《廣東洪兵起義史料》中冊，頁772。

③ "拜會"是指參加特定儀式宣誓加入組織，是民間會黨招納新成員的必要程序。增城王博頭村王亞寬本業為水手，在清咸豐二年（1852）經由介紹人牽綫，參加拜會儀式加入何六陣營，後來在咸豐四年被正式動員，參與了何六攻城的戰役。從王氏的供詞可以管窺當時拜會儀式大致的程序："王亞寬供，年三十歲，增城縣王博頭村人。……平日在勞亞水火頭柴船當水手。咸豐二年七月二十五日，聽從陳亞巢，在增城城外西菴拜會，共夥二十餘人。梁喜中為'老母'（按：傳教者），陳亞巢為'舅父'（按：引見者），拜會給回硃砂錢三文為記。四年七月十四日，投入何六偽先鋒屈良夥內，住扎（駐紮）增城西山鄉地方；是月十五日，隨同屈良往增城（按：此指縣城），與官兵打仗一次。"《匪犯王亞寬等供詞》（清咸豐四年〔1854〕），載佐々木正哉編，《清末の秘密結社・資料篇》，頁98。

④ 南浦何氏在譜系上屬貴七郎裔。《楊溪何氏支派乾隆六年（1741）重修譜序》，載《（東莞市大嶺山楊屋村）楊屋何氏族譜》，頁21a。

⑤ 《東莞縣石龍地方起事緣由》，頁21—22。

⑥ "入會"即指加入特定的會黨組織。

入，往來甚為不便。近因分黨，往增城地方行劫，被官兵殺敗、土人追趕，逃回石龍。①

何六勢力最初在增城的擴張並不順利，不過一開始的阻礙似乎反而助長他拿下增城的決心。咸豐四年四月至五月間，何六部眾兵分多路劫掠增城，燎原之勢由增城東路開始，迅速蔓延至西路、北路以及東北路：

> （咸豐四年）四月十六夜，有莞賊百餘，由從化②下派潭，繞出證果地界（按：增城縣東北與龍門縣交界處），被該處壯勇堵截，擒賊七名，餘賊逃回莞邑石龍地方。時逆首何六，正在石龍謀不軌，以六都劫殺釘恨，遂於四月二十二日，遣偽帥劉英才，統黨兩千餘，由三江路來過海（按：指增江）③，屯於離城（按：增城縣城）十里之初溪村。主事等城中全無準備，登即親提壯勇護城，賊不敢進，旁掠亭子岡一帶村莊。主事等旋於二十六日，督勇直搗賊所，賊聞風遁走四十餘里，竄至福都（按：福和都）之福和墟，以日暮未便窮追，仍率勇退屯橋頭村。賊在福和，招集土匪朱真社、張洪秋等，糾黨六七千，焚劫打單無算。二十九日，賊往二龍墟，欲再窺縣城。主事等督勇堵截要隘，賊不得逞，遂於五月初一日，冒雨徑奔派潭墟，盤據四擾。初三日，主事等復督勇，趨赴四十餘里，至派潭墟，賊先半晌飛遁，尾追至增、從交界之高灘墟，擒殺賊匪數十名。賊又從從化繞至龍門。初十日，劫龍門之麻榨墟，分為二股，一由牛都（按：金牛都）三松嶺瀾水坑而下，被牛、慶（按：慶福都）二都壯勇沿途截擊，追至博羅之歐陽洞，斬百餘名，生擒五十餘名。……此賊由東路蔓延至西路、北路及東北路之大略也。

---

① 《東莞縣石龍地方起事緣由》，頁22。
② 從化縣隸屬廣州府，位於增城縣北面。
③ 增城自古以來慣以"海"稱大河，迄今猶是。

嗣是以後，賊恨益深，賊黨益眾，朱真社、何太康蟻眾於寧都（按：綏寧都）之五踏嶺，何維、何漢容兔狡於下都（按：合蘭下都）之石灘，陳旭橫行於下都、寧都、甘都（按：甘泉都）河面，由官海至新塘，賊船綿亙數十里，而何六之虎據石龍，實為渠魁。①

從上述引文不難發現，無論是起初於咸豐四年四月中旬在派潭、證果的零星劫掠，還是四月下旬展開的大規模武裝行動，何六陣營始終面臨了所謂"六都勇壯"的牽制。原來，早在何六勢力蔓延至增城之前的咸豐三年十月間，增城東北金牛都證果地區發生了一場地方騷亂，一位假歸在籍的官紳陳維嶽②，認為這是"賊亂"將起的徵兆，必須聯合有司與地方之力防患於未然。於是，在陳氏的倡議與當時縣令倪森③的許可下，鄰近縣城的橋頭、棠村、廖村、曹村等村落共組"靖安約"以守護縣城（圖4—2），而上增城的慶福、金牛、崇賢、楊梅四都以及龍門的麻榨、永清二都，則進一步串連組織成攻守同盟大約（圖4—3）。④咸豐四年二月初一於金牛都證果寺，來自六都的百餘名鄉紳正式盟誓成立了"上六都團練局"（按：或稱"六都團練局"）：

---

① 《增城團練節略》（清咸豐五年〔1855〕），載佐々木正哉編，《清末の秘密結社·資料篇》，頁23—24。

② 陳維嶽，字崧生，增城慶福都橋頭鄉人。清咸豐二年（1852）進士，授刑部主事，咸豐三年假歸在籍。咸豐四年東莞何六陷增城縣城，陳氏組織鄉團復城有功，兩廣總督葉名琛上其事敘功，加其知府銜，以直隸州先用，賞戴花翎。《（民國）增城縣志》卷16《選舉二·國朝（清）·咸豐朝·進士》，頁14b；同前引書，卷20《人物三·國朝（清）·陳維嶽》，頁31b—33b。

③ 倪森，浙江蕭山人，監生。清咸豐元年（1851）署增城縣令，咸豐四年卒於任。《（民國）增城縣志》卷14《職官二·國朝（清）·咸豐朝·知縣》，頁14b；同前引書，卷17《宦績·倪森》，頁31a。

④ 慶福、金牛、崇賢、楊梅、麻榨、永清六都所轄地域主要位於縣城以北的增江中上游，故稱"上六都"，或簡稱"六都"。

圖4—2 "靖安約"村落地理位置[①]

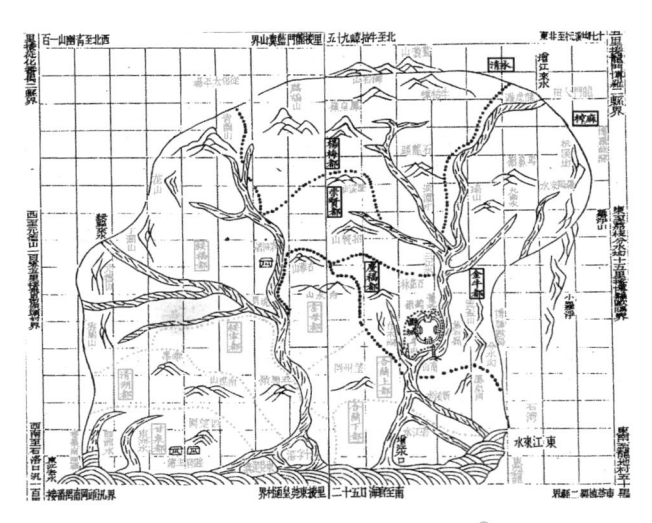

圖4—3 "上六都"地理位置[②]

---

① 本圖根據清代《廣東省圖》輯錄之《增城縣圖》繪製。參見中國第一歷史檔案館編，《廣州歷史地圖精粹》，頁44。
② 本圖根據民國十年（1921）《增城縣志》輯錄之《增城縣山川疆域圖》繪製。參見《（民國）增城縣志》卷1《輿地》，頁2b—3a。

自咸豐三年五月，主事（按：陳維嶽）乞暇旋鄉，家居縣城北十里慶都（按：慶福都）之橋頭村，微聞邑中客民，頗有私相拜會者，即知會該處紳耆禁止。不料十月十七日，突有牛都（按：金牛都）客籍之下筋竹村，糾黨數百，從賊首謝亞記，豎旗往劫該都之汀塘村，賴是時土著人心尚古，證果路各鄉紳士聞報，登即於十八日率勇兜擒，追賊至崩圳地方，圍殺頗眾，賊隨解散。十九日，文武官員始至，竟未搜捕一匪，此增城東北路倡亂之始也。

　　主事等見法既不行，盜將漸熾，爰於十一月稟請倪前令，近聯橋頭、棠村、廖村、曹村等鄉為靖安約（按：靖安約下諸村皆位於縣城以北之慶福都），遠聯慶都、牛都、賢都（按：崇賢都）、梅都（按：楊梅都）並龍門之蔴搾（麻搾）、永清二都，共為六都大約。每都醵銀五百兩，以為犒賞補給之用。其礮械軍糧，仍核實著各鄉自辦，聞警務急應援，延誤者罰。於（咸豐）四年二月初一日，集紳士百餘人，盟於證果神①前以示信。②

　　在何六事件爆發之前，這場咸豐三年金牛都的"客民作亂"騷動，意外催生了增城上六都團練局。③然而，這個本應能未雨綢繆的地方軍事防衛機制，卻仍然不敵何六陣營自咸豐四年六月開始大舉進逼的態勢。咸豐四年五月二十二日，何六由石龍舉兵攻陷東莞縣

---

① 指證果寺賓公佛。賓公是增城東北金牛都最重要的地方信仰。
② 《增城團練節略》，頁23。按：清代官方以客民作亂定義咸豐三年（1853）十月十七日的事件。光緒《廣州府志》對於涉入此事件的"客民"領袖與平亂的地方士紳身分，有較為仔細的記載："逆首李乙秀、李亞廣、羅亞記、謝亞記、關亞水、李亞秀、李亞奎、李亞二等聚眾在筋竹坑（按：位於增城縣金牛都）作亂，汀塘紳士彭聖典等飛報邑城，知縣倪森遣差役馳往彈壓，被該逆等支解祭旗，連日復劫汀塘、西湖坳（按：皆位於金牛都東北，近龍潭埔）等處，二十八約紳士姚壯充、潘榕、尹光照、彭士元等率眾堵禦，破賊於濱圳山下，斬首七十餘級，生擒羅亞記正法，餘黨奔散，地方始安。"《（光緒）廣州府志》卷82《前事略八·國朝三·冬十月十七日增城客賊李乙秀等作亂》，頁3b。
③ 《（民國）增城縣志》卷20《人物三·列傳·陳維嶽》，頁32a。

城。①六月初一,何六與廣州水師交戰於增城南面新塘的十字滘、官海口一帶,慘遭大敗②,官軍並乘勝於六月八日收復莞城。③東江十字滘一役的潰敗與莞城戰事的失利大挫何六主力,促使何六暫時退出東莞,逃匿至地處增江下游的增城三江一帶。④隨著何六退出東莞,東江河面與東莞局勢暫時得到緩解,然而如此一來,卻使得增城面臨前所未有的險峻形勢,尤其是直接面對何六主力水軍攻勢的增江沿河地區。退守增城三江的何六積極交結縣境內各方勢力,同時著手擘劃攻佔縣城的行動,其勢力版圖迅速在城鄉擴張蔓延:

> 何六匿三江馮壆下村徐錫恒家,分遣賊黨之狡猾者,入六都煽誘。……城內外人公然與何六往來,西山、下街(夏街)尤無忌憚。⑤

到了七月中旬,蓄勢待發的何六正式發動奪取增城縣城的行動。其會合東莞、增城與博羅三縣數萬名部眾,由三江沿增江水路直上,屯兵於縣城南面增江對岸之西山村,預備攻佔縣城。七月十八日,何六陣營奇襲上六都團練局首領陳維嶽的老家慶福都橋頭村,原本守禦縣城的六都鄉勇急赴橋頭救援。此時六都聯盟中靖安約的成員廖村、棠村下角突然倒戈,由於兩村鄰近縣城,縣城的防禦出現缺口,在強勢兵力與城中民眾裡應外合下,何六大軍以破竹之勢攻陷縣城,縣令倪森被擄至西山,增江沿岸多處鄉村在此次戰役中遭受慘烈的衝擊:

---

① 《(民國)東莞縣志》卷35《前事略七·國朝》,頁4a—4b。
② 十字滘、官海口位於增城縣南面甘泉都新塘地區,濱東江北岸,對河的東江南岸即為東莞縣境,官海口為增江下游匯入東江之處。
③ 《(民國)東莞縣志》卷35《前事略七·國朝》,頁4b—5a。
④ 三江位於增江下游東岸,屬合蘭上都。
⑤ 《增城團練節略》,頁24。

> 七月十四日,逆首何六會合東(東莞)、增(增城)、博(博羅)三邑逆黨數萬,由(增城)三江直上,屯於縣城對海(按:指增江)之西山村。① 主事(按:陳維嶽)等即日調集六都壯勇萬餘人⋯⋯於十五(日)與各紳士分領,向前接仗,時遇兩失利,壯勇頗有傷亡。隨於十六、十七日,添撥壯勇,在城外堵截要路。詎賊即於十八日凌晨,分股繞道來攻主事之橋頭村,而毗鄰同約之廖村、棠村下角,忽包紅頭應賊,壯勇趕回救應不及,遂被焚劫一空。城中土匪,登時開門迎賊,縣城因之失守,縣主被傷,擄至西山。⋯⋯賊遂據縣城,縱監劫庫,四出打單焚掠,如白湖、棉湖、麥村等處尤慘。②

何六在咸豐四年七月十八日佔領增城縣城,旋即於十日之後率領主力部隊前進廣州城,留下七八千兵力於增城,並委令數名部下署理縣事。不過,何六離開增城之後,原本有利於該陣營的局勢逐漸逆轉。在縣城陷落了一個多月後,以陳維嶽為首的六都士紳重新組織編整前此潰不成軍的六都團練聯盟,發動了數場反攻行動,終於在閏七月二十九日成功收復縣城:

> 至(七月)二十八日,何六統黨趨省城,留賊七八千,交賊目葉亞胡(原按:博羅人)、梁喜中、黎亞魁等(原按:俱本城人)偽署增邑。時主事與六都紳士密議捐貲復團,再圖滅賊。城中劣紳,自知通賊陷城,罪無可逭,因藉何六之勢,以書轄六都與坊都(原按:即城內外)請和,六都不允,伊益釘恨,竟與葉、梁、黎數賊,謀請復文武官,挾以控制。於是倪前令、羅參戎俱回城,而賊之聲勢更大,揚言不購殺主事不止,不剷滅橋頭不休。果於閏七月二十五日,傾巢而出,因數日前賊劫清塘約,

---

① 增城縣城位於增江西岸,河對岸為西山村所在。
② 《增城團練節略》,頁24—25。

為客民所敗,遂偽稱往清塘報復,中道始繞至橋頭。主事偵知賊計,先行設伏,兩翼夾攻,賊眾敗走,擒斬百餘名。二十七日,又敗賊於(縣城)北門外之蔣村及棠村下角。二十九日,又敗賊於西、北兩門,賊奔回西山舊穴,各勇乘勝直搗,賊不能支,當即分路四竄。業於四年八月初八日,將奉札復城……等情,馳稟在案。①

對於參與六都團練的官紳集團而言,縣城的收復無疑為其反攻計畫打了一劑強心針,相當程度和緩了此前四境失控的壓力,然而,復城行動的成功並沒有立即為增城帶來全域的安靖。縣令倪森在縣城失守時被何六陣營俘獲至西山營寨,後雖因傷獲釋,復城時卻仍因傷重而卒於任內。②因此,縱使縣城在閏七月二十九日後已大致脫離何六陣營的掌控,實際上從復城到新縣令於九月十六日蒞任,其間增城縣署一直處於"舊令纔故,新令未來"的權力真空狀態。③在"縣中無人"的這段時期中,何六在增城的勢力雖然業已大挫於與六都團練的縣城攻防角力,但其殘餘部眾在復城後並沒有完全被團練軍肅清,而是化整為零流竄各地④,特別是鄰縣龍門縣城在增城復城前一日為另一股崛起於龍門山區的"紅匪"勢力攻破⑤,該陣營並試圖循增江水路而下,劫擾增城,上增城地區局勢緊張,安危全然依繫於六都團練的綏靖行動:

八月十六日,有龍門陷城賊船十餘隻,由證果(按:屬金牛都)順流而下,速調附近壯勇邀擊,獲賊邱金山等十五名。詎賊

---

① 《增城團練節略》,頁24—25。
② 《(民國)增城縣志》卷17《宦績·倪森》,頁31a。
③ 《增城團練節略》,頁25。
④ 《增城團練節略》,頁25—27。
⑤ 《(民國)龍門縣志》卷17《縣事志·(咸豐)四年五月紅巾賊起高六鄒新蘭等起龍門應之》,頁218b—219a。

首曹二挾恨，敢於八月二十日，糾眾到派潭（按：屬楊梅都）豎旗，復調壯勇往剿……曹二猶不悛，再於派潭招聚外匪與該處客匪三千餘人，於九月初九日，圍攻涩村（按：屬崇賢都）周姓。因前邀擊擒賊，周姓壯勇居多，各壯勇竭力抵禦。……賊敗走，生擒藍亞薀等五名、首級器械等項。①

自咸豐四年二月成立以來，陳維嶽領導的上六都團練局實際上肩負了增城全縣保土安靖的重擔。②到了當年九月新縣令上任後，此前有賴各鄉捐助的六都團練局，因民財物力吃緊而難以為繼，陳維嶽遂以撤局之議稟陳縣府，然因當時縣境內大小騷亂頻仍，此提議為有司所拒。最後的折衷之法，是將現有的六都團練局改為"合邑十二都團練總局"，並於各都設立分局，此外則更進一步向東莞縣謀求合作，與石龍、莞城各團練公局簽署合作保障章程。③

從後來的發展來看，新的保防機制的確有利於官紳集團因應後續的挑戰。咸豐四年九月至咸豐五年三月間，增城本境中仍陸續發生多場由"會匪"引發的騷亂，鄰縣東莞起伏的局勢也總是牽動增城，從當局因應危機的過程可以發現，無論是一開始的上六都統籌機制，還是咸豐四年九月之後各都分局分頭捍衛本都鄉里，以及與鄰都、總局間的合作應援，甚至是增城、東莞兩縣公局間的相互馳援④，在動盪的咸豐甲寅、乙卯年歲中，鄉團中的士紳與勇壯在在扮演了安靖與重整地方秩序的關鍵角色。

有先見之明的六都鄉團領頭羊陳維嶽無疑居功厥偉。陳氏為咸豐

---

① 《增城團練節略》，頁25。
② "先是承平日久，人不知兵，自維嶽倡辦鄉團，兵威大振，凡縣屬之涩村、龍潭埔、石灘、塘尾、東西洲、紅花地等處，證果、派潭、高灘、福和、仙村以及龍門之麻榨、永清等墟，其被賊竄擾及有土匪竊發者，迭經維嶽派勇堵剿，境賴以安。"《（民國）增城縣志》卷20《人物三·列傳·陳維嶽》，頁33a—33b。
③ 《增城團練節略》，頁25—26。
④ 《增城團練節略》，頁26。

二年（1852）進士，假歸在籍前官居刑部主事①，亂平之後，兩廣總督葉名琛上報其事敘功於朝，朝廷加其知府銜並賞戴花翎。陳維嶽之弟陳維祥、陳維潤以及多名橋頭陳氏宗親，皆因在何六事件中隨陳維嶽戡亂復城有功，被授予榮銜與軍功頂戴：

> 縣城克復……總督葉名琛上其事敘功，加維嶽知府銜以直隸州先用賞戴花翎，餘各獎敘有差。……弟維祥，字麟生，邑附生；（弟）維潤，字磧生；同族勝扶，號殿奎；（同族）應登，字亮臣；（同族）直壯，號偉升。紅匪之役俱隨維嶽剿賊。復城論功，維祥獎教職銓授瓊州府教授，維潤獎軍功六品援例晉都司銜，勝扶委用縣丞獎六品銜賞戴藍翎，應登、直壯均獎軍功七品。②

橋頭陳氏因陳維嶽帶頭籌組團練、創建地方聯防互保機制而榮顯一時。至於臨危之際參與陳維嶽陣營的盟友們，諸多在局勢穩定之後也都得到了官方的褒賞，例如上六都聯盟中的核心成員白湖尹氏和高埔張氏。位於增江中游東岸的金牛都白湖村，為"本地"尹姓聚落，自咸豐三年客民騷亂事件爆發以來，白湖尹氏始終是陳維嶽堅定的支持者。生員尹光照在咸豐三年已是協助官方平定客民騷亂的重要鄉團領袖之一③，後來也因為參與咸豐四年復城之役而獲授瓊山府學訓導一職。④此外，富紳尹承先也是率先響應陳維嶽操辦團練號召的主要贊助者，後來同樣因復城有功而受軍功獎把：

> 尹承先，字緒延，白湖人，邑武生光之子也。……自幼篤志

---

① 《（民國）增城縣志》卷20《人物三·列傳·陳維嶽》，頁31b。
② 《（民國）增城縣志》卷20《人物三·列傳·陳維嶽》，頁31b—33b。
③ 《（光緒）廣州府志》卷82《前事略八·國朝三·冬十月十七日增城客賊李乙秀等作亂》，頁3b。
④ 《（民國）增城縣志》卷16《選舉二》，頁14b。

力學而屢躓名場，乃援例授中書科。中書家素饒裕，喜施與，識大義。……咸豐甲寅七月紅匪屯聚西山，次第焚劫閭里，擾及橋頭、白湖等鄉，乘勢陷縣城，賊氛甚熾。在籍刑部主事陳維嶽倡義討賊，初孤立寡助，念素與承先厚，夜即其家與謀。承先慨然曰："今日之事不患無兵，患無餉耳，時勢如此，何以家為。"即首助千金為倡，偕維嶽入瀾溪與生員潘榕等舉辦鄉團，聯絡六都紳士，推維嶽統帶，各率鄉兵，會於證果，訂盟歃血，力圖克復，助餉者亦源源不絕，維嶽之得以成功，多承先維持力也。事聞，獎軍功六品並戴藍翎。①

增城北部山區的楊梅都高埔張氏，是又一個因何六事件而榮顯一時的例子。高埔鄰近增城派潭與從化縣界，是增城東北通往從化與花縣的陸路口隘。高埔張氏是派潭當地數一數二的大族。當咸豐四年何六旗下數股勢力流竄增城東北山區時，高埔屢次成為攻掠目標。高埔當地名紳張文灼與陳維嶽本為姻親②，在甲寅年間數次的攻防中，其家族率領張氏族人成功攔截何六在東北路的攻勢，後來並參與了六都集體的軍事同盟。復城之後，文灼之族得到豐厚褒賞：

張文灼，字體明，高埔人，附貢生，援例授訓導。家富樂善，縣北門達派潭六十餘里石路、慶都社埔約新石橋、梅都泡水橋，皆其手建。咸豐甲寅，紅匪擾亂，將迫其鄉，文灼適病劇，猶授其子以禦賊方略，尋卒。七月，賊圍高埔，其子廣融、光豔、雄勳遵遺囑率族中子弟禦之，圍遂解。時在籍刑部主事陳維嶽辦鄉團，廣融、光豔皆裹助其役，嗣以克復縣城論功，廣融獎軍功六品，候選縣丞；光豔軍功六品，賞戴藍翎。③

---

① 《（民國）增城縣志》卷20《人物三·列傳·尹承先》，頁40b—41a。
② 《（增城派潭）張氏永思堂族譜》卷12《時事譜·時事》，頁26a。
③ 《（民國）增城縣志》卷20《人物三·列傳·張文灼》，頁42a—42b。按：有關何六勢力圍攻高埔的具體記載，參見《（增城派潭）張氏永思堂族譜》卷12《時事譜·

有別於白湖尹氏和高埔張氏這類曾與陳維嶽歃血盟誓的上六都聯盟核心成員，六都之外、來自增江下游的新戰友們，如塘頭蕭氏和麻車劉氏，也因為在事件中選對了陣營而光耀門楣。①

毫無疑問，那些在甲寅年大亂中"豎紅旗"、"包紅頭"的村莊、宗族與家族，在何六陣營敗退之後，所面臨的是慘烈的秋後算賬。何六大軍駐紮的"賊巢"——西山村蔡氏之族的遭遇，或許是典型的選錯邊的下場。縣城東門過增江即為西山村所在，因位於縣城之南，也名南山，居民主要為"本地"蔡姓，相傳開村於宋代。②在咸豐五年縣方稟呈上級的緝匪名單中，西山村民蔡文莊、蔡裕昌、蔡滋榜、蔡世桃等，名列眾"匪"之首，其中，率領族人響應何六行動的生員蔡文莊，特別被官方標誌為"主謀造逆"，其餘蔡姓則是所謂"土匪渠魁"、"賊偽元帥"等，可見西山蔡氏在當局眼中涉入事件的程度之深。③當陳維嶽的團練勢力與縣府重新掌控局面後，西山村遭到團練軍與官兵大規模的剿洗，紳耆被令主動舉報和核交"應賊"村民，"從逆"者舉家誅殺並充公"逆產"，宗祠、村屋付之一炬，著名的古蹟翔鳳塔與南山北帝廟被毀④，即便是倖免於清剿之難的村民，也因官方頒佈的封田禁果命令而被迫遠走他鄉。⑤

與上述在何六事件中押對寶或站錯邊的例子相較，許多村族的處境更為複雜尷尬，原因是他們在事件中的立場其實很難以"抗賊"或"應賊"擇一概括，例如臘圃賴氏與棠村王氏。崇賢都臘圃村的武生

時事》，頁26a。

① 《（民國）增城縣志》卷20《人物三·列傳》，頁37a—37b、38a、39a—40a、40a—40b、41b—42a、42b—43b、45b、49b—50a、51a。

② 《南山蔡氏族譜序》，載《（增城）南山蔡氏族譜》（清光緒二十三年〔1897〕鈔本），頁1。

③ 《增城團練節略》，頁24、26—27。

④ 翔鳳塔始立於明萬曆二十年（1592），為當時增城知縣林繼衡所建。〔明〕林繼衡，《鼎建翔鳳塔記》，載《（康熙）增城縣志》卷12《藝文》，頁28a—30a。

⑤ 黎民望，《何六起義軍與西山大本營》，載陳金志主編，《增城風情》，頁154—155；筆者，《蔡〇滔、蔡〇招訪談紀錄》，2013年7月24日，於增城荔城街西山村。

賴麗南在何六陣營擔任出謀策劃的軍師，後來為官方以"賊偽軍師"名義緝捕①，然而，與賴麗南同鄉的舉人賴大授、貢生賴有臨父子所率領的地方鄉團，卻是明確支持"剿匪"行動的上六都聯盟成員。②類似的情況也發生在棠村。棠村位於縣城以北的增江中游西岸，與陳維嶽出身的橋頭村比鄰，為廣府王姓居民聚落。直到今天，棠村一帶仍流傳有"棠村下角（與）西山，拜何六做大王"的俗諺與掌故③，老一輩村民對於咸豐年間先祖義勇響應"何六將軍"之"義旗"的軼事如數家珍，此外，棠村王氏與前文談到的西山蔡氏，更是世代交好的"世叔"村。④凡此種種，不難想見棠村在何六事件中的立場與涉入程度。

當初在陳維嶽所規劃的上六都團練組織架構裡，縣城以北幾個位於增江中游西岸的廣府大姓聚落——（王）棠村、（陳）橋頭、廖村、曹村⑤——由於地近坊都，被特別組織為所謂"靖安約"，構成保衛縣城的核心防綫。（圖4—3）然而，"靖安約"的構想與實踐最終卻在何六攻佔縣城時功虧一簣，究其緣由，棠村在"抗賊"與"應賊"間的抉擇是至要關鍵。咸豐四年七月十八日，何六因一波奇襲的成功，一舉攻佔縣城，此番行動的成功源於棠村下角⑥與廖村的陣

---

① 《增城團練節略》，頁27。
② 《（民國）增城縣志》卷20《人物三·列傳·賴大授》，頁34a—35b。
③ 筆者，《王○光訪談紀錄》，2011年8月3日，於增城荔城街棠村。
④ 如同廣東許多地方一般，在增城當地，異姓村族彼此間若存在有長期穩定且緊密的社會交往關係，這種村落與氏族間的友誼普遍會被以一種擬人化、擬親屬化的表達方式展現。舉例來說，棠村王氏與西山蔡氏世代交好，對棠村王氏來說，西山蔡氏就是其"世叔"（或稱"世誼"），反之亦然。與"世叔"、"世誼"類似但有些微差異的是"兄弟"（村）的概念。"兄弟"往往被用來指稱同姓村落間的友好關係，通常來自於相同姓氏下不同社區間的譜系構建關係，例如宣稱是某一共同祖先的異地派衍。不過，即使兩村之間在譜系上無法追溯至相同祖源，甚至分屬不同方言群體，如"本地（廣府）"與"客家"，但仍有僅憑同姓之故而視彼此為"兄弟"的例子。
⑤ 曹村居民為廣府陳姓，與橋頭陳氏同宗。
⑥ 棠村為王姓單姓村，據稱開村於北宋末，始遷祖為福建莆田人王顯。清代以來的棠村王氏依聚落位置分為兩支房派：上角王氏與下角王氏。上角位於地勢較高的村尾，該支王氏聲稱自己是王顯四子王儀後代；下角位於地勢較低的村頭，居民自述為王顯次

前倒戈，導致靖安約核心防綫潰堤，何六部眾遂能以破竹之勢直下縣城：

> 主事（按：陳維嶽）……隨於十六、十七日，添撥壯勇，在城外堵截要路。詎賊即於十八日凌晨，分股繞道來攻主事之橋頭村，而毗鄰同約之廖村、棠村下角，忽包紅頭應賊，壯勇趕回救應不及，遂被焚劫一空。城中土匪，登時開門迎賊，縣城因此失守，縣主被傷，擄至西山。①

何六事敗後，棠村王氏族人王宴高是官方鎖定追緝的"著匪"之一②，"包紅頭"的下角也在後續的整肅行動中遭到兵差勇壯大肆焚掠清剿。即使如此，整體說來棠村王氏的命運並未若西山慘烈，原因在於，雖然下角房在何六勢盛之際選擇依附何六陣營，然與其同宗的上角房卻加入了陳維嶽"討賊"的陣容：

> 王浩鏞，號侶笙，棠村人。承祖父業，家頗裕，慷慨好義，每遇歲饑，輒賤糶其穀以濟鄉里。咸豐四年，紅匪陷縣城，在籍刑部主事陳維嶽集六都義勇團練討賊，浩鏞罄其家儲蓄以助軍械糧食，事平敘功，獎縣丞。子琮璜，恩貢生。③

上角房在何六事件中的"正確"選擇，使得棠村王氏不致遭遇如西山

子王傑後人。〔明〕《王氏祠堂記》（明隆慶元年〔1567〕），載《（龍門）官田王氏宗譜》（鈔錄清光緒重修譜）卷1，頁3a—4b；《（民國）增城縣志》卷15《選舉一·宋理宗朝辟舉·王儀》，頁6a；同前引書，卷15《選舉一·宋度宗朝進士·王傑》，頁7a；筆者，《王○光訪談紀錄》，2011年8月3日、4日，於增城荔城街棠村。按：官田位於龍門縣永漢鎮（按：清代永清都），官田王氏開基祖為王傑之孫王文祐，譜系上屬於棠村下角房的異地分支。

① 《增城團練節略》，頁24—25。
② 《增城團練節略》，頁27。
③ 《（民國）增城縣志》卷20《人物三·列傳·王浩鏞》，頁49a。

蔡氏般全村村毀族散的下場，部分的王氏族眾因此能豁免於官方的剿洗，甚至因相助六都團練軍有功而獲得官方獎賞。然而，一直以來勢力較上角房為盛的下角房①，卻在經歷此事件後元氣大為折損。

　　咸豐四年的何六事件對於增城地方社會的權力格局與族群關係，留下深刻烙印，這樣的影響在今日依舊鮮明。從地方社會的角度來看，甲寅之"變"／"亂"之所以為"變"／"亂"，在於原本貌似平衡穩定的地方秩序與族群關係在一連串環環相扣的武裝衝突中被動搖與破壞。然而，動盪的根源除了何六及其追隨者的反政府"造亂"行動對於主流官紳集團權威的挑戰，很大程度上也是"平亂"者後續的綏靖行動所造成的結果。在何六勢力風聲鶴唳席捲城鄉期間，地方必須承受燒掠擄劫與脅從其勢的壓力，但是當局勢的控制權重新回到官紳聯盟之手時，陸續展開於鄉里間的整肅清算行動，為地方民眾所帶來的並非真正的安靖和平，而是另一波詭譎難安的緊張形勢。②不

---

①　《（龍門）官田王氏宗譜》卷3《官田王氏宗派世系圖‧一至五世》，頁1；筆者，《王○光訪談紀錄》，2011年8月3日、4日，於增城荔城街棠村。

②　順德縣龍眼梁氏在甲寅之變中的遭遇，可作為與增城互相參照的例子。位於珠三角中心的順德縣，在咸豐四年前後亦受到所謂"紅巾之亂"嚴重波及。以該縣縣民陳吉、梁楫、呂敬等為首的武裝勢力，在咸豐四年七月初八日攻陷縣城，其中呂敬為該縣龍眼鄉人，其附從者中不乏龍眼當地兩大姓——梁氏與呂氏族人。龍眼梁氏在族譜中有一段記載，詳細描述了龍眼鄉因部分梁氏族人與鄉人加入呂敬陣營，因而在甲寅之變前後數年間受到呂敬陣營與官紳團練集團連番傾軋的艱難處境："道光、咸豐先後十餘年間，各處多有拜會，名曰'三合'，結黨聯盟，圖謀不軌。……咸豐四年甲寅歲，逢簡鄉陳吉、梁接（楫）等為倡亂之首。本鄉（按：順德縣龍眼鄉）呂敬及黃岡鄉之周升等，糾集各處會黨，而我族不肖者十餘人入黨，一時失足誤入者二三十人，不論親殊、本處外鄉故舊俱罔顧。始則捐需，繼則任意擄掠，又勒畣良之人入會，授以口訣，不從隨者立禍其身，畏事不智者多被脅從。……漸至雖在脅從，稍不遂願者，害亦不免，各縣各鄉皆如是也。是年，斗米價銀三錢餘，買賣跬步難行，幾至絕食。七月，陳吉、梁接（楫）等由水路，呂敬、周升等由陸路……合攻本邑城北，縣主馬公懼城破傷民，開城進黨，搜戕文武，官兵遇難不少。……至咸豐五年乙卯歲三月，大憲委參將衛佐邦帶兵蕩剿，黨潰竄，十九日，復城。是時我鄉粒米無存，絕食旬日矣。加以無日不惶恐，剿祠洗鄉，有朝不保夕之危，各家遷避紛紛。……自縣主李公蒞任，札飭各鄉局查點門牌，善良者五家互相保結……其法嚴甚，故至匪黨無容身之地。鄉重罪者，文武官圍捕，見人便捉，良善被累，問不能保釋者，真黨就地正法。兵差壯勇所到之鄉，被掠指不勝屈。……

同村落、宗族間積漸已久的競爭或合作態勢，個別宗族社區內部既有的階級矛盾與房派爭鬥，隨著行動者在事件中所選擇的不同立場、作為而白熱化。押對寶的村莊、宗族、家族不僅得以藉此翻轉原本居於劣勢的處境，更可能順勢晉身為更強大的競爭者。至於站錯邊或是無作為、意外或無端受牽連的村族，則顯然面臨極其嚴峻的生存挑戰。

在宗族文化與地方族群政治脈絡下，姓氏符號的連結本就容易為何姓村族招徠與"渠魁賊首"何六同屬"本家"宗親或同黨的想像與猜忌。① 相較於其他姓氏，何姓社區在咸豐四年的事件裡幾乎全然不存在任何得以置身事外的可能性，特別是那些分布於何六水軍勢力主要集結與攻掠區域——增江沿河地帶的何姓村里聚落。和其他姓氏

又某人及某鄉某行生意可捐軍需，某鄉可以罰款，知之於官，不遵繳者，差拘押追，及本鄉大布所出無多，亦在押捐之列。八月二十六日，縣主李協戎衛到鄉，我約紳（梁）懷珍、（梁）瑤珍、（梁）培英……東約局呂端祥、呂翰、迎進（梁氏）雲平祖祠，通鄉交出匪黨八名，至二十七日在呂雲峰祖祠前處決。偽職（按：指在'匪黨'陣營中擔任重要職務被授與特定職銜者）之呂敬、呂廣輝、梁梲等三代祖墳，發掘骨骸，焚毀祠屋，共焚十餘間。以我鄉謀逆，聚賊攻城，既免剿洗，罰捐軍需，兼多辦匪，此際鄉窮，湊銀艱策，乃將祖祠釘封，紳士（梁）懷珍、（梁）培英、麥葉佳、呂翰、呂道行、陸鴻亨，一鄉共押六人，追捐罰款，留押號房，多方調理廿二日之久，始得允准釋歸。闔鄉捐銀四千兩……稅一畝派銀一兩，丁一口抽銀四錢……故太祖嘗業得保無損。斯時之慘，被擾掠於前，復遭罰款於後，紳士任勞任怨之艱，良善羅禍累而負屈，財竭囊虛，苦不堪言。聞計本鄉各姓及蛋戶共正法、被毒自盡者一百三十餘人……官飭團局懸賞緝捕者八十之多。所有黨屋產業，查封入官。通縣黨匪在大良正法者一萬八千有奇，另解省辦者幾千，更有孝廉、生員亦多誤入被僻而死者。……事不可不忘而付諸譜，傳為後世咸哉。咸豐七年歲次丁巳（1857）又五月初七日。"《梁氏族譜·記事略》，載廣東省文史研究館、中山大學歷史系編，《廣東洪兵起義史料》中冊，頁877—879。

① 何六於東莞石龍起事前，曾經拜入石龍當地的何姓大族南浦何氏為本家。南浦何氏在譜系上，屬於貴七郎派衍，與同為七郎裔的增城小樓何氏有密切的往來與交誼。《東莞縣石龍地方起事緣由》，頁21—22；《楊溪何氏支派乾隆六年（1741）重修譜序》，載《（東莞市大嶺山楊屋村）楊屋何氏族譜》，頁21a—21b；〔清〕何浚，《（赤崗）樂耕房序》（清乾隆五十八年〔1793〕），載《（東莞）赤崗何氏族譜》（影印清鈔本），頁15—17、141—142；《宋奮武將軍貴七郎祖妣何母辛太夫人墓（墓誌拓片）》（清光緒十五年〔1889〕），東莞市虎門鎮赤崗村何氏宗祠藏；筆者，《何生、何○輝訪談紀錄》，2013年7月26日，於增城小樓鎮小樓村；《何伯、何○堅訪談紀錄》，2013年8月10日，於東莞市石碣鎮西南村聖帝廟。

社區一般,這些何姓村族中的成員無論是選擇抗"賊"、從"匪"還是騎牆觀望①,其結果對社區內外的族群關係勢必造成衝擊。然而,無法與其他姓氏相提並論之處或許是,不管最初的立場和涉入程度為何,在此後六都團練集團所展開的一連串堅壁清野的清鄉行動下,何六所帶來的同姓之累,無疑是增江沿岸所有何姓村族無法逃避的挑戰。下文中我們將會看到,增江各大何氏社區在何六事件中的選擇與結果,以及事件後他們如何在社區之內與之外,因應這場何姓的共同危機與轉機。

第二節 譜系同珍小石樓②:
小樓何仙姑家廟與七郎裔宗盟的確立

甲寅歲,各縣土匪蜂起,公(按:何佐勳)捐穀號召鄉人團練自守,命子若孫督勇從嶽等克復縣城,頗稱勁旅。時公已寢疾,既彌留,猷殷然以土匪不靖為慮,蓋其深明大義而不徒為鄉黨自好者有如此。事平,其子體公志,倡捐建義勇

---

① 事實上沒有社區可以從始至終都置身事外。有的社區在何六勢盛或何六與陳維嶽陣營衝突高峰點時,抱持觀望姿態、消極不作為,然而即便如此,後續當何六退出增城而團練軍開始進行清鄉時,也不得不開始有所行動和表態,例如響應團練局紳發起的軍餉派捐,以求保全。增城七郎裔高原房何南照(1800—1868)家族在事件前後的遭遇,可以很好地說明這種情況:"時值咸豐甲寅,紅匪遍地,匪入村索錢穀,至拔刀斫案。府君(按:何南照)茫然不為動,亦不與。亂平,而邑紳派捐軍餉,蒙大吏奏獎,賞給八品脩職郎。"〔清〕何彭柳,《先大父拱汾府君行狀》(民國十七年〔1928〕),載《貴七郎裔・增城何氏族譜(民國十八年〔1929〕)》卷4《藝文・行狀》,頁71b—72a。

② "派衍龍潭欽雅望,庭貽燕翼重良謀。葛垂從此成陰厚,譜系同珍小石樓。"〔清〕何振聰(按:自述為七郎裔接龍房二十世孫),《戊辰譜成次鐵珊原韻并七律一首恭紀》(清同治七年〔1868〕),載《文續公貴七郎裔・增城何氏族譜》卷4《藝文・家翰》,頁146b。

祠，以祀死事者，時余以勸捐造其家，見其書聲琅然，少長有禮，自丹鉛几席下逮稷鋤錢鎛之屬，靡不部署得所，詢其故，知公暮年手建家祠、置學產，使子孫肄業於其中，而以其旁屋儲農器，囑後人讀書之外□□□（惟有力）田，乃益歎公之自為謀者儉，而施公之為子孫謀者又□□□□（純而備也）。

〔清〕陳維嶽，《敕封儒林郎直隸州分州晉封武略騎尉國學生佐勳何公墓碣銘》①

在咸豐四年前後的動盪中，以何佐勳家族為首的龍潭埔何氏在陳維嶽領導的六都軍事聯盟裡，始終忠誠地扮演著核心盟友的角色：

甲寅小醜之動，臨河拒匪，殺獲數十，一邑藉安，蓋龍潭乃增龍咽喉之地故也。嗣後邑陳主簿每召義旗，必藉之公（按：何佐勳），有謀則就，公亦挺然捐資募勇，且率子若孫帶領剿辦，增龍得以清晏者，公實與有力焉。②

對於陳維嶽陣營來說，何佐勳家族提供的經濟、軍事奧援顯然意義重大。龍潭埔位於增城證果與龍門永清、麻榨交界，扼增江主幹與永清河從龍門進入增城的峽口，在幾次關鍵性的戰役中，當地民兵鄉團的固守等於為六都軍事聯盟守護了上增城的門戶，例如咸豐四年四月十六日何六部眾首擾增城一役：

---

① 〔清〕陳維嶽，《敕封儒林郎直隸州分州晉封武略騎尉國學生佐勳何公墓碣銘》（清咸豐十一年〔1861〕），載陳建華主編，《廣州市文物普查彙編·增城市卷》，頁113。按：同文亦收入《文績公貴七郎裔·增城何氏族譜》卷4《藝文·誌銘》，頁72a—73b。缺佚字據此校之。

② 〔清〕黎達聰，《佐勳何公墓誌銘》（清咸豐十一年〔1861〕），載陳建華主編，《廣州市文物普查彙編·增城市卷》，頁115。

四月十六夜，有莞賊百餘，由從化下派潭，繞出證果地界，被該處壯勇堵截，擒賊七名，餘賊逃回莞邑石龍地方。時逆首何六正在石龍謀不軌。①

以及咸豐五年春天龍門藍糞山民羅應南、鄒新蘭、高六等由永清墟直下增城，試圖攻取縣城之役：

本年（按：咸豐五年〔1855〕）三月初一，龍門藍糞山賊首羅應南、鄒新蘭、高六等，聚匪七千餘，突劫六都約內龍門之永清墟，其舊墟盡行焚燬，新墟被賊盤踞，聲言乘勝直下劫證果之龍潭埔村，且窺縣城等語。主事等登即調勇，往龍潭埔上之峽口堵禦。……初五日，著帶勇紳士，踏看情形，繪圖設伏，定以初六日四面圍剿，賊匪聞風，即於是日卯刻先竄入藍糞山。②

咸豐四年春夏何六勢力席捲增城之際，龍潭埔何氏大家長何佐勳病篤，其間實際帶領龍潭埔鄉團保禦地方並參與陳維嶽陣營軍事行動者，為其次子何景光與一干兒孫。病中仍牽念時局的何佐勳病逝於縣城克復後的第二日。③何佐勳身後不過數載，在動盪的咸豐時期尚未結束之前，當初在"紅巾"肆虐之時動員全族，身先士卒"一展義旗"的一方豪富之家④，已經蛻變為以子孫"蟬聯璧泮"、"赫奕戎功"⑤等文武成就鳴珂戚里的上增城名門：

---

① 《增城團練節略》，頁23—24。
② 《增城團練節略》，頁26。
③ 增城縣城於咸豐四年（1854）閏七月二十九日為上六都團練所收復，而何佐勳實卒於咸豐四年八月初一日。《文績公貴七郎裔·增城何氏族譜》卷8《華後住龍潭埔·世系紀·十八世·佐勳》，頁84b。
④ 〔清〕劉藻翔，《何景光翁事略》（清同治七年〔1868〕），載《文績公貴七郎裔·增城何氏族譜》卷4《藝文·列傳》，頁110b。
⑤ 〔清〕黎達聰，《佐勳何公墓誌銘》，頁115。

正紅巾跋扈之秋，彌留中，猶勉其子若孫，毀家紓難，敵愾同仇，卒之克復縣城，保全閭里，福己福人，食報詎有艾歟？宜其享壽八十有四，九子，十八孫，曾孫六……長孫朝鑑早掇泮芹，可謂書香種子矣，而況文分州牧，武備干城，將見堆笏盈床，鳴珂戚里，均由公造福所基也哉。公以國學生覃恩誥封儒林郎直隸州分州，晉封武略騎尉。……淑配廖氏，覃恩誥封六品安人；庶室洪氏、蘇氏、吳氏、鍾氏，以子貴，覃恩誥封六品安人。子九人，長飾光，國學生；次景光，候選直隸州分州；次萬光，候選守備；次顯光，國學生；次榮光，例貢生；次秩光、慶光、贊光、謙光，俱國學生。孫十八人，長朝鑑，邑庠生；次雲鑑、次騰鑑，從九品職銜；次玲鑑，軍功候選千總；餘俱幼學。曾孫六人，亦幼學。①

（一）七郎裔宗盟的新成員：龍潭埔五郎裔何氏與龍門坑頭何氏

上一章曾經提到，何佐勳晚年積極從事所謂"營立小宗，宏建大宗"事業②，一方面在龍潭埔當地自創家祠，一方面聯合小樓一帶的貴七郎裔何氏興建聯宗的合族宗祠。何六事件之後，清中葉以來一系列由何佐勳發動的七郎裔合族聯宗活動並沒有因為他的離世而停止，反而進入另一個高潮。咸豐五年大亂甫平之際，龍潭埔七郎裔何氏在何佐勳家族的主導與贊助下，與當地五郎裔何氏攜手建起了合祀五郎與七郎裔先祖的大宗之祠：

---

① 〔清〕尹光照，《敕封儒林郎直隸州分州晉封武略騎尉國學生佐勳何公墓誌銘》（清咸豐十一年〔1861〕），載陳建華主編，《廣州市文物普查彙編·增城市卷》，頁114—115。按：同文亦收入《文績公貴七郎裔·增城何氏族譜》卷4《藝文·誌銘》，頁74a—76a。

② 《文績公貴七郎裔·增城何氏族譜》卷1《隱德·十七世·極初》，頁47b。按：何極初為何佐勳之父。

大宗原是聚堂公（按：聚堂為何佐勳之號）屋業，契值三百餘金。咸豐乙卯，族議建祠，務本堂倡送基址①，董事諸公因而□□之祠成，崇奉文績公，以貴五郎、貴七郎暨華、廣、南、積四公配享，下此則四公歷代後裔祔焉，春禴秋嘗，衿老與祭者整肅衣冠方能領胙，如露頭跣足有瀆祀事者不許神惠妄邀。②

龍潭埔何氏大宗祠落成於土名"大圍"的何氏聚落，這裡是龍潭埔當地歷史最久與規模最大的何氏聚落，居民雜糅了五郎裔與七郎裔何姓。龍潭埔五郎裔與七郎裔何氏本為兩支各有來歷、互不相屬的何姓宗族，在龍潭埔一帶相互比鄰的小聚落中分族而居③，在咸豐五年興建大宗祠之前，大圍村中原已存在分別奉祀五郎裔與七郎裔三位開基祖先的三座香火祠堂。然而，隨著大宗祠的落成，兩支何氏的龍潭埔開居史敘事從此殊途同歸，成為一則五郎裔與七郎裔何氏祖先偕手開荒拓基、堂構村里的佳話：

（龍潭住場）原自貴七郎裔明八世祖華公號竹庄由小樓遷居，偕貴五郎裔由橋頭遷居之廣堂、南簡公同為創建，其正中香火屬竹庄，左、右二香火屬廣、南。④而本支分居者，乾隆中，霞彥則拓基塘墊⑤；嘉慶末，極初則肯構柑園⑥；至於隔塘，亦五

---

① 務本堂是何佐勳家族的堂號。
② 《文績公貴七郎裔‧增城何氏族譜》卷3《龍潭住場總圖‧附記》，頁9b。
③ 五郎裔的村落少有七郎裔入住，反之亦然，大圍村出現的混居情形較少見於其他村落。
④ 位於大圍的三座祠堂分別供奉的是七郎裔何氏龍潭埔開基祖何華（竹庄公）、五郎裔何氏龍潭埔開基祖何廣堂與何南簡。
⑤ "塘墊"今名"塘汀"，此村居民多為七郎裔何氏。
⑥ 何極初為何佐勳之父，"柑園"因為是嘉慶末才由何極初與何佐勳父子建立的新村落，又名"新村"，當地俗稱為"新圍"村。《文績公貴七郎裔‧增城何氏族譜》卷3《龍潭住場總圖‧附記》，頁8b～9b；筆者，《何○昌訪談紀錄》，2010年12月29日、2011年4月9日，於增城正果鎮何屋新圍村；《何○光訪談紀錄》，2011年4月9日、8月11日，於增城正果鎮何屋大圍村。

郎裔積祖營建村右。①

何佐勳家族此前於道光年間所進行的"宏建大宗"事業，聯宗的對象是同屬七郎支裔的小樓一帶何氏，而咸豐五年的這次聯宗工程，合族的主要對象卻是與其分屬不同郎派的五郎裔何氏，此舉無疑打破了明清以來採用何氏十郎傳說建構宗族的廣府何姓咸以"貴某郎之本支"辨源分派的原則與慣例。②進一步而言，龍潭埔同祀五郎與七郎先祖的所謂大宗之祠，是當地特殊的族群關係與歷史情境下所派生的產物，它反映的是地方上長期以來相異卻相依的兩派何氏勢力，在大亂之後企圖透過聯宗的方式謀求更進一步整合的結果。自何佐勳家族崛起以來漸趨強勢的七郎裔至此幾近整併了五郎裔的勢力，勢弱的五郎裔則以全然扈從的姿態依附於七郎裔羽翼下，間接成為上增城七郎裔宗盟的成員。

從龍潭埔五郎裔的例子出發來看，咸豐四年的動盪為地方社會所帶來的或許不僅是失序與混亂，對於某些原本較為弱勢的社群而言，這場大亂反而提供其改變身分的契機。龍門縣坑頭村（按：俗名"何坑頭"）在咸豐九年（1859）往增城小樓認祖的故事，可以更具體說明這個現象。位於龍門縣平康都路溪地區的坑頭開村於明弘治年間③，是該縣南方毗連博羅縣界帽峰山的一個小山村。群山之中的坑頭是路溪陳禾峒一帶唯一的何姓社區，周遭環繞以鄧姓、陳姓為主的大小聚落。坑頭何氏的族群身分歷來游移在客裔與廣府之間④，除了

---

① 《文續公貴七郎裔‧增城何氏族譜》卷3《龍潭住場總圖‧附記》，頁9b。

② 本書第三章提到，明中葉以來，以何氏三鳳十郎傳說為論述基礎而進行的合族聯宗活動，是許多廣府何姓社區所採取的合眾人群的途徑。就筆者所掌握的文獻資料與田野經驗所見，在東江、增江流域的東莞、增城、龍門地區，援用何氏三鳳十郎傳說構建宗族的何姓社區，幾乎都是在特定單一郎派的架構下，透過營建大宗之祠或編修合族譜的方式進行聯宗活動，而龍潭埔這種超越郎派差異而逕行聯宗的實踐，是僅見的特例。

③ 《（龍門坑頭）何氏族譜》（民國鈔本，民國十九年〔1930〕前後），頁34a。

④ 坑頭何氏以"本地"（廣府）自居，然而此地居民通行的廣府白話深受惠州—河源系客語方言影響，是另一套不同於增江流域粵方言的"本地話"。某些龍門縣居民甚

必須面對當地大姓鄧氏的強勢壓力，與一山之隔、本為同宗的龍石頭何屋何氏，更是存在長期以來搶奪祖源詮釋權的競爭關係。① 咸豐九年，坑頭何氏以咸豐四年世亂遺失其族舊譜為由，前往小樓尋根認祖並抄錄七郎裔族譜：

> 有明弘治六年（1493），春月己酉之辰，坑頭立大始祖諱玄保何公編錄族譜以垂裕後人，使其亂世而不容紊亂也。蓋追思始祖之源，本係增城小陋而來，初遷博羅何家田（按：位於增城東北、龍門南面的增龍博三縣交界）……復遷坑頭，觀其境土雖然褊小，山清水秀，開墾田地，亦足以為子孫日後耕種之計，有餘足之豐，可為樂業長久之地，遂乃居焉。當時生二子，長子文子，次子丙子，長子奉祀嚴慈同居老屋，次丙子分去鄧村薛屋而住，均同一脈也。……祖始居坑頭，初未設龍門，即與增城同縣，至明弘治九年丙辰（1496）遂割增城之三都而始開龍門也，以後而屬龍門。竊思始祖樂業以來，年□□遠，復為考究，至於大清咸豐之四年，世亂族譜遺失。後以咸豐九年歲次己未孟秋之

至主張路溪一帶山區的居民是"客家"而非"本地"。筆者，《何○新等訪談紀錄》，2013年1月27日，於龍門縣龍江鎮坑頭村；《何○友等訪談紀錄》，2013年1月27日，於龍門縣龍華鎮龍石頭何屋村。按：根據何偉棠對於增江流域粵語方言的研究，龍門與增城居民操持的粵方言雖然有很高的一致性，然依分布地區與特性上的差異，可進一步分為龍城方言、增城方言以及新塘方言等三個亞類。不過，值得注意的是，龍門路溪一帶"本地話"的語言特徵，很明顯不屬於增江流域粵方言這套語言系統，其分類歸屬尚待進一步探討。何偉棠，《增江流域（含增城、龍門兩縣）粵方言的分布和特性》，發表於"第二屆國際粵方言研討會"（廣州：華南師範大學中文系，1989），頁1—3之1頁。

① 據傳坑頭何氏始祖何玄保有二子，長為文子，次為丙子，文子之脈世居坑頭，丙子之脈遷居何屋。兩支何氏譜系上皆源於何玄保，但長期以來對於這位"太公"葬處有所爭論，兩方皆主張何玄保的墳山位於自己的聚落。坑頭何氏的族譜中甚至聲稱，原本太公玄保、太婆旋氏皆葬在當地蜈蚣嶺，但後來太婆金骸被何屋偷去，改葬在另一處山頭黃龍頭。《（龍門坑頭）何氏族譜》，頁34a；筆者，《何○新等訪談紀錄》，2013年1月27日，於龍門縣龍江鎮坑頭村；《何○友等訪談紀錄》，2013年1月27日，於龍門縣龍華鎮龍石頭何屋村。

月望越七日之良，耆老親往增城老居，方知大陋（村）、小陋（村）後更為"大樓"、"小樓"。遂與老居襟耆樂敘，說明始祖居住來歷，然後捧出族譜相示，譜內即有祖安遷居博羅，後更改名字何玄保，書立譜內以垂後世萬古不易之宗派，世世相傳，舉目瞭然而知也。……載來考究南雄府珠璣巷歷來先祖考妣芳名開列於後。本祖文縝公，諱桌，號北齊（齋），謚文縝，汴人，考進士累官太僕射右丞相，殉難青城，年三十九歲，妣趙氏，生有二子，長子名雍，次子名熙。遷南雄本祖雍公係文縝公長子，字伯堯，號梧窓，隨高宗南渡，遂居嶺南之南雄府保昌縣沙水鄉珠璣巷。妣秦氏夫人，生八子，長貴一郎、貴四郎、貴五郎、貴六郎、貴七郎、貴八郎、貴九郎、貴十郎。①

根據坑頭何氏族譜的說法，開村祖何玄保本名何安，是增城貴七郎裔六世祖何志清之後（三世孫），明弘治初年由增城小陋（小樓）遷居博羅縣何家田，後又遷至當時仍轄於增城的坑頭，遂於此地開創基業。對照現存的增城七郎裔何氏族譜，的確能在世系圖上找到一位"何安"，是志清長子康泰的次子，但除了提到其"遷博羅"外，沒有任何其他的著墨。這樣的落差有兩種可能：其一，坑頭這支何氏是一脈散落於外而不及備載的七郎枝葉，這也是坑頭何氏在族譜中所暗示的訊息。其二，坑頭何氏本有屬於自己的"玄保祖"開居故事，但是在咸豐四年"世亂"之後，這套故事透過小樓七郎裔何氏的宗源論述架構被重新編整、傳述與記載。於是，在新版的祖先故事中，坑頭始祖何玄保成為小樓何氏前代播遷外縣的子孫何安，坑頭何氏除了是玄保之後，亦是與小樓何氏連根同源的宗親兄弟，獲得了同為文縝公——貴七郎裔孫的新身分。

無論是龍潭埔五郎裔何氏透過建宗祠與七郎裔行合族之祀，還是龍門坑頭何氏藉由尋根認祖、重書譜誌的操作與增城小樓何氏共享貴

---

① 《（龍門坑頭）何氏族譜》，頁1a—3b。

七郎之蔭,這些依附強族與聚合人群的手段並不陌生,在在都讓我們回想起明中葉以來增城某些何姓社區正是透過類似的方式連結彼此,以"七郎公"子孫的身分締結宗盟。然而,必須特別注意的是,咸豐、同治時期在何六事件餘波盪漾之際,對比於其他新成員競相投奔貴七郎何氏宗族旗下,明中葉以來一向慣以貴七郎裔孫身分自居的坊都與小樓何氏,卻反而開始強調他們在七郎子孫以外的另一種身分——增城女仙何仙姑之後。

(二)回歸"仙姑之後":小樓何仙姑家廟與龍潭埔仙姑祠的建立

咸豐八年(1858),坊都與小樓何氏合力在小樓墟修建了一座名為"何仙姑家廟"的祠宇。無論是宛如縣城會仙觀仙姑祠翻版的建築形制,如廟中那口醒目的八角形麻石井欄水井①,還是大門兩側石刻對聯所鐫的文字:"千年履舄遺丹井,百代衣冠拜古祠",無一不向來人清楚宣示,這座"家廟"所奉祀的對象,為唐代身從井化的女仙何仙姑。②不過,這座鄉間祠廟為何會被七郎裔何氏以"家廟"名之?小樓鄉新樓村頭人何增壽(1789—1873)③墓誌中的相關記載,或可略見端倪。

何增壽是貴七郎裔新樓房房長,家境殷實的他晚年曾出資捐修該祠,此事在墓誌中被描述為墓主一生所行善事之首:

  公諱增壽,字廣祥,邑小樓人也。居躬謹介,慷慨負大志,出其緒餘以勤儉致富,厚其親屬戚族,貧者輒濟之。……尤喜善

---

① 《何仙姑故居和化身井》、《何仙姑家廟和井》,載《增城縣文物志(初稿)》(增城:增城縣博物館,1987),頁46—47、73—74。
② 以增城縣城會仙觀為中心所形成的何仙姑傳說話語和廟祀傳統,相關討論詳見第二章。
③ 《貴七郎裔・增城何氏族譜(民國十八年〔1929〕)》卷13《襄侯房上品系・住新樓・世系紀・十九世・真(增)壽》,頁114b。

事，其膾炙人口者，不可枚舉，若捐資修其祖姑何仙祠、刻方藥以濟人①、督修族譜者再，此其大較也。②

何增壽捐資修建的所謂"祖姑何仙祠"，指的就是位於小樓墟的何仙姑家廟。從引文可以看出，對於在十九世紀後半葉倡建該祠的七郎裔何氏而言，何仙姑既是"仙"神，亦為"先"人——祂／她除了是當時增城人眼中施丹濟世的靈應神明，更進一步憑藉"祖姑"的身分，成為小樓何氏起建"家廟"供奉的對象。

何仙姑家廟的興建不只出於小樓一帶何氏之力，縣城坊都何氏諸房也扮演了關鍵性的角色，其中居功厥偉的是來自西廓房的何文健家族。何文健（1795—1861）是修築"家廟"的謀議人與醵資者之一③，文健長子何桂林（1824—？）更是透過自己在省城從學時所建立的交遊網絡④，延請珠三角一帶名流雅士為此一新立的祠宇生色增

---

① 至遲不晚於十九世紀中期，增城會仙觀仙姑祠即開始以所謂的何仙姑籤方聞名遐邇，何仙姑透過派賜藥籤等方式濟世活人的形象深入人心。影響所及，晚清民國時期陸續在增、龍一帶創建的何仙姑祠廟，幾乎也都為信眾提供了求籤方甚至買賣藥材的服務，成為當地著名的求"仙方"之所。有關何仙姑信仰之醫療傳統的形塑及其與近代廣東地方社會的發展，尚待進一步探討。〔清〕何永劭、周世賢、尹天祐，《玉龍扶體（匾）》（清光緒二十六年〔1900〕），增城小樓鎮小樓墟何仙姑家廟藏；秦慶鈞，《增城回憶錄》，頁45；筆者，《"仙居古廟鎮蠻邦"：拉律戰爭與何仙姑信仰在英屬馬來亞的開展》，頁57—58。

② 〔清〕賴漢清，《清軍功壽官何公廣祥墓誌銘》，載《貴七郎裔·增城何氏族譜（民國十八年〔1929〕）》卷4《藝文·墓誌文》，頁75a。按："廣祥"為何增壽之字，該誌未註時間，作者為文當在何氏卒年清同治十二年（1873）之後。

③ 〔清〕潘光瀛，《特授修職郎河工議敘欽加八品銜五城兵馬司吏目加二級筆海何公墓誌銘》，載《文續公貴七郎裔·增城何氏族譜》卷4《藝文·誌銘》，頁87a。按：何文健，字敦通，一字筆海，晚年為增城鄉飲正賓，家族在坊都與小樓都有很大的社會影響力。《文續公貴七郎裔·增城何氏族譜》卷13《世系·雲菴後住西廓·世系紀·二十世·文健》，頁32a。

④ 何桂林，字子劭，號一山，與其弟何桂芳少時從學於廣州府學，兄弟二人並享文名於當時，與"粵東三子"中的番禺張維屏、香山黃培芳相善。《文續公貴七郎裔·增城何氏族譜》卷13《世系·雲菴後住西廓·世系紀·二十一世·桂林》，頁33a；同前引書，卷1《儒行（同治戊辰續紀）·二十一世·桂芳》，頁87a。

光，如該祠門額"何仙姑家廟"字樣即是延請當時"粵東三子"之一的香山縣名士黃培芳（1779—1859）所題篆①，而廟門對聯所書"千年履舄遺丹井"、"百代衣冠拜古祠"之語，則是出自瓊州府定安縣進士王映斗（1797—1878）之手。②

值得一提的是，始創於咸豐朝晚期的何仙姑家廟，實際並非歷經"百代"之久的"古"祠，王映斗的對聯卻刻意將小樓這座新立的仙姑享祀之所與縣城歷史悠久的會仙觀仙姑祠相提並論。進一步來說，無論是對聯內容的指涉還是建築形制上的模仿，很顯然地，藉由所謂仙姑"家廟"的營建以及珠三角文化菁英的聲援助勢，小樓何仙姑家廟的籌建首事者是有意援用"城裡人"那套積澱千年的何氏女仙傳說話語，重新宣示己族為全邑代表性神祇與神聖象徵——何仙姑後人的特殊身分。

緊接小樓何仙姑家廟出現的是龍潭埔的仙姑祠。咸豐十一年（1861）十月底，七郎裔龍潭房何氏將"佐勳公"從龍潭埔遷葬至小樓鄉大樓村，並延請陳維嶽等多位六都名紳為其撰寫墓誌，據此立碑建墓。③出身貧寒的何佐勳身後備極哀榮，從此安然長眠於龍潭何氏宣稱其所從出的祖地原鄉。④與何佐勳遷葬小樓鄉一事同時進行的，

---

① 黃培芳（？—1858），字子實，號香石，廣東省香山縣（今中山市）人，為明祭酒黃佐八世孫。清嘉慶九年（1804）中式副榜，肄業太學。道光二年（1822）充武英殿校錄官，道光十年（1830）選韶州府乳源教諭。歷任陵水縣教諭、肇慶府訓導等。平生從遊者眾，其中名碩輩出。黃氏一生著述甚富，邃於《易》，詩文書畫俱工，與番禺張維屏、陽春譚敬昭同享詩名，時人並稱為"粵東三子"。《（光緒）香山縣志》（上海：上海古籍出版社，1997，影印清光緒刻本）卷15《列傳·國朝（清）·黃培芳》，頁13b—14b。

② 王映斗（1797—1878），字運中，號漢橋，又號瀚嶠，廣東省定安縣人。清道光二十四年（1844）進士，官至大理寺卿。咸豐二年至八年（1852—1858），王氏丁憂，由京回廣，其間出掌省城越華書院。《（光緒）定安縣志》（上海：上海書店，2004，影印清光緒四年〔1878〕刻本）卷6《人物·列傳·王映斗》，頁50b—54a。

③ 《文績公貴七郎裔·增城何氏族譜》卷4，頁72a—73b、74a—76a、77a—78a、78a—79b。

④ 相關討論參見第三章第四節。

是另一座為何仙姑"設俎燎柏之地"①在龍潭埔的建立。該年十一月,龍潭埔村口外增江邊畔的何氏渡頭上,一座原屬於何佐勳家族的屋宇,被改建為崇祀何仙姑的"仙姑祠"。②"仙姑祠"門額下的"威靈通鳳嶺"、"赫濯鎮龍潭"對聯③,明白傳達著這樣的訊息:該祠所供奉的"仙姑",不僅是龍潭埔一地的鎮守護衛者,更無異於縣城鳳凰山下彼位威名顯赫的何仙姑;兩祠所奉之神彼此"威靈"通同,殊無二致。此外,祠中一對楹聯所書"吾曰姑,吾曰婆,婆心一片昭靈異"、"汝云仙,汝云姐,姐德無量顯神通"之語④,更是清晰展現了龍潭埔何氏對於何仙姑身分的詮釋與界定:無論是外人所謂的"仙姐"⑤,還是其族敬之愛之的"姑婆",說的都是在增城久享仙譽、神通昭顯的女神何仙姑。

細究上述小樓、坊都與龍潭埔三地何姓相繼於地方上建廟立祠敬

---

① 〔明〕謝士章,《拓建何仙姑祠記》,《(康熙)增城縣志》卷14《外志・寺觀・會仙觀》,頁17b—18a。

② 《文績公貴七郎裔・增城何氏族譜》卷3《龍潭住場總圖・附記》,頁8a;賴鄧家編著,《相水鉤沉》,頁135;陳建華主編,《廣州市文物普查彙編・增城市卷》,頁515。

③ 這是一對鐫刻在木板上的木刻楹聯,懸掛於門額"仙姑祠"下方,上聯在"威靈通鳳嶺"文字之外,另有"咸豐十一年仲冬吉旦"字樣的上款,下聯則是在"赫濯鎮龍潭"之外,另鐫有"創建首事等敬題"等字樣的下款,此外另一行"玖肆甲戌歲仲冬吉旦重修"文字(按:字體與前述對聯內容並不相同,推測是1994年重修時另外加上)。據當地居民表示,該楹聯從清咸豐十一年(1861)仙姑祠創建開始直至"文革"前,一直懸掛於仙姑祠第一進門廳的大門外左右兩側,"文革"期間保存於某村民家中,直到1994年何屋村重修仙姑祠時才又重新歸位。另外也有一說,指稱楹聯原件毀於"文革"時期,1994年重修時重新掛上的是依照原件拓本複製的復刻品。筆者在2010、2011與2013年考察期間所見者,應為1994年重修後的樣貌。另參陳建華主編,《廣州市文物普查彙編・增城市卷》,頁515;賴鄧家編著,《相水鉤沉》,頁135;筆者,《何○昌訪談紀錄》,2010年12月29日,於增城正果鎮何屋新圍村;《何○光訪談紀錄》,2011年8月11日,於增城正果鎮何屋大圍村;《何○林訪談紀錄》,2013年1月28日,於增城正果鎮何屋石街村、何屋仙姑祠。

④ 該木刻楹聯懸掛於仙姑祠第二進拜亭下的一對石柱上,筆者於2010—2013年所見的是1994年維修後的樣貌。

⑤ 指能夠交通人世與超自然世界的女性異人。

拜"祖姑"的行動,可知自咸豐八年小樓何仙姑家廟建立開始,以何仙姑的同族後人自居,並大張旗鼓將此套說法正式納入宗族祭祀禮儀之中,很快成為增城貴七郎裔何氏宗盟成員相應的共識與操作。在何六事件的衝擊猶餘波蕩漾之際,上增城最強大的三股何姓地方勢力在宗族語境下,巧妙挪用向來為增城雅文化代表的何仙姑傳說話語,一方面揭舉"仙姑之後"旗幟在甲寅"世亂"後重新編整宗盟內部各支房派勢力,同時高調且具體地展示了地方村族對於縣城主流文化傳統和官紳集團的服膺與扈從姿態。

(三)以小樓為尊:同治修譜與宗源論述的定調

小樓何仙姑家廟與龍潭埔仙姑祠於咸豐晚期相繼落成之後,同治七年(1868),增、龍七郎裔何氏眾房支於小樓光緒堂何氏大宗祠設局續修族譜。[①]以何佐勳家族為代表的龍潭房,在修譜過程中掌握了關鍵的話語權,何佐勳之孫何成鑑名列主要纂述者之列,而長孫何朝鑑更因"有作才,嫻庶務"之由,被諸房長委以總司修譜和校譜的重任。[②]相較於乾隆二十五年(1760)、嘉慶十四年(1809)兩次修譜先後呈現了其時坊都"雲菴後"、小樓"雲峯後"兩系何氏在宗盟中的領導地位[③],同治年間的這次修譜則深刻反映出嘉道以來龍潭埔

---

① "光緒堂"是小樓何氏大宗祠(按:即增城貴七郎裔何氏總祠)的堂號,文獻中常見族人以堂號指稱大宗祠。關於宗祠成立的歷史淵源,詳見第三章的討論。

② 各房長廣祥、曠夷、靄光、照華、瓊玉、華國、景光、藹汾、福昭、吉暉等,《(戊辰)公舉重修族譜札》(清同治七年〔1868〕),載《文績公貴七郎裔·增城何氏族譜》卷首,頁30b;〔清〕何朝鑑(按:自述為七郎裔龍潭房二十世孫),《重修族譜序》(清同治七年〔1868〕),同前引書,卷首,頁32a—35a;《文績公貴七郎裔·增城何氏族譜》卷1《歷代存系列祖重修譜年月名氏·同治七年歲在戊辰孟春入局重修族譜(清同治七年〔1868〕)》,頁4b。按:諸房長之中的何靄光為何佐勳三子(按:何成鑑之父),何景光為何佐勳次子(按:何朝鑑之父)。

③ 坊都何氏的全盛時期在明代至盛清,小樓何氏則是在盛清至清中葉時期。參見各房長觀蒲、廷祿、嘉昌、文就、弘毅、觀勤等,《公舉修譜札》(清乾隆二十五年〔1760〕),載《文績公貴七郎裔·增城何氏族譜》卷首,頁42b;〔清〕何明哲(按:自述為七郎裔西廊房十七世孫),《序》(清乾隆二十五年〔1760〕),同前引書,卷

何氏勢力的抬頭。嘉慶之前，七郎裔何氏宗族聯盟以坊都與小樓兩系所主導，迨至嘉道之間，隨著龍潭埔何佐勳家族暴富竄起並積極參與宗族活動，龍潭埔一系逐漸開始在七郎宗盟中嶄露頭角。咸豐四年之後，何佐勳家族大舉得勢，其經濟、社會與文化實力全面得到官紳集團核心高層的肯定和加持，龍潭房至此一躍成為增龍七郎裔何氏社區中最舉足輕重的勢力。這部同治七年續修的七郎裔何氏合族譜正是上述歷史過程的結果，它清楚揭示了十九世紀前六十年間貴七郎何氏聯合宗族內部權力格局的變動。透過譜牒文本的確認，龍潭房一系在七郎裔宗族聯盟中的位置從此正式告別邊緣，進入核心。

在龍潭埔何氏的主導下，七郎裔何氏諸房於同治七年所進行的"增刪舊譜"工程[①]，除了反映各房派自嘉慶十四年二度修譜以來的勢力消長，更是地方社會在經歷何六事件的衝擊後，透過譜系書寫，重新確認我群成員身分並深化己族認同的契機。值得注意的是，在諸房派"從今珍重篤宗盟"的盟誓下[②]，此番修譜另一個影響深遠的關鍵性發展，是七郎裔何氏對於先祖入增歷史論述的最終定調。在同治修譜之後，小樓在象徵意義上為增、龍七郎裔各衍派同尊之宗盟共主的地位正式確立，新譜中"譜系同珍小石樓"[③]、"譜中子姓多由

首，頁46a；同前引書，卷1《歷代存系列祖重修譜年月名氏·乾隆甲戌孟夏修譜（清乾隆二十四年〔1759〕）》，頁7a；各房長孔陽、迪新、昂敬、悅生、聯芳、朝拔等，《公舉重修族譜札》（清嘉慶十四年〔1809〕），同前引書，卷首，頁37a；〔清〕何書（按：自述為七郎裔大樓房十八世孫），《承命重修族譜序》（清嘉慶十四年〔1809〕），同前引書，卷首，頁39a、41a；同前引書，卷1《歷代存系列祖重修譜年月名氏·己巳年孟春入局分任重修譜、仲夏再全入局（清嘉慶十四年〔1809〕）》，頁3b—4a。

① 〔清〕尹錫勳，《吾邑小樓何氏族譜重修告成為題一律恭紀其盛》（清同治七年〔1868〕），載《文續公貴七郎裔·增城何氏族譜》卷4《藝文·贈章》，頁147b。

② 〔清〕何光裕（按：自述為七郎裔小樓房十九世），《戊辰譜成次鐵珊（按：何朝鑑號）原韻并七律一首恭紀》（清同治七年〔1868〕），載《文續公貴七郎裔·增城何氏族譜》卷4《藝文·家翰》，頁146b。

③ 〔清〕何振聰，《戊辰譜成次鐵珊原韻并七律一首恭紀》（清同治七年〔1868〕），載《文續公貴七郎裔·增城何氏族譜》卷4《藝文·家翰》，頁146b。按：何振聰系出坊都接龍房，其詩作間接傳達了一個重要的訊息，即對於龍潭埔何氏所主導的修譜方向——譜系根源上以小樓為尊，坊都何氏是接受與支持的。又，小石樓是小樓

小石樓分居"①等說法，不僅強化小樓作為聯結七郎裔各房的核心角色，所謂"小樓勝地喬遷始"②——小樓為先祖當年遷居增城的始興之地——之論，從此成為增江七郎裔何氏對於其族入增歷史論述的標準主張。

增江貴七郎何氏宗族本為諸股來源各異的何姓勢力在不同歷史情境下漸次結合的產物，同治新譜中，小樓房在宗族起源論述上獨占鰲頭，同時也意謂著其他房派在競爭祖源詮釋權上的全面失勢與退守。前文提到龍門坑頭何氏在咸豐九年時曾遣耆老親赴小樓抄譜③，以嘉慶舊譜為底本的坑頭何氏族譜，在敘述七郎裔始遷增城的歷史時，出現了一則上述同治新譜中未提及的內容，即七郎裔入增始祖何綏最初在增城落腳開居的地點實為縣城，而非小樓：

> 本祖貴七郎公生三子……三綏遷增城。一世祖綏公號大蘇，配關氏，係七郎公第三子，初遷增城縣城中居住，生二子，長妙保，配簡氏；次妙廣，未詳。二世祖妙保公，係綏公長子，本居增城（按：指增城縣城）之中學宮基址，在後卜基建立學宮，而妙保公同配簡氏遷居小陿而住，是為小陿開基之始。④

的雅稱，小石樓為羅浮山勝景之一，在宋元以來的何仙姑傳說中，仙姑曾於唐代宗大曆年間顯聖於此。作者在此借用了羅浮山文本下的小石樓何仙姑顯聖故事來暗喻小樓，同時也呼應了當時貴七郎何氏極力宣傳己族為何仙姑後人——"本邑何仙姑亦小樓遠派"的說法。〔元〕趙道一，《歷世真仙體道通鑑·後集》卷5第8《何仙姑》，頁886；〔清〕何朝寶，《（戊辰）譜成鐵珊伯兄倡詩以誌謹師其意亦成律絕各一首》（清同治七年〔1868〕），載《文績公貴七郎裔·增城何氏族譜》卷4《藝文·家翰》，頁145b。

① 〔清〕何朝鑑，《戊辰歲修譜告成恭紀》（清同治七年〔1868〕），載《文績公貴七郎裔·增城何氏族譜》卷4《藝文·家翰》，頁144a。

② 〔清〕何永肇（按：自述為小樓房二十三世孫），《譜成鐵珊伯兄倡詩以誌謹師其意亦成律絕各一首》（清同治七年〔1868〕），載《文績公貴七郎裔·增城何氏族譜》卷4《藝文·家翰》，頁144a。

③ 如果此說為實，依照時間判斷，當時坑頭何氏所抄錄的是清嘉慶十四年（1809）二修版本的七郎裔合族譜。

④ 《（龍門坑頭）何氏族譜》，頁3b—4a。在坑頭何氏的分支——龍門龍石頭何屋的族譜中，關於七郎裔入增始居之處，也出現有與坑頭何氏說法近乎雷同的記載："四

可以推測，上述坑頭何氏自小樓舊譜所抄錄的內容，恰好是增城七郎裔合族譜於同治七年（1868）進行三修時刻意減省掉的一部分。陰錯陽差的是，同治新譜竟意外保留了一篇康熙末年的賀壽文，該文關於七郎裔何氏入增是先至城北再至小樓的描述，與坑頭何氏族譜的記載不謀而合：

> 均善何先生①居增城小樓鄉……溯其先世為宋右丞文績公之後，文績公孫貴七郎乾符公由南雄遷增城城北，再傳至妙保公，而定居小樓。②

何綏是七郎裔入增城的始遷祖，而何妙保是小樓的開基祖，大體而言是清代以來增、龍一帶的"七郎何"普遍的共識。然而，關於何綏這位始遷增城的"大蘇祖"背景，與坑頭何氏族譜上的說法相較，同治新譜卻是諱莫如深③，至於何妙保其人與開基小樓的事蹟，亦是刻意

世（行）三己祖何綏，號大蘇，妣關氏孺人，世居增城縣城內，生下五世二子。五世叔祖何妙廣，妣葉氏孺人。五世己長祖何妙保，妣簡氏夫人，生下六七（世）四子。是時爾祖本居增城基孝宮址，後卜基史立學宮，而妙保祖後移遷居土名小陋住，以是為小陋基之始也。"《（龍門龍石頭何屋）何氏族譜》（民國鈔本），頁53b—54a。按：根據縣志的記載，增城學宮位於縣署西北兩百武處，地處城中西北方，始建於南宋開禧年間（1205—1207），宋末元初毀於兵燹，一直到元至順二年（1331），才為當時縣令左祥於宋代孔廟舊址拓基重建。《（嘉慶）增城縣志》卷5《學校·學宮》，頁1b—2a；〔元〕揭徯斯，《廣州路增城縣重建儒學記》（元至順三年〔1332〕），載《（嘉慶）增城縣志》卷19《金石錄》，頁7a—9a。

① 何文紀（1648—1722），字延尚，號均善，增城七郎裔何氏高原房之開基祖。按：高原位於小樓村西北方一公里處，居民為廣府何姓。《文績公貴七郎裔·增城何氏族譜》卷14《源後住高原·世系紀·十五世·文紀》，頁9a；〔清〕林聞譽，《太學生靜菴何公墓誌》，同前引書，卷4《藝文·墓誌》，頁57b—58a。

② 〔清〕吳傳覬，《均善何先生八裘開一榮壽序》，載《文績公貴七郎裔·增城何氏族譜》卷4《藝文·贈章》，頁5a。

③ 族譜上關於何綏這位七郎裔何氏入增始祖的記載，只有以下寥寥數語："二世綏，貴七郎第三子，號大蘇，配關氏。（關氏）葬北門城外學嶺。向始入增。"《文績公貴七郎裔·增城何氏族譜》卷1《隱德·明·三世祖妙保》，頁39a—39b。

忽略其與縣城始居地的淵源。①這些不尋常的現象令人不禁懷疑，同治修譜的纂述者似乎想透過這次"增刪舊譜"的機會，全面強化小樓為其族入增始居地的形象與地位，藉以形成闔族"譜系同珍小石樓"的"共識"。

保留在坑頭何氏族譜中的祖先入增遷徙路綫之說（粵北南雄→增城縣城→增城小樓），實際上反映的是七郎裔宗族聯盟初期的成員結構與結盟過程：坊都勢力為首，繼而加入小樓，而這樣的論述很可能是盛清之前增城七郎裔成員間的主流說法。②回顧明代以來增城七郎裔宗族的發展歷史，可知縣城北郊接龍何氏以及城中龜峰、西廓何氏等一眾坊都何姓勢力，才是增城最早使用"三鳳十郎"傳說建構祖源論述、以貴七郎後裔身分話語標誌己族認同的何姓社區，為增城七郎裔何氏宗族最初的骨幹。③至於小樓何氏，則是要到明中晚期後才開始透過與坊都何氏聯宗的途徑，進而成為貴七郎的所謂"裔孫"。

然而，以坊都執七郎裔宗盟牛耳的權力格局，在進入清中葉後卻面臨小樓房與龍潭房的挑戰。同治年間在龍潭房與小樓房聯袂主導下，藉由修譜營造出定小樓於一尊的權力格局，總結來說，是入清以來小樓鄉諸何姓村與龍潭埔何姓勢力抬頭，而曾於明代盛極一時的坊都何氏在盛清之後逐漸式微的結果。④正如同明代小樓何氏藉由聯宗

---

① "三世祖妙保，號小陋，晚號百歲農。與王佐善，元季偕隱邑招賢山。明興，遷小陋里，韜光耕讀，勤儉禮讓，淑其鄉邑。"《文績公貴七郎裔·增城何氏族譜》卷5《世系·世系紀》，頁32a。

② 此觀點並非同治之後譜牒文本上的主流說法，不過根據筆者在增城何姓社區採集的口述資料，或可證明此番說法的確展現了一部分保存在口語層次上的歷史記憶。例如，據大樓當地的何姓耆老表示，大樓何氏祖先最早是從東莞來至增城，一開始定居在縣城西角巷，後來遷至小樓，其後再由小樓分支至大樓。按：西角巷即明清縣城西南的儒林舖西廓里，亦名西郭，為七郎房坊都西廓房聚落所在。筆者，《何生訪談紀錄》，2011年8月4日，於增城小樓鎮大樓村。

③ 相關討論詳見第三章。

④ 坊都何氏各房（接龍、龜峰、西廓）在增城七郎裔諸房派中，一直以來主要是以功名取勝，而非子息繁茂見長，族中成員功名最盛時期是在晚明至盛清，然而乾隆之

攀附當時門庭顯貴的坊都何氏,以何佐勳家族為首的龍潭埔何氏崛起之時,恰好是小樓鄉聲勢日盛而坊都影響力已顯疲態的嘉道時期,後起的龍潭埔因此透過強化與小樓一系的關係來提昇自己在七郎宗盟中的地位,是以龍潭房在追述家世淵源時無不言必稱小樓。道光年間倡議修築小樓何氏大宗祠、咸豐末年在龍潭埔創建仙姑祠與小樓何仙姑家廟成犄角呼應之勢,以及同治年間主導修族譜時營造各房子孫"譜系同珍小石樓"的論述氛圍等作為,無一不是在宗族構造脈絡下所進行的選擇與實踐。

第三節 由增仙而分一脈①:
亭子岡仙姑古廟與客裔何氏的入夥

> 我們和小樓、大樓、南堡、沙隴、白江……這些姓何的,都是"兄弟"。
>
> 何○昌②

距離縣城西南十里處的亭子岡③,居民為客裔何姓,是清中葉以

後,無論是功名或是戶口規模都未見顯著成長。相較之下,小樓與龍潭埔從乾隆至清末在戶口數上出現明顯的增長,特別是小樓,其周邊一帶從乾隆之後陸續開發出數個何姓聚落,逐漸成為七郎裔譜系上的不同房派。《(乾隆)增城縣志》卷1《區宇・里廛・崇賢都》,頁15b;同前引書,卷3《品族・著姓・何》,頁3b;《(嘉慶)增城縣志》卷1《輿地・里廛・崇賢都》,頁8a—8b;《(民國)增城縣志》卷1《輿地・里廛・崇賢都》,頁14b;同前引書,卷1《輿地・著姓・何》,頁29b。

① "由增仙而分一脈,旁盤古以定兩間。"增城五一村(亭子岡)仙姑古廟廟門楹聯。
② 筆者,《何○昌訪談紀錄》,2013年1月30日,於增城荔城街五一村。
③ 亭子岡今名"五一村"(行政村),五一村委會轄下有老屋、屋場、田心、高牌、枝園、新屋、同巷、義學社、西環、禾塘、菜坑等自然村,居民主要是以客語為母語的何姓,是增城少有的大型單一姓氏客裔聚落。參賴鄧家榮主編,《增城地名大全》,頁225;《廣東省廣州增城市標準地名錄》,頁10—11。

來增城規模最大的客裔聚落。①亭子岡在清代隸於合蘭上都②，不僅鄰近縣城，且座落於縣城南向通往增江下游貿易輻輳之地——石灘墟的官路上③，為連結縣城與下增城地區（按：即增江下游與東江沿岸）重要墟鎮如石灘、仙村、新塘的陸路要衝。④特殊的地理位置，使得亭子岡在何六陣營數次進攻縣城的攻勢中首當其衝，受到嚴重波及⑤，當地居民至今流傳一句俗語"狼過何六"，用來形容人厲害凶狠⑥，可以想見何六事件對於當地的衝擊程度與深遠影響。

咸豐四年四月，何六陣營首次試圖攻佔縣城的行動失敗，轉而大舉劫掠城外亭子岡一帶村莊⑦，當地客裔何姓居民在富紳何天珍的領導下，自組鄉團禦敵，同時聯合隔鄰隔水龍村吳氏展開回擊⑧，後來甚至應陳維嶽之請，參與了上六都團練局收復縣城的軍事行動：

> 何天珍，字敬堂，上都（按：合蘭上都）亭子岡人，賦性渾厚精明，幼時鄰里老成皆稱贊之。及壯，業商賈，所億屢中，遂致巨富。生平樂善好施，凡造橋築路諸舉，多自出貲，無少吝。道光甲辰（1844），倡建同文義學尤賴其力。咸豐四年，紅匪肆擾，天珍預集鄉團數百，日給以食，聞警即飭救援。值匪犯上都

---

① 亭子岡位於縣城西南的小丘陵與平原交錯地帶，此地是慶福都、合蘭上都與雲母都三都交界處通往合蘭下都大墟石灘的必經之路，自清代以來大多都是客裔人士聚居的村落。

② 《（民國）增城縣志》卷1《輿地・里廛・合蘭上都》，頁20a；同前引書，卷1《輿地・著姓・何》，頁29b。

③ 筆者，《田野訪談紀錄》，2011年8月8日，於增城荔城街五一村；《何○新、何○高等訪談紀錄》，2013年1月30日，於增城荔城街五一村。按：增江下游在行政區的區劃範圍上，主要是合蘭上都與合蘭下都一帶的村落墟市。

④ 亭子岡之名即來自這種地理位置上的特殊性，相傳舊時當地設有涼亭，供官道上的客旅避雨遮風，故被名為亭子岡。參賴鄧家主編，《增城地名大全》，頁225。

⑤ 《增城團練節略》，頁23、25。

⑥ 筆者，《何○新、何○高等訪談紀錄》，2013年1月30日，於增城荔城街五一村。

⑦ 《增城團練節略》，頁23。

⑧ 《（民國）增城縣志》卷1《輿地・里廛・合蘭上都》，頁20a。

鄭村約，嘗躬冒矢石，相與鄰紳吳大邦所率團勇分途截擊，斬匪甚多，旋由陳維嶽函約會同收復縣城，論功獎六品銜。①

亭子岡東面的蛇頭嶺村亦為客裔聚落，地處縣城與亭子岡之間，同樣為交通縣城與增城南部的咽喉之地。②蛇頭嶺何氏與亭子岡何氏為同宗關係③，何六事件爆發時，村中富紳何纘龍亦籌組團練，率領鄉勇參與了陳維嶽復城的陣綫：

> 何纘龍，字錫田，本亭子岡人，遷居蛇頭嶺。家饒於財，性慷慨，嘗於菴前約建築灘頭石橋凡三，門高及丈，費至千金，獨力任之，不少吝。咸豐四年，紅匪陷縣城，四鄉皆患盜，纘龍聯約辦團保衛，自肩餉糈。匪黨黎亞魁、玲瑯壺等圍劫淵塘村，纘龍親督團勇與約紳吳大邦赴援，大破賊陣，斬獲甚眾。時團紳陳維嶽謀復縣城，纘龍亦率鄉勇會之，事平以功獲獎軍功六品。④

亭子岡何氏與隔水龍吳氏是合蘭上都鄰近縣城一帶星列的客裔聚落中規模最大的兩個社區。⑤在咸豐四年的動亂中，亭子岡—蛇頭嶺何氏偕同隔水龍吳氏協力保衛鄰近鄉里安危，並且雙雙加入陳維嶽的復城行動。然而，此番看似無間的合作，對於兩個村族間長久以來存在的競爭關係而言⑥，毋寧只是一個意外的插曲。復城之後，雖然何氏與吳氏這兩股"復城有功"的客裔勢力都獲得來自當局的褒獎，不

---

① 《（民國）增城縣志》卷20《人物三·列傳·何天珍》，頁50a—50b。
② 賴鄧家主編，《增城地名大全》，頁257。
③ 《何氏本族縉紳錄》，載《（增城亭子岡）何氏族譜》（1992年鈔錄清同治舊譜），頁44；筆者，《田野訪談紀錄》，2011年8月8日，於增城荔城街五一村；《何〇新、何〇高等訪談紀錄》，2013年1月30日，於增城荔城街五一村。
④ 《（民國）增城縣志》卷22《人物五·隱德·何纘龍》，頁31a—31b。
⑤ 《（民國）增城縣志》卷20《人物三·列傳·吳大邦》，頁51a—52a。
⑥ 筆者，《田野訪談紀錄》，2011年8月8日，於增城荔城街五一村；《何〇新、何〇高等訪談紀錄》，2013年1月30日，於增城荔城街五一村。

过隔水龙吴氏的领头羊吴大邦却进一步为陈维岳所延揽重用，在县治所设立的合邑十二都团练总局中筹办善后①，隔水龙因此在咸丰四年之后声势大振，有凌越亭子冈之势。

咸同之交，正当隔水龙吴氏的声势达到顶峰之际，亭子冈何氏在村南通往下增城的官道旁，兴建了一座名为"仙姑古庙"的庙宇。②"仙姑古庙"正间主祀"仙姑"，左偏间则供奉当地居民素来崇信的"盘古王"。如同县城会仙观仙姑祠和小楼何仙姑家庙都有一口标志或象征何仙姑成仙之迹的水井，这座"仙姑古庙"正间第一、二进之间的天井正中处，也凿了一口有八角形麻石井栏的水井。③水井之外，庙中贯通正间与偏间的玄关上，悬着一副"由增仙而分一脉"、"旁盘古以定两间"对联。对于任何略知增城地方掌故的人而言，无论是该庙的名称还是庙中的布置物件，在在都让人直觉联想起传说中身从井化的唐朝增城邑人之女何仙姑。然而，对于亭子冈这支客裔何氏而言，"由增仙而分一脉"的寓意并不仅于此，它实际上所揭示的，是一部粤东客裔何姓迁移大历史论述的地方化结果。

亭子冈何氏是一支在清代康熙末年由粤东惠州东部播迁增城的"客民"。康熙五十五年（1716），亭子冈何氏尊称为"松大祖"的该村开基祖何绍松（1683—1755）携妻孥与弟绍栗、绍洲、绍鹏，从惠州府归善县移居增城。何绍松家族最初落脚于增城北部杨梅都派潭洞蔡益岭一带，后来因投买耕牛耕作失利而转赴亭子冈。康熙五十九

---

① 《（民国）增城县志》卷20《人物三·列传·吴大邦》，页51b—52a；《增城团练节略》，页25。

② 笔者，《田野访谈纪录》，2011年8月8日，于增城荔城街五一村；《何○新、何○高等访谈纪录》，2013年1月30日，于增城荔城街五一村。

③ 除了偏间"盘古王殿"的屋脊在2010年重修时换上了现代的砖瓦，现今的"仙姑古庙"基本上仍维持清代时的两间两进式建筑结构与样式，庙埕中的水井至今犹是村中受欢迎的汲取"仙水"处。为了进一步保护"仙井"，村民在原本的八角形麻石井栏外围另外加上了厚厚的圆形水泥防护结构。《（亭子冈仙姑古庙）重塑神像捐款芳名（碑）》（2010）；笔者，《田野考察与访谈纪录》，2011年8月1日、8日，于增城荔城街五一村；《何○新、何○高等访谈纪录》，2013年1月30日，于增城荔城街五一村。

年至六十一年（1720—1722）間，隨著族人陸續由家鄉前來投靠，何紹松新置田園宅宇、鋪路造橋，此後田園物產日益豐饒，奠定了這支客裔何氏在增城當地的發展基礎。①嘉慶七年（1802），亭子岡何氏在入增八十餘年後首度編修譜牒，當中陳述了其族之源起：

> 溯吾族系出自廬江，始祖大郎公始則宦遊閩之寧化，見夫縣（按：此指閩西武平縣）屬南巖獅子口手爐山，山環水抱，地闢田腴，遂卜居焉。厥後官陞粵之梅州，世族殷繁，支分派別，而子孫或原居閩之武平、上杭、永定者，或移居粵之潮州、惠州、廣州者，所聚族者不一地，所閱世者幾百年之兆域里居。②

相對於明清廣府（"本地"）何氏宗族流行以"三鳳十郎"南遷傳說建構本族祖源論述，廣東一帶，特別是粵東地區的客裔何氏宗族，也有一套講述祖先故事的經典範式，亭子岡何氏族譜內容中關於先祖來歷的說法，正是其基本架構的體現。這套"珠璣巷之外"的族源論述範式，大致成形於明代中晚期③，清代以來普遍流傳於閩西、粵東、江西一帶客裔何氏——近代所謂的"武平派"客裔何姓社群之間：

> 粵東何氏發源於廬江，而惠、潮、梅及汀、漳、江西等處聚

---

① 《百客祭鳳祖軸文》，載《（增城亭子岡）何氏族譜》，頁72a；〔清〕何天衢，《十八世祖松大祖行蹟》（清嘉慶七年〔1802〕），同前引書，頁74b—75b。按："鳳祖"為何文鳳（1655—1735），何紹松之父。何天衢為何紹松曾孫。

② 〔清〕何天衢，《何氏家乘序》（清嘉慶七年〔1802〕），載《（增城亭子岡）何氏族譜》，頁16b—17a。

③ 〔明〕胡釗，《何氏族譜序》（明正德十四年〔1519〕），載《（增城亭子岡）何氏族譜》，頁3a—4a；〔明〕楊燦，《何氏宗譜序》（明嘉靖三十年〔1551〕），同前引書，頁4b—6a；〔明〕馬才偉，《何氏宗譜序》（明嘉靖三十年〔1551〕），同前引書，頁6b—8a；〔明〕汪應奎，《何氏宗譜序》（明嘉靖三十三年〔1554〕），同前引書，頁8a—10a；〔明〕何文申，《何氏南巖碑記》（明萬曆二年〔1574〕），同前引書，頁32b—35a。

族者，皆祖大郎公為"武平派"。大郎公原籍江南廬州府廬江縣，以進士為閩汀寧化縣尹，遂家於縣治之石壁鄉，嗣遷武平巖（按：福建武平縣獅子巖），復遷冷洋劉坑。生五子，長三郎遷河田，次四郎遷赤岸，三五郎仍居冷洋，四六郎遷惠州海豐，五八郎遷惠州河源，一女郎世傳"仙姑"，有祠堂碑記鑿鑿可考。①

對於以"武平派"自述源流的閩西、粵東、江西等地客裔何姓而言，出生於晚唐的"大郎公／太郎公"何大郎，為其族由皖入閩的始祖，而何大郎第三子何五郎之玄長孫——何伯一郎②，則被尊為由閩入粵的東粵開基祖：

始祖太郎公諱蕇，生於唐昭宗景福元年（892），由進士任寧化縣知縣，陞梅州知州，經過巖前（按：該地比鄰福建武平縣名勝獅子巖，因以為名），觀其山川美麗，遂卜居焉。先世廬江人，公為由皖遷閩之始祖，第三子五郎，字安基，從父原居（福建）冷洋。五郎公五子十六郎，十六郎公次子念三郎，一名三十

---

① 《廬江郡何氏大同宗譜》（北京：中國社會科學院歷史研究所圖書館，1986，據民國十年〔1921〕鉛印本攝製，"中央"研究院傅斯年圖書館藏縮影資料），頁27a—27b。按：民國七年（1918），安徽何氏倡議編纂全國性的何氏聯宗大同宗譜，主理大同譜編修事宜的事務所設立於安徽省省會安慶，他省則設事務分所，同時通函各省何姓宗親團體，希望藉由聯宗譜牒的問世，團結各地何氏，並進一步達到建宗祠、興族學的目的。一時之間，此番修譜倡議獲得來自安徽、江蘇、江西、河南、福建、浙江、湖北、湖南、陝西、廣東、廣西等十一省眾多何姓宗族的響應。宗譜編修歷四年寒暑，在"居各省縣但係同宗廬江者既願合修，（其族譜）自應一律收入"的大原則下，參與修譜的何氏將各自的宗支源流與歷史蒐集彙整於民國十年（1921）刊行的《廬江郡何氏大同宗譜》。值得特別一提的是，響應這次跨省聯宗修譜運動的江西、福建、浙江、廣東的何姓宗族，主要都是客裔，福建省的參與者皆來自閩西武平縣，而廣東省的十六個參與者中，除了三水縣梓秀鄉股與文昌縣興公股之外，其餘十四股均來自粵東，如惠陽、大埔、梅縣、蕉嶺等縣。見何毓琪，《廬江郡何氏大同宗譜序》（民國十年〔1921〕），載《廬江郡何氏大同宗譜》卷首，未著頁碼；同前引書，卷首《股民目錄》，未著頁碼。

② 閩、粵、贛的客裔何氏，皆奉何大郎為何氏一世祖，何伯一郎則為六世祖。

郎，念三郎公長子六一郎，六一郎公長子伯一郎，又名發伯，由（福建）上杭中都遷（廣東）程鄉（按：即後來的梅縣）松源，為東粵開基祖。①

此番說法值得注意的是，從一世祖何大郎入閩到六世祖何伯一郎始遷粵東，其間存在一段重要的銜接處，即何大郎之女——粵東客裔何氏敬稱為"二世仙姑婆太"②的"何仙姑"少時於武平縣南巖辟穀修行③，以及何大郎後來捨巖前田宅為寺與仙姑移居武平縣冷洋的傳說：

> 公（按：何大郎）生於唐昭宗景福元年壬子歲（892），至後唐明宗元年丙戌歲（926）時，公年三十五，從寧化過梅州公幹，復往巖前，見高山有龍，直到巖前，田腴有水，公喜曰："吾當卜居於此"，爰是開基置產。鄉人曰："此乃鬼洞精穴，山中有石巖大樹叢林，強賊作亂，居巖為營，殺人於此，天陰下而鬼常眾喧，是為鬼洞，人血沾樹，是為精穴。"公牂羊觸

---

① 《廬江郡何氏大同宗譜》卷6《源流·江西尋鄔縣丹溪股》，頁18a。
② 譜牒上亦有"二世（祖）得道何仙姑"、"二世祖得道何氏仙姑"說法，或有稱"仙姑婆"、"何仙姑"者。《（廣東五華縣）廬江堂何氏族譜》（樟樹下：廣東省五華縣樟樹下何氏族譜編輯委員會，1997），頁8；《何氏寄南巖仙祖祭文》，同前引書，頁29；《何氏祭祖祝文》，載《（增城亭子岡）何氏族譜》，頁37；《何氏祭祖祝文》，載《（增城派潭玉枕）何氏族譜》（民國鈔本，編修於民國十六年〔1927〕前後），頁27、29。
③ 何大郎之女"何仙姑"的神異事蹟，是各地"武平派"何氏社群共享的祖先故事。如同其他地方"武平派"何姓譜牒常見的作法，亭子岡何氏族譜中不僅收錄了多則涉及這位"仙姑"生平軼事的碑記，亦詳細記載了"仙姑"的生卒時間、仙異事蹟以及相關的祭祀傳統。例如："仙姑生於後晉初昇元年丁酉歲（937），自幼有仙質，能知過去未來。好清靜，不茹葷，長不適人，惟在南巖修習辟穀之事。壽一百五十歲，於宋哲宗元祐元年丙寅歲（1086）終於大郎公之元孫六一郎家，青天白日一朵祥雲盤繞載而上昇，半空中有古樂聲相引導。真身葬於峰背前湖塘，其像在南巖仙佛樓，僧人供祀香火，每年訂於二月初十日祭。"《（增城亭子岡）何氏族譜》，頁47b—48a。

藩，請師人化為鬼道，統雷火燒山驅滅鬼①，開基作室，天賜金銀，是年即遷居巖前。已往一十二年，寔後晉初昇元年丁酉歲（937）②，始生仙姑。復往二十六年，公年七十有三，時有泉州府同安縣人姓鄭名自巖，年四十八，得道成佛，雲遊巖前，喜曰："此處宜建禪堂"，懇募大郎施巖為佛殿。（何大郎）施地三十六畝八分為均慶寺，施屋為僧房，施田四千七百八十秤，載糧米三十九石三斗零八合，合塘四十六畝，永充供養，寔宋太祖乾德二年（964）也。公遂離巖十五里土名冷洋劉坑居住。（何大郎）生五子，長三郎遷河田，次四郎遷赤岸，四六郎遷海豐，五八郎遷河源，惟三房五郎獨居（冷洋），女仙姑同住，至五世祖六一郎時，仙姑壽一百五十歲，青天白日一團雲氣升天，半空中有鼓樂之聲如引導者，然真身葬於峰背乾湖塘。仙姑終世後，六一郎始遷於（福建）上杭縣來蘇。③

始祖何大郎捨宅為寺，並與其女"何仙姑"、三子何五郎一同移居至福建武平縣冷洋，是"武平派"客裔何氏開基故事的關鍵轉折。這個故事的後續發展，是何五郎為始的三房子孫於武平縣冷洋侍奉"二世仙姑婆太""何仙姑"至其昇仙離世後，五世何六一郎移居到上杭縣來蘇，而其長子六世何伯一郎再從來蘇遷徙至廣東程鄉縣松源。④職是之故，迄今絕大多數的粵地客裔何氏（"武平派"何氏），如清代從惠東移居增城的亭子岡何氏，皆聲稱己族為松源一脈⑤，而傳說中

---

① "統雷火"之語或許與兩宋時盛行於中國南方道派的"雷法"祈禳法術與齋醮科儀傳統有關。Judith M. Boltz, "Not by the Seal of Office Alone: New Weapons in the Battle with the Supernatural," in Patricia B. Ebrey and Peter N. Gregory, eds., *Religion and Society in T'ang and Sung China* (Honolulu: University of Hawai'i Press, 1993), pp. 269–286.

② 後晉元年干支應為丙申（936），二年為丁酉（937）。

③ 《宋朝始祖大郎公遷南巖遺記》，載《（增城亭子岡）何氏族譜》，頁24a—25a。同文亦收入《（廣東五華縣）廬江堂何氏族譜》，頁21。

④ 〔明〕何文申，《何氏南巖碑記》，載《（增城亭子岡）何氏族譜》，頁34b。

⑤ 亭子岡的遷徙路線如下：程鄉松源→潮州鎮平→惠州歸善長興約（按：今惠東多

最初由閩入粵（上杭來蘇→程鄉〔梅縣〕松源）的三房嫡孫何伯一郎，遂成為粵東"武平派"何氏的開基祖。①

"（一世祖）何大郎→（二世祖）何仙姑·（二世祖）何五郎→（五世祖）何六一郎→（六世祖）何伯一郎"這一整套環環相扣的粵東客裔何氏祖先傳說，清楚勾勒了一條範式化的族群遷移路綫："安徽廬江—（始祖何大郎）→閩西武平—（五世祖何六一郎）→閩西上杭—（六世祖何伯一郎）→粵東程鄉（梅縣）"，它生動地解釋了"武平派"何氏如何在廬江入閩之初拓基武平縣南巖、冷洋等地，而後又何以開枝散葉至閩、粵各地。這套頗具奇幻色彩的開基故事，幾乎成為後來所有"武平派"何氏子孫追溯先祖播遷歷史的標準說法，例如民初福建武平縣的一支何氏在描述其宗脈源流時，是這麼說的：

> 始祖何大郎公原居寧化石壁，自宋朝遷居武平南巖獅子口廬山，生五子一女，其女曰坐巖中修道，得成仙姑。……乾德二年（964），泉州同安鄭定光得道成佛，來汀至巖，欲以仙姑靜修之室為佛殿。一日，詔仙姑出觀洪水，遂攝衣入巖跌坐有日，大郎公欽其神異，遂捐南巖為佛道場，鄉人構庵以祀佛，並建仙佛樓以祀仙姑。大郎復捐田四千七百八十秤，塘四十六畝，又以宅舍為僧房，四方欽其為壇主（按：即"檀樾主"），於是徙居冷洋。長男三郎遷河田，次男四郎遷赤岸，三男五郎與仙姑同遷冷洋，四男六郎遷海豐，五男八郎遷河源，惟墳在南巖，遞年清明主持僧納銀二兩，何氏子孫上杭、武平、程鄉三縣合祭。……越

祝鎮）→增城派潭→增城亭子岡。見《（增城亭子岡）何氏族譜》，頁55a—75b。

① 清代的粵東客裔何氏多以大郎公第三房子孫自居，這些分布於不同府縣鄉里的客裔何姓社區，普遍流傳有一篇半詩半文類似口訣的《何氏祖宗遺囑》，該文以何大郎三子何五郎的第一人稱口吻，詳述始祖何大郎、三房二世祖何五郎如何從福建寧化石壁、武平南巖與冷洋等地一路向粵東遷移的過程。例見，《何氏祖宗遺囑》，載《（增城亭子岡）何氏族譜》，頁26b—27b；《何氏祖宗遺囑》，載《（增城派潭玉枕）何氏族譜》，頁24a—26b；《廬江郡何氏遺囑》，載《（廣東五華縣）廬江堂何氏族譜》，頁22—23。

数传，至六世祖伯一郎公遷（廣東）程鄉松源，伯二郎公遷（福建）永平寨，伯四郎公遷（福建武平縣）象洞，伯九郎公遷（福建上杭縣）來蘇中都，都是又一家而分族矣。①

大郎公與何仙姑故事隨著"武平派"何氏所謂的"分族"過程，在世代遞嬗與異地轉徙下，成為閩、粵客裔何氏社群共享的歷史記憶。②清代康熙以來，隨著粵東客裔民眾大規模移居廣州府轄下州縣③，在泛珠三角一帶，"武平派"客裔何氏的"何大郎公——何仙姑"傳說逐漸成為與廣府何氏的珠璣巷"三鳳十郎"故事分庭抗禮的祖源論述範式，兩造說法涇渭分明地標誌了此間何姓的"客家"抑或"本地"的族群身分④，並成為他們據以建構宗族的話語資本。然而，當籍寄遐荒的流轉成為記憶，客寓之地成為落地生根的家鄉，既有的祖源論述往往面臨著因地制宜的再創造需要。

咸豐十一年（1861）與同治元年（1862）之間，亭子岡何氏興建了前文所提到的"仙姑古廟"，同時也展開了起建大宗祠、重修族譜的工程。⑤在所有與"武平派"何氏祖先相關的記傳之前，新修的族

---

① 《廬江郡何氏大同宗譜》卷23《藝文·福建武平縣南門股·譜序》，頁8a—8b。
② "武平派"何氏共享的"一家而分族"的歷史敘事，實際或許如同增城七郎裔何氏宗族形成的過程，體現了類似的族群建構邏輯。
③ 《（嘉慶）增城縣志》卷1《輿地·客民》，頁9a。
④ 無論是透過分析譜牒文本或是進行田野訪談，都可以發現一個值得注意的現象，即泛珠三角地區的"客家"與"本地"何氏雖然都將其族之源上溯至廬江，但對於其後支派衍的過程，兩造不僅各自發展出相異的歷史敘述範式，同時也都知道箇中的差異。例如，亭子岡《何氏族譜》的編纂者在介紹本支武平世系淵源的《何氏世系》後，另外附錄了一篇《附錄何氏自南雄分派至廣州各屬世系譜》，文中介紹了何氏廬江初代祖是如何派衍出嶺南南雄珠璣巷之裔，同時提到了何家"三鳳"與其後世"十郎"兄弟分派的說法。筆者在亭子岡進行調查時也發現，當地耆老除了熟知己族播遷史，更以"南雄的"指稱不說客話的"本地"何氏。這個例子說明了，當地何氏清楚意識到他們與"本地"何氏的不同處，除了語言之外，還在於彼此對於何氏源流說法的差異。《附錄何氏自南雄分派至廣州各屬世系譜》，載《（增城亭子岡）何氏族譜》，頁23a—23b；筆者，《何〇新、何〇高等訪談紀錄》，2013年1月30日，於增城荔城街五一村。
⑤ 《何氏本族縉紳錄》，載《（增城亭子岡）何氏族譜》，頁44b；《（民國）增

譜開宗明義將增城的會仙觀何仙姑故事,寫進了闡述己系遠世源流的《何氏世系》:

> 唐朝始祖考諱泰,始祖妣顏氏,由江南廬州府廬江縣望淮鄉,遷移到廣東廣州府增城縣雲母岡(原按:一本作雲母溪)居住,生子十一子,一女仙姑。先是顏氏祖妣夢神授以雲母粉,祖妣受而吞之,遂覺身輕,懷孕既而生仙姑(原按:一本云仙姑所居之地產雲母粉)。仙姑幼有仙質,善談休咎。……十八歲奉則天皇后召見,回至中途,乘雲駕霧直抵增城之雲母岡,旋而尸解於增城南門街之會仙觀井中,遺雙履於井上,履跡猶存(原按:見增城縣志書)。始祖泰之長子本,奉命入閩為安撫使,任福建總督五營兵部,遂於汀州府長汀縣東安街居焉。本之子思奉選試擢明經進士,時值黃巢作亂,遂隱居不仕。其餘諸子,或仕宦,或農耕,或遷徙他鄉,或仍居梓里,世族蕃衍,所在多有,不能悉記之矣。①

在新纂的世系紀中,增城邑人何泰②成了亭子岡何氏的唐朝始祖,而何泰服食雲母得仙的女兒何仙姑,於是順理成章地成為該族遠代的另一位"仙姑婆太"(按:意指成為仙神的祖姑)。此一在咸同之交修譜時所新添之情節,完全呼應了當時新建的"仙姑古廟"所謂"由增仙而分一脈"的意涵。於是,亭子岡何氏從此在其族的宗源論述中擁有兩位"仙姑婆太":宋代入閩始祖何大郎公之女何仙姑,以及唐代增城邑人何泰之女何仙姑。其中,"武平派"何氏裔孫數百年來代代相傳的"二世何仙姑婆太"傳說,標誌了這支客裔何氏由閩入粵的來

城縣志》卷16《選舉二·武舉》,頁28b、30a;筆者,《田野考察與訪談紀錄》,2011年8月1日、8日,於增城荔城街五一村。

① 《何氏世系》,載《(增城亭子岡)何氏族譜》,頁22b—23a。
② 〔明〕孟士穎,《何仙姑井亭記》,載《(康熙)增城縣志》卷14《外志·寺觀·會仙觀》,頁12a—13a。

歷背景，而另一位透過"仙姑古廟"廟祀實踐與譜牒增修等方法在咸同之交所迎來的"唐朝仙姑婆太"，則進一步賦予這支康熙年間才從粵東移居增城的客裔社群新的在地身分。自此，他們不再有限於"客民"的標籤，而是與"本地"的七郎裔何氏一樣，殊途同歸，相偕成為增城何氏女仙的"裔孫"。

第四節　脈接羅浮山左股[①]：南塱何仙姑廟與下增城何氏的加盟

> 這裡（按：沙隴村）的仙姑廟是小樓家廟的分廟，我們和小樓姓何的三百年前是宗族兄弟。
>
> 　　　　　　　　　　　　　　　　　　何○仲、何○威[②]
>
> 筆者："我們村（按：白江村）為什麼去拜何仙姑？"
> 何○輝："因為小樓是'兄弟'。"
>
> 　　　　　　　　　　　　　　　　　　　　　　　何○輝[③]

清代時期，由亭子岡村循官路南下十四里，會來到與亭子岡同屬合蘭上都的南塱村[④]，此地不僅是縣城以南的增江下游地區規模最大的"本地"何姓聚落[⑤]，亦是清中葉後亭子岡何氏在下增城[⑥]的"兄弟

---

① "脈接羅浮神山左股，源通玉洞仙界步頭。"增城石灘鎮沙隴村何仙姑廟廟門楹聯。
② 筆者，《何○仲、何○威訪談紀錄》，2010年12月25日，於增城石灘鎮沙隴村。
③ 筆者，《何○輝訪談紀錄》，2013年8月6日，於增城石灘鎮白江村。
④ 南塱距離縣城西南約二十八里處。參賴鄧家主編，《增城地名大全》，頁156；《廣東省廣州增城市標準地名錄》，頁139—140。
⑤ 《（民國）增城縣志》卷1《興地・里廛・合蘭上都》，頁19b；同前引書，卷1《興地・著姓・何》，頁29b。
⑥ 增城人俗稱縣城以南的地區為"下增城"或"增城下"。相關討論參見第三章第一節。

村"之一。①根據族譜上的說法,南堡何氏在七代之前主要定居於縣城中,後來因為縣城聚落在元末成為啓建學宮之地②,諸房子孫於是在元末明初輾轉來到南堡一帶,明清以來陸續在當地開發了西堡頭、大塘面坊與沙隴坊等三個何氏聚落。③此外,位於南堡村南面二里處的白江村,也是與亭子岡交好的"兄弟村",這裡的居民也多屬"本地"何姓。白江何氏在人口與宗族勢力的發展規模上均不及南堡何氏,在譜系上也無任何淵源。④不過,雖然並非系出同源的宗親,毗鄰而居的南堡與白江何氏相當程度上因為同姓的緣故,大致維持友好的關係。

---

① 筆者,《田野訪談紀錄》,2011年8月8日,於增城荔城街五一村;《何〇新、何〇高等訪談紀錄》,2013年1月30日,於增城荔城街五一村。

② 實際上增城最早的學宮建於南宋,宋末元初時毀於兵燹,元至順二年(1331)在舊學宮基址上重建。《(嘉慶)增城縣志》卷5《學校·學宮》,頁1b—2a;〔元〕揭傒斯,《廣州路增城縣重建儒學記》,同前引書,卷19《金石錄》,頁7a—9a。

③ 以"南堡"為名的區域,在明清時期除了涵蓋西堡頭、大塘面坊與沙隴坊等三個何姓聚落之外,還包括另一個規模較小的謝姓聚落謝屋。昔日南堡在當代的行政劃分上,分屬石灘鎮三個行政村管轄:沙隴村委會(下轄沙隴、涌邊自然村)、南堡村委會(下轄舊屋、新屋、塘面三個自然村)、謝屋村委會(轄新謝屋)。根據當地報導人的說法,沙隴(並涌邊)、新屋、舊屋、塘面、謝屋五個村都是"南堡",除了謝屋居民姓謝之外,其他四村都是"同祖宗"的"本地"何氏,其中沙隴自然村所在位置對應於昔時的何氏沙隴坊聚落,新屋、舊屋為何氏西堡頭聚落,塘面即為何氏大塘面坊聚落。參見《西堡頭坊宅場記》,載《嶺南何氏增城南堡房族譜》(編修於民國十八年〔1929〕前後),頁5a;《大塘面坊宅場記》,同前引書,頁5b;《沙隴坊宅場記》,同前引書,頁6a;《本祠世系·七世祖勝興公》,同前引書,頁12b—13a;賴鄧家主編,《增城地名大全》,頁156;筆者,《何〇仲、何〇威訪談紀錄》,2010年12月25日、28日,於增城石灘鎮沙隴村。

④ 白江村古名"白岡"(按:當地粵方言"江"與"岡"同音),在南堡村南面二里,舊時隸於合蘭下都,距離縣城西南約三十里處,村中以白江何氏宗祠為中心,區分為左坊與右坊兩個何氏聚落,今俱為石灘鎮白江村委會所轄。白江村的居民主要為說廣府話的"本地"何姓,據今沙隴村與白江村報導人的說法,南堡與白江何氏之間只有同姓的淵源,不存在譜系上的同宗關係。參賴鄧家主編,《增城地名大全》,頁96;《廣東省廣州增城市標準地名錄》,頁138;筆者,《何〇仲、何〇威等訪談紀錄》,2010年12月25日、2011年2月24日,於增城石灘鎮沙隴村;《何〇輝等訪談紀錄》,2013年8月6日,於增城石灘鎮白江村。

明清時期的南塱與白江何氏都是母語為廣府話的"本地"人，然而，相較於縣城及縣城以北的上增城"本地"何姓社區普遍採用"三鳳十郎"傳說話語定源分派與互結宗盟①，南塱與白江並沒有跟隨這股"潮流"。當增江中上游地區的"本地"何姓俱以"貴某郎之本支"稱論其族發祥淵源時②，南塱、白江何氏由於在宗源論述上無法被劃歸於任何一系"貴某郎"枝衍，加上地理位置孤懸於增江下游地區③，成為兩支遇事無遠近"宗親"奧援的何姓地方勢力。

何姓居民佔人口多數的南塱與白江，在咸豐年間是涉入何六事件甚深的村落。然而，不同於他們的客裔"兄弟"亭子岡為得勝與獲益的一方，當上六都團練勢力掌控全邑局勢之際，南塱與白江何氏卻深陷毀村滅族的危機。其時南塱與白江內外所面臨的險峻局勢有二，其一，是強鄰麻車劉氏因加盟官紳團練集團而大舉得勢；其二，是族中子弟深度參與何六起事所招致的亡族滅村危機。兩者彼此錯節、相互強化，將兩支何姓村族一起推入雪上加霜的生存困境。

南塱北面四里的麻車村為廣府劉姓聚落，麻車相傳開村於南宋末④，於清代已是增江下游人口規模屬一屬二的著姓大村⑤，與隔鄰的南塱、白江長期處於競爭與對抗態勢。⑥何六事件的爆發，使得三

---

① 如龍門白芒地區的十郎裔，增城龍潭埔的五郎裔，小樓、坊都、龍潭埔的七郎裔等。

② 〔清〕黎翰，《何氏族譜序》，載《文績公貴七郎裔・增城何氏族譜》卷首，頁14b。

③ 下增城地區較具規模的何姓聚落在數量上明顯少於上增城，主要是分布於增江下游的南塱和白江何氏，以及增城南面東江沿岸的仙村、沙頭何氏，其中只有仙村與沙頭存在譜系上的同宗關係。參見《嶺南何氏增城南塱房族譜》；《（增城仙村）龍湖村何氏族譜》（1996年鈔本）；筆者，《何○仲等訪談紀錄》，2010年9月15日、2011年2月24日、2011年3月19日、2011年7月19日，於增城石灘鎮沙隴村；《何○柱訪談紀錄》，2011年8月6日，於增城新塘鎮仙村墟；《何○輝、何伯等訪談紀錄》，2013年8月6日，於增城石灘鎮白江村。

④ 《增城麻車劉氏族譜》（清光緒三十年〔1904〕）卷7《初世後紀・世系紀・季一》，頁2a。按：麻車始祖劉季一（1219—1305）於南宋末由番禺遷居增城，開基麻車。

⑤ 《（民國）增城縣志》卷1《輿地・著姓》，頁27a。

⑥ 筆者，《何○仲等訪談紀錄》，2011年2月24日、3月19日，於增城石灘鎮沙

方村族間原本存在的隨從與抗衡關係更為複雜與白熱化。咸豐四年（1854），當何六的勢力橫掃增城時，麻車積極參與陳維嶽領導的復城行動，成為上六都團練陣營在增江下游地區的重要盟友。復城之後，劉氏諸多宗親子弟獲頒軍功與官職①，躍身成為增江下游最強大的地方勢力。

與麻車的飛黃騰達相較，何六於增城的失勢使得南埜與白江的命運遠遠落在天平的另一端。何六佔領增城時，旗下大將何漢容與漢容之父何敬康，正是出身於南埜何氏，而另一員重要將領何大康②，則來自白江何氏。③可以合理猜想，這些何姓"渠魁"背後，勢必有相當程度的地方宗族勢力支持。隨著何六旗下眾股勢力陸續撤出增城，南埜、白江與一開始就站錯邊的西山蔡氏同樣在劫難逃，成為官軍與團練兵勇肅清剿辦的主要對象。晚清直至"文革"前，南埜何氏定期於每年農曆九月二十二日在村中舉行"拜大祭"儀式，悼忌當年殞亡於這場動盪中的族人，或可想見其時清鄉行動的慘烈：

聽老人說過，說以前每年年底，我們那有個祭祀，聽他說（是）"祭大祭辰"④，說村中有宗人隨一班人搶劫官船，被朝廷查出此事，把我們村圍起來，把守村的出口，出一個殺一個，狀況慘烈。⑤

隴村；賴鄧家主編，《增城縣軍事志》（增城：增城縣武裝部《軍事志》編纂小組，1991），頁36；《（1995）增城縣志》，《大事記·中華民國·民國十年》，頁15。

① 《（民國）增城縣志》卷20《人物·列傳》，頁37a—37b、38a、40a—40b、41b—42a、42b—43b、45b、49b—50a、51a。

② 或名何太康。當何六主力部撤離增城移師廣州後，何太康還曾一度率領部眾豎旗於九佛墟，形成省垣北面的威脅。

③ 《增城團練節略》，頁23—24。

④ 報導人後來重回村中與鄉老確認，祭祀活動舉行時間應為農曆九月二十二日，當地俗稱為"拜大祭"。筆者，《何○堅通信採訪紀錄》，2012年12月27日。

⑤ 筆者，《何○堅通信採訪紀錄》，2012年5月26日。

何六事件之後，復城有功的麻車更為勢盛，族出"渠魁"成為官紳集團重點綏靖對象的南塱和白江，與麻車之間的抗衡態勢因此變得更為緊繃。咸豐年間的鶴唳風聲稍歇然尚未全安之際，同治三年（1864）九月，在南塱紳耆何奎光（1808—1869）的倡議下①，南塱何氏在沙隴坊聚落與隔鄰白江村的交界地帶②，興建了一座三間兩進專祀"何仙姑"的廟宇。③該廟落成之際，何奎光甚至延請其舊友——甲寅之變中組織小欖鄉團練成功克復小欖的香山名紳何瑞丹④，親自為廟宇題撰廟門的"何仙姑廟"門額與楹聯。一如縣城的會仙觀仙姑祠、小欖的"何仙姑家廟"與亭子岡的"仙姑古廟"，南塱沙隴"何仙姑廟"廟內天井中也掘了一口砌有八角形麻石井框的水井⑤，與何瑞丹親書的楹聯內容"脈接羅浮神山左股"、"源通玉洞仙界步頭"一併觀之，籌建者的寓意不言可喻——這座"何仙姑廟"供奉的"何仙姑"，與古老縣城會仙觀傳說中身從井化、羅浮顯聖的女神仙，是同一位神明。

---

① 何奎光出身於南塱沙隴坊，為清道光二十三年癸卯科（1843）武舉，歷任兩廣督標右營頭司、龍門巡檢官等官職。《（增城南塱）甘淡房何氏族譜》（編修於民國十八年〔1929〕前後），《廷恒府士梧後·世系紀·奎光》，頁115b；《（民國）增城縣志》卷16《選舉二·武舉》，頁27b。按：甘淡房何氏為南塱何氏的沙隴房衍派，甘淡為沙隴坊開村祖何陳泰（1417—1498）之號。前文所引用《嶺南何氏增城南塱房族譜》為綜論南塱何氏三個衍派：西塱頭、大塘面與沙隴的通譜（宗譜），《（增城南塱）甘淡房何氏族譜》則於宗譜之下專述沙隴一脈。

② 南塱三大何氏聚落——西塱頭坊、大塘面坊與沙隴坊之中，沙隴坊的"甘淡房"是人口最眾、勢力最大的房派，沙隴坊的地理位置為南塱村西面，比鄰白江村。

③ 賴鄧家編著，《相水鈎沉》，頁68—69。

④ 何瑞丹，字應時，號少直，香山縣（今中山市）小欖鎮人。清咸豐二年（1852）進士，改庶吉士。何氏少時勵志為文，特出機杼草法，以書法聞名當世。通籍後丁艱回里，以鄉里之事自任。咸豐四年（1854）紅巾兵起，小欖陷落，何氏奔走組織鄉團復鄉有大功。《（民國）香山縣志續編》（臺北：成文出版社，1967，影印民國九年〔1920〕廣州西湖街墨寶樓承刊本）卷11《列傳·何瑞丹》，頁18b—19a。

⑤ 水井位於廟宇西偏間的側天井中，當地居民稱其為"仙姑井"。水井的井框邊上總能見有一插滿香枝的面盆，有的香客在參拜何仙姑後，亦會來此對著水井膜拜上香，結束後會把香枝插在這個面盆中。仙姑廟附帶的"仙姑井"成為香客在仙姑塑像之外的另種參拜對象，這樣的景象現今在荔城會仙觀仙姑祠遺址中也可見到。

同治初年才在南堡沙隴坊出現的何仙姑廟與仙姑井，所揭示的並不只是唐代何氏女遺履與羅浮成仙故事。表面看來，它似乎是明初以來廣府文化菁英耳熟能詳的增城仙異傳奇的鄉野複述，不過若從地方社區回應何六事件的角度重新審視這一系列相關的操作，便會發現，此時始為南堡何氏興廟立祀的"何仙姑菩薩"①，對於當地居民而言，並不僅僅是縣城會仙觀歷史悠久的遠代女仙，祂更大程度是大亂後為了重新整合人群、因應強鄰窺伺而特意迎來守護在地宗親與盟友的社區新神明。

　　同治以前，宗派源流上互不相屬、地理空間上各據一方之地的南堡與白江何氏，在村落中擁有各自專屬的祖先祠堂和社區神廟祭祀傳統②，但是當南堡的何仙姑廟於同治三年落成後，廟中的何仙姑逐漸成為兩支何姓共同崇祀的對象，甚至到後來更成為南堡何氏口中的"仙姑婆"。③在南堡與白江，何仙姑作為"菩薩"（神明）承享廟堂香火於村落之中，體現的是鄉村社區在何六事件後對於縣城菁英文化傳統的刻意仿習與挪用，藉此彰顯對於這套文化的承載者——上六都官紳團練聯盟從今往後的臣服與追隨，但對於宗族發展歷史中與何仙姑素無淵源的南堡何氏，何仙姑的"姑婆"身分又是從何而來？

　　形塑"在地"何仙姑形象與身分的靈感來源或許有二，一是隔鄰競爭者所提供的現成模本，二是遠處的何姓"兄弟"如亭子岡、小樓何氏的啓發。首先，麻車劉氏行之有年的"仙姑婆"祭祀傳統，很

---

① 筆者，《何○仲、何○威、丁○好訪談紀錄》，2010年9月15日、12月25日，於增城石灘鎮沙隴村何仙姑廟。

② 在何六事件之前，南堡與白江有各自獨立的神廟祭祀傳統，南堡以洪聖大王為地方主要的神明信仰，每年農曆二月十五日洪聖誕辰時，村民會抬著洪聖王的行身神像巡遊南堡境内，包括沙隴、新屋、舊屋、塘面、謝屋在内的五個小村。白江則以觀音為村落的主要神明，每年農曆二月十六日為白江當地"做會"日（按：南堡的"會"與洪聖誕為同一天），當天觀音菩薩的行身會巡遊白江左坊與右坊。筆者，《何○仲、何○威訪談紀錄》，2010年12月25日、28日，於增城石灘鎮沙隴村；《何○輝、何伯等訪談紀錄》，2013年8月6日，於增城石灘鎮白江村。

③ 關於"何仙姑"身分及其與村族的關係，南堡與白江何氏在界定上存在一點差異，下文將會進一步討論。

可能是南堽何氏挪用何仙姑信仰傳統時就近取法的重要範本。明清時期麻車村在大宗祠與各房家祠之外，另築有一座祠堂，專門供奉劉氏十二世祖劉機（1536—1583）之女劉薀姑。劉薀姑的仙異傳說詳載於劉氏族譜與增城縣志，迄今村中耆老對於這位"有仙骨的姑婆"之生平軼事仍然津津樂道。①劉薀姑生活於明代嘉靖、萬曆之間，一生在室奉養雙親與操持家業，父親劉機在她過身後，特別建祠祭祀這位貢獻己身豐饒父家而終身未嫁的女兒。②傳說薀姑與生俱有"仙稟"、"仙術"，其在生時的神異事蹟與辭世後的靈應故事，不僅收錄於本族族譜之中，亦可見之於縣志：

> 劉薀姑，麻車人，劉維樞（按：劉機）女。幼有仙稟，事能先覺，治麻縷絲枲，織紝組紃，不見作為之迹，而女紅聿成，眾咸異之。薀姑處事父母，終身不字，父家賴薀姑助操作，日以豐裕。逝後，父為立祠祀之，數百年來頗著靈應。鄉中婦女力田刈薪者，抱幼兒置祠中禱，撫兒輒竟日不唬，亦不顛蹶，故咸以"仙姑"稱之。③

劉薀姑身後不僅受祀於專祠，承享數百年香火，逐年祭掃其"仙骨"鍾靈之所也成為後來劉氏子孫代代相沿的傳統。④麻車"劉仙姑"的靈應之名或許未若縣城鳳凰山的何仙姑般遐邇周知，不過，當南堽何

---

① 筆者，《劉○光訪談紀錄》，2013年8月8日，於增城石灘鎮麻車村。
② "劉機（1536—1583），字維樞，生嘉靖丙申（1536）十二月初八，終萬曆癸未（1583）十月二十一。……生一女，名薀姑，有仙術，另有傳。"《增城麻車劉氏族譜》卷16《應祥房金後·世系紀·（十二世）機》，頁9a。按：現今保存於麻車村中的清光緒三十年（1904）版《劉氏族譜》僅餘兩卷，引文所提到的劉薀姑之記傳目前已佚。
③ 《（民國）增城縣志》卷23《人物六·仙釋·明·劉薀姑》，頁11a。
④ 劉薀姑在麻車劉氏的譜系上，屬於"應祥房金後"這個房派。根據同為此房後裔的麻車耆老回憶，麻車村後有一座山丘土名"姑婆山"，是薀姑墓所在地，1949年之前，他們這房子孫於每年重九拜山時，都會舉族前往姑婆山拜祭姑婆。筆者，《劉○光訪談紀錄》，2013年8月8日，於增城石灘鎮麻車村。

氏建廟立祀並透過諸如"脈接羅浮神山左股"此類話語,迎接"何仙姑菩薩"到來,藉以公開宣示自己對於上增城主流文化、官紳集團的服膺與扈從時,強鄰麻車劉氏口中這位"有仙骨的姑婆"既是神靈又為先祖的雙重形象,似乎就近為何氏提供了一種簡潔有力的操作範式,即透過宗族話語的轉譯,將疏離高遠的會仙觀何氏女仙神話編織進入社區尋常生活的肌理之中。

其次,"何仙姑菩薩"在南㙟的"姑婆"身分,不僅淵源於麻車劉氏專祀劉䒠姑傳統的影響,更大程度是仿效上增城七郎裔何氏以及亭子岡何氏在咸同之際的作法:通過姓氏符號在宗族語境下所擬制的仙姑之族身分,重新確認"我群"的邊界和認同。隨著南㙟何仙姑廟的建立,向來與南㙟親善的白江何氏也一起加入了"拜何仙姑"的行列中。①不過,不同於南㙟或是七郎裔、亭子岡何氏視何仙姑為其族先代祖姑,白江何氏僅是敬奉何仙姑為地方神明,並未試圖在宗族話語的語境下與這位女神建立親族聯繫。②

隨著增城一眾何姓村族在咸同之間陸續建立起專祀何仙姑的祭祀場所,據此展開各式廟祀何仙姑的實踐與話語,地處增江上游的龍門何姓社區,也在稍後的清末時期跟上了這股"拜仙姑"的風潮。光緒五年(1879)前後,龍門麻榨何村在向來供奉文武帝的"大廟"中,加入了"何大仙姑"的神像作為袝祀,而龍門永清都旱河地區一條以何姓為主的客裔村落,也在該村原本供奉北帝的廟宇中,增建了奉祀何仙姑的偏殿。頗堪玩味的是,在龍門這些"拜仙姑"的後起之秀中,新祀的神明何仙姑似乎逐漸反客為主,不僅發展出多元地方版本

---

① 何仙姑廟於清同治三年(1864)興建之後,南㙟何氏每年會在農曆正月十五後至月底之間挑選一"吉日"為仙姑"誕日",舉行為仙姑賀壽的宗教儀式。在歷來的神誕中,南㙟境內的何姓村落(按:不包括謝姓的謝屋村)與白江的左坊、右坊何姓皆為共同組織與參與儀式的"本村"成員。筆者,《何○仲、何○威訪談紀錄》,2010年12月25日、28日,於增城石灘鎮沙隴村;《沙隴仙姑誕田野考察紀錄》,2011年2月24—25日、2012年2月10—11日,於增城石灘鎮沙隴村何仙姑廟。

② 值得注意的是,白江崇祀仙姑的作法在增城的何姓社區中雖屬特例,卻是多數增江上游的龍門縣何姓社區所採納的辦法。

的何仙姑故事①,廟宇甚至也一一改換名稱,成了所謂的"(何)仙姑古廟"。②

小　結

在咸豐四年(1854)前後兩廣"紅匪之亂"脈絡下爆發的何六佔領增城縣城事件,對於增江地方社會的權力格局與族群關係,留下了深刻烙印,這樣的影響在百年後的今日依舊鮮明。至今增城當地諸多村落或宗族房派之間的社會交往關係,猶能反映出個別社區當年在事件中的選擇,是"包紅頭"響應抑或"捐資募勇"擊抗何六陣營。在何六事件餘波盪漾的咸同之際,增城七郎裔何氏宗族率先藉由建立小樓何仙姑家廟、龍潭埔仙姑祠奉祀何仙姑的具體行動,表達了對於縣城官紳團練集團所代表的政治、文化勢力的扈從立場。明中葉以來在造作宗族風潮下退居幕後的"仙姑之後"話語,不僅成為七郎裔何姓鞏固甚至擴編宗盟成員的利器,亦在層層"模作他者"③的過程中,

---

①　這裡試舉龍門縣麻榨和旱河當地的何仙姑傳說為例說明。麻榨何村"何仙姑古廟"位於麻榨橫漢、南灘兩個何姓村交界,當地流傳的何仙姑故事大意如下:何仙姑羽化時遺下一隻鞋於增城鳳凰山下(按:另有一說為小樓)故居,已經成仙的仙姑乘坐著另一隻鞋,由增江逆游而上,航行至麻榨何村,正好遇上因大雨漲潮受困舟中的百姓,仙姑施法救助了因大水沖擊即將沉沒的船隻,倖免於難的當地百姓遂於"古廟"之址建立供奉仙姑神像的廟宇,以資感念。至於永清(永漢)旱河一帶的居民則是聲稱,"真正的"仙姑廟其實位於增城小樓,往昔因為小樓的何仙姑雲遊至此,在當地修行,後來居民才在當地建立仙姑廟祭祀。筆者,《何謝〇〇訪談紀錄》,2013年1月26日,於龍門縣麻榨鎮橫漢村何仙姑古廟;《何〇聲訪談紀錄》,2011年8月1日,於增城荔城街。按:何〇聲為龍門縣永漢鎮上蓮塘人。

②　對於這些龍門何姓社區而言,這位來自增城的"菩薩"和他們一樣同為何姓,卻並非同族的"姑婆"或"姑婆太",不像增城的何姓社區特別強調神人之間的特殊聯繫。

③　蔡志祥以20世紀60年代Babara E. Ward的意識模型(concious model)理論為基礎,進一步提出"模作他者"概念,藉以說明地域社會中"我群"和"他群"認同分野的長期建構過程。蔡氏指出,地域社會中,民眾對於什麼樣的文化與生活方式是正確、理想的,其認知一方面來自控制地方話語的地域菁英的影響,另一方面則是在與周邊其

成为原本与此无甚渊源的其他何姓宗族社区竞相拥抱的身分与族群象征,进一步在大乱之后的地方权力格局重构时期,创造了合聚同姓势力、缔结村落谊好关系与形成互助联盟的契机。宋代以来庙祀据点不出增城县城的凤凰山何女仙,因此也开始在城外的增江沿岸墟里有了专设"姑龛"的祠庙,供乡人"设俎燎柏"、言传仙姑遗事。①

晚清增江地方这一场"仙姑出城"的大戏,终究还是必须回到明清华南宗族创作的脉络谈起。明中叶以降的广东,宗族逐渐成为组织人群和配置生产资源的权威机制与话语。修祖坟、编族谱、盖宗祠、建立祖尝等合聚同姓人群之法,在宗族创作的风潮下风行于各地,并随世代交替,渐次于地方社会演化为约定俗成的寻常实践。明清时期增城何氏七郎裔宗族建构的历程在在揭示,即使是声称拥有共同祖先的同宗同族,实际上多是来历各异的社群相继在不同历史情境下谋求整合的结果。祖墓宗祠的修建祭祀与宗谱的书写传抄,事实上是不断向未来与过去开放的进行式:在祖先坟茔与墓表、谱牒所载族源叙事以及宗族房支名单不断更新的过程中,新成员被赋予加入宗盟的机会,而随着新血的加入,组织因之扩张壮大,族群历史因之同时朝着无限的既往与未来双向展延。

然而,人群之间本有的差异与矛盾并不会因为"分享"共同的祖先而消泯,谱系上的联结并非坚不可摧,大规模社会、政治与经济情势异变发生时,往往亦是联结松动的时候。咸同之际的广东"红巾之乱",即是这样的时刻,这也是何仙姑在宗族制度统摄的地方社会中名正言顺出场的关键时刻。咸丰八年(1858)贵七郎裔的坊都与小楼何氏联手,在宗族语境下巧妙挪用历来代表增城菁英文化的何仙姑

他族群近身接触的日常中,主动学习、较衡和选择的结果。民众往往会透过模仿他们眼中优势"他者"的生活方式,努力成为周近社会中被认可的主流,同时与身边被蔑视的群体划清界线。蔡志祥,《模作他者:以香港新界东北吉澳岛的节日、仪式和族群为中心》,《历史人类学学刊》卷9期2(2011年10月),页65—88。

① "姑龛"指摆置何仙姑神像或神位的神龛,"设俎燎柏"指祭祀。〔明〕谢士章,《拓建何仙姑祠记》,载《(康熙)增城县志》卷14《外志·寺观·会仙观》,页17b—18a。

崇拜傳統，藉由小樓何仙姑"家廟"的建立，重新標舉己族身為"仙姑之後"的優位身分，一方面高調展示其族對於縣城官紳集團的服膺與扈從姿態、宣傳與珠三角文化菁英的交誼關係，另一方面則是重新編整跨地域聯合宗族內部各支房派勢力。與此舉相互呼應的，是咸豐十一年（1861）龍潭埔仙姑祠的創立。清中葉後異軍突起並在何六事件中有赫赫軍功的龍潭埔何氏，藉此強化道光以來與小樓的聯宗關係。① 在龍潭房的支持與主導下，同治七年（1868）增、龍七郎裔各房派齊聚修譜時提出的"相江支派小樓開"②、"本邑何仙姑亦小樓遠派也"③等相關說法，即是同尊小樓房為增江七郎裔宗盟之主的權力格局的最終確立。

外人眼中祭祀何仙姑的"仙祠"，被七郎裔何氏名之為"家廟"，反映了上增城地區大小何姓社區在數百年間合聚眾流、聯宗合族的歷史過程與結果。值得一提的是，即使作為合聚人群的有利憑藉，宗族也總是存在本質上的侷限。隨著發展愈益成熟，邏輯縝密的祖源論述內容與明確清晰的房派劃分體系，相當程度也阻礙它成為一種能涵納更多新成員的機制。咸同之際何仙姑的出場，一方面鞏固了既有的宗族秩序與話語，另一方面卻也突破了宗族組織內在的限制，在地方社會開創了另一番合縱連橫的新局。自咸豐後期開始，以何仙姑的同族後人自居，並將此套說法正式納入宗族祭祀禮儀之中，成為

---

① 在為筆者講述龍潭埔開闢歷史與宗族源流時，一位龍潭埔何姓報導人的說法生動地說明了，該地的何仙姑崇祀傳統與上增城七郎裔宗族的構建歷史是一體兩面："我們村裡的人（按：指龍潭埔七郎裔何氏）和'仙姑'（按：龍潭埔仙姑祠中供奉的何仙姑），都係從小樓分過來。"筆者，《何〇昌訪談紀錄》，2010年12月29日，於增城正果鎮何屋新圍村。

② 〔清〕何朝寶，《〈戊辰〉譜成鐵珊伯兄倡詩以誌謹師其意亦成律絕各一首》，載《文績公貴七郎裔‧增城何氏族譜》卷4《藝文‧家翰》，頁145b。按："相江"即為增江，增城當地以此名紀念南宋時出身增城的宰相崔與之。

③ 當何仙姑之族的身分與"七郎公之後"的宗源論述相匯合，而七郎裔之源又為小樓，遠在唐代就已然羽化的女仙何仙姑，就這樣"順理成章"成為七郎裔何氏宣稱的"小樓（之）遠派"。〔清〕何朝寶，《〈戊辰〉譜成鐵珊伯兄倡詩以誌謹師其意亦成律絕各一首》，載《文績公貴七郎裔‧增城何氏族譜》卷4《藝文‧家翰》，頁145b。

"七郎公"旗下眾家何氏社區回應何六事件衝擊的共識與操作。這樣的策略不僅成功更新並鞏固了七郎裔何氏宗族內部秩序,更進一步超越單一宗族的限制,吸引了非宗族成員的入夥結盟。

與七郎裔旗下大小何姓社區有別,亭子岡、南塱、白江、白芒何村等何姓村族彼此擁有獨立的族源敘事和宗支譜系,無法透過同修祖墳、編族譜等傳統聯宗方式共組宗盟,然而,在甲寅年前後一連串風波與騷動之中,出於不同的考量[①],於村中廟祀仙姑,竟不約而同成為他們與當時增江地區最得勢的何姓勢力——"七郎何"構建村際誼好關係、藉之回應各自社區處境的新選擇。對於上述非七郎裔何姓而言,"何仙姑菩薩"的到來,不僅同樣展示了地方村族對於縣城主流文化傳統的順服——此即南塱何仙姑廟所謂"脈接羅浮神山左股"的背後意涵,更重要的是,何仙姑的姓氏及其在宗族創作脈絡下被擬製的女性祖先身分,弔詭地成為得以超越方言群("土"、"客")與宗族房派界綫,進而聚合不同何姓勢力的象徵資源。繼小樓何仙姑家廟和龍潭埔仙姑祠後,在宗族發展歷史上與七郎裔本無淵源的何姓社區們陸續藉由何仙姑廟的建立,與七郎裔何氏聯袂成為"何仙姑菩薩"的"裔孫"和仙姑之族中的"兄弟",因之締結了更緊密的村落誼好關係以及非宗族形態的同姓聯盟。[②]

[①] 例如村落地處上、下增城之交的亭子岡何氏,透過匯合客裔的福建武平何仙姑傳說與增城何仙姑的信仰傳統,作為在地化其"客系"祖源論述並交好"本地"何氏的憑藉。而下增城的南塱何氏,其立廟祭祀何仙姑,相當程度是仿效強鄰麻車劉氏與上增城七郎裔、鄰近亭子岡兩支何氏的作法。

[②] 這些自清代咸同時期以來相繼於地方上建立何仙姑廟祀傳統的何姓社區,如增城的龍潭埔、亭子岡、南塱、白江,以及龍門的何村、旱河(上蓮塘),迄今無一不是與小樓何氏親善的所謂"兄弟"之村。相關討論參見筆者,《何仙姑與七郎婆:廣東何氏宗族的女性祖先崇拜與歷史敘事》,頁138—140。

第五章　神龕上的祖姑婆
——泛珠三角地區的女性崇拜傳統

小引　女仙、女兒、祖姑婆

　　無論是麻車劉氏歷代崇祀的"劉仙姑"，或是眾多何姓村族自清代咸同時期以來立祠廟敬奉的"何仙姑"，兩者在所謂的"仙姑"稱號下，展現了相似的多層次形象：對於曉聞其傳奇事蹟的民眾來說，她們／祂們生前是天賦異稟、操持"仙術"的女性異人——"仙姐"，辭世後是能展神靈之驗的仙神——"菩薩"；就性別與社會角色而論，她們／祂們在世時都是原生家庭中終生未婚嫁的女兒——"姑娘"①；對於某些與其同姓的宗族而言，她們／祂們還是宗族遠代的父系女性先人——"姑婆"、"姑婆太"。

　　從服食雲母得仙的嶺南何氏女、增城邑人何泰抗婚求仙的女兒，最後成為以"仙姑之後"自詡的何姓居民口中的"仙姑婆"②，女仙、未嫁女兒與祖姑，這幾種形象在增江沿岸地方社會中漸次疊合，共同交織出當地何仙姑信仰多元的面向。這些形象背後所體現的，一方面是羅浮山週邊增城、龍門、博羅等地特有的宗教與文化傳統，另一方面則是這套古老的地域傳統在明清宗族制度下展衍出來的特殊文化景觀。

---

①　因為此一鮮明的未嫁女形象深入人心，迄今在增城仍有民眾暱稱何仙姑為"仙姑娘"。筆者，《何馮〇芝訪談紀錄》，2010年12月27日，於增城小樓鎮大樓村。

②　意指成為仙神的宗族祖姑。

我們將會在下文看到，當宗族建制在明清時期的廣東成為組織人群、營構社會秩序的主要方式時，增城何仙姑在往昔神話中的神異形象與性別身分，是在什麼樣的地域文化傳統鋪陳下，"順理成章"地成為不同何姓社區的"宗先生"，於何六事件後更新族群認同與重劃我族邊界的象徵資源。本章最後將援引博羅縣陳孝女信仰發展之例作為參照，藉此進一步說明，明清時期在山（羅浮山）水（東江—增江）匯會的廣、惠二府交界處，古老傳說中的羅浮女神們以不字女流之姿，逡巡於宗族家廟與社區神宇之間，享祀"百代"①、"千秋"②香火，成為"應瑞"③某些姓氏社區的宗門之女，以及澤被城鄉黎庶的一方之神，類似的傳奇歷程除了為增城何仙姑所經歷，同時也透過博羅陳孝女的故事，在世人眼前生動展演。

第一節　珠璣巷之外：
增江地區的"神仙之後"族源敘事

> 世族之家多侈言仕宦，而予族則稱神仙。……遠祖道開公、始祖羅峯公肇跡羅浮、啓疆嶺表。吾族以靈氣發祥，此神仙之功業也。……吾廣為仙靈奧區，自安期生、王子喬、葛稚川後先繼起，而予族又有家傳。
>
> 〔清〕單私淑，《仁翁家太公暨淑配麥氏太母七十加一雙壽序》④

---

① 語出增城小樓何仙姑家廟廟門楹聯："千年履舃遺丹井，百代衣冠拜古祠"。
② 語出博羅縣龍華陳孝女祠祠中柱聯："果滿功成，坐化為神，一孝能通天地鑑；仁深義重，恩施懸日，千秋猶受火香崇"。
③ "六頂放毫，本應瑞於何家。"〔清〕柳守元，《九天大羅八洞仙祖證道開宗心懺‧青霞洞天仙姥宏慈妙法元君》，載〔清〕彭文勤纂輯，賀龍驤校勘，《道藏輯要》冊21《柳集五》，頁76b—78b；〔清〕柳守元，《清微宏範道門功課》，《妙法元君何祖誥》，載胡道靜等編，《藏外道書》冊29《張集一》，頁457。
④ 《嶺南單氏族譜》（清光緒二十年〔1894〕十修，載單元沛、單偉棠編，《嶺南單氏史料》〔增城：單○明，2002年刊印〕）卷3《藝文紀》，頁34a—35a。

在明清廣州府轄下諸縣，尤其是物阜民豐的珠江三角洲一帶，珠璣巷南遷故事是大部分"本地"宗族社區自述祖先源流與開居歷史時常用的論述範式。透過這套敘事架構所展示出來的社群歷史，大抵都是中原衣冠華冑在離亂之際由北地入粵北南雄珠璣巷，再一路南遷入廣，繼而散衍枝葉至各州府縣屬的歷史圖像。①增城地處珠三角與粵東羅浮山脈交會地帶，當地社群的歷史敘事深受此套論述範式的影響。以增、龍一帶的七郎裔及其他郎房宗系的何氏宗族為例，這些何姓社區在有清一代闡述的祖先遷徙與村落開居故事，基本上皆發衍於明中葉後大行於廣府何姓間的三鳳十郎傳說，若就敘事主題與結構而論，何氏十兄弟派衍八方的說法無疑是珠璣巷故事的一種變體。

不過，如若參照增城其他姓氏社區的發展歷史，我們會發現，某些扎根地方甚早的村族即便到了帝國晚期，也未曾倚用過珠璣巷故事作為建構宗源論述時的話語範式。換句話說，這些在宋元之前已是一方巨族的姓氏社區，雖然在明清時期也競相投入了造作宗族的行列，然而他們口中由北方原鄉入粵，幾經輾轉，最終落腳於增城的先祖們，其蔭庇後人的遷徙拓殖事蹟從未存在過與珠璣巷有關的聯結。顯然地，相對於明代之後才陸續奠立開拓之基的氏族，早期開發的姓氏社區選擇了有別於珠璣巷故事的在地敘事傳統，作為標誌族群身分以及建立宗族歷史論述的依據。這些外於珠璣巷話語範式的祖源論述，反映了羅浮山周邊地區獨特地域文化的影響。

增城石灘②單氏的例子或可說明，增江沿岸地區與羅浮山在地緣、歷史文化上的緊密聯結，如何被特定姓氏團體援引為標誌族群身

---

① 黃慈博，《珠璣巷民族南遷記》，載南雄珠璣巷人南遷後裔聯誼會籌委會編，《南雄珠璣巷人南遷史話》（廣州：中山大學出版社，1991），頁1—84；陳樂素，《珠璣巷史事》，同前引書，頁85—104；劉志偉，《歷史敘述與社會事實——珠江三角洲族譜的歷史解讀》，載氏著，《在國家與社會之間：明清廣東地區里甲賦役制度與鄉村社會》，頁237—240。

② "石灘"之名有狹義與廣義之分，狹義是指位於岡貝與圓洲之間、濱增江西岸的石灘墟，廣義泛指明清時期合蘭下都即現今石灘鎮所涵蓋的地理範圍。此處是廣義之用。參賴鄧家主編，《增城地名大全》，頁74—75。

分的論述資源。岡貝村位於縣城南面二十八里處,地處增江下游西岸,單姓開立此村於唐朝咸通年間,是增城有史可溯的民居聚落中最早成村之地。① 岡貝村與一江之隔的元洲(按:古名"圓洲",濱增江東岸)村在明清時期皆屬合蘭下都,兩村居民為譜系上的同宗族裔,通常一起被統稱為"石灘單氏"或"增江單氏"。在增城,石灘單氏向來是以歷史悠久、"簪纓代顯"聞名的著姓大族,不僅如此,該族在明清時期更以粵地單氏之源自居:

> 單氏原出姬姓,成王封少子臻於單邑,因以為氏。……迨晉,有道開公,愛羅浮名勝,遨遊其中,卒服鍊形氣而飛昇焉。唐咸通中,有羅峯公從東魯來訪遺跡,遂家於增之石灘,則粵之單氏自此始。厥後歷宋、歷元、歷明、歷國朝(按:清朝),科甲蟬聯,簪纓代顯,至今衣冠濟楚,子姓繁衍,散處郡縣,若廣(按:廣州府)之番禺、東莞、龍門、從化,若惠(按:惠州府)之博羅、海豐,若連州,延延綿綿,所至皆為望族,而悉仰石灘之大宗。②

石灘為單氏入廣之祖的說法,並非只是石灘單氏單方面的主張。早在明代中後期,類似的說法已為增城之外的單氏宗族所傳述,例如東莞縣土岡單氏在萬曆元年(1573)初創奉祀開居祖單子銓的宗祠時,即是以"小宗祠"名之,理由是單子銓出於石灘,且當時石灘已然創有崇祀入廣始祖單通真的大宗祠:

> 單氏先世發祥諸姬,自成王時,少子臻胙單邑,因之為姓,世家山東。其為卿士、大夫、太使令者,著於周漢之際。迨晉,諱道開者,由燉煌(敦煌)入吾廣,羽化羅浮山中。唐咸通初,

---

① 《(1995)增城縣志》第2章《人口結構》,頁123—135。

② 〔清〕許汝霖,《七修族譜序》,載《嶺南單氏族譜》卷1《七修序》,頁15b—16a、35b。按:單氏族譜七修的時間在清康熙四十一年(1702)前後。

其裔諱通真者,附從山東來訪道開遺趾(址),止居增城石灘,是為單氏入廣初祖。……十世子銓公兄弟舉元鄉魁,子銓公從石灘徙吾邑土岡,遂為土岡初祖云。先是公未有祠,顒等聚族而謀曰:"《禮》有之:'君子將營宮室,宗廟為先。'"石灘既創大宗祀初祖,吾之食指於斯土者,咸籍子銓公以有今日……遂指其鳳岡來睗之地……構宗祠也。①

從上述石灘與土岡單氏的說法可以知道,石灘單氏的"大宗"地位,實立基於遠祖單道開羽化羅浮以及入粵始祖單通真開居增城的傳說。這套說法的出現與流傳早於萬曆時期,在土岡建立小宗祠之前,石灘已據此說建立了所謂"大宗之祀"的宗族祭祀傳統,而立祀的主要對象——單通真作為"嶺南單氏鼻祖"的地位,在入清之前也已為多支散處粵土的單姓宗族所肯認。②根據石灘單氏歷代譜牒記載,始祖"羅峯公"單通真為山東人,於唐代咸通年間入廣,目的是尋覓其遠祖單道開當年在羅浮山修煉昇化的遺跡:

> 吾族始祖通真公籍東魯,生大唐會昌五年(845),越咸通(860—873),甫二十餘歲,登泰山,遇異人,得修煉之術。思其祖道開公修真羅浮,化身石室,慨然欲從之。因南遊,結廬其間,覯道開公香火祠像,戀戀不忍歸去,遂於增城石灘里而居之,東面羅浮望峯頭而仰止,取號羅峯。由此觀之,我始祖一孝思之祖也。③

---

① 〔明〕羅一道,《(東莞)土岡單氏小宗祠記》(明萬曆元年〔1573〕),碑文拓本,載單元沛、單偉棠編,《嶺南單氏史料》,未著頁碼。按:土岡位於東莞。
② 〔明〕陳子壯,《六修族譜後序》(明崇禎十二年〔1639〕),載《嶺南單氏族譜》卷1《六修序》,頁10a。
③ 〔清〕單世金,《八修族譜序》(清乾隆二十五年〔1760〕),載《嶺南單氏族譜》卷1《八修序》,頁25b—26a。

單氏一族的宗派源流與開拓史在氤氳纏綿的神話氛圍中開場，關鍵在於東晉人單道開南入羅浮求道的傳說。事實上，單道開的故事並非石灘單氏首創，有關他修真於羅浮山的傳說以及歷代名人憑弔其遺跡的文學作品，自中古以來散見於各類歷史地理與宗教文獻。①清康熙二十五年（1686）《增城縣志》仙釋傳對單道開其人的介紹，為中古以來各方文本傳統有關單道開羅浮故事的集成，並進一步添加了道開之裔單通真南入羅浮尋先祖"仙蹟"後卜居增城龍灘（按：石灘古名"龍灘"）這般饒富在地色彩的情節：

  晉單道開，敦煌人，常衣粗褐，或贈以繒，皆卻之。寒暑晝夜不臥。恒服細石子，一吞數枚。好山居，而諸神見異，形色不為動。穆宗昇平三年（359），召至京師。後入於羅浮，獨處一室，瀟然物外。山中舊有妖蛇為患，有僻洞下，臨深壑。學道者每歲如期集其間求仙，比晦暮，眺望若二炬熒煜來，紛言為神所迓，遂奮身投壑中，稱仙引去。道開乃彀勁弩，一發中炬，響振山谷達旦，縋下以觀，則巨蛇斃於榛莽中，二目如鏡，即相傳神炬者也，自是累世之惑頓解。後卒於蓬萊洞，年百餘歲，弟子以尸移入石室。袁宏為南海太守，登羅浮，至石室口見道開形骸如生，香火瓦器猶存，乃為之贊。其裔通真者，復從東魯入羅浮，尋道開仙蹟，遂卜居增城龍灘。②

值得注意的是，繼單通真於唐代卜居石灘（龍灘）的情節後，同篇傳記還提到道開與通真之族後來在宋代出了一名飛昇的女仙——"綠原道人"單縣君：

---

① 〔明〕陳璉撰，〔清〕陳伯陶補，《羅浮志補》卷6（原卷4）《神仙上·秦至唐·單道開·晉人》，頁12b—13b。

② 《（康熙）增城縣志》卷14《外志·仙釋·晉·單道開》，頁2a—2b。

迨至宋，有女曰縣君①，居龍灘圓洲里（按：今元洲），號綠原道人。生而穎悟，聞言成誦，嘗辟葷絕粒。一夕，夢異人授白石子數枚，祝之曰："啖可療饑，久之能飛。"縣君遂吞之，寢時體覺輕健，辟穀數月。一日，忽聞異香襲人，祥雲繞室，乃題其壁云："摳衣步入軒轅界，身世翩翩物外遊。自是塵囂隔天塹，高堂莫惜翠鈿收。"遂飛昇而去。②

傳說單縣君曾經遊訪羅浮沖虛觀並留下詩文③，這位單氏之女的傳奇事蹟成為明代以來諸多羅浮山志書與廣東方志編纂者蒐羅地方奇人軼事時青睞的題材。影響所及，號稱其所從出的石灘單氏亦在清代編修族譜時，以"女仙"之銜收錄了單縣君一首以"沖虛觀"為題的詩作。④

承上述可推知，至晚在清康熙年間，單道開、單通真與單縣君三人的傳奇事蹟，已經是增城當地甚或嶺南文士耳熟能詳的羅浮山軼事。對於石灘單氏而言，這三位"先／仙祖"於晉唐之間或於羅浮石

---

① 根據晚清東莞士人陳伯陶的考證，"縣君"之名來自元代朝廷授予品官之妻的封號。陳氏並引用元代陶宗儀在《南村輟耕錄》中的說法，即元時品官母、妻四品贈"郡君"，五品贈"縣君"，據以推論單縣君當生於宋季，於元時受封贈。〔明〕陳璉撰，〔清〕陳伯陶補，《羅浮志補》卷7（原卷4、卷5）《神仙下·秦至唐·女仙附·單縣君·宋人》，頁15a—15b；〔元〕陶宗儀，《南村輟耕錄》（臺北：臺灣商務印書館，1966，影印上海涵芬樓影印吳縣潘氏滂喜齋藏元刊本）卷19，頁15b。

② 《（康熙）增城縣志》卷14《外志·仙釋·晉·單道開》，頁2b—3a；《（嘉慶）增城縣志》卷15《人物六·仙釋·宋·單縣君》，頁2b。

③ 明代李時行在《遊羅浮山記》中提到，其於嘉靖十八年（1539）遊羅浮過沖虛觀時，仍能見到此詩石刻："嘉靖己亥秋……泊舟石灣，自水石中行十餘里，入黃龍洞，謁四賢祠，南過沖虛觀，增城女仙單綠原題詩觀內石刻猶存。"〔明〕李時行，《遊羅浮山記》，載《（1988）博羅縣志》（博羅：博羅縣志辦公室，1988）《藝文三·文徵二·羅浮文徵》，頁442。

④ 其詩內容如下："雄峰峻峙煥朱明，元聖清虛此耀真。地靜無心問日月，山高舉首近星辰。金壇露冷青鸞舞，丹竈風清白鶴馴。時有仙人綠雲上，九霄飄忽響韶鈞。"縣君（原按：女仙），《沖虛觀》，載《嶺南單氏族譜》卷3《藝文紀·家翰·詩類》，頁71a—71b。按：此詩亦收入〔清〕宋廣業編，《羅浮山志會編》卷18《藝文志九·七言律詩》，頁11a—11b。

室修真、或往羅浮尋訪仙蹟,繼而在宋元之際辟穀飛昇等種種神話情節,淋漓斑斕地組成了一套時序完整且超凡脫俗的世系源流說法。康熙四十一年(1702)石灘單氏進行該族史上第七次族譜編修,曾任江南靈璧知縣的單氏二十二世孫單私淑①在譜中介紹先世歷史時,不僅開宗明義縷述其族"道開公"與"通真公"入廣的事蹟,更進一步強調單氏一族與廣東其他世家大族的最大差別,是別人都以仕宦後裔自居,然單氏卻是發祥於嶺表"仙靈奧區"且歷代皆有族人修真成仙的神仙家傳之族:

> 予族自周成王少子臻封單邑因氏焉。自道開公來羅浮居石室修真訣,遂乃成仙,事載志書。至唐通真公來訪先人遺跡,常往來於羅浮,人號曰"羅峯",因留居於增城……為吾廣單氏之祖焉。故世族之家多侈言仕宦,而予族則稱神仙。……遠祖道開公、始祖羅峯公肇跡羅浮,啓疆嶺表,吾族以靈氣發祥,此神仙之功業也。……吾廣為仙靈奧區,自安期生、王子喬、葛稚川後先繼起②,而予族又有家傳。③

石灘單氏自豪的"神仙家傳",實來自於增城歷史悠長的羅浮山洞天文化淵源。相較於明中葉後才蔚為流行的珠璣巷南遷傳說④,在增江下游開居甚早的單氏,選擇的是更古老、更切合地方文化底蘊的羅浮仙人傳說,作為宗族歷史的開端。仙人之祖的來歷,實際上是中古羅浮洞天神話在明清宗族語境下的產物,寓含著中原人士南入嶺表開拓群荒的歷史想像,如同珠璣巷故事裡中原貴胄南渡的情節。另一

---

① 單私淑,廣東增城石灘人,清康熙十七年(1678)舉人,選江南鳳陽府靈璧縣知縣。《(嘉慶)增城縣志》卷13《人物·列傳》,頁55b—56b。
② 安期生、王子喬、葛稚川(葛洪)都是傳說曾在羅浮山修仙的異人。
③ 〔清〕單私淑,《仁翁家太公暨淑配麥氏太母七十加一雙壽序》,載《嶺南單氏族譜》卷3《藝文紀》,頁34a—35a。
④ 陳樂素,《珠璣巷史事》,頁96—97。

方面，羅浮山作為嶺南的宗教聖地，其自古以來廣為人所悉的修行求仙傳統，也賦予單氏這套"神仙家傳"宗源論述強大的解釋力，巧妙地將古老傳說中來自中原八方四面的能人異士匯聚於一方鄉里，成為斯土斯民之根源。不言可喻，相較於其他姓氏社區，唐宋以來仙人頻出該族的歷史敘述以及身分話語，充分凸顯了石灘單氏這支在地氏族的歷史深度與文化地位優越性。

　　石灘單氏的例子無疑提供了一個可資參照的例子，有助於我們更清晰理解某些增江何姓社區在明中葉以前或清代咸同時期以後刻意凸顯己族為"仙姑之後"的現象。如同單氏在論述上以東晉的單道開為氏族開基增城歷史之起源，宋元明時期，隨著何仙姑的"在地"形象漸次豐實完整，並成為地方社會重要的神聖象徵，某些何姓社區或自謂仙姑之族，或為嫻熟此一信仰傳統的地方文化、政治菁英授之以仙姑後人的頭銜。無論是明初孟士穎所接觸到的"何氏之族"[①]，還是與明末縣令陸清源交好的"仙姑之後"——坊都與小樓何氏[②]，以何仙姑族裔標誌族群身分的作法，不僅是增城當地某些何姓社區信手拈來的話語資源，也是外來文化菁英理解與想像他們的重要憑藉。然而，自明代嘉靖時期開始，新形態的宗族制度逐漸成為地方社會中主宰資源配置秩序的主流話語[③]，在各地姓氏團體相繼進行宗族創作的風潮下，何氏十郎兄弟南遷傳說漸次風行於珠三角一帶的何姓社區之間，以"貴某郎之裔"的說法定源分派，成為增城諸多何姓社區在聯宗合族的過程中編製譜系、確認宗盟成員身分的主要方法。

　　直到清代咸同時期，為了因應何六事件的變局，宣揚己族為仙姑

---

① 〔明〕孟士穎，《何仙姑井亭記》，《（康熙）增城縣志》卷14《外志・寺觀・會仙觀》，頁12a—13a。

② 〔明〕陸清源，《存仙井亭記》，《（康熙）增城縣志》卷14《外志・寺觀・會仙觀》，頁20a。

③ 科大衛、劉志偉，《宗族與地方社會的國家認同——明清華南地區宗族發展的意識形態基礎》，頁3—14；科大衛，《祠堂與家廟——從宋末到明中葉宗族禮儀的演變》，頁1—10；劉志偉，《在國家與社會之間：明清廣東地區里甲賦役制度與鄉村社會》；David Faure, *Emperor and Ancestor: State and Lineage in South China*.

同族後裔,重新成為諸多何姓社區標舉自身的重要手段。早期地方神仙敘事傳統下的"仙姑之後"身分,透過社區廟祀傳統的建立以及宗族語言的轉化,再一次成為眾多增城何姓村族競相擁抱的身分認同與社群象徵,在大亂之後的地方權力格局重構時期,為這些何姓村族創造了合聚同姓勢力、締結跨村落誼好互助聯盟的契機。咸同之際,在小樓、龍潭埔、亭子岡、南鼌等何姓村落立廟崇祀何仙姑的行動,以及強調己族為何仙姑同族後人的說法,打破原本存在於村族間的鄉里地域分割、"土""客"族群界綫以及宗族房派藩籬,將原本各據一方的何姓勢力聯結在一起。值得注意的是,此時的何仙姑於原本的女仙形象之外,在宗族話語的操作下,為諸多何姓社區賦予了宗族祖姑的身分:村落中的"何仙姑菩薩"之祀,在宗族祖先崇拜的意義下同時也是祖姑之祀。下文將會進一步說明,咸同時期何仙姑能以結合了"菩薩"(神明)與"姑婆"(祖姑)雙重形象的"仙姑婆"、"何仙祖姑"身分,正式進入父系宗族社會的祭祀體系中,此一現象實際上所體現的,是明清泛珠三角宗族雜糅儒家教化理想與土俗傳統後,所衍生的一套處理未嫁宗女身後祭事的文化傳統。

第二節　祠堂中的未嫁女:
泛珠三角地區的祖姑崇祀傳統

> 祖有姑,曰二妹,太祖高皇帝時選女德,召入為司綵女官,典六尚事,今敕書世藏於家。比成祖文皇帝再召,逾年卒於朝。至今父族子姓事之如在室也。
> 〔明〕陳堂,《新建九世祖祠碑記》[①]

何氏女拒絕父母婚配安排,在夫家迎娶前夕身從井化,是明初

---

① 〔明〕陳堂,《新建九世祖祠碑記》(明萬曆二十七年〔1599〕),載《增城沙隄陳氏族譜》族譜傳序藝文次編·天字號,頁11a。

以來增城何仙姑故事的高潮。誠如關注中國宗教性別議題的研究者所注意到的，故事主角的不婚或抗婚行動，是中華帝國晚期重要女性神祇如觀音（妙善公主）、媽祖（林默）、臨水夫人（陳靖姑）等傳說的共通主題①，明清時期的增城何仙姑尤其是以抗拒婚姻的形象為人所悉。值得注意的是，何氏女以未婚身分離世"昇仙"的單身女性形象，實際上並不符合歷來強調"女有歸"的主流文化對於女性角色的理想期待。②許多研究者指出，在帝國晚期的漢人社會，未出適異姓的女性，無論在生或卒逝，大多處於社會的邊緣性地位。無嗣孤亡的她們無法藉由婚姻進入夫家宗祧制度，享受正當的香火祭祀，同時也被排除在原生家庭的祖先行列之外。③因為不能為正常的祭祀秩序所

---

① 阮昌銳，《莊嚴的世界》；Meir Shahar and Robert P. Weller, "Introduction: Gods and Society in China, " p. 13. 按：必須特別指出，在臨水夫人陳靖姑的故事裡，陳氏雖曾因立志修行拒絕婚姻，不過後來還是接受了婚配的安排，最終其因難產而逝，沒有留下子嗣。Brigitte Baptandier, *The Lady of Linshui: A Chinese Female Cult*, pp. 43–54.

② 李貞德，《最近中國宗教史研究中的女性問題》，頁259—260；張珣，《女神信仰與媽祖崇拜的比較研究》，頁198—199。

③ 舉例來說，閩臺漢人社區普遍流傳有所謂"尪架桌（神明桌）上不置姑婆"或"厝内（家中）不奉祀姑婆"之慣俗，亦存在以"查某（女性）鬼仔"、"外頭家神（外姓祖先）"、"別人家神"等稱呼女兒的方式，這些稱呼都意謂女兒最終的歸屬是成為外姓夫家的享祀對象（黄萍瑛，2008）。在廣東的珠三角一帶，雖然已有學者指出，女兒在原生家庭中承擔的義務與責任賦予她們在家族中的特殊地位（劉志偉，2011），然而，在宗族制度發展完熟的清代至民國，對於絕大多數選擇不嫁人的女性而言，她們的臨終、身後事通常不被允許在原生家庭與村族社區中處理（Stockward, 1989），這些無嗣孤亡之靈的神主或是僅書有其姓名的紅紙，多數只能安頓於未嫁女共營團體生活之"姑婆屋"、"女仔屋"，或是寺廟庵堂（徐靖捷，2012）。在香港新界，某些社區設有專門的神壇和靈媒，以特有的"坐壇"儀式處理村落中未婚無嗣女亡靈的祭祀問題（吕永昇，2016）。總而言之，即使"姑婆"在生時對原生家庭、家族的事務與經濟具有一定程度的影響力或貢獻，絕大多數"姑婆"的身後事仍不免被排除於正常的父系宗祧祭祀系統之外。參黄萍瑛，《臺灣民間信仰"孤娘"的奉祀：一個社會史的考察》（臺北：稻鄉出版社，2008），頁3—4、22—24；劉志偉，《女性形象的重塑——"姑嫂墳"及其傳說》，頁307—322；Janice E. Stockward, *Daughters of the Canton Delta: Marriage Patterns and Economic Strategies in South China, 1860–1930* (Stanford: Stanford University Press, 1989), p. 82；徐靖捷，《走進西橋自梳女》（桂林：廣西師範大學出版社，2012），頁33—36；吕永昇，《花亡配婚：廣西南寧地區的冥婚——兼論與

容納，這些無所依歸的芳魂孤魄，普遍被視為家族與社區潛在的污染與威脅。

不過，在何氏女漸次在地化為增城社會神聖象徵的歷史過程中，其拒絕婚嫁的未嫁女形象不僅不像前述的其他女神一般，被刻意轉化為符合社會期待的女性角色，反而一直是地方社會勉力留存甚或進一步標榜與渲染的焦點。就增城何仙姑信仰在明清時期的發展而論，其傳說中潛在的反叛情節——抗婚，並沒有真正如論者所謂有挑戰父系體制權威之虞，相反地，透過地方文化菁英與宗族勢力的操作，看似背離常道的傳說情節卻成為鞏固新形態家父長制度的文化資源。何仙姑自宋元以來愈益鮮明的一心求仙、拒斥世俗權威的姿態，並沒有妨礙明清時期地方士庶對其信仰的標舉。未適人而逝的情節，不僅為女仙人帶來了"芳潔"、"貞孝"的美名①，此一情節背後所暗示的未嫁女兒身分，甚至進一步在明中葉以後宗族創作的脈絡中，賦予某些何姓社區將何仙姑納入其族先人之列，並據以重塑社群歷史論述的靈感來源。清代咸同時期以降，何仙姑在原本的神仙形象之外，被眾多何姓社區賦予了父系女性祖先——"姑婆"、"姑婆太"的身分，如前文所述，在這些何姓社區所在地甚至出現了奉祀這位"仙姑婆"的家廟與祠堂。②

何仙姑在晚清之所以能由拒婚的何泰之女，成為增城何姓社區舉族崇祀的祖姑婆，實際上無非是特定人群操作的結果，但這個現象背後真正揭示的，是泛珠三角地區不同於正統"中原文化"的土俗傳統底蘊，以及這套地方傳統在明清新形態的社會制度與宗族禮儀的融合過程。在泛珠三角地區，女性的社會角色與家庭地位並不完全一致於明清儒家士大夫對於女性角色的刻板想像，家族中的女兒必須承擔的

香港、臺灣冥婚的比較》，《民俗研究》2016年第5期，頁155—156。

① 〔明〕謝士章，《拓建何仙姑祠記》，《（康熙）增城縣志》卷14《外志·寺觀·會仙觀》，頁18b。

② 筆者，《何馮○芝訪談紀錄》，2010年12月27日，於增城小樓鎮大樓村。

責任與義務,往往使她們在原生家庭居於特殊的地位。①事實上,女兒在生時的特殊角色,往往也影響了家族或地方對其身後享祀權的界定。綜合考察明清以來廣東的地方史志與家乘譜牒,我們會發現,明清時期泛珠三角一帶的地方宗族,許多都流傳有其族某先代祖姑以不嫁之身奉獻家業的傳說事蹟,甚至據此發展出以此位祖姑為中心的祭祀傳統。以下幾個例子將試圖說明,何仙姑以祖姑的身分進入某些何姓社區的宗族祖先祭祀傳統之內,並且成為這些何姓村族標誌自身的象徵資源,這樣一種理解、選擇和利用女性角色的文化手段,相當程度淵源於泛珠三角特有的地域文化傳統。

(一) "報功"之祀:龍門、番禺與南海的祖姑崇拜

增城東北方的龍門縣與增城同隸廣州府,是明中葉之後才由增城劃出的縣分。龍門縣中最大的何姓聚落——白芒約何村,位於縣境西南金牛都麻榨地區,開村於宋季,是增江沿岸增、龍一帶最早出現高級功名的何姓社區。白芒何村實際上由數個"本地"何姓小村所組成,這些小村在明清時期皆宣稱是何氏貴十郎裔脈②,彼此是同宗關係,擁有共同的一至九世祖先。③何村何氏的九世祖何碧琛,曾在元至順年間任福建南安縣主簿④,被後人視為奠立何村基業的拓基者。⑤

---

① 劉志偉,《女性形象的重塑——"姑嫂墳"及其傳說》,頁312—317。
② 參見第三章第一節關於廣府何氏十郎傳說的討論。
③ 《(龍門何村)何氏家乘》卷1《十郎公先世祖世系》、《十郎公至八世》、《九世祖至十二世》,頁5a(首1a)—7a(首3a)。
④ 何碧琛,字珍寶,號琛堂,元至順間舉人材,任福建南安縣主簿。《顯八世祖妣□□葉氏孺人之墓·顯九世祖考登仕佐郎琛堂何公府君之墓(碑)》(清乾隆四十二年〔1777〕),立於惠州市龍門縣麻榨鎮塘田;《(龍門何村)何氏家乘》卷1《九世祖至十二世·九世·碧琛》,頁7a(首3a);《(咸豐)龍門縣志》卷10《選舉·表一·元·何碧深(琛)》,頁4a。
⑤ 何碧琛之墓迄今猶是白芒何氏眾房派於年節時共同祭掃的對象。今廣州市區的一德路與大德路一帶,舊時曾經有一座以何碧琛之號命名的試館,俗稱"何琛堂",供赴省會參加科考的何氏子孫駐居。筆者,《何○明訪談紀錄》,2013年1月26日,於龍門縣麻榨鎮南灘村。

根據清代何村族譜《何氏家乘》的記載，碧琛父母早逝，自幼與長姊相依為命，其姊為積蓄家業、撫育幼弟成人，終其一生守貞未嫁：

> （九世）祖姑俯恃幼弟，守貞不字，勤績置產。葬在庵坑鍾形下左邊穴，故今清明修墓、七月十三兩舉祀事焉。⑥

這位被修譜者直接以"祖姑"之稱代替名諱立傳的何氏女，是族譜當中唯一一位以何氏宗女身分留下紀錄的女性，引文中寥寥數語是族譜中關於她的所有記載。值得注意的是，在這則"祖姑"小傳中特別提到，每年的清明與七月十三是"兩舉（祖姑）祀事"之時，這意味著清代的何村何氏有專門祭祀這位祖姑的傳統。

何村九世祖姑的事蹟既見於其族譜牒，也在清中葉後被蒐羅於縣志的列女傳中。咸豐元年（1851）的《龍門縣志》在列女傳之首的"何小姑"條目下，具體描述了這位終身不字卻歷世承享何氏子孫香火的何氏女生平：

> 何振卿，何村人，女小姑。振卿夫婦卒時，子碧深（琛）年甫周歲，內無期功之親。小姑與弟相依為命，飲食教誨皆肩任之，以故終身不字。至順間，碧深（琛）舉人材，任南安縣簿，實為何族發祥祖。今何族歲時合祀小姑以報其功。⑦

與何小姑遭遇相似的，還有同縣甘香村的劉六姐。⑧劉六姐幼時許婚伍氏，達婚嫁之齡時，父母卻相繼離世，遺下兩幼弟劉淵與劉嵩。為了撫育幼弟成人，六姐辭退親事，憑藉織紡之技豐盈家業，悉

---

⑥ 《（龍門何村）何氏家乘》卷1《九世祖至十二世‧九世‧祖姑》，頁6b（首2a）。

⑦ 《（咸豐）龍門縣志》卷14《列傳二‧列女‧元‧何小姑》，頁1a。

⑧ 甘香村位於龍門縣城城南一里處，瀕增江上游西林河南岸。《（咸豐）龍門縣志》卷3《輿地二‧都堡‧保約‧西林都‧城內外‧甘香約》，頁1a。

心教養淵、嵩之餘，更設立祭田，奠立父母常祀之基。終身未嫁的六姐最後也如同何村何小姑一般，雖然無嗣而卒，卻成為家族後代子姪歲時優先設祭的重要先人：

> 劉氏女，名六姐，甘香人。幼許字伍氏子，既及笄，父母相繼歿，遺弟淵、嵩。淵甫四齡，嵩甫二齡，又無親屬可靠，惟六姐一人撫養之。既而于歸有期，六姐痛兩弟無依，矢志不嫁，遣冰人辭婚伍氏，伍氏義而許之，且畀之金。六姐本勤於紡績，又得伍氏金，日積月累，遂能置祭田以享先人，延師教弟，至於成立。年七十餘乃卒。今淵、嵩之後歲時設祭，必先祭六姐云。①

何小姑的故事發生在元代，劉六姐則是明朝人，兩者所從出的何村何氏與甘香劉氏，都是明代之前就已開居於增江上游龍門地區的氏族。②值得注意的是，體現相似"報功"主題——報答族中未嫁女性守貞不字、撫孤之功的"祖姑"崇祀傳統，不僅見於地處廣府邊陲的增、龍地區，位於珠三角核心地帶的廣州附郭縣南海與番禺，也存在非常類同的實踐，諸如南海鄧氏祀之於"貞孝祠"的鄧六娘：

> 鄧六娘，宋寶慶上舍夢槐女，景定解元伯瑜女弟也。父母蚤喪，兄嫂繼亡，止遺孤姪履元，甫一歲，無族屬可倚。六娘日夜哀痛，念鄧氏宗祀不絕如綫，矢志不嫁，撫育履元成立，後膺封爵為忠翊校尉，以昌鄧氏後者，六娘之功也。祀貞孝祠。③

---

① 《（咸豐）龍門縣志》卷14《列女·明·劉氏女》，頁2a。
② 白芒何村何氏的歷史已如前述。有關甘香劉氏的開居源流，參見〔明〕陳獻章，《增城劉氏祠堂記》（明弘治六年〔1493〕），載《（嘉慶）增城縣志》卷17《藝文·記狀》，頁17a—18a。按：關於題名，此文撰寫時間在明弘治六年，當時龍門地區尚隸於增城縣，因此稱為"增城"劉氏。
③ 《（道光）廣東通志》卷306《列傳三十九·列女一·廣州府一·南海縣·宋·鄧六娘》，頁336。

番禺陳氏祀之於"孝姑祠"的陳圭姐：

> 陳圭姐，淳祐間庠生日南女也。日南生子東卿及圭姐，而夫妻相繼歿，東卿亦早卒，遺孤洪懋。圭姐與嫂經營三喪，拮据盡瘁。有求婚者，泣語嫂曰："陳氏三世惟此一綫，我何忍棄寡嫂與孤姪他適耶？"遂杜門撫孤，成立爲名諸生，終身不字。享年七十五而卒。後人別立孝姑祠祀之。①

以及同縣黎氏世代奉祀的黎道娘：

> 黎道娘，父瑛瑱卒，弟庶方在襁褓。道娘以母寡弟幼，矢志不字，母強之不從。元末寇掠邑里，扶母挈弟奔山谷中，紡績給資，母卒，哀毀幾絕。年八十四卒。黎姓世思其德，建祠祀之。②

"念宗祀不絕如綫"，是上述這些祖姑故事的核心主軸。女性在故事中展現了獨當一面的姿態，是家業、祖業真正的奠基者，然其拒絕婚嫁、奠立家族經濟基礎的目的，皆是撫父兄遺孤，為的是延續家族男丁血脈，維繫父家宗祧傳承之不墜。③

（二）從姑婆祠到九世祖祠：增城沙村的"瑞貞姑"之祀

與上述眾多以延續家族血脈為念的例子相較，增城沙村陳氏的

---

① 《（道光）廣東通志》卷307《列傳四十·列女二·廣州府二·番禺縣·宋·陳圭姐》，頁356。

② 《（道光）廣東通志》卷307《列傳四十·列女二·廣州府二·番禺縣·元·黎道娘》，頁356。

③ 以上故事除了龍門劉六姐的故事背景是明代之外，其餘得享兄弟子姪後人之祀的未嫁女性，時代背景都是較早的宋元時期。然而，必須特別注意的是，記載這些祖姑崇祀實踐之文本，其書寫與編纂的時間不約而同都在宗族制度已然發展完熟的清代，是以我們現今所看到的這些女性故事，不免是特定宗族話語下重新修整與模塑後的面貌。

祖姑之祀則是比較特別的例子。沙村古名"沙隄"，位於增城南面東江之濱，鄰近增城、番禺兩縣交界處，本為番禺舊地，明中葉後才劃屬增城。①陳氏先世是元初撰寫《大德南海志》的宋末進士陳大震，為當地歷史悠久的巨姓世家。②現今於沙村新墩仍存在一座"陳氏九世祖祠"，最初為沙村陳氏三個房派：新墩房、西洲房與烏岡房共同創建，祠中主要供奉陳氏九世祖陳仲裕，並祔祀其女陳二妹（1367—1406，字瑞貞）。③饒有興味的是，雖然名為"九世祖祠"，當地居民卻習慣稱它為"陳姑祠"或"姑婆祠"。④相對於理論上居主祀之位的陳仲裕，現今被陳氏後人暱稱為"祖姑"、"瑞貞姑"的仲裕之女陳二妹，其生平事蹟似乎更為族人津津樂道。⑤事實上，"沙村陳

---

① 〔清〕馮成修，《增城沙隄陳氏重修族譜序》（清乾隆四十三年〔1778〕），載《增城沙隄陳氏族譜》族譜傳序藝文初編·敘字號，頁2b。

② 〔明〕陳璉，《直齋修譜前序》（明景泰四年〔1453〕），載《增城沙隄陳氏族譜》族譜傳序藝文初編·敘字號，頁3b。按：下文即將提到的司綵女官陳二妹，為陳大震旁系裔孫，詳情可參見陳璉的另一篇文章《承恩堂記》（按：承恩堂為陳二妹故居）。〔明〕陳璉，《承恩堂記》，載陳璉撰，楊寶霖整理，《琴軒集》（上海：上海古籍出版社，2011，影印清康熙刻本）卷15《記》，頁50a—51a。

③ 陳二妹，字瑞貞，陳仲裕次女，曾於明代洪武、永樂朝兩度入宮任職女官，為朝廷敕賜"司綵"官名，陳氏族人亦以其官職"司綵女官"稱之。《增城沙隄陳氏族譜》族譜傳序藝文三編上·倫字號，《銘狀·司綵女官行實》，頁55b。

④ 該祠原本坐落於廣州甜水里，創設於明萬曆二十五年（1597），因明清之交頹圮之故，為陳氏族人於清雍正二年（1724）再造於沙村新墩今址（新墩為陳二妹父家故居所在）。此後祠堂在清光緒三十三年（1907）、三十四年（1908）經歷過一次重修，後於2011年重光。參見〔明〕陳堂，《新建九世祖祠碑記》（明萬曆二十七年〔1599〕），載《增城沙隄陳氏族譜》族譜傳序藝文次編·天字號，頁11a—14a；〔清〕陳秀士，《陳氏九世以言（按："以言"為陳仲裕字）祖烝田記》（清雍正二年〔1724〕），同前引書，族譜傳序藝文次編·天字號，頁19a—21a；《重修六世九世祖祠堂碑》（清光緒三十三年〔1907〕），增城新塘鎮新墩村陳氏九世祖祠藏；筆者，《田野訪談紀錄》，2013年8月11日，於增城新塘鎮新墩村。

⑤ 沙村當地陳姓居民口中喚作"姑婆"的陳二妹，是婦孺皆知的傳奇人物。值得注意的現象是，雖現存編修於清乾隆年間的《增城沙隄陳氏族譜》非常明確記載了"九世祖祠"的成立始末、陳仲裕與陳二妹在宗族內的輩份代數以及祭祀上的主、祔祀位階，不過陳氏族人在2011年九世祖祠重光後，卻在祭禮的實踐上混淆了父女二人的世系。根據族譜的說法，陳仲裕為沙村陳氏九世祖，陳二妹為十世，前者受祀的牌位所書

姑"在明代已名聞遐邇,特別是在番禺與增城一帶。明末清初的廣東名士屈大均(1630—1696)是番禺人,就曾經為文描述這位歷代承享沙村陳族子孫香火的奇女子:

> 陳氏,名二妹,字瑞貞,番禺陳仲裕女也。生而容貌端正,在乳不啼,晬日設物則左取印章,右取筆,既而乃取奩具,家人知其不凡。甫能言,窺父書卷,指教數字皆不忘。七歲就女師,聞愛親敬,長之言必反復致問。《孝經》、《內則》、《列女傳》、《女誡》諸書,莫不潛心究之。洪武二十一(1388)、二十二年(1389),有中使選民間淑女入宮,陳與其列十人入見□,高皇帝悉命兼六尚之事。陳善書數,知文義,後宮多師事之,稱"女君子",亦曰"女太史",蓋周官所謂執禮書以從后,凡后之事以禮從者。二十四年(1391)八月,命為"司綵"。以勤勞久,勅賜歸鄉,仍給禄米養其家。陳既歸,閨範嚴肅,子姪罕見其面,有司歲時候餽,皆辭卻之。□太宗即位,以陳熟知典故,召復前職。永樂四年(1406),年四十,病終於官,帝后為之涕泣,遣中使護喪歸葬香子之山陳家林。萬曆間,其族孫光祿少卿堂於廣州甜水里建祠祀之,稱"司綵祖姑",謂:"古今女德希有矣,司綵祖姑以內則佐高皇帝后母儀一世,吾家不惟丈夫子世受國恩,至於一女子應內召,享祿秩令,鄉里

內容"皇明顯九世處士郎諱以言府君之神位"與族譜記載一致,然而後者牌位"明九世敕授六部司綵官諱瑞貞姑神位"字樣所透露的世系訊息則明顯有誤,神龕上父女二人牌位相偕並列的奇異景象亦應是此番混淆導致的結果。此外,從祠中一份介紹陳二妹生平事蹟、標題為"九世祖姑婆陳瑞貞六百四十多年的神秘面紗歷史簡介"的宣傳海報可知,現今沙村陳氏的確認為"瑞貞姑婆"為其族九世先人。不過,這些"錯誤"恰好說明,對一般陳氏族人來說,"九世祖祠"主要供奉的就是"瑞貞姑(婆)"(易言之,祠堂之祭的重心實際上是陳二妹,而非其父——"真正"的陳氏九世祖陳仲裕),因此才會普遍認為"九世祖祠"名稱中的"九世"之祖就是瑞貞姑姑,這樣的認知也呼應當地人幾乎都是以"陳姑祠"或"姑婆祠"稱呼這間祠堂的現象。筆者,《田野訪談紀錄》,2013年8月11日,於增城新塘鎮新墩村;《九世祖姑婆陳瑞貞六百四十多年的神秘面紗歷史簡介(海報)》(2011),增城新塘鎮新墩村陳氏九世祖祠藏。

之人稱述之曰：'此女官世祠，豈不一希世事哉？'"①

根據屈大均的描述，為陳氏族孫尊稱為"司綵祖姑"的陳二妹是明初人，明太祖洪武二十二年（1389）前後被選為女官入宮，兩年後為太祖皇帝敕賜"司綵"官銜返鄉。仍處婚嫁之齡的二妹，在返回家鄉後並未出嫁②，而是深居簡出於閨閫之中。明成祖即位後，二妹再次應詔回宮重任前職，永樂四年（1406）病逝於宮中，後歸葬沙村陳家林。③必須特別指出，屈大均最後在文中提到，明萬曆年間廣州甜水里有祀二妹之祠一事，事實上，該祠即是上述增城沙村新墩"陳氏九世祖祠"的前身④，屈氏之言應是以陳氏西洲房裔孫陳堂所撰《新建九世祖祠碑記》為本。⑤陳堂是創建甜水里祠堂的主事者，在萬曆二十七年（1599）的《新建九世祖祠碑記》中，他詳細闡述了陳氏宗

---

① 〔清〕屈大均著，李文約校點，《翁山文外》，載歐初、王貴忱主編，《屈大均全集》（三）卷3《傳·女官傳·陳氏》，頁106—107。按：陳氏族譜亦收有陳二妹專傳，惟內容不若屈大均之文詳細。見《增城沙隄陳氏族譜》族譜傳序藝文三編上·倫字號《銘狀·司綵女官行實》，頁54b—55b。

② 陳氏生於元順帝至正二十七年（1367），明洪武二十四年（1391）離宮時是虛歲二十五歲。《增城沙隄陳氏族譜》族譜傳序藝文三編上·倫字號《銘狀·司綵女官行實》，頁55b。

③ 陳家林為沙村陳氏宗族專屬墓山。

④ 〔明〕陳堂，《新建九世祖祠碑記》，載《增城沙隄陳氏族譜》族譜傳序藝文次編·天字號，頁11a—14a；〔清〕陳秀士，《陳氏九世以言祖烝田記》（清雍正二年〔1724〕），同前引書，族譜傳序藝文次編·天字號，頁19a—21a；《重修六世九世祖祠堂碑》；筆者，《田野訪談紀錄》，2013年8月11日，於增城新塘鎮新墩村。

⑤ 陳堂原籍南海，明隆慶二年（1568）進士，官至光祿寺少卿。陳堂之父出自沙村陳氏西洲房，陳堂自幼與父親居於省城，直到隆慶初年登進士第後，才回西洲認祖歸宗。陳堂本來在朝為御史，萬曆初年因與首輔張居正有隙而被貶黜，後於萬曆二十三年（1595）再度為朝廷起用為廣西僉事，一年後乞仕歸里。致仕後的陳堂是重新整頓沙村陳氏新墩、西洲、烏岡三房宗族禮儀秩序（包括陳司綵之祀）的主腦人物。見〔明〕陳堂，《新建九世祖祠碑記》，載《增城沙隄陳氏族譜》族譜傳序藝文次編·天字號，頁11a—14a；〔明〕陳堂，《重修西洲宗祠碑記》（明萬曆二十八年〔1600〕），同前引書，族譜傳序藝文次編·天字號，頁15a—18a；《（康熙）增城縣志》卷8《人物志·德業·陳堂》，頁32a—33b。

族祖姑之祀的來龍去脈：

《禮》曰："別宗為祖。"今宗法之廢久矣，而惟祠獨存。學士大夫家猶能守之，余家大小宗各有祠，惟是九世祖字以言公者，故未及專祀。以言公三子，今新墩、西洲、烏岡三房其所自出者也。①祖有姑，曰二妹，太祖高皇帝時選女德，召入為司綵女官，典六尚事，今敕書世藏於家。比成祖文皇帝再召，逾年卒於朝。至今父族子姓事之如在室也。三房故有腴田若干畝，歲贍廣州右衛，今富霖所從軍者，勞費遞十年，三房輪轉應役，收其租，租入稍贏，爭，從軍者各持短長以興訟，眾頗厭之，於是捐其租之半，舉司綵女官祖姑祀事，一以興義，一以息爭，然亦未有專祠。

嘉靖末年，議者欲即祖姑故居以妥神奉祭，眾不能決，當事者以義斷之，勸令長房捐百金另建祠一所。西洲任之，遂於小宗祠後創修，奉祖姑祀焉。其以言公為三房祖，乃祖姑所自出者，故未之及也。相延至今，人心渙散，歲各輪祭，各於其私寢治具，三房子姓遞相往來多寡參差。

隆慶初，余歸，自大宗追本反，始謁於西洲祠下，並瞻拜祖姑，則詫曰："世豈有祀其女，且諸子各有祠，而於子女之所自出者木之本水之源也，顧不得享一蘋一藻之薦，而缺然於冥漠陟降之中，此豈尊祖敬宗之常道哉？且附姑於廟，古人難之。"然未有以解族人之疑而為之所也。萬曆庚辰（1580），余以謫歸家食者一十五年，力無從出。

歲乙未（按：萬曆二十三年〔1595〕），荷主上錄用舊臣，起自田間，僉粵西臬憲，即奉入無幾，念故所，常（嘗）卜築舊廬之東，曰甜水里……稍葺之，為堂三楹，奉九世祖以言公於

---

① 新墩、烏岡、西洲陳氏為沙村陳氏宗族下的分支，三房在譜系上皆屬於陳二妹之父陳仲裕的派衍。見〔明〕陳堂，《重修西洲宗祠碑記》，載《增城沙隄陳氏族譜》族譜傳序藝文次編・天字號，頁15a—18a。

中；後有寢室，祀司綵祖姑；前有門，亦三楹。歲春秋舉兩祭如故事，祭田亦仍其舊。特以名義為九世祖以言公而設，附司綵祖姑，庶幾哉。父母子女前後各安其所，事死如生，事亡如存，其亦可以無媿於前人矣。祭之日，三房子姓近者一二里，遠者百十里，俱務同集祠下，無故不與者，有罰，祭畢，私讌如同堂然。自今以後，每房不必另辦私祭，舊有祖姑神主設於各房私寢者，罷之，共成義舉。祠創於萬曆丙申（1596）□月□日，工成於萬曆丁酉（1597）□月□日，計費錢若干緡……皆不肖孫所自給，不煩勞族兄弟一金也。其西洲祠後寢原祀祖姑者，復還西洲如故，不肖亦得藉此以效力於西洲。……此舉有三善焉，九世祖以言公故未有祠祀之，自今日始祠以言公，而三房之祖及祖姑之靈而後可藉以妥而享其子孫之祀，尊尊也；三房初各私其寢，來往不常，而今以同房共祖之故，義不得不與祭，而聚族於斯，歲時饗燕，秩秩不替，親親也；古今女德希有矣，司綵祖姑以內則佐高皇帝后母儀一世，吾家不惟丈夫子世受國恩，至於一女子應內召，享祿秩令，鄉里之人稱述之，曰："此女官世祠，豈不亦一希（稀）世事哉？"賢賢也。余憮然曰："有是哉。"吾固願與後之子姓者相與，志此大義於千百世不忘也，因記之。①

從碑記的內容可以看到，陳堂在文章開頭所謂"至今父族子姓事之（陳二妹）如在室"的祭祀傳統，實際上是明初至萬曆之間幾番波折後才塵埃落定的結果。陳氏的祖姑之祀，在有明一代主要歷經了三種轉折：各房私祀、附祀於西洲房祠堂、附祀於新墩—西洲—烏岡三房合祀的九世祖祠。從原本各房子裔獨自操演、各行其事的局面，到最後成為合族同祀的實踐，這樣的演變過程呈現了以先代族中未婚嫁的女性——"司綵祖姑"陳二妹為中心的崇祀傳統，如何一再成為房派

---

① 〔明〕陳堂，《新建九世祖祠碑記》，載《增城沙隄陳氏族譜》族譜傳序藝文次編・天字號，頁11a—14a。

間"息爭"的憑藉,最後則是在嘉靖、萬曆以來漸次普行的新式宗族禮儀話語下,作為士大夫營建大宗之祀以整合不同房派、建立聯宗合族之誼所援引的主要文化資源;在此同時,"女官世祠"的祭祀傳統本身也在相關操作下被賦予了符合"常道"的面貌①,解決了"附姑於廟"(按:指嘉靖年間陳氏西洲房在小宗祠堂後寢另闢安置陳二妹神主之所)與"祀姑而遺姑之父母"這些在士大夫眼中"禮之所未安"的問題。②

第三節 "夫人"、"孝女"、"姑婆嬤":博羅陳孝女之例

> 孝女芳祠不計年,重逢督學表遺編。
> 徽音久著閑家日,姆教應多烈女篇。
> 不字獨安為子份,全歸深慰饗親田。
> 羅浮山水增輝處,端為民彝蚩著鞭。
> 〔明〕黃巖,《孝女祠》③

> 至孝由來永不磨,吾家端毓一英娥。
> 生前節操艱難備,死後英靈感應多。

---

① 〔明〕陳堂,《新建九世祖祠碑記》,載《增城沙隄陳氏族譜》族譜傳序藝文次編・天字號,頁12a—13b。

② 〔明〕陳堂,《重修西洲宗祠碑記》,載《增城沙隄陳氏族譜》族譜傳序藝文次編・天字號,頁16b。

③ 《博羅龍華陳孝女志》(或謂《陳孝女祠志》)(民國二十六年〔1937〕重刊),頁21b。按:明嘉靖年間,龍華陳氏陳于宣蒐集陳孝女相關傳序、碑記、詩歌等,刻之為《陳孝女祠志》,其後陳氏一族曾於明萬曆、清乾隆及民國時期數度重修該志。見陳允薿,《重刊孝姑志序》(民國二十六年〔1937〕),載《博羅龍華陳孝女志》卷首《序一》,未著頁碼。又按:黃巖,號平壠,廣東惠州府博羅縣人,舉人,生卒年不詳,明嘉靖二十六年至三十年(1547—1551)任江西都昌縣縣令。《(同治)都昌縣志》(北京:北京圖書館出版社,2007,影印清同治十一年〔1872〕刻本)卷3《官師表一・明・知縣》,頁15a。

为雨为旸应帝锡，安民安物广天和。
乡闾尸祝家声壮，应慰当年匪石歌。
〔清〕陈慕川，《孝女祠》[①]

从宋元文献中服食云母於罗浮山成仙的何氏女，到明代士大夫标举的粤土灵应女神与芳洁女贞，最后在晚清之际成为众多增江何姓社区敬奉的"仙姑婆"，晚清以来走出县城，在增江沿岸墟里落地生根的何仙姑信仰，不只是特定姓氏群体因应世道变局的文化策略，同时也是大传统下的罗浮洞天传说、中国本土神仙信仰、儒教国家意识形态，与泛珠三角特有的性别文化实践模式、宗族制度相互对话出来的宗教传统。何氏女的女仙、女儿与女祖先（祖姑）等形象，於咸同後在增江何姓社区中的叠合，反映了中古以来的罗浮山文本传统、跨地域流传的八仙故事、儒家重视妇女之贞与神灵有应於民才得为正祀的概念，在明清泛珠三角宗族特有的祖姑崇祀实践下的合融。

在罗浮山週近这个岭南著名的仙灵悠集之地，远代传说中的罗浮女异人以不字女流之姿，逡巡於地方神宇与宗族家庙之间，享祀百代香火，成为瑞应氏族的宗门之女、泽被黎庶的一方之神，类似的历程并不单见於增城何仙姑，与之相互辉映的显著事例，亦可见之於邻县博罗历来最知名的传奇女性——陈孝女。

位於罗浮山东南麓的博罗县龙华镇，古名"沙河"[②]，旧属惠州府博罗县罗仙都（图5—1），"龙华"之名来自於罗浮东南山脚下相传创建於南朝的著名古寺——龙华寺。龙华寺曾经在南宋罗浮道士邹

[①] 《博罗龙华陈孝女志》，页30b。按：陈慕川，字善元，广东惠州府博罗县龙华人，科名、生卒年不详，约活动於清乾隆三年（1738）《陈孝女祠志》第三次刊刻前后。按：《陈孝女祠志》中此诗作者陈慕川之署名原作"耳孙善元慕川"。又参与该志编修的陈姓撰文者们常以"耳孙"或"嫡孙"、"派孙"自称，藉以标志自己身为"孝姑"陈孝女同族后裔的身分。

[②] 沙河为东江支流，发源於罗浮山东北，在龙华始由山地丘陵地形进入平原地区，由北至南蜿蜒全镇後又分为二，之後分别在龙华西南面的石湾（博罗石湾镇）与南面马嘶（博罗龙溪镇）注入东江。

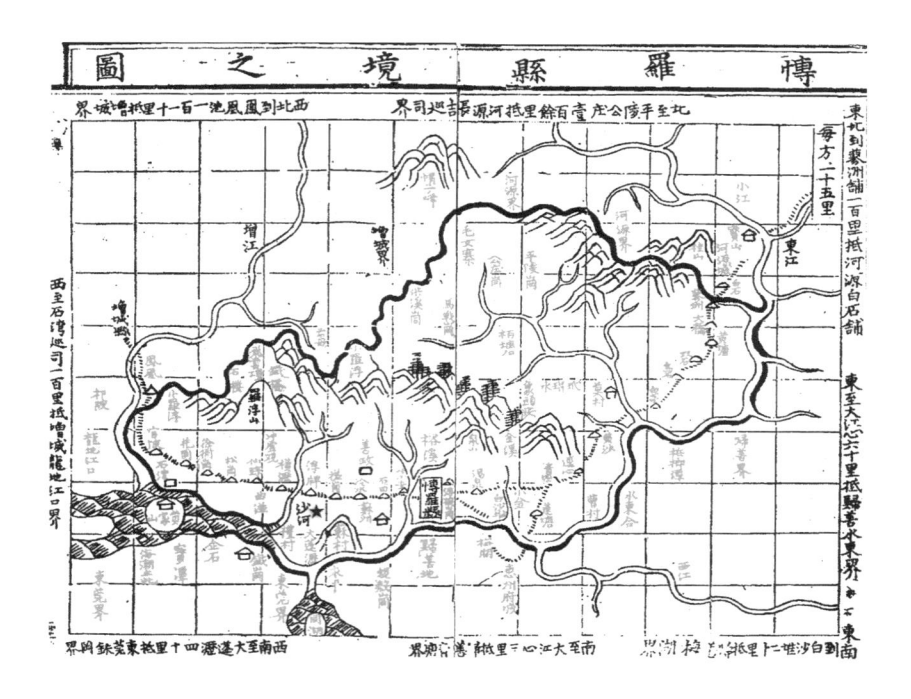

圖5—1　博羅縣沙河地理位置①

師正所撰《羅浮指掌圖記》中，被標誌為當時旅人登遊羅浮的主要入口："遊山者自龍華寺（原按：有昌福夫人祠）七里登山。"②鄒師正旁註龍華寺時提及的"昌福夫人祠"，實際上即是龍華寺的前身，更是博羅陳孝女信仰的開端。龍華寺在明初後不復存在，不過昌福夫人祠至今猶以"陳孝女祠"或"昌福宮"之名屹立於龍華寺原址之側③，即今日龍華鎮中心龍華墟所在。明清以來的陳孝女祠是龍華當地主要的信仰中心，當地人俗呼孝女祠中供奉的陳孝女為"姑婆

---

① 本圖根據明萬曆《惠州府志》輯錄之《博羅縣境之圖》繪製。參見《（萬曆）惠州府志》（廣州：嶺南美術出版社，2009，影印中國國家圖書館藏明萬曆二十三年〔1595〕刻、四十五年〔1617〕增刻本）卷1《輿圖》，頁5b—6a。

② 〔宋〕鄒師正，《羅浮指掌圖記》，載〔明〕陳璉撰，〔清〕陳伯陶補，《羅浮志補》卷1，頁6a。

③ 黃觀禮主編，《博羅縣文物志》（廣州：中山大學出版社，1988），頁74。

嬷"①，特別是龍華大姓陳氏，更聲稱孝女出自其族，龍華陳氏宗族成員皆為"孝姑"後裔。②

鄺師正的《羅浮指掌圖記》可能是迄今最早提到昌福夫人／陳孝女信仰的文獻，然而該文並未多加解釋龍華寺與昌福夫人祠的淵源。到了明代，成書於英宗天順五年（1461）的《明一統志》，較具體說明了羅浮山下這座"昌福夫人祠"的來歷：

> 昌福夫人祠，在博羅縣西五十里。梁富民陳志年八十，獨有一女。志卒，女哀毀過甚，亦卒。鄉人立一像於龍華寺。南漢封"昌福夫人"。其神頗靈，禱雨輒應。③

從《明一統志》簡略的描述依稀可以知道，"昌福夫人祠"所供奉的"昌福夫人"陳氏女，在生時是南朝梁時人陳志的獨生女，因父喪過於哀傷而逝，逝後為鄉人立像於龍華寺供奉，成為地方上以靈驗著稱的神祇，而"昌福夫人"是五代十國時期統轄嶺南地區的南漢政權對陳氏女的敕封封號。

事實上，《明一統志》所謂的南漢封號之說很難得到相關史料的佐證，明代之前，"昌福夫人"之名鮮少在文獻中被提起。然而，在《明一統志》成書後一甲子的明嘉靖時期，"昌福夫人"的模糊面貌卻突然變得清晰起來，甚至成為惠州府縣士大夫圈中一個熱門話題。嘉靖元年（1522），剛上任的廣東提察副使魏校（1483—1543）在興

---

① "嬷"是當地對女性長者的尊稱，"姑婆"則有兩個含意，一是指終身未嫁人的女性，二是父系的女性先人，以當地陳姓報導人的說法，指的是"阿爺（按：父祖輩之意）的姊妹"。筆者，《陳○祥、陳○香（男）訪談紀錄》，2013年7月28日，於惠州市博羅縣龍華鎮旭日村。

② 黃觀禮主編，《博羅縣文物志》，頁74—77；筆者，《陳姐訪談紀錄》，2013年7月28日，於惠州市博羅縣龍華鎮陳孝女祠；《陳○祥、陳○香（男）訪談紀錄》，2013年7月28日，於惠州市博羅縣龍華鎮旭日村；《陳○香（女）訪談紀錄》，2013年8月2日，於惠州市博羅縣龍華鎮龍華墟。

③ 〔明〕李賢等修，《明一統志》（臺北：臺灣商務印書館，1983，影印臺北故宮博物院藏文淵閣四庫全書本）卷80《惠州府・祠廟・昌福夫人祠》，頁18b—19a。

社學的名義下大毀地方寺觀①，"其神頗靈"的昌福夫人祠卻倖免於難，是博羅全縣在這場毀淫祠行動下僅存的神廟。②值得注意的是，魏校本人和唯其馬首是瞻的地方士紳集團並非僅是消極留存其祀，而是積極轉化神靈的面貌，試圖在文化與社會層次上賦予這個在地崇拜傳統新的內涵。

同樣在嘉靖元年，魏校在保留昌福夫人祠之餘，還接受了博羅生員翟宗魯（1489—1562）、胡定（生卒年不詳）等人的呈議，更易女神原本的"昌福夫人"之稱為"孝女"③，同時撤去昌福夫人神像，改立孝女神主，將祀事從僧人之手移交給龍華陳氏宗族主理，於是，歷史悠久的龍華"昌福夫人祠"，自此改弦易轍為"（陳）孝女祠"。次年（1523），魏校更進一步申命縣令支用官銀重建孝女祠。二十多年後，地方官增拓孝女祠門宇，當年曾參與魏校"正祠名"行動的邑紳翟宗魯，特地為文以誌其事，當中詳述了陳氏女的來歷以及上述變革的始末：

> 孝女祠在縣治西五十里，梁表祀龍華陳孝女而立。按陳女孝根天性，傷親老無男，矢志終養。父諱志，年八十，與母李氏相繼卒，女哀毀營葬，泣血終喪，請立父母祭田，遂永訣曰："先人有常祀，即死正首丘，子分畢矣。"正襟端坐而卒。大同丙辰（按：梁武帝大同二年〔536〕），聞其□□□□□，詔廣州刺史河東王譽（按：蕭譽）立祠，表曰"龍華孝女"，因其所立父母祭田，令僧世奉祀事。長史王勰為勒碑，以風將來。……南漢始封"昌福夫人"，宋淳祐加賜"孝誠英烈龍華感應昌福夫人"。我朝嘉靖元年，督學魏公（按：魏校）議："女終養其親，宜稱孝女，不宜稱夫人。神不歆非類，宜主其宗先生，不宜主於僧。"手題梁表祀

---

① 〔明〕魏校，《莊渠遺書》卷9《公移·嶺南學政》，頁6a—6b。
② 〔明〕李覺斯，《孝女傳》（明崇禎十三年〔1640〕），載《博羅龍華陳孝女志》，頁2a。
③ 〔明〕李覺斯，《孝女傳》，載《博羅龍華陳孝女志》，頁2a。

□□□□□（龍華陳孝女）神主，命邑傅楊國本復正祠名，使□□弟子員主其祀。次年五月十八日，申命雷侯啓蟄動支官銀五十七兩，重建孝祠，以勵風□□□。……其有功名教而補風化大矣，凡是用勒石以毋忘厥功。且為將□□□□□□□□。

嘉靖三十三年歲次甲寅（1554）三月望日，文林郎知廣西融縣邑人翟宗魯撰。萬曆三十二年歲次甲辰（1604）九月朔日，江西上饒縣儒學教諭玄孫陳守鑑立。

嘉靖三十年辛亥（1551）冬吉日，宗老□宴、陳鳳、鄉老鄺善祥建。①

除了勾勒有關陳氏女生平事蹟的細節，翟宗魯之文亦解釋了祠宇的起源以及"昌福夫人"之名，實來自前代如南朝梁、南漢、南宋這些名義上統治過南越之地的政權，另一方面也說明了，當初魏校改"昌福夫人"為"孝女"的理由，是因為"昌福夫人"的"夫人"封號在禮法上並不符合陳氏女的未婚女性形象。②

---

① 〔明〕翟宗魯，《增建孝女祠門宇記（碑）》（明嘉靖三十三年〔1554〕撰，明萬曆三十二年〔1604〕立），惠州市博羅縣龍華陳孝女祠藏。按：缺佚字據《博羅縣文物志》收錄《增建孝女祠門宇記碑》、《博羅龍華陳孝女志》收錄《增建孝女祠門宇記》對校之。黃觀禮主編，《博羅縣文物志》，頁159—161；《博羅龍華陳孝女志》，頁4a—5b（缺4b—5a）。

② 翟宗魯文中所謂魏校"女終養其親，宜稱孝女，不宜稱夫人。神不歆非類，宜主其宗先生，不宜主於僧"的主張，事實上並非魏校本人的原創，而是翟宗魯自己和另一位當地士人胡定上呈給魏校的建議。胡定曾經對陳氏女封號問題做過細緻的討論，他認為，陳氏女因孝行而承享萬世廟食是無庸置疑的，但是對於此類未適人而卒的女子，在廟祀上不應使用"夫人"的諡號，理由是"夫人"的概念是指稱有配偶的婦人，對終身不字的女性使用此封號則顯然不合禮法。陳氏並舉曹娥之例，主張真正合"禮"的封號是"孝女"："陳氏女憫親老，不字，肇祀立田……其廟食萬世無疑也，但所封號為可議。且昔著曹娥碑云：'娥未事人而卒，稱孝女，禮也。今廟祀乃諡以夫人，夫有君子，而後有婦人，生而女子，死而夫人，可乎？娥之稱孝，固不以女薄，不以夫人厚也。'"參見〔明〕李覺斯，《孝女傳》（明崇禎十三年〔1640〕，載《博羅龍華陳孝女志》，頁2a；〔明〕陳守鑑，《龍華孝女序》（明萬曆三十二年〔1604〕），同前引

魏校正名一事，後來受到許多士人的追捧，類似"魏莊渠氏之正祠名偉矣"①的言論紛陳而出，在士大夫眼中，"魏督學"此舉無疑一掃前此"神異之說興而孝女之名漸晦"②、"鄉人之家祀，尸祝往往以神掩其孝"③等種種環繞於陳氏女信仰的亂象，端正了所謂"鬼道盛則人道微"④的乖謬世風。姑且不論這些言論是否反映了實情，如果仔細審視魏校正名的理由："女終養其親，宜稱孝女，不宜稱夫人。神不歆非類，宜主其宗先生，不宜主於僧"⑤，我們會發現，"正祠名"之舉在澄清陳氏女未嫁女兒身分的同時，也重新界定了誰才是真正有資格掌理陳氏女祀事之人。往昔在"昌福夫人"之名下，陳氏女祀事主於僧人之手，正名為"孝女"之後，此一未字之女的祀事遂成為陳氏之族"宗先生"的責任所在。從《增建孝女祠門宇記》碑文所載襄事人名單，能見到某些陳姓襄事者被冠以"宗老"、"玄孫"等稱謂，顯然從孝女祠擴建至立碑的嘉靖、萬曆時期，地方上已有特定的陳姓社群被視為與陳孝女同源之族。

　　從之後陳氏女信仰的發展來看，正是魏校當年所謂"宗先生"的龍華陳氏宗族⑥，承擔了延續、發揚"孝女"之祀的任務。事實上，

書，頁13b—14a。

① 《（嘉靖）惠州府志》卷13《列女傳·梁·陳孝女》，頁33a。
② 《（嘉靖）惠州府志》卷13《列女傳·梁·陳孝女》，頁33a。
③ 〔明〕陳守鑑，《龍華孝女序》，載《博羅龍華陳孝女志》，頁14a。
④ 《（嘉靖）惠州府志》卷13《列女傳·梁·陳孝女》，頁33a。
⑤ 〔明〕翟宗魯，《增建孝女祠門宇記（碑）》。
⑥ 孝女祠之址即龍華寺舊址，為明清沙河沿岸地區的主要墟市——龍華墟所在。陳姓為龍華當地大姓，主要分布於龍華墟、龍華墟北面的塱里（按：或名"旭日"），以及塱里之北的石門樓。明清以來，上述這些坐落於沙河東岸的陳姓社區，號稱彼此為同宗共祖的陳氏枝葉，本書以"龍華陳氏"統稱這些陳姓住民。根據清咸豐四年（1854）塱里村《陳氏家譜》的說法，陳氏太始祖陳四十郎在南宋時由南雄珠璣巷石井頭播遷至博羅縣石門樓，元時四世祖陳伋傳五子達德、邦達、達才、達可、達萃分為五房。康熙十五年（1676），陳氏十三世祖陳詩由石門樓遷往旭日開居，並將此地命名為"塱里"。《（博羅龍華）陳氏家譜》（影印清咸豐四年〔1854〕鈔本），頁1—4、8—10、20—21。按："塱里"古名為"旭日"，陳氏在此開居後命名為"塱里"，地方亦俗稱為"塱里圍"、"龍華塱"。20世紀50年代土地改革時期更名為"五村"（按：當時石

當明代陳氏女信仰成為知識菁英關注的焦點時，號稱宋末由南雄珠璣巷播遷至博羅的陳氏，此時卻以不證自明的姿態，順理成章成為梁朝陳氏女的同族族裔，憑藉"裔孫"、宗親的身分，打破原本鄉里各姓"神戶"①組織共同管理昌福夫人祠的格局，總攬主理陳氏女祀事的權力。②值得一提的是，由於祀事主理權背後直接涉及祀田權利歸屬的問題，這些陳姓"宗先生"在包攬陳孝女祀事主導權的同時，也藉由維繫孝女之祀的理由，在地方上引發了競逐田土地利的爭端。

嘉靖三十五年（1556）《惠州府志》主要纂修者楊載鳴③，將陳孝女事蹟列為府志列女傳之首④，除了褒揚嘉靖朝伊始魏校的正名之舉，更進一步指出陳氏女故宅之地長期為地方豪族竊佔的現象："魏莊渠氏之正祠名偉矣，而故宅地方議復豪右奪而有之，將所謂秉彝好德者非耶？余故首之列女而因以告有司者，庶幾孝女之事益明白

門樓為"四村"、塱里為"五村"，龍華墟為"六村"），"文革"時又更名為"旭日"，現今"旭日"為標準地名，然當地仍有以"五村"稱之者。筆者，《陳○祥、陳○香（男）訪談紀錄》，2013年7月28日，於惠州市博羅縣龍華鎮旭日村；《陳○香（女）訪談紀錄》，2013年8月2日，於惠州市博羅縣龍華鎮龍華墟。

① "神戶"為環繞特定神祇信仰所形成的祭祀組織，通常由地方上數個村族所組成。參見《增建孝女祠碑》（明正德八年〔1513〕），載《博羅龍華陳孝女志》，頁15a。

② 根據正德年間增建祠宇的一則碑文，筆者推測，在昌福夫人祠於嘉靖初年被魏校改名為孝女祠之前，陳氏女的信仰是透過龍華地方不同村莊與氏族所組成的"神戶"組織所共同維繫的神廟祭祀傳統，祀事主導權並非由陳氏一族所專擅。試引碑文內容如下："本廟建經年久，風飄雨漂傾頹，七甲神戶同心卒備工料重修，又得善信、官吏人等捨施，共襄厥美，刻石勒名，以垂於後。"《增建孝女祠碑》（按：題名或為後來所加）（明正德八年〔1513〕），載《博羅龍華陳孝女志》，頁15a。

③ 楊載鳴，字虛卿，福建泰和人。明嘉靖十七年（1538）進士，嘉靖中任惠州推官，主修惠州府志，去任後轉南京吏部郎，擢四川僉事，轉廣東提學副使。後舉祀於惠州府名宦祠。《（同治）泰和縣志》（南京：江蘇古籍出版社，1996，影印清光緒四年〔1878〕周之鏞續修刻本）卷17《列傳·楊載鳴》，頁28b—29b；《（光緒）惠州府志》（臺北：新文豐出版公司，1985，影印清光緒七年〔1881〕刊本）卷29《人物·宦蹟上·楊載鳴》，頁22b。

④ 〔明〕李覺斯，《孝女傳》，載《博羅龍華陳孝女志》，頁2a—2b；《（嘉靖）惠州府志》卷13《列女傳·梁·陳孝女》，頁33a。

矣。"① 楊氏此番議論很快獲得惠州府與博羅縣官方的迴響。嘉靖三十七年至三十八年（1558—1559）之間，惠州府奉詔變賣廢寺觀田土，加上為了籌謀增築郡城工事款項，府、縣有司著手勘查各地僧田，此時龍華陳氏援引陳氏女生前請立父母祭田事蹟，向有司爭取其所謂自洪武以來被他姓"豪右巨猾"之族奪佔的祀田。關於這段孝女祀田"失而復得"的過程，嘉靖四十二年（1563）歸善人葉春及（1532—1595）在所著《復龍華陳孝女祀田記》中有詳細的記載：

> 孝女陳姓，父曰志，母曰李媼，世居博羅之沙河，蕭梁時人也。父母老無子，矢志不字，以養父母。（父母）卒，葬畢，請以其宅為龍華寺，以上下壆田玖拾壹畝為寺田，令僧主之，遂卒。大同二年（536），有司以聞，詔廣州刺史蕭譽祠祀之，表曰"孝女"，於是令僧世以其田祀孝女與父母焉，家乘辦歸田先後若以渧洒。……逮我高皇帝御宇，稽天下僧田，改命僧志净主其祀，蓋洪武十四年（1381）也。二十五年（1392），寺併於延慶，其後田亦歸於豪右巨猾矣。嘉靖三十七年（1558），大工興，鬻廢寺田，有司得上下壆田於豪猾之家，例當鬻，孝女裔孫陳君于宣會諸生葉萬達、楊崇勳輩，白於郡丞何公宗魯、邑令舒公顒，得留十五畝，於是孝女之祀遂以不廢。②

根據葉氏此記，龍華陳氏當時所主張的孝女故事大抵如下：梁朝陳氏女生前捨故宅之地為龍華寺，並捐獻九十一畝田地作為寺田。陳氏逝後，廣州刺史蕭譽以"孝女"之名表彰其孝親事蹟，並命龍華寺僧以

---

① 《（嘉靖）惠州府志》卷13《列女傳·梁·陳孝女》，頁33a。
② 〔明〕葉春及，《復龍華陳孝女祀田記》（明嘉靖四十二年〔1563〕），載《（乾隆）博羅縣志》（上海：上海書店，2003，影印清乾隆二十八年〔1763〕刻本）卷13《詞翰一·記》，頁45a—46a。按：有關明洪武十四年（1381）、二十五年（1392）以及嘉靖三十七年（1558）國家宗教政策如何影響地方祀田產權轉移，崇禎年間東莞李覺斯《孝女傳》一文有更加具體的說明，或可與葉春及《復祀田記》相互參照。〔明〕李覺斯，《孝女傳》，載《博羅龍華陳孝女志》，頁2a—2b。

這些田畝作為祭祀陳氏女及其雙親之用。到了明初,由於國家宗教政策的改變,特別是洪武二十四年(1391)朝廷詔令歸併天下寺院①,在州縣一寺一觀的原則下,龍華寺被歸併於羅浮山延慶寺,此番變革致使陳氏祀田為地方豪族趁勢侵佔。直到嘉靖三十七年惠州府與博羅縣官方聯手清查縣中僧田,陳氏宗人陳于宣藉機聯合地方生員向有司稟陳當年祀田被佔,導致孝女祀事弛廢情事,這才得以恢復部分祀田。②

龍華陳氏以維繫孝女之祀的理由,作為與所謂"豪猾之家"亦即其他地方勢力競逐田畝利益的策略,無疑是成功的。嘉靖四十五年(1566),此前一波三折以祀田名義爭取來的田產,又面臨來自"反詞謀奪者"的競爭,而這一回合的纏鬥,同樣因為有司的介入與支持而勝利,最終甚至使得孝女祠因此進入官方祀典,此前的紛擾終於"至是始明"。③到了萬曆三十一年(1603),陳氏進一步向有司呈請闢建龍華廢寺地為市:

> 萬曆癸卯年(1603),鄉民陳一敬等呈將廢弛寺場開一小市署縣事,縣丞徐炫給以帖文,許遞年抽取地租七錢修整廟宇。秉彝好德,今古同心,固如此哉。④

陳氏於萬曆年間議建的"小市"——龍華墟,到了盛清時期已然是博羅縣最大的墟市⑤,不僅如此,當時的孝女祠似乎還成了陳氏族人與鄉人藉之起會、積生利錢的信貸機構:

---

① 《(嘉靖)廣東通志初稿》(北京:書目文獻出版社,1988,影印明嘉靖刻本)卷3《政紀》,頁30a。
② 〔明〕葉春及,《復龍華陳孝女祀田記》,載《(乾隆)博羅縣志》卷13《詞翰一·記》,頁45b—46a。
③ 〔明〕李覺斯,《孝女傳》,載《博羅龍華陳孝女志》,頁2b。
④ 〔明〕李覺斯,《孝女傳》,載《博羅龍華陳孝女志》,頁2b。
⑤ 《(乾隆)博羅縣志》卷3《建置志·村約墟市》,頁17b。

梁表贈龍華孝姑，世祖公字德邵，諱志，世祖婆李氏淑人，世居沙河，乃朗（塱）里甲、新塘甲樓下村同一族人也。前朝萬曆丁巳年（四十五年〔1617〕），有朗（塱）里甲內曾祖直齋公諱儀宦成歸里，敬發誠心，自備磚石工料，鼎建世祖後殿。經今年久，風雨傾頹，難安孝姑之心。是以本家鄉老躊躇謀諸朗（塱）里甲闔族子弟，俱肯同心協助，并本家存積廟生爆會利錢一十四貫二百文湊助公費，擇吉復興重修，以繼前志。①

嘉靖以來對陳氏女之祀所進行的一連串"正名"、"修宇"與"復田"行動塵埃落定後②，龍華陳氏似乎成為了最主要的受益者。然而，不容忽略的關鍵在於，這些環繞陳氏女崇拜傳統大做文章的舉措，從一開始便是一場由官員、士紳和氏族團體聯手發動的文化與社會改革。易言之，這其實是一場試圖將在地土俗的神明崇拜傳統整編至新社會秩序的工程。從陳氏女傳說中的不字情節為論述出發點，魏校的正祠名與撤像立主之舉，試圖強化陳氏女終身孝養雙親、未事外姓的未嫁女兒身分，藉此淡化其信仰傳統中神異色彩濃厚的"昌福夫人"形象，除了要導正所謂"神異之說興而孝女之名漸晦"③、"鬼道勝則人道危"④等無益風化的鄉間巫俗，更重要的目的，或許是將原本為佛寺僧院或類似"神戶"這樣以民間信俗為核心的組織所承攬的文化與經濟資源，移轉至新興的、符合國家正統意識形態的社會建

---

① 〔清〕陳世斌，《重建龍華世祖後堂記》（清康熙三十四年〔1695〕），載《博羅龍華陳孝女志》，頁16a。按：這段文字另一個值得注意的訊息是，到了盛清時期，陳孝女傳說中的孝女之父（陳志）、母（李氏），透過孝女祠"世祖後殿"的興建，正式被標舉為龍華陳氏的始祖。與此相互呼應的是墓祭的實踐。每年重陽舉族致祭陳志與李氏的墓地，迄今仍然是龍華陳氏年度例行的重要活動。筆者，《陳○祥、陳○香（男）訪談紀錄》，2013年7月28日，於惠州市博羅縣龍華鎮旭日村。

② 〔明〕顏容舒，《龍華陳孝女集敘》（明隆慶四年〔1570〕），載《博羅龍華陳孝女志》，頁11a—11b。

③ 《（嘉靖）惠州府志》卷13《列女傳·梁·陳孝女》，頁33a。

④ 《（嘉靖）惠州府志》卷13《列女傳·梁·陳孝女》，頁33a。

制——宗族。①當陳氏女由女神"昌福夫人"正名為"陳孝女",其祀事傳統的維繫亦由僧人或民間尸祝變成宗族話事人"宗先生"的責任時,以祀事之名所衍伸的文化象徵資源、社會與經濟利益,也就隨之成為與皇朝權威合謀的特定宗族勢力專擅的資產。

然而即便如此,這場試圖將地方古老的信仰傳統歸併整合至宗族建制的工程仍然未竟全功,主理祀事的權力與利益雖然從神廟、地方"神戶"組織轉移至宗族之手,但是最初士大夫藉整頓民間信仰活動以移風易俗的目的,最終卻也只完成了一半,成為"鬼道"與"人道"之風相互助長、神廟祭祀與宗族祭祀傳統雙軌並行的局面。葉春及寫下《復龍華陳孝女祀田記》一年後,嘉靖四十三年(1564),來自廣東省與惠州府的上級官員以及博羅出身的官員、士紳並龍華陳氏族人,共同在孝女祠中立起了一塊《博羅陳孝女碑》,碑文主筆者是福建莆田籍的廣東按察司僉事翁夢鯉。翁氏在碑文中整合了歷來有關陳氏女事蹟的說法,並對嘉靖初期以來士大夫極力強化其信仰中有關人倫孝悌之義,卻刻意忽視、貶抑神異靈應之力的極端作法,如嘉靖初的撤像之舉,提出深刻的反省:

> 夫天下之生久矣……於垂芳史冊、聲稱來世者中,又復為神,能造福於民、廟食不墜者,蓋又不啻數萬人一人也,況女子乎。梁陳孝女者,博羅沙河人也,矢志不字。其父卒,既葬,女以無他兄弟,遂誓地籲天,請捨其宅建龍華寺,以田為祀田,令僧世主祀事,既而曰:"先人有常祀,子分畢矣,即死正首邱無憾。"年三十有二,端坐而逝。大同二年(536),郡以孝聞,詔廣州刺史河東王蕭譽立祠祀之,表曰"孝女"。凡以水旱疾疫,禱者輒應。南漢建國,封為"昌福夫人"。宋淳祐間加"孝

---

① 有學者指出,明中葉珠三角的禁毀行動,其目的並非僅是打擊"淫祠"背後的民間神靈信仰,最重要的目標是透過剝奪寺院的田產,以削弱珠三角歷來根基深厚的佛教勢力。參任建敏,〈明中葉廣東禁毀淫祠寺觀與寺田處理〉,《新史學》卷26期4(2015年12月),頁79—126。

誠英烈龍華感應"八字。君子以孝女也,既正其名矣,又謂"自神異之說興而孝女之名漸晦",至於禱雨有應,削而不書。豈知至性因心,天經地義,孝弟(悌)之至,通於神明。娥皇女英,型於宜家,克諧以孝,至於今為湘夫人,精爽如在。夫生而為孝,死而為神,亦理之常,無足怪者。陳氏女蓋以孝神者也,其水旱疾疫,禱輒有應,庸非所謂造化者藉之以神變化立人極耶?且龍華其宅,祀田其田,孝女志也,彼誠謂親既無後,□□(所可)綿祀事者,惟藉像教力耳,觀其臨終之言可知矣。……祀田之存,自梁距今閱千餘歲,未必非龍華神異力也。不然,何自塑像之撤,而故宅地幾遂奪於豪右耶?故生而能孝,死能驚動禍福之以存其祀,陳氏女可謂神也矣。逮鄉示之毀[1],而神之祠獨以孝存;寺田之廢[2],而神之田又獨以孝存。有司者使族人弟子主之,綿延靡絕。□□□□□(則孝之感格),誠將與天地相終始者也。是故隆其神而掩其孝,則尚鬼者皆奔走之;旌其孝而不著其神,則嗜利之徒將兼并焉。故曰:"陳孝女以孝神者也。"庠生陳于宣請文於石。……陳氏圓之存父祀[3],既為神而不朽矣。[4]

翁氏基本認為,陳氏女以"昌福夫人"之姿而凸顯的神異之說,以及其"孝女"身分所揭揚的孝親之德,兩者其實並不互相衝突;千年的孝女之祀要能繼續綿延必須依賴兩者相輔相成,任何一方的偏廢皆不利於這個信仰的發展,也不符合陳氏女"神"、"孝"兼備的完整面貌。

---

[1] 指明代嘉靖元年(1522)魏校的毀淫祠行動。
[2] 指明代洪武二十四年(1391)將龍華寺歸併為延慶叢林、寺產歸公之事。
[3] 地方相傳"妙圓"為陳氏女之名。
[4] 〔明〕翁夢鯉,《博羅陳孝女碑(碑)》(明嘉靖四十三年〔1564〕),惠州市博羅縣龍華陳孝女祠藏。按:缺佚字據《博羅龍華陳孝女志》收錄《博羅陳孝女碑序》對校之。《博羅龍華陳孝女志》,頁6a—7b。

小　結

　　清代咸豐、同治時期開始，增江沿岸的何姓宗族社區之間興起了一陣崇祀何仙姑的風潮。宋代以來在增城縣城鳳凰山下承享士庶香火、為歷代文人雅士津津言之的羅浮山何女仙，自此走出城門，在水泊山邊的鄉間中有了諸多分身與"設俎燎柏之地"①。在敬奉何仙姑的何姓村族居民眼中，仙姑既是久負盛名的增城女神，也是一心向道修仙、拒絕婚嫁的何家女兒，更是以仙姑後人自詡的他們口中呼念的"何仙祖姑"、"仙姑婆"／"仙姑婆太"。

　　女仙、女兒、祖姑三種身分在晚清共同交織出增城"何仙姑"身影。透過共同敬拜這位"仙姑婆"，所有在村落中立有何仙姑祠廟的何姓社區，其成員都成為縣城鳳凰山何女仙的遠派裔孫。不同來歷的眾家何姓跨越了宗派、村落、方言群的分割界綫，據此形成了非宗族形態的跨地域與跨宗族的同姓村落聯盟，在象徵意義上聯袂成為所謂"仙姑之族"中的何家"兄弟"。本章旨在探討，是什麽樣的文化傳統與機制，使得何仙姑這三種身分在增江何姓社區中的疊合成為可能。

　　在向來以嶺南"仙靈奧區"自視的增江地區②，姓氏團體將地方傳說中的仙異人物列入家族或氏族祖先行列，據以建立如石灘單氏所謂"神仙家傳"之族的身分標誌，這種以神仙之說論述社群之源的歷史敘事模式，是當地姓氏社區常見的作法。以何仙姑族裔標誌族群身分的作法，不僅是增城當地某些何姓社區信手拈來的話語資源，也是外來文化菁英理解與想像他們的重要憑藉。然而，明代嘉靖時期以

---

①〔明〕謝士章，《拓建何仙姑祠記》，載《（康熙）增城縣志》卷14《外志·寺觀·會仙觀》，頁17b—18a。

②〔清〕單私淑，《仁翁家太公暨淑配麥氏太母七十加一雙壽序》，載《嶺南單氏族譜》卷3《藝文紀》，頁35a。

來，以"貴某郎之裔"的說法定源分派，逐漸成為增城諸多何姓社區在建構宗族過程中溯祖追源、確認己族身分的主要論述範式。相較之下，早期"仙姑之後"的說法成為宗族正統歷史敘事下的潛流，直到清代咸同之際才又浮上檯面，作為在地何姓勢力重新組織與合眾彼此所倚用的身分話語。

何仙姑能以素來鮮明的抗婚未嫁女之姿，堂而皇之被迎入眾多何姓社區的祠廟與神宇神龕之上，明顯有違於一般人對於近世以來華南宗族處理女性受祀問題的理解與想像。[1]實際上，在明中葉之前的泛珠三角地區，未嫁無嗣的女性作為個別家族認可的獨立受祀對象，世代承享兄弟或子姪後人的粢盛之奉，這樣的實踐並不少見。然而，在明中葉以降風行草偃的造作宗族潮流中，此類型的女性角色在宗族文化的語境裡，往往被模式化為綿延或光大宗祀傳承有功的先代祖姑形象，原本以未嫁女性為核心的地方崇拜傳統，也被進一步正當化為符合宗族禮制的祭祀祖姑傳統。無論是宋代南海的鄧六娘、番禺的陳圭姐，元代龍門的何小姑、番禺的黎道娘，還是明代龍門的劉六姐、增城的陳二妹（陳司綵），到了宗族制度發展已臻成熟的清代，這些向來為在地社區所熟知的女性角色及其終身不婚的傳說敘事，憑藉著興榮家業有功的宗族未嫁祖姑形象，名正言順成為宗族社區與地方社會歷史記憶的一部分。以上這些"祖姑"留予後人憑弔稱頌的事蹟，共同說明了泛珠三角祖姑崇拜現象的存在與由來。其中，增城沙村陳司

---

[1] Arthur P. Wolf, "Gods, Ghosts, and Ancestors," pp. 131–182; Jack M. Potter, "Cantonese Shamanism," in Arthur P. Wolf, ed., *Religion and Ritual in Chinese Society* (Stanford: Stanford University Press, 1974), p. 216; James L. Watson, "Agnates and Outsiders: Adoption in a Chinese Lineage," *Man*, New Series, 10: 2 (June 1975), pp. 293–306; Rubie S. Watson, "Class Differences and Affinal Relations in South China," *Man*, New Series, 16: 4 (December 1981), pp. 593–615; James L. Watson, "Of Flesh and Bones: The Management of Death Pollution in Cantonese Society," in Maurice Bloch and Jonathan Parry, eds., *Death and the Regeneration of Life* (Cambridge: Cambridge University Press, 1982), pp. 172–174, 178–179; Rubie S. Watson, "The Named and the Nameless: Gender and Person in Chinese Society," *American Ethnologist* 13: 4 (June 1986), pp. 619–631. 相關討論另參見筆者，《何仙姑與七郎婆：廣東何氏宗族的女性祖先崇拜與歷史敘事》，頁127—183。

綵的故事，尤其清楚演示了上述崇拜傳統的發展過程：姓氏團體祭祀有功德遺家的女性先人，在明中葉之前原本是稀鬆平常的實踐，如新墩、西洲與烏崗陳氏各自於家祠供奉陳司綵神主，具體呈現了粵地土俗傳統中女兒在原生家庭的特殊地位以及與此相應的祭俗。但是從明代嘉萬時期開始，由於同姓社區間聯宗合族、建立大宗之祀的需要，加上以女性為中心的祭祀傳統，與嘉靖大禮議以來士大夫亟力標舉的宗族禮制有所扞格，陳司綵之祀於是在沙村陳氏宗族頭人的刻意整頓下，轉化為祔祀其父的形式。

何仙姑與上述泛珠三角祖姑之祀的故事與實踐，背後都呈現了粵地女性崇拜在土俗傳統與明中葉後正統宗族禮制兩者間相互折衝與對話的過程。無論是神話中抗拒婚嫁的女性神異人物，還是家族宗門內未適予外姓的女兒，這種特殊的性別角色在兩造傳統中的曖昧與游移，賦予行動者在整建宗族秩序或鋪排社區交往關係時更多的靈感來源與彈性。往昔許多論者所謂，未婚無嗣的女子由於不能透過婚姻歸於正常祭祀秩序之中，所以是父系繼嗣原則支撐的社會秩序潛在的干擾或威脅。[①]本書藉由泛珠三角的女神何仙姑與祖姑崇拜的例子說明，在威脅之外，也存在益助甚至強化這種社會秩序的穩定力量。女性是污穢抑或聖潔的象徵、是在社會的邊緣或中心得到安頓，端看社區在不同歷史情境下的選擇、操作與實踐。

最後，博羅陳孝女的故事很容易讓我們回想起增城何仙姑信仰

---

① 一般而言，女性若未婚嫁，則無以在身後享有符合宗祧禮制的香火祭祀；然而，即使進入婚姻，她們仍是依傍於夫家世系的外姓，為兩邊不到岸的"外人／外來人"和"無名者"。女性游移在兩方嗣系間的不確定位置，使其常被視為家庭或社區潛在的污染與威脅，其中尤以未嫁女性為甚。Arthur P. Wolf, "Gods, Ghosts, and Ancestors," pp. 131–182; Jack M. Potter, "Cantonese Shamanism," p. 216; James L. Watson, "Agnates and Outsiders: Adoption in a Chinese Lineage," pp. 293–306; Rubie S. Watson, "Class Differences and Affinal Relations in South China," pp. 593–615; Rubie S. Watson, "The Named and the Nameless: Gender and Person in Chinese Society," pp. 619–631; Emily M. Ahern, "The Power and Pollution of Chinese Women," in Arthur P. Wolf, ed., *Studies in Chinese Society* (Stanford: Stanford University Press, 1978), pp. 193–214.

從宋元至晚清的演變歷程。從神異色彩濃厚的羅浮山女神"昌福夫人",到家族、宗族矢志不嫁的女兒,最後成為沙河地方特定宗族口中"孝"(孝行)、"神"(神異力)兼備的"姑婆嬢",在在都令人聯想到何仙姑這一路的經歷:一位遠代文獻中模糊出場的羅浮山女異人,在宋明時期被賦予邑人之女的身分、抗婚情節,以及以此為核心所展演的四方靈應傳說,成為名聲昭顯的增邑女神,直迄近代又成為增江沿岸何姓社區的"何仙祖姑"、"仙姑婆"、"仙姑婆太"。陳孝女與何仙姑信仰的羅浮山洞天文化淵源,圍繞其未嫁女形象所增衍的不字之貞與孝親品格,是兩者在明清時期宗族建制的脈絡下,為特定宗族社區納入祖堂香火承祀對象的主要理由。然而,陳孝女不只是陳家的"姑婆嬢",更是博羅全邑士庶"談靈禱奇應事"時奔走相告的"龍華昌福夫人"[①],而何仙姑也不只是何家的"仙姑婆"、"仙姑婆太",同時也是增城人眼中"施丹救世其功甚廣"[②]的"何仙姑菩薩"。在嶺南著名的仙靈悠集之地,古老傳說中的羅浮女神以不字女流之姿,逡巡於宗族家廟與社區神宇之間,享祀千秋香火,在不同的身分與形象轉換之間,是斯土斯民累代的承繼和更新不間斷地燃薪點火,驅動著女性崇拜傳統持續向未竟終點延展與流變。

---

① 〔明〕盧縉,《敘陳孝女集》(明隆慶二年〔1568〕),載《博羅龍華陳孝女志》,頁10a。

② 〔清〕何永劭、周世賢、尹天祐,《玉龍扶體(圖)》(清光緒二十六年〔1900〕),增城小樓鎮小樓墟何仙姑家廟藏。

結　論

　　明清以來諸多文獻標誌為"八仙"唯一女仙——"何仙姑"故里的廣州府增城縣，其本地的何仙姑信仰淵源於中古以來中原史家書寫嶺南風物的文本傳統和道教的洞天福地思想。何仙姑本為一位在南粵宗教聖境——羅浮山羽化的神話人物，宋元以降，以其為核心的傳說話語和廟祀傳統，在增城縣城的菁英文化圈中歷經將近千年的在地化"下山"過程，不過其信仰版圖卻是直到清代咸豐、同治時期才初次"出城"，獲得扎根增江流域鄉土社會的契機。宋至明末，遠代文獻中模糊出場的神異人物何氏女，以"何仙姑"之名在地方官員與文士層層累加的傳說話語下，逐漸被賦予豐實的"在地"形象與血肉，緩步晉身為表徵地方意識和施行教化的神聖象徵。然而，就廟祀傳統的建立與具體影響而言，其信仰圈在清中葉前始終僅止於相傳為何氏故居所在的增城縣城。何仙姑信仰歷來不出縣城的現象，直到清咸豐四年（1854）兩廣甲寅之變後出現關鍵性轉折：咸豐末年至同治初期，增江沿岸各大何姓宗族聚落相繼成立專祀何仙姑的祠廟，何仙姑憑藉雜糅女神與祖姑雙重形象的"仙姑婆"身分，進入何姓村族的家廟與神廟祭祀體系，成為不同宗派的何姓社區在地方權力格局重構時期共組同姓村際聯盟的象徵資源，其崇拜傳統自此邁出邑城，成為十九世紀中葉後進一步擴散至增江流域全境，甚且是泛珠三角和海外南洋地區的開端。

　　爬梳增江流域何仙姑崇拜傳統自近世以降從"下山"到"出城"的長時段演變，本書所試圖展示的，是嶺南增城何氏女在不同歷史情境下漸步走入增江沿岸墟里人烟之中，為各色人群編織與裰合神聖之名的千年"裰織仙名"歷程。這個過程所揭示的主要意義有三：

其一，最初是中原文士筆下"閬苑無蹤跡"的嶺南邊地遁世仙異，明清之世在外來與本地菁英共同創作的傳說話語下，晉身為所謂"仙名琅琅"、"威靈赫濯"的一邑代表神祇，時迄晚清，又進一步成為增江城鄉一眾何姓村族專立祠廟崇祀的先代祖姑，何仙姑形象、身分與角色在增江地區的長時段演變，具體揭示了一方之神的靈聖名跡，除了植根並發皇於特定的地域社會之中，為社區生活的展延、地方歷史敘事的不斷更新以及敬拜人群持續選擇與操作的結果，亦是鄉土邊界內外經緯相錯的文化傳統、社會制度、政治經濟情勢相互建構的動態歷史過程。

其二，服餌雲母於羅浮山飛昇的女性異人，增城邑人何泰抗婚的女兒、保境安民的粵土女神，增江諸多何姓村族相偕敬拜的"仙姑婆"，何仙姑的女仙、女兒與祖姑等形象在晚清增江地方宗族社會中的疊合，除了是中古羅浮洞天敘事、中國本土神仙信仰、儒教國家意識形態與泛珠三角土俗特有之性別文化的融合結果，亦揭櫫了一個事實，即：女性究竟是損害抑或蔭佑社區的力量，是在社會的邊緣徘徊或是在中心得到安頓，主要取決於社區對於女性角色與象徵意義不斷更新的創造、理解與操作。

其三，對於地方社會而言，千載歲月中以"何仙姑"之名相繼為城鄉士庶敬拜的對象，並非"同一"（one-and-the-same）而是"共同"（commonly-shared）的神明。在增江沿岸社會，承載著豐厚歷史文化積澱的何仙姑，體現了神祇形象的多面性與地方信仰話語的開放性，為不同處境下的行動者提供了豐富多元的象徵資源。另一方面，以何仙姑為核心所形成的傳說敘事與廟祀實踐傳統，自近世以來未曾中斷，在立場、動機相異的行動者之間，鋪陳了一個可供彼此相互協商與互動的對話基礎。

"地方"之神：地域社會之內與之外

增江何仙姑崇拜傳統的發展說明，一方之神的靈聖名跡，除了植根並展演於特定地理範圍內的社會之中，為各色人群在此間拓蕪興荒、聚合與爭競的地域開發史縮影，同時還是鄉土邊界內外紛陳的政治、社會、文化勢力相互激盪和構造出來的產物。本書第一與第二章指出，早期羅浮洞天神話下的何氏女形象，淵源於中原史家對於南荒邊地的想像與書寫。何仙姑"下山"——即其傳說敘事與廟祀傳統的在地化歷程，具體發端於宋元之際，呼應了以增城縣城為中心的增江中游地區"在宋紹熙已日趨於盛"的開發進程。宋元至明初，聚焦鳳凰山會仙觀仙姑祠與仙姑井而演繹的傳說情節，構成後世增城何仙姑神話敘事的"底本故事"。可以這麼說，增城本地的何仙姑崇拜傳統，實際上是隨著增江中游沿岸地區的陸續開發而逐步開展。

明代是增城何仙姑信仰在文本層次上循序發展最終臻至完熟的關鍵時期。從明初洪武年間孟士穎、孫賁增衍的井陘遺履情節，到萬曆時期劉繼文、李得陽標舉的威靈顯應面貌，最後於明末兩任縣令謝士章、陸清源之手，何仙姑被賦予了貞潔與忠孝的形象。在明代三波宣揚何仙姑信仰的風潮中，客寓增城的文士、官員，甚至是未親自踏足當地的封疆大吏，這些外來的政治與文化菁英對於何仙姑信仰的在地化，扮演了推波助瀾甚至主導性的角色。明初第一波對於前代何仙姑傳說的承繼與重塑，是地方社會在鼎革之際重建新秩序的嘗試。在新、舊政權的地方代表（皆是外來者）聯手打造下，古老的神話人物成為可藉之兜攏本地與外來菁英社群、調和新舊政治與社會勢力的神聖符號。在萬曆前期的第二波創作中，何仙姑一改歷來屏謝塵囂的仙人形象，蛻變為心繫鄉土、保境安民的粵土靈應女神。此一階段的形象改造，一方面是本地傳說話語與跨地域宗教信俗傳統如八仙信仰、扶箕占卜之術等相互匯合的結果，同時也巧妙地回應了儒教國家對於民間神靈信仰理應徵驗於民、貽惠桑梓才得存續的主張。外地官員的渲染與宣傳促成了上述的變化，然而觸發此番創作的根源，一是朝廷粵西海域軍事行動的餘波，另外則是官員自謂"聞道入機"的個人生涯偶發事件，兩者實際上皆與增城本地社會無涉，卻共同促成了仙姑仙名的四方遠揚。明末萬曆、崇禎時期，在前後兩任父母官主導的第三波創作中，歷來神異色彩濃厚的何仙姑崇拜傳統，被賦予了更為明確的教化內涵。藉由對其邑人之女身分與所謂"芳潔"品格的強調，此時的何仙姑被模塑為增邑女教典範。歷來從未被國家列於正祀對象的女神仙，自此晉身為能與邑中先賢崔與之、湛若水相提並論的增城象徵。

有清一代，文本層次上的何仙姑故事未再出現新主題，然而，宋明以來在縣城菁英文化圈中"仙名琅琅"的何仙姑，卻於咸豐四年（甲寅年）順德人何六佔領增城事件後首次"出城"——以其為核心的崇拜傳統，在增城縣城之外的增江沿岸地區新增了多處實踐與傳播的廟祀據點，從此增江地區一般民眾所謂"拜何仙姑的地方"，不再只是會仙觀仙姑祠一枝獨秀。從咸豐四年直到同治初期，綏靖與造反兩股勢力的傾軋，撼動了增城地方社會的權力版圖。在官紳團練集團主導的清鄉肅反行動中，向來代表增城主流菁英文化的何仙姑，成為何姓社區特意援以保衛家園的象徵資源。在甲寅大亂之後的地方秩序重構時期，以仙姑之名建立於各大何姓聚落的崇拜中心，無論是宗族宗廟、社區神廟還是二者兼之，其多元的形態與性質，在在呼應了何仙姑在當地居民心中所具有的多重身分與意義。對於建有何仙姑祠廟的何姓社區而言，以未嫁"芳潔"之身成神的仙姑，一方面是從縣城迎來的尊貴"菩薩"，歷代士大夫與地方顯族肯定其赫赫神威能保鄉里之安靖；另一方面，仙姑的姓氏符號以及宗族語言所擬制的"姑婆"、"姑婆太"新身分，進一步強化或賦予這些何氏同為"仙姑之族"的認同：在相同譜系的聯合宗族（如七郎裔何氏）內部，發揮了重新編整和鞏固旗下諸房支的作用；在不同譜系的宗族勢力之間，創造了凝聚同姓勢力的互助聯盟機制和身分話語。

"出城"後的"何仙姑菩薩"在宗族制度語境下，成為增城眾多何姓社區以祠廟崇奉的先代祖姑。崇祀兼具神明與祖姑雙重身分的何仙姑——"何仙祖姑"、"仙姑婆"，是以貴七郎裔何氏為首的何姓村族，直到晚清才實踐出來的"新"傳統，反映了地方社區有意識地揀擇、挪用與改造既有的地域文化和信仰傳統，藉以回應十九世紀中葉蔓延兩廣的政治社會事件——甲寅之變的文化策略，同時也是兩套標誌社群身分的歷史敘事傳統在近代以來交會與融合的結果。增城何姓社區在明清時期存在兩套論述社群歷史淵源與祖先來歷的話語範式。其一，地方神明信仰傳統下的神話敘事：透過明中葉前就已存在的"仙姑之後"說法，當地何姓宣稱自己為唐代女仙何仙姑之族裔。其二，明清宗族話語下的宗源論述：明中葉後何氏"三鳳十郎"祖先傳說盛行於泛珠三角何姓社區間，諸多何姓勢力倚用一套共通的祖源傳說架構，創作各式何氏十兄弟南遷故事，據此編製譜系、構造宗族，作為彼此辨源分派的依據。具體言之，第一套以（何）仙姑之族標誌人群的敘事範式，其影響力在明中葉以後增城各大何姓社區構建宗族的過程中，不敵當時泛珠三角勢盛的"三鳳十郎"話語，退居社群溯祖追源的主流歷史論述之外。然而，當增江何姓社區相繼以"貴某郎之裔"為名的聯宗合族工程於清中葉大致底定後，由於咸豐四年何六事件的影響，早期地方神仙敘事傳統下的"仙姑之後"身分，在此時透過廟祀傳統的建立以及宗族語言的轉化，又重新成為眾多增城何姓社區競相擁抱的身分認同與社群象徵。

　　咸同之際何仙姑"出城"，以何仙姑崇拜為主軸的廟祀版圖由縣城擴展至增江沿岸墟里，此番突破性的發展，是增江地區大小何姓地方勢力在甲寅年何六事件的困局中，層層"模作他者"，試圖凝聚社群認同與更新我群邊界的文化操作結果。綜合本書第三與第四章的分析可知，作為近代"城外"何仙姑廟祀傳統的主要奠立與實踐者，無論是七郎裔聯合宗族中的小樓、坊都、龍潭埔何氏，還是譜系上非屬七郎裔系統的亭子岡、南壆、白江何氏等，這些何姓社區彼此無論在聚落分布位置、發展歷史，還是在宗族房派分劃、組織規模以及方言群體歸屬（"本地"、"客裔"）等層面，或多或少存在著無法輕易弭平的差異。然而，各支來歷互異的何姓社區藉由共同"拜仙姑"的實踐，諸如仿效縣城會仙觀仙姑祠形制興築的祠廟，以及操作身為仙姑後人的身分話語，一則公開展示了地方社區對於縣城主流文化傳統和官紳團練集團的服膺和扈從姿態，二則創造了合聚同姓勢力、締結村落誼好互助聯盟的契機。村落中立廟崇祀何仙姑的行動以及強調己族為何仙姑後人的說法，打破原本存在於村族間的鄉里地域分割、"土""客"族群界綫以及宗族房派藩籬，將原本各據一方的何姓勢力聯結在一起。透過相偕敬拜何仙姑這位"何仙祖姑"、"仙姑婆"，咸同之後，所有在村落中立有祠廟祭祀何仙姑的何姓社區，在象徵的意義上都成為了"何仙姑菩薩"的裔孫，而在實際的社會交往層次上更成為聲息相通與互為屏障的兄弟村。在晚清何仙姑"出城"的過程中，唐代飛昇的何氏女又再一次出場，成為兜合地方社會紛歧與構建新秩序的神聖象徵，如同她／祂在宋元明"下山"時曾經扮演過的角色。

婦女何在：悖離、歸順與超越之間

唐代有神仙之術的廣東增城何氏女，因服食雲母而得道於嶺南著名的仙靈悠集聖境和道教十大洞天之一的羅浮山——這是增城何仙姑在文獻中最初的身影。明中葉後以迄晚清，在跨地域的宗教、文化傳統中，何仙姑是士庶婦孺皆知的八洞神仙中的唯一女性成員；在增城當地，她／祂則是出身於該邑何姓人家，並以不字之貞成仙的"仙姑娘"和威靈顯赫的"何仙姑菩薩"，甚至成為諸多何姓宗族敬奉的"仙姑婆"、"仙姑婆太"。一名遠代的女性仙異人物倚憑近世以來始終鮮明的抗婚拒嫁形象，不僅躋身於一邑聖壇名流之列，與南宋南海郡開國公崔與之、明代理學大儒湛若水相互齊名、各擅其場，更被堂然迎入增江沿岸各大何姓村族專立的祠廟之中，四時承享這些來歷各異但卻皆以其"遠派裔孫"自謂的何姓社區的粢盛之供——上述場景出現處是中華帝國晚期華南的泛珠江三角洲地區，一個所謂缺乏強而有力的本土女神而由外來的佛教神祇轉化為女身以填補女神信仰中空的儒教文明傳統①，一個所謂宗廟（祖先崇拜）與神廟（神明信仰）系統涇渭分明的宗族社會②，一個歷來論者皆謂父系宗祧制度強勢主宰社會資源分配秩序，因此女性只能順服或造反的社會結構。③

何仙姑信仰與增江地方社會相互建構的歷史發展，提供了一個立體而豐滿的例子，使我們得以在兼具地方視野與歷史縱深的立足點上，重新思考女性在中國社會扮演的角色和意義。在近世以來的仙傳敘事中，女性神話人物抗拒婚嫁、矢志追求宗教理想的行動，往往被描述為女子超凡脫俗、成神入聖的重要途徑。矛盾的是，拒絕走入婚姻制度，雖然向來是中國宗教傳統認可的女性尋求超越之路，卻也常被認為具有扞格社會體制的潛在危險，主要原因在於，循此途徑實踐宗教超越的單身女性形象，並不符合社會對於女性角色強調"有所歸"的理想期待。然而，在中華帝國晚期宗族制度發展已臻完熟的泛珠三角地域社會，傳說以未嫁身分離世成神的何仙姑，竟得以名正言順登上眾多何姓村族的家廟與神廟神龕，這個現象有助於我們思索歷來中國女性神祇崇拜傳統中醒目的抗婚、不婚主題，並且提供一個很好的切入點，觀察宗教觀念與社會制度、地方傳統如何碰撞與相互滲透。

本書第四章指出，清代咸同之際增江沿岸鄉間興起的何仙姑崇拜風潮，實為當地何姓社區合聚同姓勢力、締結村際誼好互助關係，藉以回應何六事件衝擊的文化策略。何仙姑的性別角色在宗族話語的操作

---

① Chün-fang Yü, *Kuan-yin: The Chinese Transformation of Avalokiteśvara*, pp. 407–448, esp. pp. 412–413.

② 科大衛、劉志偉，《宗族與地方社會的國家認同——明清華南地區宗族發展的意識形態基礎》，頁3—14；David Faure, *Emperor and Ancestor: State and Lineage in South China*.

③ 相關討論參見緒論第三節。

下，於原本的神祇形象之外，被具體賦予了未適予外姓的宗族女兒身分，是以何姓村落中的"何仙姑菩薩"之祀，在宗族祖先崇拜的意義下，同時也是祖姑之祀。同為仙姑後人的主張以及相繼立廟崇祀仙姑的行動，超越了何姓社區間既有的宗派、村落、方言群等藩籬，形成了非宗族形態的跨地域與跨宗族的同姓村落聯盟。咸同之後，縱使彼此分布於不同村里和隸屬於不同宗族房派，所有在社區中擁有何仙姑祠廟的何姓村族，在象徵意義上都成為增城縣城鳳凰山何女仙的"裔孫"、"姪孫"，分享一種同屬仙姑之族的"兄弟"身分認同。①

在晚清"出城"的過程中，何仙姑之所以能由拒婚的何泰之女，成為增城何姓社區舉族崇祀的祖姑婆，如第四章所言，是各據一方的何姓社區層層"模作他者"的結果。不過，透過第五章有關泛珠三角未婚女性崇拜傳統諸多事例，我們可以進一步得知，"出城"這個現象背後所呈現的，是泛珠三角地區不同於正統"中原文化"的土俗傳統底蘊，以及這套由來已久的地域傳統在明清新形態的社會制度與宗族禮儀下的融合過程。要言之，泛珠三角土俗傳統本有崇祀家族或社區未婚女性的祭俗，明清以來，廣府南海、番禺、增城、龍門等地諸多地方村族相繼加入構建宗族的行列，同時也在合乎宗族禮制的規範下，承繼了早期的未嫁女崇拜傳統，據此發展出各式祭祀宗族先代祖姑的實踐。在祖姑崇拜的地域文化傳統中，何仙姑抗婚傳說所暗示的未嫁女兒角色，使得何姓社區得以在宗族語境下，將本為仙神形象的何仙姑轉化為宗門前代未嫁女性成員——祖姑的身分。如此一來，村

---

① 這些村落當中的某些何姓報導人甚至認為，在增城，只要是何姓村落，就一定設有何仙姑廟："姓何的（村落）都有何仙姑廟……這些（指有仙姑廟的何姓宗族聚落）都是'兄弟'。"事實上，並非所有增城何姓社區皆有崇拜何仙姑的傳統，例如位於增城南端與東莞、番禺接壤處的沙頭、仙村何氏，就不存在專立祠廟祭祀何仙姑的傳統。值得注意的是，沙頭、仙村何氏和前述存在仙姑之祀傳統的小樓、龍潭埔、亭子岡、南壆等何氏宗族，彼此之間的社會交往並不密切，非所謂的"兄弟"關係。這個現象其實從反面說明，存在於特定何姓村落間的何仙姑崇拜傳統，的確是這些村族營造"兄弟"關係的重要憑藉。筆者，《何〇仲、何〇威田野訪談》，2010年12月28日，於增城石灘鎮沙隴村。

落中的"何仙姑菩薩"之祀在宗族祖先崇拜的意義下,同時也是祖姑之祀。何仙姑遂以結合了"菩薩"(神明)與"姑婆"(祖先)雙重形象的"仙姑婆"、"何仙祖姑"身分,堂而皇之進入宗族社會的祭祀體系中。

綜合分析泛珠三角各地的祖姑與女神崇拜之例,本書指出,在華南社會長時段演進歷史中,何仙姑與其他祖姑之祀的故事與實踐,在在反映了粵地女性崇拜在土俗傳統與明中葉後正統宗族禮制兩者間相互折衝與對話的過程。無論是傳說中未歷婚嫁的遠代女性神異人物,如盧眉娘、陳孝女,還是譜牒方志描繪如生的撐家扶族之功未遜男子的各姓"姑"、"娘"、"姐"、"妹",這些與何仙姑相似的女性形象——無/不入尋常婚配之途的單身女性,其特殊的性別角色在兩造傳統中的曖昧與游移,賦予現世行動者豐富的文化資本與彈性,使其無論是建構社群認同、調整地方權力關係,還是追尋個體安身立命之道[①],都能信手拈來、遊刃有餘。

中華帝國晚期,在宗族制度發展最成熟的泛珠三角地區,何仙姑以"仙姑婆"身分進入宗族祠堂與社區神廟享祀香火的現象,提供我們另一個在"標準化"範式之外的思考角度,去看待祖先崇拜與神明信仰系統如何編排地方政治與文化秩序的問題。不僅如此,本書也藉此進行一種從地域社會發展脈絡出發的性別史研究嘗試,反思既往中國女神研究成果。往昔許多論者所謂,未婚無嗣的女子由於不能透過婚姻歸於正常家戶與宗族祭祀秩序之中,所以是父系繼嗣原則支撐的社會秩序潛在的污染或威脅。本書藉由增城何氏女"裌織仙名"的歷程說明,在威脅破壞之外,此般未入婚嫁的單身女性形象,也可以成為益助、強化甚或重建社會秩序的穩定力量。女性是污穢抑或聖潔的象徵、是在社會的邊緣或中心得到安頓,端看社區在多元歷史情境下的選擇、操作與實踐。

[①] 例如,清中葉後在東莞,"何仙姑"是當地女性矢志不嫁、結伴清修的宗教典範。參見〔清〕歐蘇,《靄樓逸志》,頁171—172。

以仙之名：相同一致或共享協作的信仰體系

綜合言之，從"下山"到"出城"，增江地區何仙姑崇拜傳統自近世以迄近代的演變，是南越土著巫俗、跨地域宗教敘事（如中國本土神仙信仰、洞天福地思想）和儒教國家意識形態雜糅於泛珠三角，與粵地特有的性別文化實踐模式、明清時期的宗族制度相互對話，為不同處境的人群相繼實踐與展演出來的過程和結果。"裰織仙名"這個過程所揭示的另一個重要意義是：以"何仙姑"之名為各方士庶所敬拜的對象，對於當地民眾而言，并非"同一"（one-and-the-same）而是"共同"（commonly-shared）的神明。相較於近世以來曾為皇朝國家青睞與扶持，或是本身演化主要是與特定制度宗教傳統發展相生相成的神靈信仰[①]，何仙姑傳說敘事和祠廟祭祀傳統的形塑——無論是神祇形象、身分與性別角色的演化，這些形象、身分、角色在演化過程中被賦予和言詮的象徵意義，還是各色人群創造、召喚和挪用它們的方式——鮮少存在特定權力關係單向界定與統攝的標準化模式。在崇拜傳統漸次鑲嵌進入地方社會組織結構與文化肌理的過程中，為地方社會成員視以神聖的"何仙姑"，其形象與身分在出於不同意圖的揀擇與裁織下，往往可與行動者各自所處的時空環境、階層位置及社群身分相呼應，因而呈現出多元紛異甚或不相契合的面貌與意涵。

如同諸多遊走於皇朝國家"正祀"與地方土俗"淫祀"之間廣闊灰色地帶上的民間神靈信仰[②]，以"何仙姑"之名所開展的在地話語

[①] 前者如媽祖、北帝，後者如觀音。參張珣，《女神信仰與媽祖崇拜的比較研究》，頁185—203；劉志偉，《神明的正統性與地方化：關於珠江三角洲北帝崇拜的一個解釋》，頁107—125；Chün-fang Yü, *Kuan-yin: The Chinese Transformation of Avalokiteśvara*.

[②] 皮慶生，《宋代民眾祠神信仰研究》（上海：上海古籍出版社，2008），頁272—317。

體系,在與地方社會相生共構的長時段演化歷程中,既可見本地或外來知識菁英改造"氓庶之祀",遂其政治謀策,亦可見地方社區"模作他者",挪用菁英敘事以求活存與發展之機。此一體系的建構、更新與維繫,地方社會中的所有成員都是共同協作的參與者。時代遞嬗,各有其局,在增江沿岸社會,對於不同背景來歷和立場處境的個人或社群而言,透過特定的文化操作策略,雜糅"何"、"仙"、"姑"多重歷史、文化、社會制度與性別意象的何氏女仙,都可以與他們身處同局,在靈應四方的聲名下,體現著不同的面貌與意義。然而,這個層累了豐厚的歷史文化積澱並且與地方社會開發歷程相生相成的崇拜傳統,一方面為面臨不同機遇的行動者提供了多元的象徵資源,另一方面也在社會身分、立場、動機互異的行動者之間,鋪陳了一套共享的神聖象徵話語,彼此可靈活於此中協商籌謀、交往互動。① 話語系統的開放性與公眾性,是此一崇拜傳統得以存續綿延千年且不斷擴展影響力的主要原因。

增城縣城鳳凰山下歷代文人雅士歌咏不絕的"仙井靈源"②已然乾涸③,然而,那些直到近代才相繼於增江鄉村社區開鑿的仙姑

---

① 例如每個在村中建立何仙姑祠廟的增江何姓宗族社區,其目的除了是因應晚清何六事件所帶來的清鄉危機,也是透過"拜(何)仙姑"的方式處理原即已存在於各自社區的地方政治問題(如異姓宗族社區間的競爭、同姓宗族間房支的分化齟齬等,這些問題每每因為地方大規模武裝衝突的爆發益加白熱化)。在挪用縣城何仙姑信仰話語的過程中,每個社區透過自己的方式,將仙姑編織進我族的歷史敘事和譜系當中,但結果卻呈現出"姓何的都有何仙姑廟"這樣宛若趨同一致的話語和地方信仰景觀。筆者,《何○仲田野訪談紀錄》,2010年12月28日,於增城石灘鎮沙隴村。

② 即會仙觀仙姑祠中傳說為何仙姑化身遺履之處的仙姑井。《(嘉靖)增城縣志》卷18《雜志·風景類》,頁552—553。

③ 民國二十七年(1938)中日戰爭期間,縣城鳳凰山遭到日軍空襲,會仙觀與仙姑祠大毀。原籍番禺,年少成長於增城的財經學者秦慶鈞(1903—1993)回憶戰後重返增城所見,當時"會仙觀及何仙姑廟(即會仙觀仙姑祠)均已化為平地,遺履井則用大石蓋著,四圍野草叢生,想飲杯仙泉水也不容易了"。《(1995)增城縣志》,《大事記》,頁19;秦慶鈞,《增城回憶錄》,頁60。按:根據1987年《增城縣文物志(初稿)》調查報告,20世紀80年代猶可見到仙姑祠殘存的屋殼,"化身井"雖枯但尚在。此一觀察可與秦氏說法相互參照。《何仙姑故居和化身井》,載《增城縣文物志(初

井,現今仍是居民眼中承何仙姑之佑,飲之可得萬年之壽的涓涓"仙源"。①在中國社會,以祖先崇拜為中心的家族/宗族制度,與追尋個人肉身與精神自由、超凡入聖的求仙傳統,兩者看似大相徑庭,實際上共同體現了世界各大文明對於群體或是個體不朽兩造之間的永恆探問、選擇與辯證。②就本書所描述的"裰織仙名"歷程而言,如同宗系的綿延實際上倚賴於不斷向未來開放的譜系書寫與推陳出新的聯宗合族活動,仙姑之名的不朽,實來自社區生活的展延、地方歷史敘事的不斷更新,以及個別或群體行動者持續的選擇與實踐。神明與人群、地方之間的鏈結,有許多種方式可以達成,但是在特定的時代與地域社會中,總是有某些種為當地行動者所偏好的方式,試圖理解與把握這些方式,是指引我們進入社群生活內在肌理,瞭解所謂地方社會之所以成為"地方",以及此間人們以仙神名之的敬拜對象何以成神入聖的關鍵。③對於"裰織仙名"所展示的何仙姑故事,本書在尾聲之際還想多說幾句的,或許僅是這樣無甚出奇的尋常之理。

稿)》,頁46。

① 〔清〕何桂林,《仙源涓涓,飲者萬年(仙姑井井欄石刻)》(清咸豐八年〔1858〕),增城小樓鎮小樓墟何仙姑家廟。按:小樓何仙姑家廟仙姑井現今仍是當地百姓與外來香客口中取"仙水"的地方,井水甘甜,居民的說法是飲之可強身治病。此外,在亭子岡仙姑古廟與南垾沙隴村何仙姑廟中的仙姑井,也是居民眼中具有神奇力量的水源。筆者,《小樓何仙姑家廟田野訪談紀錄》,2010年9月13日、14日,2011年8月12日,於增城小樓鎮小樓墟何仙姑家廟;《五一村仙姑古廟訪談紀錄》,2011年8月8日,於增城荔城街五一村仙姑古廟;《何○仲、何○威、丁○好訪談紀錄》,2010年9月15日,於增城石灘鎮沙隴村何仙姑廟。

② Robert F. Campany, *Making Transcendents: Ascetics and Social Memory in Early Medieval China*, pp. xiii–xiv. 按:Robert F. Campany在*Making Transcendents*中指出,在中國中古世紀之前,無論是群體抑或個體生命不朽的追尋,普遍被認為是可行的人生選項。然而他強調,"成仙"這條看似極度以個體為中心的超越之路,實際上是相當社會性的事件,社群與社群歷史記憶在決定什麼人為何以及如何"成仙"上,往往扮演了決定性的角色。相關細緻討論參見該書各章。

③ "地方社會"的所謂"地方",廣泛的意義上可以理解為某個被賦予特定意義的場所。Tim Cresswell, *Place: A Short Introduction* (Malden, Mass.: Blackwell Publisher, 2004). 對於筆者而言,神祇的靈顯之名,是這套"意義"中的關鍵組成部分。

參考書目

一、史料

（一）史籍檔案

〔南朝宋〕范曄，《後漢書》，臺北：世界書局，1986，影印臺北故宮博物院藏清乾隆四十三年（1778）鈔本。

〔南朝梁〕沈約，《宋書》，北京：中華書局，1974。

〔元〕脫脫，《宋史》，臺北：臺灣商務印書館，1983，影印臺北故宮博物院藏文淵閣四庫全書本，1983。

〔元〕馬端臨，《文獻通考》，臺北：新興書局，1963。

〔明〕宋濂，《元史》，臺北：臺灣商務印書館，1976，影印北平國立圖書館及自藏明洪武刊本。

〔明〕王圻，《續文獻通考》，上海：上海交通大學出版社，2009，影印明萬曆三十一年（1603）刻本。

〔清〕林則徐，《林文忠公政書三集》，上海：上海古籍出版社，1997，影印復旦大學圖書館藏清光緒三山林氏刻林文忠公遺集本。

〔清〕徐松輯，《宋會要輯稿》，北京：中華書局，1957，複製重印前北平圖書館影印本。

〔清〕張廷玉，《明史》，臺北：臺灣商務印書館，1983，影印臺北故宮博物院藏文淵閣四庫全書本。

〔清〕萬斯同，《明史》，上海：上海古籍出版社，1997，影印北京圖書館藏清鈔本。

佐々木正哉編，《清末の秘密結社・資料篇》，東京：近代中國研究委員會，1967。

廣東省文史研究館、中山大學歷史系編，《廣東洪兵起義史料》，廣州：廣東人民出版社，1992。

（二）地方志書、地理書、地方文史資料

【一般類】

〔北魏〕酈道元，《水經注》，臺北：臺灣商務印書館，1981，影印臺北故宮博物院藏文淵閣四庫全書本。

〔唐〕李吉甫，《元和郡縣圖志》，賀次君點校，北京：中華書局，1983，據清光緒六年（1880）金陵書局初刊本排印點校。

〔唐〕杜光庭，《洞天福地岳瀆名山記》，載《中國道觀志叢刊》第1冊，南京：江蘇古籍出版社，2000，影印民國涵芬樓影印明正統《道藏》本。

〔宋〕李昉，《太平廣記》，臺北：臺灣商務印書館，1983，影印臺北故宮博物院藏文淵閣四庫全書本。

〔宋〕李昉，《太平御覽》，臺北：臺灣商務印書館，1983，影印臺北故宮博物院藏文淵閣四庫全書本。

〔宋〕樂史，《太平寰宇記》，臺北：臺灣商務印書館，1983，影印臺北故宮博物院藏文淵閣四庫全書本。

〔宋〕樂史，《影宋本太平寰宇記補闕》，臺北：文海出版社，1963，影印古逸叢書影宋本。

〔宋〕王存，《元豐九域志》，王文楚、魏嵩山點校，北京：中華書局，1984。

〔宋〕王象之，《輿地紀勝》，臺北：文海出版社，1971。

〔元〕陳大震，《元大德南海志殘本：附輯佚》，廣州市地方志編纂委員會辦公室編，廣州：廣東人民出版社，1991。

〔明〕王士性，《廣志繹》，北京：中華書局，2006。

〔明〕李賢等修，《明一統志》，臺北：臺灣商務印書館，1983，影印臺北故宮博物院藏文淵閣四庫全書本。

〔明〕解縉等纂修，〔明〕姚廣孝等監修，《永樂大典》，楊家駱主編，臺北：世界書局，1962，影印永樂大典存本。

〔明〕韓晃，《羅浮野乘》，載《四庫全書存目叢書》第232冊，臺南：莊嚴文化事業有限公司，1996，影印上海圖書館藏清康熙刻本。

〔清〕屈大均，《廣東新語》，北京：中華書局，2006。

〔清〕吳騫，《惠陽山水紀勝》，載《四庫全書存目叢書》第241冊，臺南：莊嚴文化事業有限公司，1996，影印安徽省博物館藏清康熙六十一年（1722）吳本涵景野亭刻本。

〔清〕杜臻，《閩粵巡視紀略》，清康熙三十八年（1699）刻本。

《中國地方志民俗資料彙編》，丁世良、趙放主編，北京：北京圖書館出版社，1991。

《永樂大典方志輯佚》，馬蓉等點校，北京：中華書局，2004。

【特定地區】

成化《廣州志》，〔明〕吳中、王文鳳修纂，北京：書目文獻出版社，1988，影印明成化刻本。

弘治《永州府志》，〔明〕姚昺修纂，重慶：西南師範大學出版社，北京：人民出版社，2012，影印明弘治八年（1495）序刊本。

嘉靖《惠州府志》，〔明〕楊載鳴纂，臺北：新文豐出版公司，1985，影印寧波天一閣藏明刻本。

嘉靖《廣東通志初稿》，〔明〕戴璟、張岳等纂修，北京：書目文獻出版社，1988，影印明嘉靖刻本。

嘉靖《羅浮山志》，〔明〕黃佐等纂，廣州：黃佐等集貲刊，明嘉靖三十六年（1557），香港中文大學圖書館藏縮影資料，編號：mic 889。

嘉靖《廣東通志》，〔明〕黃佐撰，香港：大東圖書公司，1977，影印明嘉靖刊本。

嘉靖《增城縣志》，〔明〕張文海纂，上海：上海書店，1990，影印明嘉靖刻本。

隆慶《永州府志》，〔明〕史朝富纂修，臺南：莊嚴文化事業有限公司，1996，影印北京圖書館藏明隆慶五年（1571）刻本。

萬曆《惠州府志》，〔明〕林國相、程有守修，〔明〕楊起元纂，〔明〕

龍國祿增修，廣州：嶺南美術出版社，2009，影印中國國家圖書館藏明萬曆二十三年（1595）刻、四十五年（1617）增刻本。

萬曆《雷州府志》，〔明〕歐陽保等纂修，北京：書目文獻出版社，1990，影印日本尊經閣文庫藏明萬曆四十二年（1614）刻本。

萬曆《廣東通志》，〔明〕郭棐纂修，臺南：莊嚴文化事業有限公司，1996，影印日本內閣文庫藏明萬曆三十年（1602）刻本。

崇禎《東莞縣志》，〔明〕張二果、曾起華著，楊寶霖點校，東莞：東莞人民政府辦公室，1995。

康熙《安慶府志》，〔清〕張楷纂修，臺北：成文出版社，1985，影印清康熙六十年（1721）刊本。

康熙《永州府志》，〔清〕劉道著修，〔清〕錢邦芑纂，北京：書目文獻出版社，1992，影印日本內閣文庫藏清康熙九年（1670）刻本。

康熙《東莞縣志》，〔清〕郭文炳編纂，東莞：東莞市人民政府辦公室，1994，影印日本內閣文庫藏清康熙刻本。

康熙《武平縣志》，〔清〕劉昕纂修，〔清〕趙良生續修，北京：北京圖書館出版社，2007，影印清康熙三十八年（1699）增刻本。

康熙《桐城縣志》，〔清〕胡必選原本，〔清〕王凝命增修，南京：江蘇古籍出版社，1998，影印清康熙二十二年（1683）增刻本。

康熙《零陵縣志》，〔清〕王元弼修，〔清〕黃佳色等纂，故宮博物院編，《故宮珍本叢刊》第155冊，海口：海南出版社，2001，影印清康熙二十三年（1684）刻乾隆增修本。

康熙《廣東通志》，〔清〕金光祖纂修，南京：鳳凰出版社，2010，影印清康熙三十六年（1697）刻本。

康熙《廣東輿圖》，〔清〕蔣伊、韓作棟等撰，北京：書目文獻出版社，1988，影印清康熙二十四年（1685）韓作棟刻本。

康熙《增城縣志》，〔清〕蔡淑修，〔清〕陳輝璧纂，上海：上海書店，2003，影印上海辭書出版社藏清康熙二十五年（1686）刻本。

康熙《徽州府志》，〔清〕丁廷楗修，〔清〕趙吉士纂，臺北：成文出版社，1975，影印清康熙三十八年（1699）刊本。

康熙《龍門縣志》，〔清〕王佐修，〔清〕樂安成纂，故宮博物院編，《故宮珍本叢刊》第167冊，海口：海南出版社，2001，影印清康熙二十六年（1687）刻本。

康熙《羅浮山志會編》，〔清〕宋廣業編，臺南：莊嚴文化事業有限公司，1996，影印清康熙宋志益刻本。

雍正《廣東通志》，〔清〕郝玉麟等監修，〔清〕魯曾煜等編纂，上海：上海古籍出版社，1987，影印文淵閣四庫全書本。

乾隆《上杭縣志》，〔清〕顧人驥等修，〔清〕沈成國纂，故宮博物院編，《故宮珍本叢刊》第122冊，海口：海南出版社，2001，影印清乾隆二十五年（1760）刻本。

乾隆《江南通志》，〔清〕尹繼善、趙國麟修，南京：鳳凰出版社，2011，影印清乾隆元年（1736）刻本。

乾隆《昌化縣志》，〔清〕甘文蔚等修，〔清〕王元音等纂，臺北：成文出版社，1983，影印臺北故宮博物院藏清乾隆十三年（1748）刊本。

乾隆《杭州府志》，〔清〕邵齊然修，臺北：東方文化供應社，1970，影印清乾隆四十九年（1784）刊本。

乾隆《紹興府志》，〔清〕李亨特修，臺北：成文出版社，1975，影印清乾隆五十七年（1792）刊本。

乾隆《博羅縣志》，〔清〕陳裔虞纂修，上海：上海書店，2003，影印清乾隆二十八年（1763）刻本。

乾隆《廣德直隸州志》，〔清〕周廣業修，清乾隆五十九年（1794）刊本。

乾隆《增城縣志》，〔清〕管一清纂修，故宮博物院編，《故宮珍本叢刊》第166—167冊，海口：海南出版社，2001，影印清乾隆十九年（1754）刻本。

嘉慶《增城縣志》，〔清〕熊學源修，〔清〕李寶中等纂，〔清〕張慶鑠增補，臺北：成文出版社，1974，影印清同治十年（1871）增補重刊嘉慶二十五年（1820）刊本。

道光《永州府志》，〔清〕呂恩湛修，〔清〕宗績辰纂，南京：江蘇古籍出版社，2002，影印清道光八年（1828）刻本。

道光《廣東通志》，〔清〕阮元修，〔清〕陳昌齊等纂，上海：上海古籍出版社，1995，影印1934年商務印書館影印清道光二年（1822）刻本。

道光《肇慶府志》，〔清〕屠英修，臺北：成文出版社，1967，影印清光緒二年（1876）重刊道光十三年（1833）刊本。

咸豐《龍門縣志》，〔清〕張維屏等纂，〔清〕毓雯、張經贊修，清咸豐元年（1851）刻本，香港中文大學圖書館藏縮影資料，編號：mic / f 112。

同治《泰和縣志》，〔清〕宋瑛修，南京：江蘇古籍出版社，1996，影印清光緒四年（1878）周之鏞續修刻本。

同治《都昌縣志》，〔清〕狄學耕修，北京：北京圖書館出版社，2007，影印清同治十一年（1872）刻本。

光緒《定安縣志》，〔清〕吳應廉修，〔清〕王映斗纂，上海：上海書店，2004，影印清光緒四年（1878）刻本。

光緒《香山縣志》，〔清〕田耀明修，上海：上海古籍出版社，1997，影印清光緒刻本。

光緒《重修安徽通志》，〔清〕吳坤修等修，〔清〕何紹基、楊沂孫纂，北京：北京圖書館出版社，2004，影印清光緒四年（1878）刻本。

光緒《惠州府志》，〔清〕劉溎年修，〔清〕鄧掄斌等纂，臺北：新文豐出版公司，1985，影印清光緒七年（1881）刊本。

光緒《零陵縣志》，〔清〕嵇有慶修，〔清〕劉沛纂，臺北：成文出版社，1975，影印清光緒元年（1875）修、民國二十年（1931）刊本。

光緒《漳州府志》，〔清〕沈定鈞修，北京：中華書局，2011，影印清光緒三年（1877）芝山書院刻本。

光緒《廣州府志》，〔清〕戴肇辰等修纂，上海：上海書店，2003，影印清光緒五年（1879）刻本。

民國《白雲觀志》，小柳司氣太編，載《中國道觀志叢刊》第1冊，南京：江蘇古籍出版社，2000，東方文化學院東亞研究所藏版。

民國《東莞縣志》（102卷），〔清〕陳伯陶纂修，民國十年（1921）序，東莞賣蔴街養和書局排印本，"中央"研究院歷史語言研究所傅斯年圖書館藏。

民國《東莞縣志》（98卷），〔清〕陳伯陶纂，〔清〕葉覺邁修，臺北：成文出版社，1967，影印民國十年（1921）刊本。

民國《香山縣志續編》，厲式金修，臺北：成文出版社，1967，影印民國九年（1920）廣州西湖街墨寶樓承刊本。

民國《從化縣志》，郭遇熙纂修，梁長吉、蔡廷鑣增補，臺北：成文出版社，1974，影印民國十九年（1930）重排印本。

民國《廣東全省地方紀要》，廣東省民政廳編，廣州：廣東省民政廳，1934。

民國《增城縣志》（記事至清宣統三年〔1911〕），王思章修，〔清〕賴際熙纂，上海：上海書店，2003，影印民國十年（1921）刻本。

民國《龍門縣志》，招念慈修，鄔慶時纂，臺北：成文出版社，1967，影印民國二十五年（1936）鉛印本。

民國《羅浮志補·附羅浮指南》，〔明〕陳璉撰，〔清〕九龍真逸陳伯陶補，載《中國道觀志叢刊》第36冊，南京：江蘇古籍出版社，2000，影印民國九年（1920）刻本。

《珠江三角洲農業志（初稿）》，佛山地區革命委員會《珠江三角洲農業志》編寫組，佛山：佛山地區革命委員會，1976。

《荔城鎮志》，增城市荔城鎮志編纂領導小組編，廣州：廣東人民出版社，1999。

《博羅縣文物志》，黃觀禮主編，廣州：中山大學出版社，1988。

《博羅縣志》，博羅縣地方志編纂委員會編，民國版，內部發行，博羅：博羅縣志辦公室，1988。

《廣州市文物普查彙編·增城市卷》，陳建華主編，廣州市文物普查彙編編纂委員會、增城市文物普查彙編編纂委員會編，廣州：廣州出版社，2008。

《廣州寺庵碑銘集》，李仲偉等編著，廣州：廣東人民出版社，2008。

《增城縣文物志（初稿）》，增城縣博物館，增城：增城縣博物館，1987。

《增城縣志》，增城市地方志編纂委員會，廣州：廣東人民出版社，1995。

《增城縣軍事志》，賴鄧家主編，增城：增城縣武裝部《軍事志》編纂小組，1991。

《龍門縣志》，巫國祥、龍門縣地方志編纂委員會編，北京：新華出版社，1995。

【地方文史資料】

《增城縣基本情況》，中共增城縣委辦公室、南方日報資料室編，廣州：南方日報資料室，1963。

《增城地理》，王一洲著，番禺：《增城地理》編輯組，1985。

《增城縣地名志》，賴鄧家編著，增城：增城縣地名委員會，1989。

《增城地名大全》，賴鄧家主編，廣州：廣東省地圖出版社，1993。

《增城方言志》，何偉棠著，廣東增城縣志編纂委員會辦公室編，廣州：廣東人民出版社，1993。

《增城風情》，陳金志主編，丁楓等編，廣州：嶺南美術出版社，1995。

《相水鈎沉》，賴鄧家編著，香港：中華文化出版社，1997。

《廣東省廣州增城市標準地名錄》，增城市地名委員會、增城市國土房產管理局編，增城：增城市國土房產管理局，2000。

《仙姑故里》，李思平主編，增城：增城市文學藝術界聯合會、增城市文化局、增城何仙姑文化研究會，2004—2005。

《九世祖姑婆陳瑞貞六百四十多年的神秘面紗歷史簡介（海報）》，2001，新塘鎮新墩村陳氏九世祖祠藏。

（三）譜牒

【王氏】

《（龍門）官田王氏宗譜》，鈔錄清光緒重修譜，鈔錄年代不詳，惠州市龍門縣永漢鎮龍官田村王生家藏。

【何氏】

《廬江何氏家記》,〔明〕何崇祖,載《玄覽堂叢書·續集》第1冊,臺北:"國立中央"圖書館,1985,影印明萬曆三十二年(1604)鈔本。

《(增城何屋坊何氏)分單》,清乾隆五十年(1785),廣州增城區新塘鎮仙村墟何○強提供。

《(龍門何村)何氏家乘》,約清道光二十二年(1842),惠州市龍門縣麻榨鎮南灘村藏。

《文續公貴七郎裔·增城何氏族譜》,1990,影印清同治七年(1868)續修刻本,廣東省立中山圖書館藏,編號:K/0.189/356.1。

《(增城亭子岡)何氏族譜》,1992,鈔錄清同治舊譜,廣州增城區荔城街五一村藏。

《(增城)沙頭何氏家譜》(殘本),清光緒六年(1880),東莞市石龍鎮何○堅提供。

《羊城廬江書院全譜》,〔清〕何朝彥纂修,清光緒二十年(1894)刻本,廣東省立中山圖書館藏,編號:K/0.189/5312。

《(香山小欖)何舄環堂重修族譜》,清光緒三十三年(1907)刊,蔡志祥教授提供。

《(東莞)赤崗何氏族譜》,影印清鈔本,刊行年代不詳,東莞市虎門鎮赤崗村何氏宗祠藏。

《(東莞市大嶺山楊屋村)楊屋何氏族譜》,影印清鈔本,刊行年代不詳,大嶺山楊屋村藏。

《(東莞)崗頭何氏族譜》(殘卷),影印清鈔本,刊行年代不詳,東莞市石龍鎮何○堅提供。

《(增城龍潭埔貴五郎裔)何氏家譜》,民國五年(1916)鈔本,廣州增城區正果鎮龍潭埔何屋村藏。

《廬江郡何氏大同宗譜》,何毓琪編纂,中國社會科學院歷史研究所圖書館,1986,據民國十年(1921)鉛印本攝製,"中央"研究院歷史語言研究所傅斯年圖書館藏縮影資料,編號:MF 989.208 0295。

《(香山小欖)何氏九郎族譜》,民國十四年(1925)鉛印本,美國猶他家譜學會藏，編號：168600。

《（增城派潭玉枕）何氏族譜》，民國鈔本，編修於民國十六年（1927）前後，廣州增城區派潭鎮玉枕村藏。

《貴七郎裔・增城何氏族譜》，民國十八年（1929）續修刻本，廣州增城區正果鎮龍潭埔何屋村藏。

《（增城南壆）甘淡房何氏族譜》，編修於民國十八年（1929）前後，東莞市石龍鎮何○堅提供。

《嶺南何氏增城南壆房族譜》，編修於民國十八年（1929）前後，東莞市石龍鎮何○堅提供。

《（龍門坑頭）何氏族譜》，民國鈔本（民國十九年〔1930〕前後），惠州市龍門縣龍江鎮坑頭村藏。

《（東莞）大汾何氏翠渙堂族譜》，清乾隆二年（1737）重修，民國二十六年（1937）重印，美國猶他家譜學會藏，編號：K/0.189/8811。

《（廣東）何氏族譜》，何瓊林修，攝製民國三十一年（1942）鉛印本，廣東省立中山圖書館藏縮影資料，編號：K/0.189/353。

《（龍門龍石頭何屋）何氏族譜》，民國鈔本，刊行年代不詳，惠州市龍門縣龍華鎮龍石頭何屋村藏。

《東莞圓頭山廬江何氏族譜》，1992年私人鈔本，東莞市茶山鎮圓頭山何屋村藏。

《（增城仙村）龍湖村何氏族譜》，1996年鈔本，廣州增城區新塘鎮仙村墟何○強提供。

《（廣東五華縣）廬江堂何氏族譜》，樟樹下：廣東省五華縣樟樹下何氏族譜編輯委員會，1997，廣州增城區荔城街五一村何生提供。

《廣東省南雄市珠璣巷譜系・廬江堂何氏宗譜》，香港何氏宗親總會、珠璣巷何氏後裔聯誼會合編，南雄：南雄市何氏宗譜編委會，2008，廣州增城區石灘鎮沙隴村何○仲提供。

《（增城沙頭福田房）何氏族譜》，刊行年代不詳，廣州增城區新塘鎮仙村墟何○強提供。

【陳氏】

《增城沙隄陳氏族譜》，〔清〕陳慶新修，清乾隆四十三年（1778）重修，廣東省立中山圖書館藏，編號：0.189／275。

《（博羅龍華）陳氏家譜》，影印清咸豐四年（1854）鈔本，惠州市博羅縣龍華墟陳生家藏。

《博羅龍華陳孝女志》，民國二十六年（1937）重刊，惠州市博羅縣龍華墟陳孝女祠藏。

【單氏】

《（東莞）土岡單氏小宗祠記》，〔明〕羅一道撰，明萬曆元年（1573）碑記，載單元沛、單偉棠編，《嶺南單氏史料》，增城：單〇明，2002年刊印，廣州增城區荔城街單〇明提供。

《嶺南單氏族譜》，清光緒二十年（1894）十修，載單元沛、單偉棠編，《嶺南單氏史料》，增城：單〇明，2002年刊印，廣州增城區荔城街單〇明提供。

【張氏】

《（增城派潭）張氏永思堂族譜》，〔清〕張祖齡修，影印清光緒十七年（1891）刻本，廣東省立中山圖書館藏，編號：0.189／227.5。

【劉氏】

《增城麻車劉氏族譜》，清光緒三十年（1904）刊，廣州增城區石灘鎮麻車村藏。

【鄧氏】

《（增城大埔心）鄧氏族譜》，鄧之瀚修，1990，影印民國三十七年（1948）鈔本，廣東省立中山圖書館藏，編號：K／0.189／237.2。

《（增城大埔心）鄧氏仲奇公族譜》（另一題名：《增城大埔心鄧氏族譜》），《鄧氏仲奇公族譜》編纂組，2000，廣州增城區荔城街埔心村藏。

【黎氏】

《（增城）夏街黎氏族譜》，黎氏族譜編修組，1991年重修，廣州增城區荔城街夏街村藏。

【蔡氏】

《（增城）南山蔡氏族譜》，〔清〕蔡鑑昭修，清光緒二十三年（1897）鈔本，廣州增城區地方志辦公室藏。

【賴氏】

《增城臘圃賴氏族譜》，1999年六修，廣州增城區小樓鎮臘埔村賴○祥提供。

【韓氏】

《增城龍角韓氏家譜》，清光緒三十一年（1905）鈔本，廣州增城區荔城街龍角村藏。

（四）筆記文集

〔漢〕王逸章句，〔宋〕王興祖補注，《楚辭》，上海：上海書店，1989，影印上海涵芬樓借景江南圖書館藏明繙宋刊本。

〔漢〕劉安撰，〔漢〕許慎注，《淮南鴻烈解》，載《道藏要輯選刊》第5冊，上海：上海古籍出版社，1989，選印民國十二年至十五年（1923—1926）上海涵芬樓縮印明刊正統道藏本。

〔唐〕白居易，《白氏六帖事類集》，北京：清華大學出版社，2003，影印1933年吳興張芹伯影印南宋紹興間明州刻本。

〔唐〕白居易著，〔宋〕孔傳續傳，《白孔六帖》（附索隱），臺北：新興書局，1969。

〔唐〕杜佑，《通典》，清武英殿刻本。

〔唐〕歐陽詢，《藝文類聚》，臺北：臺灣商務印書館，1983，影印臺北故宮博物院藏文淵閣四庫全書本。

〔唐〕韓愈，《昌黎先生文集》，上海：上海古籍出版社，1994，影印北京圖書館藏宋蜀刻本。

〔唐〕蘇鶚，《杜陽雜編》，載〔明〕李栻輯，《歷代小史》，臺北：臺灣商務印書館，1969，影印民國二十九年（1940）上海涵芬樓影印明刻本。

〔宋〕方信孺，《南海百詠》，揚州：廣陵書社，2003，影印清《宛委別藏》本。

〔宋〕周密，《癸辛雜識》，北京：中華書局，1988。
〔宋〕周煇，《清波雜志》，上海：涵芬樓，1928，影印宋紹熙刊本。
〔宋〕崔與之，《宋丞相崔清獻公全錄》，張其凡、孫志章整理，廣州：廣東人民出版社，2008。
〔宋〕梅堯臣，《宛陵集》，上海：上海古籍出版社，1987，影印文淵閣四庫全書本。
〔宋〕曾敏行，《獨醒雜誌》，北京：中華書局，1985。
〔宋〕蔡戡，《定齋集》，臺北：臺灣商務印書館，1983，影印臺北故宮博物院藏文淵閣四庫全書本。
〔宋〕歐陽修，《集古錄》，上海：上海古籍出版社，1987，影印文淵閣四庫全書本。
〔宋〕魏泰，《東軒筆錄》，北京：中華書局，1983。
〔元〕陶宗儀，《南村輟耕錄》，臺北：臺灣商務印書館，1966，影印上海涵芬樓影印吳縣潘氏滂喜齋藏元刊本。
〔明〕尹守衡，《皇明史竊》，上海：上海古籍出版社，1997，影印中國科學院圖書館藏明崇禎刻本。
〔明〕田藝蘅，《留青日札》，上海：上海古籍出版社，1997，影印明萬曆三十七年（1609）刻本。
〔明〕江盈科，《雪濤詩評》，載黃仁生輯校，《江盈科集》，長沙：岳麓書社，1997。
〔明〕何鏜，《古今遊名山記》，明嘉靖四十四年（1565）廬陵吳炳刻本。
〔明〕郎瑛，《七修類稿》，上海：上海古籍出版社，1997，影印北京圖書館藏明刻本。
〔明〕胡應麟，《少室山房筆叢正集》，上海：上海古籍出版社，1987，影印文淵閣四庫全書本。
〔明〕孫蕡，《西菴集》，北京，書目文獻出版社，1988，影印明弘治十六年（1503）金蘭館銅活字印本。
〔明〕徐應秋，《玉芝堂談薈》，上海：上海古籍出版社，1987，影印文淵閣四庫全書本。

〔明〕張萱，《西園存稿》，臺灣"國家"圖書館藏。

〔明〕陳璉，《琴軒集》，楊寶霖整理，上海：上海古籍出版社，2011，影印清康熙刻本。

〔明〕游潛，《夢蕉詩話》，臺南：莊嚴文化事業有限公司，1997，影印北京大學圖書館藏明刻清康熙修補夢蕉三種本。

〔明〕黃佐，《廣州人物傳》，臺南：莊嚴文化事業有限公司，1996。

〔明〕黃汴，《水陸路程便覽》，明刻士商必要本。

〔明〕馮夢龍，《古今譚概》，明刻本。

〔明〕彭大翼，《山堂肆考》，上海：上海古籍出版社，1987，影印文淵閣四庫全書本。

〔明〕過庭訓，《本朝分省人物考》，上海：上海古籍出版社，1997，影印北京大學圖書館藏明天啓刻本。

〔明〕湛若水，《甘泉文集》，1866年湛氏藏本，增城區新塘鎮群星村藏縮影資料。

〔明〕雷禮，《國朝列卿紀》，上海：上海古籍出版社，1997，影印北京大學圖書館藏明萬曆徐鑒刻本。

〔明〕錢謙益，《國初群雄事略》，上海：上海書店，1994，影印適園叢書本。

〔明〕魏校，《莊渠遺書》，臺北：臺灣商務印書館，1983，影印臺北故宮博物院藏文淵閣四庫全書本。

〔明〕瞿九思，《萬曆武功錄》，上海：上海古籍出版社，1997，影印天津圖書館藏明萬曆刻本。

〔清〕王昊，《碩園詩稿》，清五石齋鈔本。

〔清〕屈大均，《翁山詩外》，趙福壇、伍錫強校點，載歐初、王貴忱主編，《屈大均全集》（二），北京：人民文學出版社，1996，廣東省立中山圖書館藏屈明洪補刊清康熙刻凌鳳翔補修本。

〔清〕屈大均，《翁山文外》，李文䄂校點，載歐初、王貴忱主編，《屈大均全集》（三），北京：人民文學出版社，1996，廣東省立中山圖書館藏屈明洪清康熙刻本。

〔清〕姚振宗，《隋書經籍志考證》，民國師石山房叢書本。

〔清〕高晦叟，《珍席放談》，上海：上海古籍出版社，1991，影印文淵閣四庫全書本。

〔清〕章宗源，《隋經籍志考證》，清光緒元年（1875）湖北崇文書局刻三十三種叢書本。

〔清〕陸心源輯，《宋詩紀事補遺》，臺北：臺灣中華書局，1971，影印"中央"研究院歷史語言研究所藏本。

〔清〕黃培芳，《浮山紀勝》，載《小方壺齋輿地叢鈔》第21冊，清光緒三年至十三年（1877—1887）上海著易堂排印本，"中央"研究院歷史語言研究所傅斯年圖書館藏。

〔清〕黃培芳，《香石詩話》，上海：上海書店，1985。

〔清〕黃宗羲，《明儒學案》（修訂本），沈芝盈點校，北京：中華書局，2008。

〔清〕黃虞稷，《千頃堂書目》，臺北：廣文書局，1981，影印適園叢書本。

〔清〕惲敬，《遊羅浮山記》，載《小方壺齋輿地叢鈔》第21冊，清光緒三年至十三年（1877—1887）上海著易堂排印本，"中央"研究院歷史語言研究所傅斯年圖書館藏。

〔清〕劉彬華，《嶺南群雅》，清嘉慶十八年（1813）玉壺山房刻本。

〔清〕劉應麟，《南漢春秋》，清道光七年（1827）含章書屋刻本。

〔清〕潘耒，《遊羅浮記》，載《小方壺齋輿地叢鈔》第21冊，清光緒三年至十三年（1877—1887）上海著易堂排印本，"中央"研究院歷史語言研究所傅斯年圖書館藏。

〔清〕歐蘇，《靄樓逸志》，載李龍潛等點校，《明清廣東稀見筆記七種》，廣州：廣東人民出版社，2010。

〔清〕顧祖禹，《讀史方輿紀要》，上海：上海古籍出版社，1997，影印上海圖書館藏稿本。

（五）宗教文獻

〔南梁〕陶弘景，《真誥》，臺北：新文豐出版公司，1985，影印明正統道藏本。

〔南唐〕沈汾，《續仙傳》，臺北：新文豐出版公司，1985，影印明正統道藏本。

〔宋〕張君房，《雲笈七籤》，上海：上海書店，1989，影印上海涵芬樓借景白雲觀藏明正統道藏本。

〔宋〕陳葆光，《三洞群仙錄》，載《續修四庫全書》，上海：上海古籍出版社，1995，影印民國涵芬樓影印明正統道藏本。

〔元〕趙道一，《歷世真仙體道通鑑・後集》，臺北：新文豐出版公司，1985，影印明正統道藏本。

〔明〕王世貞，《繪圖列仙全傳》，臺北：臺聯國風出版社，1974。

〔清〕彭文勤等纂輯，〔清〕賀龍驤校勘，《道藏輯要》，臺北：新文豐出版公司，1986，影印清光緒三十二年（1906）成都二仙庵重刊本。

〔清〕《何仙姑寶卷》，載《中國宗教歷史文獻集成・民間寶卷》，合肥：黃山書社，2005，影印清光緒十六年（1890）重刊金陵一得齋善書坊藏版。

胡道靜等編，《藏外道書》，成都：巴蜀書社，1992，影印重刊《道藏輯要》。

《何仙姑寶卷》，上海：文益書局，1914，"中央"研究院歷史語言研究所傅斯年圖書館藏縮影資料。

《孝女寶卷》（另一題名：《何仙孝女寶卷》），1921年山東濟南府明聖壇重刊本，載黃寬重、李孝悌、吳政上主編，《俗文學叢刊》第353冊（說唱類・寶卷），臺北：新文豐出版公司、"中央"研究院歷史語言研究所，2001。

《仙姑寶卷》（按：另有題名《呂祖師度何仙姑因果卷》、《何仙姑寶卷》），出版者、年份不詳，木刻本，載黃寬重、李孝悌、吳政上主編，《俗文學叢刊》第353冊（說唱類・寶卷），臺北：新文豐出版公司、"中央"研究院歷史語言研究所，2001。

《何仙姑》，福州：益新書局，出版年份不詳，石印本，載黃寬重、李孝悌、吳政上等主編，《俗文學叢刊》第368冊（說唱類・福州平話），臺北：新文豐出版公司、"中央"研究院歷史語言研究所，2001。

《何仙姑的故事與傳說》，小樓：重修何仙姑家廟籌備委員會，1985。

（六）報紙期刊

陳煥章，《增城信友敬賀德肋撒瞻禮情況》，《石室公教月刊》期6，1930年，頁23—26。

《新界道院》，《華字日報》（香港）1926年2月2日第9版。

（七）文物

〔明〕翟宗魯，《增建孝女祠門宇記（碑）》，明嘉靖三十三年〔1554〕撰，明萬曆三十二年（1604）立，惠州市博羅縣龍華陳孝女祠。

〔明〕翁夢鯉，《博羅陳孝女碑（碑）》，明嘉靖四十三年（1564），惠州市博羅縣龍華陳孝女祠藏。

《顯八世祖妣□□葉氏孺人之墓・顯九世祖考登仕佐郎琛堂何公府君之墓（碑）》，清乾隆四十二年（1777），惠州市龍門縣麻榨鎮塘田。

〔清〕何桂林，《仙源涓涓，飲者萬年（仙姑井井欄石刻）》，清咸豐八年（1858），增城小樓鎮小樓墟何仙姑家廟。

〔清〕何永劭、周世賢、尹天祐，《玉龍扶體（匾）》，清光緒二十六年（1900），增城小樓鎮小樓墟何仙姑家廟藏。

《重修六世九世祖祠堂碑（碑）》，清光緒三十三年（1907），增城區新塘鎮新墩村陳氏九世祖祠。

二、田野訪談紀錄

筆者，《朱○寅訪談紀錄》，2010年9月13日，於增城小樓鎮小樓墟何仙姑家廟。

筆者，《小樓何仙姑家廟田野訪談紀錄》，2010年9月13日、14日，於增城小樓鎮小樓墟何仙姑家廟。

筆者，《何仙姑誕考察與訪談紀錄》，2010年9月13日、14日，於增城小樓鎮小樓墟何仙姑家廟。

筆者，《沙隴何仙姑廟田野訪談紀錄》，2010年9月15日，於增城石灘鎮沙隴村何仙姑廟。

筆者，《何○仲、何○威、丁○好訪談紀錄》，2010年9月15日，於增城石灘鎮沙隴村何仙姑廟。

筆者，《曹姑訪談紀錄》，2010年12月25日，於增城石灘鎮沙隴村何仙姑廟。

筆者，《何○仲、何○威訪談紀錄》，2010年12月25日，於增城石灘鎮沙隴村。

筆者，《何○仲、何○威、丁○好訪談紀錄》，2010年12月25日，於增城石灘鎮沙隴村何仙姑廟。

筆者，《何馮○芝訪談紀錄》，2010年12月27日，於增城小樓鎮大樓村。

筆者，《何○仲、何○威訪談紀錄》，2010年12月28日，於增城石灘鎮沙隴村。

筆者，《何○仲田野訪談紀錄》，2010年12月28日，於增城石灘鎮沙隴村。

筆者，《何○昌訪談紀錄》，2010年12月29日，於增城正果鎮何屋新圍村。

筆者，《賴○祥訪談紀錄》，2010年12月30日，於增城小樓鎮臘圃村。

筆者，《何○仲、何○威等訪談紀錄》，2011年2月24日，於增城石灘鎮沙隴村。

筆者，《沙隴何仙姑廟田野訪談紀錄》，2011年2月24日、25日，於增城石灘鎮沙隴村何仙姑廟。

筆者，《沙隴仙姑誕田野考察紀錄》，2011年2月24—25日，於增城石灘鎮沙隴村何仙姑廟。

筆者，《何○仲等訪談紀錄》，2011年3月19日，於增城石灘鎮沙隴村。

筆者，《田野訪談紀錄》，2011年4月8日，於龍門縣永漢鎮紅星村（旱河自然村）。

筆者，《小樓何仙姑家廟田野訪談紀錄》，2011年4月8日、9日，於增城小樓鎮小樓墟何仙姑家廟。

筆者，《龍潭埔仙姑祠田野訪談紀錄》，2011年4月9日，於增城正果鎮何屋仙姑祠。
筆者，《何○昌訪談紀錄》，2011年4月9日，於增城正果鎮何屋新圍村。
筆者，《何○光訪談紀錄》，2011年4月9日，於增城正果鎮何屋大圍村。
筆者，《何○仲等訪談紀錄》，2011年7月19日，於增城石灘鎮沙隴村。
筆者，《田野訪談紀錄》，2011年7月31日，於龍門縣永漢鎮紅星村（旱河自然村）。
筆者，《田野訪談紀錄》，2011年7月31日，於龍門縣麻榨鎮橫漢村。
筆者，《何○聲訪談紀錄》，2011年8月1日，於增城荔城街。
筆者，《田野考察與訪談紀錄》，2011年8月1日、8日，於增城荔城街五一村。
筆者，《黃○金訪談紀錄》，2011年8月2日，於增城正果鎮黃屋村。
筆者，《黃伯、黃○英訪談紀錄》，2011年8月2日，於增城正果鎮黃屋村。
筆者，《王○光訪談紀錄》，2011年8月3日，於增城荔城街棠村。
筆者，《王○光訪談紀錄》，2011年8月4日，於增城荔城街棠村。
筆者，《何生訪談紀錄》，2011年8月4日，於增城小樓鎮大樓村。
筆者，《七姐誕考察與訪談紀錄》，2011年8月5日，於增城新塘鎮仙村下境四帥古廟、仙佛古廟。
筆者，《何○柱訪談紀錄》，2011年8月6日，於增城新塘鎮仙村墟。
筆者，《環姐訪談紀錄》，2011年8月8日，於增城荔城街。
筆者，《田野訪談紀錄》，2011年8月8日，於增城荔城街五一村。
筆者，《五一村仙姑古廟訪談紀錄》，2011年8月8日，於增城荔城街五一村仙姑古廟。
筆者，《黃伯、黃○英訪談紀錄》，2011年8月9日，於增城正果鎮黃屋村。
筆者，《何○光訪談紀錄》，2011年8月11日，於增城正果鎮何屋大圍村。
筆者，《小樓何仙姑家廟田野訪談紀錄》，2011年8月12日，於增城小樓鎮小樓墟何仙姑家廟。

筆者，《沙隴何仙姑廟田野訪談紀錄》，2012年2月10日，於增城石灘鎮沙隴村何仙姑廟。

筆者，《沙隴仙姑誕田野考察紀錄》，2012年2月10—11日，於增城石灘鎮沙隴村何仙姑廟。

筆者，《何○堅通信採訪紀錄》，2012年5月26日。

筆者，《何○堅通信採訪紀錄》，2012年12月27日。

筆者，《何○明訪談紀錄》，2013年1月26日，於龍門縣麻榨鎮南灘村。

筆者，《何○明、何○榕等訪談紀錄》，2013年1月26日，於龍門縣麻榨鎮下南山村。

筆者，《何謝○○訪談紀錄》，2013年1月26日，於龍門縣麻榨鎮橫漢村何仙姑古廟。

筆者，《田野訪談紀錄》，2013年1月26日，於龍門縣麻榨鎮橫漢村。

筆者，《何○新等訪談紀錄》，2013年1月27日，於龍門縣龍江鎮坑頭村。

筆者，《何○友等訪談紀錄》，2013年1月27日，於龍門縣龍華鎮龍石頭何屋村。

筆者，《何○林訪談紀錄》，2013年1月28日，於增城正果鎮何屋村。

筆者，《何生訪談紀錄》，2013年1月28日，於增城正果鎮何屋石街村。

筆者，《何生訪談紀錄》，2013年1月28日，於增城正果鎮何屋隔塘村。

筆者，《何○林訪談紀錄》，2013年1月28日，於增城正果鎮何屋石街村、何屋仙姑祠。

筆者，《何○林、何○富訪談紀錄》，2013年1月28日，於增城正果鎮何屋石街村、隔塘村。

筆者，《周○沛、周○平訪談紀錄》，2013年1月29日，於增城小樓鎮涉村東境。

筆者，《何○輝訪談紀錄》，2013年1月29日，於增城小樓鎮小樓村。

筆者，《何○添訪談紀錄》，2013年1月29日，於增城小樓鎮大樓村。

筆者，《何○昌訪談紀錄》，2013年1月30日，於增城荔城街五一村。

筆者，《何○新、何○高等訪談紀錄》，2013年1月30日，於增城荔城街五一村。

筆者，《蔡○滔、蔡○招訪談紀錄》，2013年7月24日，於增城荔城街西山村。

筆者，《何生、何○輝訪談紀錄》，2013年7月26日，於增城小樓鎮小樓村。

筆者，《陳姐訪談紀錄》，2013年7月28日，於惠州市博羅縣龍華鎮陳孝女祠。

筆者，《陳○祥、陳○香（男）訪談紀錄》，2013年7月28日，於惠州市博羅縣龍華鎮旭日村。

筆者，《賴○祥訪談紀錄》，2013年7月31日，於增城小樓鎮臘圃村。

筆者，《陳○香（女）訪談紀錄》，2013年8月2日，於惠州市博羅縣龍華鎮龍華墟。

筆者，《田野訪談紀錄》，2013年8月4日，於龍門縣永漢鎮紅星村（旱河自然村）。

筆者，《田野訪談紀錄》，2013年8月4日，於龍門縣永漢鎮寮田村。

筆者，《何○明訪談紀錄》，2013年8月4日，於龍門縣麻榨鎮南灘村。

筆者，《何○森等訪談紀錄》，2013年8月4日，於龍門縣麻榨鎮橫漢村。

筆者，《何○輝訪談紀錄》，2013年8月6日，於增城石灘鎮白江村。

筆者，《何○輝、何伯等訪談紀錄》，2013年8月6日，於增城石灘鎮白江村。

筆者，《田野訪談紀錄》，2013年8月7日，於龍門縣永漢鎮寮田村。

筆者，《劉○光訪談紀錄》，2013年8月8日，於增城石灘鎮麻車村。

筆者，《何伯、何○堅訪談紀錄》，2013年8月10日，於東莞市石碣鎮西南村聖帝廟。

筆者，《田野訪談紀錄》，2013年8月11日，於增城新塘鎮新墩村。

三、近人論著（中文姓氏依總筆畫數排序，總筆畫相同者依姓氏部首筆畫排序）

【中文】

中國第一歷史檔案館編，《廣州歷史地圖精粹》，北京：中國大百科全書出版社，2003。

王自強主編，《中國古地圖輯錄·廣東省——海南省輯》，北京：星球地圖出版社，2010。

王承文，《唐五代羅浮山道教宮觀考》，載黎志添主編，《香港華南道教研究》，香港：中華書局，2005，頁211—235。

王承文，《葛洪晚年隱居羅浮山事蹟釋證——以袁宏〈羅浮記〉為中心》，《道家文化研究》輯21，北京：生活·讀書·新知三聯書店，2006，頁158—184。

王承文，《"增城"和"博羅"地名與羅浮山早期神話關係考》，載朱澤君主編，《崔與之與嶺南文化研究》，北京：人民出版社，2010，頁121—122。

王寧，《田藝蘅研究》，杭州：浙江大學中國文學系碩士論文，2007。

白化文、李鼎霞，《讀〈八仙考〉後記》，載吳光正主編，《八仙文化與八仙文學的現代闡釋——二十世紀國際八仙論叢》，哈爾濱：黑龍江人民出版社，2006，頁123—139。

皮慶生，《宋代民眾祠神信仰研究》，上海：上海古籍出版社，2008。

呂永昇，《花亡配婚：廣西南寧地區的冥婚——兼論與香港、臺灣冥婚的比較》，《民俗研究》2016年第5期，頁146—157。

朱鴻林，《明代嘉靖年間的增城沙堤鄉約》，《燕京學報》新8期（2000年5月），頁107—159。

任建敏，《明中葉廣東禁毀淫祠寺觀與寺田處理》，《新史學》卷26期4（2015年12月），頁79—126。

阮昌銳，《莊嚴的世界》，臺北：文開出版事業股份有限公司，1982。

李貞德，《最近中國宗教史研究中的女性問題》，《近代中國婦女史研究》期2（1994年6月），頁251—270。

李獻璋，《媽祖傳說的展開》，《漢學研究》卷8期1（1990年6月），頁287—307。

吳光正，《從何仙姑傳說看宗教傳說與民間傳說的互動》，《海南大學學報（人文社會科學版）》2004年第1期，頁54—59。

吳光正，《八仙故事系統考論——內丹道宗教神話的建構及其流變》，北京：中華書局，2006。

吳光正主編，《八仙文化與八仙文學的現代闡釋——二十世紀國際八仙論叢》，哈爾濱：黑龍江人民出版社，2006。

何偉棠，《增江流域粵方言的分布和特性》，發表於第二屆"國際粵方言研討會"，廣州：華南師範大學中文系，1989年，頁1—62。

林欣儀，《道教與性別》，《新史學》卷26期2（2015年6月），頁191—242。

林富士，《清代臺灣的巫覡與巫俗——以〈臺灣文獻叢刊〉為主要材料的初步探討》，《新史學》卷16期3（2005年9月），頁24—99。

周曉薇，《八仙考補》，《中國典籍與文化論叢》輯4，北京：中華書局，1997，頁186—197。

科大衛，《祠堂與家廟——從宋末到明中葉宗族禮儀的演變》，《歷史人類學學刊》卷1期2（2003年10月），頁1—20。

科大衛、劉志偉，《宗族與地方社會的國家認同——明清華南地區宗族發展的意識形態基礎》，《歷史研究》2000年第3期，頁3—14。

秦慶鈞，《增城回憶錄》，作者手稿，1987，廣州增城區荔城街陳○提供。

秦慶鈞著，秦啓權編，《何吟——秦慶鈞詩詞集》，洛杉磯：洛杉磯世界日報，2018。

徐祥地，《平陽縣南雁蕩山的朱仙姑信仰》，載康豹、徐宏圖合編，《平陽縣、蒼南縣傳統民俗文化研究》，北京：民族出版社，2005，頁316—369。

徐霄鷹，《歌唱與敬神：村鎮視野中的客家婦女生活》，桂林：廣西師範大學出版社，2006。

徐靖捷，《走進西橋自梳女》，桂林：廣西師範大學出版社，2012。

唐立宗，《從定氛外史看明代惠州礦徒事件、劃疆分邑與士民議論》，《明代研究》期13（2009年12月），頁137—186。

浦江清，《八仙考》，《清華學報》卷11期1（1936年1月），頁89—136。

陳永正，《從廣東方志及地方文獻發現的〈全宋詩〉輯佚83首》，《嶺南文史》2007年第3期，頁15—20。

陳恩維，《嶺南詩宗孫蕡佚文輯考》，《古籍整理研究學刊》2012年第6期，頁60—63。

陳樂素，《珠璣巷史事》，載南雄珠璣巷人南遷後裔聯誼會籌委會編，《南雄珠璣巷人南遷史話》，廣州：中山大學出版社，1991，頁85—104。

陳賢波，《明代中後期粵西珠池設防與海上活動——以〈萬曆武功錄〉"珠盜"人物傳記的研究為中心》，《學術研究》2012年第6期，頁112—119。

黃美英，《臺灣媽祖的香火與儀式》，臺北：自立晚報文化出版部，1994。

黃美英，《香火與女人：媽祖信仰與儀式的性別意涵》，載漢學研究中心編，《寺廟與民間文化研討會論文集》下冊，臺北："行政院"文化建設委員會，1995。

黃萍瑛，《臺灣民間信仰"孤娘"的奉祀：一個社會史的考察》，臺北：稻鄉出版社，2008。

黃慈博，《珠璣巷民族南遷記》，載南雄珠璣巷人南遷後裔聯誼會籌委會編，《南雄珠璣巷人南遷史話》，廣州：中山大學出版社，1991，頁1—84。

閆建飛，《新、舊〈九域志〉考》，《中國典籍與文化》2014年第1期，頁80—87。

許地山，《扶箕迷信底研究》，臺北：臺灣商務印書館，1986。

張檉總策劃，《中國道教大辭典》，臺中：東久企業出版有限公司，1999。

張珣，《女神信仰與媽祖崇拜的比較研究》，《"中央"研究院民族學研究所集刊》期79（1995年12月），頁185—203。

張珣，《文化媽祖：臺灣媽祖信仰研究論文集》，臺北："中央"研究院民族學研究所，2003。

彭慕蘭，《上下泰山：中國民間信仰政治中的碧霞元君（約公元1500至1949年）》，《新史學》卷20期4（2009年12月），頁169—215。

曾昭璇，《增江三角洲歷史地貌研究》，《人民珠江》1989年第6期，頁9—13。

曾昭璇，《嶺南史地與民俗》，廣州：廣東人民出版社，1994。

曾昭璇、黃少敏，《珠江三角洲歷史地貌學研究》，廣州：廣東高等教育出版社，1987。

賀喜，《土酋歸附的傳說與華南宗族社會的創造——以高州冼夫人信仰為中心的考察》，《歷史人類學學刊》第6卷第1、2期合刊（2008年10月），頁23—66。

葉顯恩主編，《廣東航運史（古代部分）》，北京：人民交通出版社，1989。

楊富森（Richard F. S. Yang）著，董曉玲譯，吳光正校，《八仙傳說探源》，載吳光正主編，《八仙文化與八仙文學的現代闡釋——二十世紀國際八仙論叢》，哈爾濱：黑龍江人民出版社，2006，頁107—122。

趙景深，《八仙傳說》，原載《東方雜誌》卷30期21，1933年11月，載吳光正主編，《八仙文化與八仙文學的現代闡釋——二十世紀國際八仙論叢》，哈爾濱：黑龍江人民出版社，2006，頁43—56。

蔡志祥，《模作他者：以香港新界東北吉澳島的節日、儀式和族群為中心》，《歷史人類學學刊》卷9期2（2011年10月），頁65—88。

蔡佩如，《穿梭天人之際的女人：女性童乩的性別特質與身體意涵》，臺北：唐山出版社，2001。

廖小菁，《神龕上的祖姑婆：何仙姑信仰與泛珠三角地區的女性崇拜》，《近代中國婦女史研究》期26（2015年12月），頁133—191。

廖小菁，《何仙姑與七郎婆：廣東何氏宗族的女性祖先崇拜與歷史敘事》，《新史學》卷26期4（2015年12月），頁127—183。

廖小菁，《"仙居古廟鎮蠻邦"：拉律戰爭與何仙姑信仰在英屬馬來亞的開展》，《"中央"研究院近代史研究所集刊》期100（2018年6

月),頁47—84。

廖芮茵,《唐代服食養生研究》,臺北:臺灣學生書局,2004。

廖迪生,《香港天后崇拜》,香港:三聯書店,2000。

廖迪生,《香港天后崇拜的文化詮釋》,載陳慎慶編,《諸神嘉年華:香港宗教研究》,香港:牛津大學出版社,2002,頁222—235。

鄭振滿,《明清福建家族組織與社會變遷》,長沙:湖南教育出版社,1992。

鄭振滿,《鄉族與國家:多元視野中的閩臺傳統社會》,北京:生活‧讀書‧新知三聯書店,2009。

鄭振滿、陳春聲主編,《民間信仰與社會空間》,福州:福建人民出版社,2003。

歐大年,《歷史、文獻和實地調查:研究中國宗教的綜合方法》,《歷史人類學學刊》卷2期1(2004年4月),頁197—205。

黎志添,《廣東地方道教研究——道觀、道士及科儀》,香港:香港中文大學出版社,2007。

劉永海,《論道教傳記的史學價值——以〈歷世真仙體道通鑑〉為例》,《中國道教》2006年第2期,頁12—17。

劉志偉,《神明的正統性與地方化:關於珠江三角洲北帝崇拜的一個解釋》,載中山大學歷史系編,《中山大學史學集刊》輯2,廣州:廣東人民出版社,1994,頁107—125。

劉志偉,《在國家與社會之間:明清廣東地區里甲賦役制度與鄉村社會》,北京:中國人民大學出版社,2010。

劉志偉,《女性形象的重塑——"姑嫂墳"及其傳說》,載劉永華主編,《中國社會文化史讀本》,北京:北京大學出版社,2011,頁307—322。

潘晟,《宋代圖經與九域圖志:從資料到系統知識》,《歷史研究》2014年第1期,頁79—96。

駱寶善,《廣東天地會起義考釋》,載郭毅生編,《太平天國歷史與地理》,北京:中國地圖出版社,1989,頁247—257。

蕭鳳霞，《婦女何在?——抗婚和華南地域文化的再思考》，《中國社會科學季刊》（香港）總第14期（1996年春季卷），頁24—40。

蕭鳳霞，《傳統的循環再生——小欖菊花會的文化、歷史與政治經濟》，《歷史人類學學刊》卷1期1（2003年4月），頁99—131。

賴保榮編著，《羅浮道教史略》，廣州：花城出版社，2012。

羅永麟，《八仙故事形成的社會歷史原因和影響》，載吳光正主編，《八仙文化與八仙文學的現代闡釋——二十世紀國際八仙論叢》，哈爾濱：黑龍江人民出版社，2006，頁94—106。

羅紅星，《明至清前期佛山冶鐵業初探》，《中國社會經濟史研究》1983年第4期，頁44—54。

譚廣濂，《從圓方到經緯：香港與華南歷史地圖藏珍》，香港：中華書局，2010。

【日文】

カトリーヌ・デスプ（Catherine Despeux）著，門田真知子譯，三浦國雄監修，《女のタオイスム：中国女性道教史》，京都：人文書院，1996。

向田洋，《紅巾考——中国に於ける民間武裝集団の伝統》，《東洋史研究》卷38號4（1980年3月），頁569—596。

佐々木正哉，《咸豊四年広東天地会の叛乱》，《近代中國研究センター彙報》號2（1963年4月），頁1—16。

李獻璋，《媽祖信仰の研究》，東京：泰山文物社，1967。

【英文】

Ahern, Emily M. "Affines and the Rituals of Kinship." In Arthur P. Wolf, ed., *Religion and Ritual in Chinese Society*. Stanford: Stanford University Press, 1974, pp. 279–307.

Ahern, Emily M. "The Power and Pollution of Chinese Women." In Arthur P. Wolf, ed., *Studies in Chinese Society*. Stanford: Stanford University Press, 1978, pp.193–214.

Ahern, Emily M. *Chinese Ritual and Politics.* Cambridge: Cambridge University

Press, 1981.

Baptandier, Brigitte. "The Lady Linshui: How a Woman Became a Goddess." In Meir Shahar and Robert P. Weller, eds., *Unruly Gods: Divinity and Society in China*. Honolulu: University of Hawai'i Press, 1996, pp. 105–149.

Baptandier, Brigitte. *The Lady of Linshui: A Chinese Female Cult*. Translated by Kristin Ingrid Fryklund. Stanford: Stanford University Press, 2008.

Becker, Carl L. *The Heavenly City of the Eighteenth-Century Philosophers*. New Haven: Yale University Press, 1932.

Berman, Harold J. *Law and Revolution: The Formation of the Western Legal Tradition*. Cambridge, Mass.: Harvard University Press, 1983.

Boltz, Judith M. "In Homage to Tien-Fei." *Journal of American Oriental Society*, 106:1 (January–March 1986), pp. 211–232.

Boltz, Judith M. *A Survey of Taoist Literature: Tenth to Seventeenth Centuries*. Berkeley: Center for Chinese Studies, Institute of East Asian Studies, University of California, 1987.

Boltz, Judith M. "Not by the Seal of Office Alone: New Weapons in the Battle with the Supernatural." In Patricia B. Ebrey and Peter N. Gregory, eds., *Religion and Society in T'ang and Sung China*. Honolulu: University of Hawai'i Press, 1993, pp. 241–305.

Brim, John. "Village Alliance Temples in Hong Kong." In Arthur Wolf, ed., *Religion and Ritual in Chinese Society*. Stanford: Stanford University Press, 1974, pp. 93–103.

Brook, Timothy. *Praying for Power: Buddhism and the Formation of Gentry Society in Late-Ming China*. Cambridge, Mass.: Council on East Asian Studies, Harvard University and Harvard-Yenching Institute, 1993.

Brown, Peter. *The Cult of the Saints: Its Rise and Function in Latin Christianity*. Chicago: University of Chicago Press, 1981.

Burke, Peter. *The Fabrication of Louis XIV*. New Haven: Yale University Press,

1992.

Bynum, Caroline W. *Holy Feast and Holy Fast: The Religious Significance of Food to Medieval Women.* Berkeley: University of California Press, 1987.

Cahill, Suzanne E. "Smell Good and Get a Job: How Daoist Women Saints Were Verified and Legitimatized during the Tang Dynasty." In Sheer Mou, ed., *Presence and Presentation: Omen in the Chinese Literati Tradition.* New York: St. Martin's Press, 1999, pp. 171–186.

Cahill, Suzanne E. "Discipline and Transformation: Body and Practice in the Lives of Daoist Holy Women of Tang China." In Dorothy Ko, JaHyun Kim Haboush, and Joan R. Piggott, eds., *Women and Confucian Cultures in Premodern China, Korea, and Japan.* Berkeley: University of California Press, 2003, pp. 251–278.

Campany, Robert F. *To Live as Long as Heaven and Earth: A Translation and Study of Ge Hong's Traditions of Divine Transcendents.* Berkeley: University of California Press, 2002.

Campany, Robert F. *Making Transcendents: Ascetics and Social Memory in Early Medieval China.* Honolulu: University of Hawai'i Press, 2009.

Chan, Alan K. L. "Goddesses in Chinese Religion." In Larry W. Hurtado, ed., *Goddesses in Religions and Modern Debate.* Atlanta: Scholars Press, 1990, pp. 9–81.

Choi, Chi-Cheung. "Reinforcing the Ethnicity: The Jiao Festival in Cheung Chau." In David Faure and Helen F. Siu, eds., *Down to Earth: The Territorial Bond in South China.* Stanford: Stanford University Press, 1995, pp. 104–122.

Clart, Philip. "The Eight Immortals between Daoism and Popular Religion: Evidence from a New Spirit-written Scripture." In Florian C. Reiter, ed., *Foundations of Daoist Ritual: A Berlin Symposium.* Wiesbaden: Harrassowitz, 2009, pp. 84–106.

Clart, Philip and Charles Jones, eds., *Religion in Modern Taiwan: Tradition and*

Innovation in a Changing Society. Honolulu: University of Hawai'i Press, 2003.

Cresswell, Tim. *Place: A Short Introduction.* Malden, Mass.: Blackwell Publisher, 2004.

Davis, Edward L. *Society and the Supernatural in Song China.* Honolulu: University of Hawai'i Press, 2001.

Du, Guangting (杜光庭). *Divine Traces of the Daoist Sisterhood: Records of the Assembled Transcendents of the Fortified Walled City* (《墉城集仙録》). Translated and annotated by Suzanne E. Cahill. Magdalena: Three Pines Press, 2002.

Dudbridge, Glen. "Miao-shan on Stone: Two Early Inscriptions." *Harvard Journal of Asiatic Studies*, 42:2 (December 1982), pp. 589–641.

Dudbridge, Glen. *The Legend of Miaoshan.* Oxford: Oxford University Press, 2004. （revised edition）

Ebrey, Patricia B. and Peter Gregory, eds. *Religion and Society in T'ang and Sung China.* Honolulu: University of Hawai'i Press, 1993.

Faure, David. *The Structure of Chinese Rural Society: Lineage and Village in the Eastern New Territories, Hong Kong.* Hong Kong: Oxford University Press, 1986.

Faure, David. "The Heaven and Earth Society in the Nineteenth Century: An Interpretation." In Kwang-Ching Liu and Richard Shek, eds., *Heterodoxy in the Late Imperial China.* Honolulu: University of Hawai'i Press, 2004, pp. 365–392.

Faure, David. *Emperor and Ancestor: State and Lineage in South China.* Stanford: Stanford University Press, 2007.

Faure, David and Helen F. Siu, eds. *Down to Earth: The Territorial Bond in South China.* Stanford: Stanford University Press, 1995.

Freedman, Maurice. *Lineage Organization in Southeastern China.* London: Athlone Press, 1965.

Freedman, Maurice. *Chinese Lineage and Society*: Fukien and Kwangtung. London: Athlone Press, 1966.

Geertz, Clifford. *The Interpretation of Cultures: Selected Essays*. New York: Basic Books, 1973.

Geertz, Clifford. *Local Knowledge: Further Essays in Interpretive Anthropology*. New York: Basic Books, 1983.

Hansen, Valerie. *Changing Gods in Medieval China, 1127–1276*. Princeton: Princeton University Press, 1990.

Hartwell, Robert. "Demographic, Political, and Social Transformations of China, 750–1550." *Harvard Journal of Asiatic Studies* 42: 2 (December 1982), pp. 365–442.

Hunter, William C. *Bits of Old China*. London: Kegan Paul, Trench, & Co., 1885.

Hymes, Robert. *Way and Byway: Taoism, Local Religion, and Models of Divinity in Sung and Modern China*. Berkeley: University of California Press, 2002.

Jia Jinhua, Kang Xiaofei, and Yao Ping, eds. *Gendering Chinese Religion: Subject, Identity, and Body*. Albany: State University of New York Press, 2014.

Jing, Anning. "The Eight Immortals: The Transformation of Tang and Sung Daoist Eccentrics during the Yüan Dynasty." In Maxwell K. Hearn & Judith Smith, eds., *Arts of the Sung and Yüan*. New York: The Metropolitan Museum of Art, 1966, pp. 213–229.

Johnson, David, Andrew J. Nathan, and Evelyn S. Rawski, eds. *Popular Culture in Late Imperial China*. Berkeley: University of California Press, 1985.

Jordan, David K. and Daniel L. Overmyer. *The Flying Phoenix: Aspects of Chinese Sectarianism in Taiwan*. Princeton: Princeton University Press, 1986.

Kang, Xiaofei. *The Cult of the Fox: Power, Gender, and Popular Religion in Late Imperial and Modern China*. New York: Columbia University Press, 2006.

Katz, Paul R. "Enlightened Alchemist or Immoral Immortals? The Growth of Lü Dongbing's Cult in Late Imperial China." In Meir Shahar and Robert

P. Weller, eds., *Unruly Gods: Divinity and Society in China.* Honolulu: University of Hawai'i Press, 1996, pp. 70–104.

Katz, Paul R. *Images of the Immortal: The Cult of Lü Dongbin at the Palace of Eternal Joy.* Honolulu: University of Hawai'i Press, 1999.

Katz, Paul R. and Murray Rubinstein, eds. *Religion and Formation of Taiwanese Identity.* New York: Palgrave Macmillan, 2003.

Kim, Jaeyoon. "The Heaven and Earth Society and the Red Turban Rebellion in Late Qing China." *Journal of Humanities and Social Science,* 3: 1 (2009), pp. 1–35.

Kuhn, Philip A. *Rebellion and Its Enemies in Late Imperial China: Militarization and Social Structure, 1796–1864.* Cambridge, Mass.: Harvard University Press, 1970.

Laai, Yi–faai. "The Part Played by the Pirates of Kwangtung and Kwangsi Provinces in the Taiping Insurrection." Ph.D. dissertation, University of California, Berkeley, 1950.

Liu, Kwang–Ching and Richard Shek, eds. *Orthodoxy in Late Imperial China.* Berkeley: University of California Press, 1990.

McKnight, Brian E. *Village and Bureaucracy in Southern Sung China.* Chicago: University of Chicago Press, 1971.

Naquin, Susan and Evelyn S. Rawski, eds. *Chinese Society in the Eighteenth Century.* New Haven: Yale University Press, 1987.

Naquin, Susan and Chün–fang Yü, eds. *Pilgrims and Sacred Sites in China.* Berkeley: University of California Press, 1992.

Obeyesekere, Gananath. *The Cult of the Goddess Pattini.* Chicago: University of Chicago Press, 1984.

Ownby, David. *Brotherhoods and Secret Societies in Early and Mid–Qing China: The Formation of a Tradition.* Stanford: Stanford University Press, 1996.

Ownby, David. "Recent Chinese Scholarship on the History of Chinese Secret

Societies." *Late Imperial China* 22: 1 (June 2001), pp. 139–158.

Pomeranz, Kenneth. "Power, Gender, and Pluralism in the Cult of the Goddess of Taishan." In Theodore Huters, R. Bin Wong, and Pauline Yu, eds., *Culture & State in Chinese History: Conventions, Accommodations, and Critiques.* Stanford: Stanford University Press, 1997, pp. 182–206.

Potter, Jack M. "Cantonese Shamanism." In Arthur P. Wolf, ed., *Religion and Ritual in Chinese Society.* Stanford: Stanford University Press, 1974, pp. 207–231.

Sangren, P. Steven. "Female Gender in Chinese Religious Symbols: Kuan Yin, Ma Tsu, and the 'Eternal Mother'." *Signs: Journal of Women in Culture and Society* 9: 11 (Autumn 1983), pp. 4–25.

Sangren, P. Steven. *History and Magical Power in Chinese Community.* Stanford: Stanford University Press, 1987.

Sangren, P. Steven. "History and Rhetoric of Legitimacy: The Ma Tsu Cult of Taiwan." *Comparative Studies in Society and History* 30: 4 (October 1988), pp. 674–697.

Sangren, P. Steven. "Power and Transcendence in the Ma Tsu Pilgrimages of Taiwan." *American Ethnologist* 20: 3 (August 1993), pp. 564–582.

Sangren, P. Steven. "Myth, Gods, and Family Relations." In Meir Shahar and Robert P. Weller, eds., *Unruly Gods: Divinity and Society in China.* Honolulu: University of Hawai'i Press, 1996, pp. 150–183.

Schafer, Edward H. *The Vermilion Bird: T'ang Images of the South.* Berkeley: University of California Press, 1967.

Seidel, Anna. "Chronicle of Taoist Studies in the West 1950–1990." *Cahiers d'Exteme-Asie* vol. 5 (1989–1990), pp. 223–347.

Seiwert, Hubert and Ma Xisha （馬西沙）, eds. *Popular Religious Movements and Heterodox Sects in Chinese History.* Leiden; Boston: Brill, 2003.

Shahar, Meir and Robert P. Weller, eds. *Unruly Gods: Divinity and Society in China.* Honolulu: University of Hawai'i Press, 1996.

Siu, Helen F. (蕭鳳霞) "Where Were the Women? Rethinking Marriage Resistance and Regional Culture History." *Late Imperial China* 11 (December 1990), pp. 32–62.

Skinner, William G., ed. *The City in Late Imperial China*. Stanford: Stanford University Press, 1977.

Stockward, Janice E. *Daughters of the Canton Delta: Marriage Patterns and Economic Strategies in South China, 1860–1930*. Stanford: Stanford University Press, 1989.

ter Haar, Barend J. *The White Lotus Teachings in Chinese History*. Leiden: E. J. Brill, 1992.

Topley, Marjorie. "Marriage Resistance in Rural Kwangtung." In Margery Wolf and Roxane Witke, eds., *Women in Chinese Society*. Stanford: Stanford University Press, 1975, pp. 292–324.

Wakeman, Frederic E. Jr. *Strangers at the Gate: Social Disorder in South China, 1839–1861*. Berkeley: University of California Press, 1966.

Wakeman, Frederic E. Jr. "The Secret Societies of Kwangtung, 1800–1856." In Jean Chesneaux, ed., *Popular Movements and Secret Societies in China, 1840–1950*. Stanford: Stanford University Press, 1972, pp. 29–47.

Ward, Babara E. "Varieties of the Conscious Model: The Fishermen of South China." In Michael Banton, ed., *The Relevance of Models for Social Anthropology*. London: Tavistock Publications Ltd., 1965, pp. 113–137.

Watson, James L. "Agnates and Outsiders: Adoption in a Chinese Lineage." *Man*, New Series, 10: 2 (June 1975), pp. 293–306.

Watson, James L. "Of Flesh and Bones: The Management of Death Pollution in Cantonese Society." In Maurice Bloch and Jonathan Parry, eds., *Death and the Regeneration of Life*. Cambridge: Cambridge University Press, 1982, pp. 155–186.

Watson, James L. "Standardizing the Gods: The Promotion of T'ien Hou ('Empress of Heaven') along the South China Coast, 960–1960." In

David Johnson, Andrew J. Nathan, and Evelyn S. Rawski, eds., *Popular Culture in Late Imperial China*. Berkeley: University of California Press, 1985, pp. 292–324.

Watson, Rubie S. "Class Differences and Affinal Relations in South China." *Man*, New Series, 16: 4 (December 1981), pp. 593–615.

Watson, Rubie S. "The Named and the Nameless: Gender and Person in Chinese Society." *American Ethnologist* 13: 4 (June 1986), pp. 619–631.

Weller, Robert P. *Unities and Diversities in Chinese Religion*. Houndmills, Basingstoke, Hampshire, and London: The Macmillan Press, 1987.

Wolf, Arthur P. "Gods, Ghosts, and Ancestors." In Arthur Wolf, ed., *Religion and Ritual in Chinese Society*. Stanford: Stanford University Press, 1974, pp. 131–182.

Yang, C. K. *Religion in Chinese Society: A Study of Contemporary Social Functions of Religion and Some of Their Historical Factors*. Berkeley: University of California Press, 1961.

Yang Erzeng (楊爾曾). *The Story of Han Xiangzi* (《韓湘子全傳》): *The Alchemical Adventures of a Daoist Immortal*. Translated and introduced by Philip Clart. Seattle: University of Washington Press, 2007.

Yetts, W. Perceval. "The Eight Immortals." *Journal of the Royal Asiatic Society* 48: 4 (October 1916), pp. 773–807.

Yetts, W. Perceval. "More Notes on the Eight Immortals." *Journal of the Royal Asiatic Society* 54: 3 (July 1922), pp. 397–426.

Yü, Chün-fang (于君方). *Kuan-yin: The Chinese Transformation of Avalokiteśvara*. New York: Columbia University Press, 2001.

後　記

　　這本小書是我學術生涯的第一本專著，亦是我前半生晃蕩歷程的銘心印記。雖然旅程似乎仍在一種未知前路的主客觀狀態下向未來蜿蜒著，猶如本書的何仙姑與增城故事，然而是時候在這裡與過往十來年的問津踏查之行暫別，並帶著它所予我的繼續向前。

　　感謝香港中文大學和香港科技大學、廣州中山大學的師長們，是蔡志祥教授的悉心指導與開明包容，以及科大衛（David Faure）、廖迪生、劉志偉教授的教導與啓發，讓我的何仙姑與中國不婚女性追尋之旅起死回生，並且在"Down to Earth"的咒語下撬開了孤鎖自閉的象牙塔，為我點亮了通往萬象人間的一盞心燈。感謝馬木池老師在我的田野之外透過他的田野，協助我取得本書最重要的核心史料，沒有他的幫忙，這本書寫不出來。感謝同門學友呂永昇、陳瑤與鄭銳達的陪伴，他們名義上是我的學長學姐，實質上等於我半個導師，從2010年進入中文大學開始，我一直跟在他們身後，駑鈍地"模作他者"，學著觀察與思索所謂的"田野"、"歷史"，甚至人生。

　　從研究主題最初的發想，到如今雛形初現，黃進興、李孝悌、康豹（Paul R. Katz）、陳熙遠、林富士等諸位師長的啓迪與扶攜，以及好友王鴻漸自始至今的鼓勵與關懷，在這段曲折跌宕的過程中扮演了重要的角色。感謝黃進興老師引領我進入史學研究的殿堂。感謝李孝悌老師在我學術生涯中的每個關鍵轉折，總是及時雨般提供了溫暖與堅定的支持，始終勉勵並幫助我持續前行。感謝康豹老師（"康王爺"）一直以來的"庇佑"，自我至香港開始進行這項研究以來，王爺一路提點與提攜，希望有朝一日能像他一樣，在完善自己研究的同時，亦有能力兼善天下。謝謝陳熙遠老師在我於史語所進行博士培育計畫期間，邀請我參與每月一次的週六讀書會，他與讀書會的夥伴何幸真、謝仁晏、楊肅毓、蔡嵐婷、黃翊峰、施亞霓、洪詩惠等學友，共同見證了博士論文從無到有的奇幻過程，是本書最早的讀者與反饋者，於我而言裨益非常。已登仙界的林富士老師來不及見到本書問世，然而博士後時期他的啓發與教誨，我都記住了，希望能用下一本書完整地體現與感念這一切。在這個研究猶處於未見端倪的鴻蒙階段，普渡大學的王鴻漸教授是第一個鼓勵我將中國女性修仙者（"仙姑"）議題發展成書的人，我們初識時都還只是學生，多年來這個議題的研究進路雖然兜兜繞繞轉了幾個大彎，至此或許勉強算是不負好友的期許，謝謝鴻漸。

　　本書的何仙姑故事落腳於廣東增江河濱，即現今廣州市增城區①與惠州市龍門縣。增江流域是我田野經驗中永恒的參照社區（reference community）②，這裡的叔伯鄉親不僅是初步帶領我進入田野、走向群眾之中的引路"先生"，更是我的何仙姑故事真正的主角。感謝增城的陳克老師，他是我考察當地社會所倚賴的活字典，亦是為我打通多處村落墟里訪查門道的解鎖人。那幾年的增江踏查，多虧有陳老師無所保留的指引與協助，每每在山窮水盡處，總能幸運得見柳暗花明的景致。感謝沙隴何劉仲先生、小樓何水輝先生與朱國寅道長、臘圃賴浩祥書記、石龍何煥堅先生、龍潭埔何國昌與何達光先生、南灘何建明先生、廣州鍾利芳女士以及諸多曾耐心接納我叨擾的朋友們，你們的幫助與支持，讓增江河流淌之處不僅僅只是文獻上所謂的"仙姑故里"，亦成為我自身探索遠方世界的起始點。

---

① 我在2010年至2013年間於當地密集進行田野工作時，增城為廣州市轄下的地級市。

② Tik-sang Liu and Siu Woo Cheung, "Reference Community: Anthropological Experience of Research, Teaching and Friendship in Tai-O, Hong Kong," in Sidney C. H. Cheung ed., On the South China Track: Perspectives on Anthropological Research and Teaching (Hong Kong: Hong Kong Institute of Asia-Pacific, Chinese University of Hong Kong, 1998), pp. 225-244.

香港是書中沒有提到，實質上卻是方方面面孕育出本書筆下世界的研究基地。新界、西貢與大澳鄉村的各種醮儀神誕、市井阿叔阿嫂生氣盎然的音聲姿容、中文大學四季更迭的明山小徑與兩文三語的活力課堂，醞釀並裝備了我每一次華南世界的探索和出發。在香港讀書的幾年，是我前半生最歡快自在與充實恣意的歲月，無論是學思上的觸動與砥礪、校園生活中的協助和陪伴，或是本書撰寫和修改期間的具體支援，感謝所有曾經直接間接促成或參與這段因緣的朋友，他們是俊宗姨丈與乃慧阿姨、羅士傑、常成、韓佳、韋錦新、黃咨玄、謝曉輝、黃壯釗、陳冠妃、譚灘莎、張鳳英、韓朝建、王惠、徐冠勉、李志賢，以及許許多多曾對我伸出友誼之手的人們。

本書在調研、撰寫與修改的不同階段，曾先後得到下列機構的資助：香港中文大學中國文化研究所"洽蕙短期進修研究贊助金"（2012）、香港中文大學——廣州中山大學研究生暑期交流計畫（2013）、中研院史語所"博士培育計畫"（2013—2014）、中研院近史所"近代中國婦女史博士論文獎"（2016）、唐獎教育基金會"余英時先生人文研究獎"（2016）。衷心感謝上述機構，你們雪中送炭的"義舉"，是多年來支撐、鞭策我將研究進行到底的重要力量。在這段旅程的最後一哩路，我很幸運能重返"仙姑故里"，在廣州進行了兩年的科研工作，有機會回到增城進行研究材料的補強。承蒙中山大學歷史學系謝湜主任和眾師長的支持，本書有幸入選"中大史學叢書"，得到該系學科建設專項經費資助，由廣東人民出版社出版。對於一個在穗港之間逡巡十年的研究而言，這樣的"歸宿"，真是最美好的安排。

2020年10月我回到臺灣，進入中研院近史所工作，感謝近史所提供的完美工作環境，讓我可以心無旁騖地從頭修整書稿，勇敢面對後續出版階段的打磨考驗。感謝康豹教授協助書名英譯，以及同事汪正晟教授在校對事宜上的幫忙、李鎧光博士閱讀初稿後提出的修改建議。此外，廈門大學哲學系碩士蘆勇超先生協助我細緻修改了全書的圖片，學弟李志賢在各類疑難雜症上的即時救援，本書幾位匿名審查人反饋的修改意見，以及責任編輯周驚濤先生一直以來的協助與包容，上述一切皆點滴在心，謹此一併深致謝忱。

衷心感謝一路上庇蔭與守護我的，特別是我的雙親和妹妹。爸爸是我所有文章的忠實讀者，在最初很多人都不看好這個議題時，爸爸是第一個表示支持我繼續這段旅程的人。媽媽雖然常常疑惑為什麼我讀到博士才知曉很多尋常之理，卻是我各種異想天開的想法得以實現的最重要支柱。妹妹小我七歲，但大多數時候都比我沉著懂事，很感謝媽媽當年艱難地生下她和我相依作伴。這麼多年來看似一意孤行的晃蕩人生，每每回望，我知道自己並不孤單。謹以此書獻給我的家人。

廖小菁
2022年1月7日於臺北南港